李連慶著

大外交家周恩來

第一部：執掌外交部

大外交家周恩來・李連慶

出版：天 地 圖 書 有 限 公 司
香港皇后大道東109～115號智羣商業中心十三字樓
電話：528 3671　圖文傳真：865 2609
香港灣仔莊士敦道三十號地庫(門市部)
電話：528 3605　865 0708　圖文傳真：861 1541

承印：亨 泰 印 刷 有 限 公 司
香港柴灣利衆街27號德景工業大厦十字樓
電話：896 3687　圖文傳真：558 1902

發行：利 通 圖 書 有 限 公 司（港 澳）
九龍紅磡民裕街41號凱旋工商中心8樓C
電話：303 1010(13線)　圖文傳真：764 1310

ISBN 962 257 702 4

一九九四年・香港

▲一九五四年十月十二日，中蘇兩國發佈了舉行會談的各項聯合宣言和聯合公報。圖爲簽字儀式。

◀周恩來建國前夕的政協會議籌備會上作報告。

▲毛澤東、周恩來會見羅馬尼亞前國務委會主席波德納拉希，後排右一爲作者。

▲陪同周恩來會見前南斯拉夫大使（左二爲作者、右二爲韓叙，右三爲南國參贊朱克奇，現任外交部長，左三爲大使已去世）

目錄

一、投身革命——一生的轉折點……一二
二、外交部點將……三九
三、出訪蘇聯締結條約……七二
四、韓戰爆發運籌於中樞……九六
五、再訪蘇聯談軍援……一四五
六、出兵朝鮮與外交周旋……一六三
七、美國人發出和談信號……二〇八
八、開城談判針鋒相對……二四六
九、談談打打有進有退……二八四
十、率團訪蘇與中蘇朝蜜月期……三三四
十一、上甘嶺戰役後談判重開……三七三
十二、停戰協定終於簽字……四一〇

秋天是北京的黃金季節。天高雲淡，碧空萬里，氣候溫和，鳥語花香，水波蕩漾，層林盡染，一派美麗、迷人的景象。「駿馬秋風薊北」，堪與「杏花春雨江南」媲美。

一九四九年十月一日，北京這個已有三千零三十五年的古都，它以最好的氣候，最動人的姿態，迎接新中國的成立，迎接人民自己推選出的政府，迎接像毛澤東、周恩來這樣令人敬仰的領導人主持國家的大政。這一重大的歷史事件，翻開了中國和世界嶄新而又有深遠意義的一頁。

這天下午，周恩來在中南海頤年堂旁邊一個極其簡陋的辦公室裏，聚精會神處理各種急務。秘書小何走進來說：「周副主席！您不是昨天約好今天下午一時半同毛主席一道去勤政殿開中央人民政府第一次全體會議嗎？」

周恩來猛一抬頭，習慣地看一眼手腕上的錶，笑呵呵地說：「可不是到了時間嘛！小何，感謝你的提醒，開第一次中央人民政府委員會議就遲到，那可不好啊！我們今後辦公要正規化，必須嚴格遵守時間，改變過去的游擊作風」，他邊說邊站起來朝外走。

周恩來一貫動作迅速、敏捷，走路像一陣風。

周恩來走出辦公室的門口，他忽然猛一回頭：「小何，你看我今天這身衣服怎樣？」

周恩來從來生活儉樸，但十分注重儀表，衣着簡潔。

他今天穿一身黃色卡嘰布的中山裝，風紀扣扣得緊緊的，腳上着一雙黑色皮鞋，整整齊齊，服服貼貼，顯得英氣勃勃而又瀟洒自如。

小何仔細端詳一番，覺得周副主席本來就長得濃眉大眼，面容清秀，身材勻稱，風度翩翩，一直被人們公認爲美男子，今天又穿了這身九成新的剛剛熨得畢挺的衣服，顯得格外英俊，很有魅力。他說：

「衣服倒是挺合身的，可惜是布料子，要是毛料那就更精神了。」

「你這小鬼，有咔嘰布料的衣服就很不錯了，還要毛料的。國家這麼窮，百廢待興。我們共產黨人剛剛執政，要處處節約、廉潔，把省下來的錢用在建設和改善人民生活上。即使我們國家將來富了，也要勤儉辦事，不能奢侈浪費。」周恩來對下面的人講話從來都是和顏悅色，即使你說錯了話做錯了事，也從不聲色俱厲，但是對領導幹部卻要求非常嚴格。

周恩來走到頤年堂門前，毛澤東差不多也同時到了。

「啊，恩來，不，總理閣下！」毛澤東操着一口湖南方言，半開玩笑地說。

「主席，你又開玩笑了，中央人民政府委員會還未通過對我的任命呢，你這樣稱呼是不合法的呀！」周恩來笑咪咪的看着毛澤東。

「對，我們已是執政黨了，再也不能以黨代政了。」毛澤東也笑咪咪地拉着周恩來的手，兩人同時邁着矯健的步伐，英姿勃勃、氣宇軒昂地向着勤政殿的方向走去。

「主席，今天休息得好嗎？」周恩來想起今天黎明時分，毛澤東身披一件舊棉襖，手裏拿着今天下午要在開國大典上宣讀的「中華人民共和國中央人民政府公告」草稿，神色從容地來到他的辦公室，一起進行修改。當時周恩來正在安排開國大典各項工作，十分忙碌，但他一見毛澤東進來和弄清來意後，立即放下手中的工作，同毛澤東一道逐段逐句的商討和推敲公告的內容與措詞，直到東方太陽升起的時候，毛澤東才離去。所以周恩來非常關切毛澤東的休息。在過去戰爭時期，周恩來也一向關心和照顧毛

童年時代的周恩來，出身於中落的官宦之家。

澤東的健康和安全。

「我從你那裏一回去，就高枕無憂地呼呼呼呀睡了幾個小時。」毛澤東邊說邊比劃着。然後他兩隻眼睛緊盯着周恩來的眼睛說：「我從你的眼神看，你又熬了個通宵達旦！」

「我因爲有許多事情沒有辦完，比如檢查今天開國大典的各項安排，佈置外事組根據我們今天凌晨定下來的『公告』稿，修正外文，還有全國政協會議未了事宜。」周恩來沒有掩飾，如實相告。

「這可不行啦！身體是革命的本錢，沒有好的身體怎麼能擔任繁重的任務呢？今後政府工作你是唱主角唱紅娘呀，擔子比過去更重了，也更繁忙了，千頭萬緒，一定得注意休息，勞逸結合嘛。」說着他用力捏了一下周恩來的手，表示對這位親密戰友的關懷和囑咐。隨後他話題一轉：「我看外事組這幾年工作得很不錯，是你那個未來的外交部一支骨幹力量。」

「是的！」周恩來應和着。「不過，過去他們辦的是非官方的外交，現在要開始辦正式的官方外交，處理國與國之間的關係，我們還不熟悉，沒有經驗，還得好好學習，在實踐中進行鍛煉。」

「我非常贊同你的意見。在外交上我們要另起爐灶，不僅是徹底、乾淨地拋棄和改變舊中國屈辱賣國的外交政策，而且要培養出我們自己的無產階級的外交隊伍。」毛澤東顯得非常堅定的神情。

「我們的外交路綫、方針、政策，我們黨的七屆二中全會和全國政協，共同綱領中都已經規定得非常清楚了。今後主要是努力貫徹執行的問題，同時，我們要創造一個獨特的外交風格，外交原則，在世界上樹立一個榜樣。」周恩來充滿信心地說。

毛澤東連連點頭：「我相信我們一定會比前人幹得好，也會比外國人幹得好。」

周恩來、毛澤東幾十年「風雨同舟，朝夕與共」，共同領導了中國革命的勝利，建立了新中國，現在，他們又要共同建設新中國。

二時整，一分一秒也不差，中央人民政府委員會第一次會議準時在中南海勤政殿舉行了，會場上肅穆莊嚴，連咳嗽的聲音都沒有。因爲這不僅是中國有史以來由人民當家作主的政府第一次會議，而且要任命關係新中國今後發展的政務院總理、外交部長。政務院乃是政府的實體，主要執行機構，一切方針政策措施都要通過和依靠他去執行，去實施。總理則是主要當家人。外交部長乃是中國外交政策的主要執行者，對維護國家獨立主權，反對帝國主義侵略，爭取世界和平以及中國在世界上的大國地位具有重要作用。全體委員都聚精滙神，認眞對待，雖說人選早已在政協會議上和各民主黨派中協商過，並取得完全一致意見，但必須經過中央人民政府委員會會議的正式決定和通過，才有法律效用。所以當中央人民政府主席毛澤東一提名，全體委員便一致通過，任命才華出衆、知識淵博的五十一歲的周恩來爲中央人民政府政務院總理兼外交部長。這是新中國的第一任政府首腦和外交主持人。

「時勢造英雄」。這是一個唯物主義的觀點，永恆的眞理。中國革命的形勢，造就周恩來這個新中國的總理和外長的人才，而國內國際的發展變化，也將造就他成爲古今中外罕見的「好總理」、「大外交家」。

幼承庭訓家道中落

周恩來從小就抱有「爲了中華之崛起」的大志。

周恩來於一八九八年三月五日誕生在江蘇省淮安府山陽縣（今淮安縣）駙馬巷周家宅院裏。

山陽縣是蘇北平原上有一千六百多年歷史的文化古城。在漫長的歲月裏，它一直是州、府一級行政機構的駐地，因而也是一個地區的政治、經濟、文化中心。晉的山陽郡，隋的楚州，宋的淮安軍，元的淮安路，明、清的淮安府，都駐在山陽縣。在辛亥革命的後三年，山陽才改名爲淮安縣。

淮安處在縱貫南北的京杭大運河和滔滔東流的淮河交滙的地方，在歷史上不僅是漕運、鹽政的要津，也是我國處於南北對峙局面兵家必爭之地。這裏是歷史上人才輩出的名城。如漢朝著名的軍事家韓信，文學家枚乘、宋代巾幗英雄梁紅玉、明代文學家《西遊記》作者吳承恩、清代民族英雄關天培、畫家邊維祺等。

淮安的古迹很多。城西北隅有文通塔，城中心有鎭淮樓。駙馬巷就在文通塔和鎭淮樓之間，在巷的南頭有一條與它成「丁」字形相接的曲巷。就在駙馬巷與曲巷相交的地方，有一所由兩個宅院相連的住宅，一宅門向駙馬巷，另一宅向曲巷。都是曲折的三進院。這處住宅，在清朝光緒後期，就是周家的，主人叫周殿魁，字攀龍。

周殿魁原是浙江紹興人。他到淮安來是做官的，先是給縣知事當「師爺」，相當於現在的秘書，師爺不算官職，是由主官聘請的幕僚，被尊爲老夫子。在縣衙門裏，刑名師爺管司法，錢糧師爺管財政稅收。他們在幕後幫縣官出主意，縣官一般都仰仗他們。周攀龍並沒有達到攀龍附鳳的顯赫地位，到晚年，只攀了一個七品官的職位——山陽知縣。不料他的前任偏偏是個有後台的人，長期拒不交印。到他正式上任的時候，已經病體奄奄，不久便去世了。周攀龍雖說當了一任知縣，卻沒有發家，只不過用過去一點積蓄，和他的二哥周亥祥合買了駙馬巷住宅，除一塊墳地外，沒有一畝土地。到周恩來的父輩時，家庭的經濟已相當困難。

周殿魁有四個兒子，貽庚、貽能、貽奎、貽淦。他們按照封建大家庭的規矩，叔伯兄弟間的大排行。分別爲老四、老七、老八和十一。

老七周貽能，後來改名邵綱，字懋長，爲人忠厚老實。他也學過師爺，但沒有學成，只能作點小事情。他的妻子是淮陰縣知事萬青選的第十二個女兒，小名冬兒，大家都叫她萬十二姑。她讀過五、六年家塾。她性格開朗、精明果斷，很有辦事能力。結婚後生了恩來（字翔宇）、恩溥（字博宇）、恩壽（字同宇）。

當周恩來出世的第二天，他的外祖父萬青選病危，老人在病榻上埋怨冬兒不去看他，因爲他生前最喜歡十二姑。別人告訴他，十二姑在生孩子。這位出生江西南昌，也是先當師爺，以後做了淮安府清河縣（一九一三年改爲淮陰縣）三十年知縣，深知陰陽八卦，他問了孩子生辰以後，說：「好，這個孩子有出息，叫冬兒好好撫養他。」不料萬青選的話竟成了巧合的預言，周恩來果然成了聞名世界的偉人。

周恩來生下來以後，他的父母給他取了一個小名叫大鸞。鸞是與鳳凰齊名的一種「神鳥」，表示父母對他的寵愛。

在周恩來不滿一周歲的時候，他的十一叔就是他父親的四弟貽淦病重了。周貽淦剛剛二十歲，才結婚一年，新嫁來的十一嬸陳氏，她的祖先也是浙江人，也是到蘇北來作官而落戶的。他們夫婦沒有子女，所謂「不孝有三，無後爲大」的封建社會的傳統習俗在人們的腦中起着很大的作用。爲了使貽淦在彌留之際得到一點安慰，也使他留下的妻子陳氏能有所寄托。恩來的父母那時儘管只有一個兒子，還是把大鸞過繼給貽淦了。貽淦夫婦非常感激，並爲大鸞請了一個很好的乳母蔣江氏。兩個月以後貽淦去世了。

陳氏帶着大鸞住在兩間亭子間裏。亭子間位於東西兩個宅院相連之處，一門面南，一門面北，北門口是一眼水井。陳氏那時才二十二歲，年青守寡，從不外出。她把全部的愛撫和心血都傾注到愛子大鸞身上，沒有他，她就失去了生活的希望。

陳氏的父親陳源，飽讀經史，很有學問，但卻沒有取得顯著的功名和地位，他沒有兒子，便把女兒當作家庭教育的對象。陳氏聰明、好學，但她不喜歡經典，卻愛好詩詞、戲劇、小說和繪畫，因此，她涉獵了廣泛的文學讀物，成爲一個才學出衆的女子。她的性格溫和，待人誠懇，辦事細心。周恩來稱她爲「娘」，而稱自己的生母爲「乾媽」。

在大鸞年幼的時候，陳氏就不自覺地把一些比較通俗易懂的唐詩片斷，代替兒歌去教牙牙學語的繼子，就這樣，當大鸞還遠遠不能理解其含義的時候，已經能背誦許多唐宋名家的詩句了。周恩來四歲時，陳氏就教他識字，五歲起，送他到私塾讀書。陳氏對他要求很嚴，每天黎明時刻，就把他叫起來，親自在窗前教他讀書。有一次，一個調皮的兄弟玩刀子，幾乎傷着他，這引起她的警惕，大鸞這是她的獨根獨苗，唯一的愛子和親人呀，她不能允許有任何的意外發生。於是，陳氏就更不允許他輕易出去，整天把他關在屋內念書，空暇時，就教他背詩，給他講故事，如《天雨花》、《再生緣》、《西遊記》，那些具有人民性的詩句和富於愛國主義思想或進步傾向的故事，卻在大鸞純潔的腦海裏，留下深深的烙印。

直到陳氏去世前，周恩來幾乎一天也沒有離開過她。陳氏的教育，對幼年周恩來的性格形成和文化修養，影響是異常深刻的。四十年後，他還深情地說：「直到今天，我還得感謝母親的啓發，沒有她的愛護，我不會走上好學的道路。」他又說：「嗣母終日守在房中不出門，我的好靜性格是從她身上繼承過來的。但我的生母是個爽朗的人，因此，我的性格也有她的這一部分。」他還講過，母教的過份仁慈和禮讓，對他的性格也是有影響的。

萬氏媽媽是周恩來的生母，儘管她已經將他承繼陳氏，但她仍然跟他保持着親子之愛。萬氏是一位非常能幹的婦女。公公去世之後，這個官宦之家出現了後繼無人的局面。大伯子貽庚（字曼青）在奉天一個衙門裏當「主稿」（相當科一級的中下等職員），掙錢是有限的，對這個大家庭支持不多。丈夫劭綱是個小職員，每月只有十幾元的收入，不能養家。兩個小叔子：貽奎是殘廢、貽淦已經夭亡。進錢的門路是沒有了，但知縣之家的門面要維持，親朋好友，婚喪喜慶，逢年過節，迎來送往，這一類應酬都要力求維持在當年的水平上，才不失體面，這擔子都落在萬十二姑的身上了。由於她從小跟着父親萬青選出入於官宦門弟，經歷過比較大的場面，也着實有能力充當這個敗落中的周家管家。爲了解決經濟上入不敷出的矛盾，要典當借貸；爲了維護周府的面子，要講究一定的排場；爲了緩和大家庭內部和親戚間的不和，要多方奔走，排解糾紛。

周恩來六歲的時候，隨同他的父親、母親、嗣母和弟弟一起搬到清河縣清江浦外祖父家裏居住，並在外祖父家的家塾裏讀書。外祖父家是個大家，有九十九間房子，但家裏人也很多。萬青選有十多個子女，有作官的，有愛好詩詞歌賦的，也有擅寫書法繪畫的。因此，這個座落在清江浦西長街的萬家，儘管也面臨着分崩離析和衰敗，仍不失爲官宦人家，書香門第。比起周家，畢竟好得多了。萬家有寬敞的客廳，幽美的花園，講究的家具和陳設，豐富的藏書。萬家的書房，成了周恩來童年時代獵取知識的寶庫。他又很聰明，性格中有着活潑的一面，在外祖父家同輩的孩子比較多，常在一起玩，使他度過比較歡樂的童年生活。同時學到不少東西：萬家家族間發生了糾紛，常請他母親萬十二姑去調解。她在處理問題時，總是先耐心地聽別人把情況說清楚，然後再發表意見，使問題得到比較順利的解決。周恩來常跟他母親去，在旁邊聽着，學到許多辦事的方法。

十二姑在萬青選生前是得寵的，但她畢竟是女子，在封建家庭中，女子的地位是比較低的，同時她同她的兄弟萬立鈞買彩票得獎分得五千元也已用的差不多了，周家經濟景況越來越不好，在萬家住久了，自然矛盾也多了。爲了使周恩來受到較好的教育，萬十二姑和陳氏都主張搬家，並請一個先生教孩子念書。新居就緊靠在萬家旁邊的一個四合院，有十四間房子，書房佔了兩間，學生爲周恩來和他的二弟、兩位姨表妹。周恩來對自己要求很嚴，他規定了五個「不虛度」：讀書不虛度，學業不虛度，習師不虛度，交友不虛度，光陰不虛度。據當時和周恩來同窗攻讀的二位表妹回憶說：「她當時還在認方塊字的時候，她的表哥周恩來已經捧着厚厚的綫裝書，在先生面前背誦如流，當她還在描紅的時候，周恩來已經在練習懸肘，臨摹各種名家的字帖了。

一九〇七年春天，當周恩來剛剛九歲的時候，他的生母萬氏由於窮、病，憂愁和勞累而去世了。這年夏天，他的嗣母陳氏帶周恩來到寶應她堂兄家住過兩個月。在那裏他有一個表哥叫陳式周，是位很有文化修養的青年學者，在私塾裏教書，有許多藏書，周恩來從他那裏學到不少東西，並在以後許多年裏一直保持來往和通信，還得到他的多次資助。

以後，周恩來隨嗣母仍回到清江浦。第二年七月嗣母陳氏又因肺結核被奪去了生命。

周恩來對嗣母陳氏的感情特別深厚。他在日本留學讀書時在日記中曾寫過一篇《念娘文》：「我把帶來的母親親筆寫的詩本打開唸了幾遍，焚好了香，靜坐一會兒，覺得心裏非常難受，那眼淚忍不住的要流下來，計算母親寫詩的年月，離現在正正的二十六年，那時候，母親才十五歲，還在外婆家呢，想起來時光容易，墨跡還有。母親已去世十年了，不知道還想着有我這個兒子沒有？」抗戰勝利後，周恩來在重慶對記者說到：「三十八年了，我沒有回過家，母親墓前想來已白楊蕭蕭，而我卻後悔着親恩未報。」

兩個母親接連病逝，使周恩來的生活陡然發生變化，料理完喪事，家裏已經是債台高築，父親經別人介紹，到湖北去謀事，在他的面前只留下一條出路：帶着兩個弟弟回淮安駙馬巷老家。

周恩來回到闊別三年的舊家，還不滿十歲，便挑起了生活的重擔。

他除了八嬸的溫存和蔣氏奶媽的同情以外，等待他的是冷漠、譏嘲、輕蔑和艱難的生活。他為了錢，不得不向親友借貸，在借貸無門的時候，就拿出他母親的一點遺物到當舖裏去典當。典當來的錢如果是用於自己和弟弟的生活費用，也還罷了。這些錢要用來買禮品，對付親朋故舊的婚喪喜慶，維持周家的門面。在他的臥室裏，貼着重要親戚的生辰忌日，這些日期像是催命符一樣迫使他去典當借貸。有一段時間連他們家的一部份房產，也給抵押出去了。要債的人絡繹上門。有時候伯父寄些錢回來，才緩解一點困境。

這副生活的擔子，沉重得幾乎使童年的周恩來難以承受。但他咬緊牙關，默默地忍受着並承擔着這一切，這對周恩來當然也是一種磨煉，在他以後的革命生涯中遇到極其困難的時候，他也能夠承受並妥善的處置。

有一天，周恩來在奶媽蔣氏陪伴下到東門附近龔蔭蓀家探親。龔蔭蓀的母親和恩來的外婆是姐妹。恩來叫她姨外婆，向龔蔭蓀叫表舅。在他幼年時代，媽媽經常帶他來走親戚，姨外婆、表舅、舅媽都很喜歡他。龔家已知道周恩來的處境，對他勤奮好學、博聞強記、天資聰敏早有所聞。龔蔭蓀覺得不能讓他把學業荒廢下去，就要他到自己家塾來讀書。周恩來從此就早出晚歸，開始了新的學習生活。龔蔭蓀的思想傾向維新，後來又成了孫中山的信徒，到過日本，結識一些同盟會的會員，他經常奔走於上海、蘇州、南京等地，在家裏帶頭剪辮子，不信鬼神，不許女兒纏足，主張男女同學。他聘請的家塾老師周先生，是個憤世嫉俗的落弟秀才，學問很好，爲人也開明。龔家有豐富的藏書，除古書外還有一些宣傳近代科學和西方文明的新書和報刊，周恩來曾把他稱作自己政治上的啓蒙老師。一九五二年他對龔家一位表姐妹說過：表舅是我政治上的啓蒙老師，周先生是我文化上的啓蒙老師。龔家的表姐妹同他共同學習，在一起做組詩、捉「洋鬼子」的遊戲。在這裏他獲得一些溫暖、安慰和歡樂。但只有兩年時間，龔家發生變故，搬到淮陰去了。周恩來茫然若有所失，他又不得不整天陷入最討厭的家務生活中去了。

這種凄涼的經歷，使他從小就懂得生活的艱難，磨煉了同他的年齡很不相稱的那種精明果斷、富有條理的辦事能力和管家能力，但也在他幼小的心靈深處埋下對封建家庭和習俗的強烈的憎恨。

一、投身革命——一生的轉折點

一九一〇年春天，周恩來十二歲那年，他在奉天的伯父周貽庚，生活較前安定。周恩來平時常同他通訊，家裏有甚麼難處理的事總是寫信同伯父商量，伯父自己沒有子女，十分喜愛這個侄兒的才學，也很同情他的處境，就在這時給他寫信，要他去東北，又乘三伯周貽謙路過家鄉之便接他到東北隨伯父母一起生活，並上學讀書。周恩來喜出望外，他懷着一顆激動的心，嚮往着新的生活，毅然離開故鄉，踏上征程，開始了少年時代的新生活。

這對周恩來來說是他一生中一個重要的轉折點。他後來回憶說：「十二歲的那年，我離開家去東北，這是我生活和思想轉變的關鍵。沒有這一次的離家，我的一生一定也是無所成就，和留在家裏的弟兄輩一樣，走向悲劇的下場。」

周恩來到了白山黑水的東北，從牢牢禁錮着人的心靈的封建家庭和私塾生活轉到剛剛開辦的新式學堂念書，周圍的一切都發生了巨大的變化。東北是當時帝國主義列強在華爭奪的焦點，是民族危機格外深重的地方。在學校裏，老師經常向學生講述時局的危急和歷代民族英雄的故事，激勵學生的愛國熱情。有一次，老師問學生，讀書是爲了甚麼？同學中有的說是爲了幫父母記賬，有的說是爲了謀個人的前途。周恩來堅決地回答：「爲了中華之崛起。」

他在學校讀書時，即有明確的求學目的和志向：「基礎立於此日，發達俟於將來。」「作事於社會，服役於國家，以其所學，供之於世。」

他在詩作《春日偶成》中寫道：「極目青郊外，烟霾布正濃。中原方逐鹿，博浪踵相踪。」在《敬業》創刊詞中，鄭重指出：「吾輩生於二十世紀競爭之時代，生於積弱不振之中國，生於外侮日迫、自顧不暇之危急時間，」「安忍坐視而不一救耶！」「天下興亡，匹夫有責。」表達了他對黑暗時政的憂憤之情；

他在作文寫到：「嗚呼，處今日神州存亡危急之秋，一髮千鈞之際，東鄰同種，忽逞野心，噩耗傳來，舉國騷然，咸思一戰，以為背城借一之舉，破釜沉舟之計，一種愛國熱誠，似已達沸點。」他以國文最佳者，獲得特別獎的優異成績畢業於南開學校；

他為了「邃密羣科濟世窮」，「面壁十年圖破壁」，到日本留學尋求救國救民的眞理，使「中華騰飛於世界」；

他在日本廣泛閱讀各種進步書刊，約翰·里德的《震動地球的十日》，河上肇的《貧之物語》，幸得秋水的《社會主義精髓》等，比國內的知識分子更早地、更多地接觸到馬克思主義；

他同其他許多老一代無產階級革命家一樣，經過了「博學」、「審問」、「愼思」、「明辨」而達「篤行」的過程。一九一九年中國大地上爆發了偉大的「五四」愛國運動，他立即從日本回國，投身到這個火熱的鬥爭中去，在南開大學倡辦了「覺悟社」，領導天津的愛國學生運動，實踐他的愛國志願和追求眞理的願望，爲此而被捕入獄數月。

他於一九二〇年十月赴法勤工儉學，先到英國，剛抵那裏就給他的表哥陳式周的信中說：「弟之思想，在今日本未大定，且既來歐洲獵取學術，初入異邦，更不敢有所自恃，有所論列。」又說：「至若一定主義，固非今日以弟之淺學所敢認定者也。」在旅歐期間，他在刻苦攻讀馬克思、列寧主義的同時，潛心研究其他各種主義，對各種不同思潮廣泛涉獵，經過冷靜觀察、研究、分析、比較、批判，反復思考，最後才能得出結論，只有馬克思、列寧主義是最科學的、能夠救中國的。並於一九二一年春經張申府、劉清揚的介紹加入中國共產黨八個發起組織之一的巴黎共產主義小組，即中國共產黨。所以周恩來之信仰馬克思主義，加入中國共產黨，絕不是盲從的，更不是趕時髦的，而是經過深思熟慮，完全自覺自願，決心為其獻身的。他在一九二二年三月在給天津「覺悟社」戰友的信中說：「我的主義一定是不變的，並且很堅決地要為他宣傳奔走。」信中還附了一首悼念戰友黃愛的詩，表達他的心願。詩曰：

壯烈的死，
苟且的生。
貪生怕死，
何如重死輕生！
生別死離，
　最是難堪事。

別了，牽腸掛肚；
死了，毫無輕重。
　何如作個感人的永別！

没有耕耘，
　哪來收獲？
没播革命的種子，
　卻盼共產花開！
夢想赤色的旗兒飛揚，
　卻不用血來染他，
天下哪有這種便宜事？
坐着談，
　何如起來行！
貪生的人，
　也悲傷別離，
也隨着死生，
只是他們卻識不透這感人的永別，

永別的感人。

不用希望人家了！
生死的路，
已放在各人的前邊，
飛向光明，
盡由着你！
舉起那黑鐵的鋤兒，
開闢那未耕耘的土地；
種子散在人間，
血兒滴在地上。
本是別離的，
以後更會永別！
生死參透了，
努力爲生，
還要努力爲死，
便永別了又算甚麼？

這首詩展示了周恩來的無產階級革命家的胸懷，獻身共產主義事業的崇高精神境界。

周恩來在倫敦、巴黎、柏林給天津《益世報》、《新民意報》、《覺郵》等刊物寫的近百篇通信、通訊、散文，對當時的歐洲局勢和中國有關事件的發展進行了闡述和分析，對歐洲國家的外交政策和外交行動進行了廣泛的研究和評論，分析它的內外原因特別是他們的社會和經濟危機。這爲周恩來主持新中國的外交工作尤其是分析國際局勢，奠定了初步的基礎。

周恩來在歐洲學習和工作期間，創立了中國共產主義青年團旅歐支部，並成爲其主要負責人，這也爲周恩來擔任中國共產黨主要領導人之一，創造了條件。

一九二四年七月，周恩來奉調回國，臨行前旅歐支部對他的評語是：爲人「誠懇溫和，活動能力富足，說話動聽，作文敏捷，對主義有深刻研究，故能完全無產階級化。英文較好，法文、德文亦能看書看報。」這說明他不僅是一位能幹的具有領導才能的，也說明他具有外交的才能。

回國以後，他先任中共廣東區委委員長，同年十一月就任國共兩黨合作創辦的黃埔軍校政治部主任，爲中國共產黨培養了不少高級軍事人才，如徐向前、陳賡、林彪、左權、羅瑞卿、劉志丹、周士悌、王爾琢、許繼愼等等，隨後又任國民革命軍第一軍少將軍銜的政治部主任，並同蔣介石兩次率部東征，討伐陳炯民，接着又升任東征軍總政治部主任，第一軍黨代表兼政治部主任。不僅成爲中國軍隊政治工作的開創者，中國共產黨第一位軍事家，而且也奠定了他在中國的政治地位，並爲他以後在中國開展統一戰綫創造極其有利的條件。

一九二七年三月，他領導了上海工人第三次武裝起義，趕走了軍閥孫傳芳。蔣介石在上海發動四・

一二反革命政變，大肆逮捕屠殺共產黨人，懸賞二萬五千元緝拿周恩來。

同年五月下旬，周恩來到了武漢。他在十多天前剛結束的中國共產黨第五次代表大會上當選爲中央委員、政治局委員並任軍事部長，列席政治局常委會。根據共產國際的指示改組中央常委會、成立臨時中央常務委員會時，由張國燾、周恩來、李維漢、張太雷、李立三五人組成。周恩來比毛澤東、朱德、劉少奇、任弼時等中共領袖參與中央領導工作的都要早得多。

同年的八月一日，周恩來以總前委書記身份，他同朱德、賀龍、葉挺、劉伯誠領導了舉世聞名的南昌武裝起義，向國民黨反動派打了第一槍，從而創建了中國共產黨領導之下的自己的人民軍隊，周恩來當之無愧地爲中國人民解放軍的光榮的締造者之一。

起義失敗以後，周恩來奉命回到上海，擔任中央政治局常委、中共中央組織局主任，負責處理中央日常事務。

一九二八年，周恩來和夫人鄧穎超一道赴蘇聯參加在莫斯科舉行的中國共產黨第六屆代表大會，他當選爲中央政治局常委，第二把手，因總書記向忠發係工人出身，文化水平低，又無實際領導能力，根本不能勝任第一把手的工作，後來又被捕叛黨，一切重大的問題都由周恩來來決定和組織實施，所以周恩來實際上成爲中央主要領導人，第一把手。在他的領導下，糾正了黨的左右傾的錯誤，解決了許多黨內疑難問題，使黨的組織和力量得到恢復和發展。

一九三一年底，他赴中央蘇區，就任中共中央蘇區中央局書記，隨後又以中央政治局委員、常委、書記處書記、中央軍委副主席身份兼任紅軍總政委和第一方面軍政委，在毛澤東和他的領導下，勝利地粉碎了蔣介石對中央蘇區的第四次圍剿，並創造了大兵團作戰的經驗。

在長征途中的遵義會義上，他堅決擁護毛澤東在中央的領導地位，糾正了王明的左傾路綫，並繼續擔任中央主要軍事領導人之一，同毛澤東共同指揮紅軍長征到達陝北仍任中央政治局常委、中央書記處書記，軍委副主席，並兼任第一方面軍司令員兼政委、中央局書記。

一九三六年四月七日，他在李克農陪同下與張學良將軍在膚施（後改名延安）舉行會談，達成停止內戰，一致抗日等協議。

「西安事變」中的周恩來

一九三六年十二月十二日，張學良、楊虎城將軍發動了著名的「西安事變」，扣留了蔣介石。周恩來應邀率中共代表團趕赴西安，同張學良、楊虎城兩將軍一道，處理西安事變善後事宜，共商抗日救國大計。

周恩來到了西安這個大風暴的中心。他面臨着極其複雜的形勢，承擔着極其艱巨的任務。他要做張學良、楊虎城兩位將軍的工作；要做留在西安的共產黨員的工作；要做東北軍、西北軍中不同派別和觀點的人的工作；還要同蔣介石的代表和蔣介石本人談判。當時，各種勢力和對立力量之間的大規模衝突已到了一觸即發的地步，稍一不慎，則不能實現黨中央的決策，則抗日救國大業將毀於一旦。

周恩來處變不驚、沉着機智、力挽狂瀾。他來到西安的當天晚上就同張學良談到深夜。他同意張學良的主張，只要蔣介石答應停止內戰，一致抗日，就應該放蔣，擁護蔣介石做全國抗日的領袖。他更明確地指出，對蔣介石的不同處置方法，可以導致西安事變截然不同的兩種前途：如果說服了蔣介石停止內戰，一致抗日，就會使中國免於被日寇滅亡，爭取到一個好的前途；如果宣佈蔣的罪狀，交付人民審判，最後把他殺掉，就會給日本帝國主義造成進一步滅亡中國的便利條件，中國的前途更壞更糟。而歷史的責任要求我們爭取一個好的前途。周恩來的意見，張學良極表贊同，認爲周恩來比他站得更高，共產黨不忌前嫌，從民族利益出發，令他欽佩。這樣就促使張學良下定了和平解決西安事變的決心。

第二天的上午，周恩來又去做楊虎城的工作，向楊介紹了同張學良談話的經過和內容，申述了中國共產黨處理西安事變的主張。楊聽了以後，十分驚奇，感到意外，因他原先估計：中國共產黨同蔣介石有長達十年的血海深仇，一旦捉住蔣介石，雖不至立即殺掉他，也決不會輕易放掉他。楊虎城對蔣介石將來能否抗日，對發動西安事變的人是否實行報復，有很大的顧慮。他認爲：共產黨和國民黨是敵對的黨，地位上是平等的，對蔣可戰可和，而他則是蔣介石的部下，如果輕易放蔣，蔣一旦翻臉，其處境就和共產黨就有所不同了。周恩來對楊虎城的這番肺腑之言，表示理解和同情。

根據他本人同蔣介石多年共事以及後來同蔣打交道的經驗教訓，深知蔣介石是個流氓，出爾反爾，說翻臉就翻臉，楊虎城的顧慮不無道理，但是爲了抗日大業，只有說服他了，並暗下決心，今後要設法保護他，於是他向楊進行耐心的解釋。他說，現在不但全國各階層人民逼蔣抗日，連國際上也在爭取他抗日，美英帝國主義從他們的自身利益出發，希望蔣能制約日本，反法西斯陣營也爭取蔣走抗日的道路。對蔣介石本人來說，現在也是抗日則生，不抗日則死。在這種情況下，促使蔣介石改變政策，實現抗日作戰，是有可能的。至於蔣介石將來是否會進行報復，並不完全取決於蔣介石個人。只要西北紅軍、西北軍和東北軍三個方面團結一致，進而團結全國人民，形成強大的抗日力量，儘管蔣有報復之心，也不可能實現。楊虎城聽了周恩來的分析和意見後說，共產黨置黨派之間的歷史深仇於不顧，以民族利益爲重，對蔣介石以德報怨，實在令人欽佩，自己是追隨張副司令的，既然張副司令同中共意見一致，我楊某無不聽從。

周恩來不分白天黑夜與張學良、楊虎城的部下的中高級軍官、將領們和社會各界人士中有不同意見的朋友、知名人士進行交談，細心做工作，常常廢寢忘食。就連在西安工作的共產黨員，他也找他們談話，分析形勢，指出民族矛盾已上升爲主要矛盾，要求他們排除左、右的干擾，全力以赴地實現中央關於和平解決西安事變的方針。他一再叮囑大家發動羣衆，支持張學良、楊虎城提出的八項政治主張，以保事變和平解決。

經過多方面的緊張工作之後，周恩來親自同宋子文會晤，在宋子文、宋美齡的陪同下與蔣介石直接會晤。這兩位曾經是朋友後來成爲怨家的會晤，雖然有點兒戲劇性，但卻決定了中國的命運。周恩來向蔣介石提出了中共和紅軍關於停止內戰，一致抗日的六項主張。宋子文作爲蔣介石的代表，表示同意並答應實施周提出的六項主張，但他提出要讓蔣介石二十五日離開西安。張學良表示願意親自護送蔣介石回南京。周恩來沉着穩重，考慮周到，他同意宋子文提出的條件，但堅持在蔣介石離開西安之前，簽訂一個政治文件作保證，而且不贊成二十五日就離開西安，也不贊成張學良護送蔣介石前往南京。但是勸阻無效，張學良仍堅持親自送蔣，並在事先未告知周恩來的情況下，就陪同蔣飛往南京，當周恩來得知此事時，趕往機場時，飛機已起飛了。

這樣一來，後果十分嚴重，使得西安處於極其緊張、複雜的局面之中。

蔣介石到南京之後，把張學良軟禁了起來，調中央軍向西安推進，造成大軍壓境的形勢。東北軍中的將領爲了營救張學良而發生內訌，一批少壯派軍官主張與蔣介石決一死戰，救出張學良。他們殺害了主和的王以哲將軍。周恩來經過周密的分析、研究，認爲應以民族大局爲重，避免發生內戰，力爭和談協定的實施，由此引起東北少壯派青年軍官的不滿。有一天，幾個青年少壯派軍官氣勢洶洶地衝進了周恩來的辦公室。周恩來是一位思想極其敏捷的人，他馬上明白了他們的來意，他想對於這些青年軍官必須首先鎮住他們，才能使他們冷靜下來，再開導他們。他霍地站起來，把桌子猛拍，威嚴而又大聲地說：「你們要幹甚麼？你們以爲這樣幹就能救張副司令嗎？不，這恰恰是害了張副司令。你們破壞了團結，分裂了東北軍，你們在做蔣介石想作而作不到的事情，你們是在犯罪！」在周恩來的嚴厲訓斥下，幾個青年軍官低頭不語，氣焰收斂。周恩來見他們平靜下來，又進一步開導他們認識錯誤。他們自覺慚愧，流着淚，跪下向周恩來認錯請罪。一場風波平息下去了。

這時，西安充滿了火藥味。有人挑撥說，少壯派殺王以哲將軍，是受共產黨的指使。周恩來完全把個人安危置之度外，親自率領代表團前往王以哲將軍家安慰家屬，幫助料理後事。消息傳出之後，東北軍高級將領無不深受感動，一些人解除了對共產黨的誤會，從而揭穿了敵人陰謀，穩定了人心，扭轉了危局。

王以哲將軍是東北軍的高級將領，核心人物，也是與中國共產黨接觸最早的主張國共合作的重要人物。他的被害，不僅是使東北軍羣龍無首，失去了維護東北軍團結的希望，爲蔣介石分化瓦解東北軍掃清了障礙，嚴重地削弱和破壞了西安方面同南京談判和營救張學良將軍的地位和力量，南京方面也就乘機施加壓力，改變了原辦法，提出了一項更不利於東北軍、西北軍的「陝甘軍事善後辦法」。同時，王以哲被害的消息傳出以後，激起了東北軍廣大官兵的憤慨，駐防在渭南的東北軍立刻調轉槍口向西安開發，聲稱要爲王以哲將軍報仇，孫銘九等少壯派軍官此時非常恐慌。

面對這樣嚴重、複雜的局勢，周恩來沉着冷靜，臨危不亂。他一方面讓葉劍英派劉瀾波到渭南前方，向東北軍傳達中國共產黨堅持共產黨、東北軍、西北軍「三位一體」的團結，繼續爭取和平解決事變的方針，並表示共產黨反對殺害王以哲將軍這一錯誤行爲，將積極爭取張學良將軍早日恢復自由。另一方面，他考慮到少壯派軍官在發動西安事變中的功績，明白他們錯誤地殺害王以哲將軍的動機是想救張學良，因此，他毅然決定不避袒護少壯派之嫌，把他們送到雲陽紅軍駐地，再轉往平津，從而避免了東北軍內部大規模的自相殘殺，保護了和平解決西安事變的成果。

西安事變的和平解決，扭轉了時局，形成了國內合作抗日的局面。周恩來在這個事變中忠實地、堅定地、創造性地貫徹執行了黨中央的路綫，方針、政策，完成了人民的重托，爲挽救中華民族立下了千古不朽的功績，表現出他對黨對人民的赤膽忠心和中華民族的英雄氣概，也顯示出他的偉大政治家解決紛亂複雜矛盾重重的卓越才能，爲他以後擔任總理兼外交部長，處理複雜的國際問題積累了經驗和資本。

西安事變後，周恩來爲中國共產黨主要談判代表，赴西安、南京、上海、杭州，廬山等地同國民黨代表和蔣介石本人舉行會談，終於促成第二次國共合作。

抗日戰爭爆發後，紅軍改編爲國民革命軍第八路軍，他繼續擔任中共中央軍委副主席，並任中共長江沿岸委員會書記，領導南方工作，隨後又赴山西與閻錫山商討八路軍入晉作戰問題，並幫助閻謀劃保衞山西及首府太原。

抗日戰爭期間，他任中共中央代表團團長，中共中央長江局、南方局書記，長期駐在武漢、重慶。在極端困難的條件下和十分危險環境中，依靠他的大智大勇，代表中國共產黨與國民黨、蔣介石進行聯繫、周旋、交涉、談判，開展廣泛的統一戰綫工作和領導國民黨統治區的工作，爭取和團結了各階層廣大的愛國人士、海外華僑、港澳同胞，對宣傳共產黨的主張，擴大共產黨的影響，堅持抗戰，反對妥協投降，支援前綫，起了極大的作用。周恩來成爲中國共產黨統一戰綫工作的奠基人和第一位模範執行者。

周恩來在武漢、重慶不但是共產黨派駐在國民黨那裏的代表，而且也是共產黨派駐在整個外部世界的代表。他在武漢時就在中共代表團內設立了國際宣傳組，這是中國共產黨最早的外交機構，一九三九年四月正式建立外事組，獨立自主地開展中國共產黨的外交工作。當時在武漢、重慶的蘇美英法印等國的大使和外交官員都與周恩來和中共代表團經常有聯繫和來往。太平洋戰爭爆發後，英美等西方國家到重慶訪問的人士十分頻繁，他們當中有統治階級的上層人物，如美國副總統華萊氏、共和黨領袖威爾基、美國總統羅斯福派來擔任蔣介石顧問的拉鐵摩爾、先後擔任中國戰區統帥部參謀長史迪威、魏德邁以及外交官員、自由人士、記者、教授、作家、學者、醫生、軍官等，進行廣泛的接觸，努力影響他們，爭取他們，使他們對中國有個較正確的認識。

美國駐華使館外交人員謝偉思在後來回憶周恩來的文章中說：「他試圖使我們贊同他（和他的黨）對中國和世界的看法——他對這些看法是深信不疑的。但是，他這樣做，靠的是冷靜的說理，清晰的措詞，溫和的談話，廣博的歷史和世界知識以及對事實和細節的驚人的了解，人們會被說服（或受教育），但不會被壓服，也不會因爲持不同意見而受到責怪。」周恩來正是用他充沛的精力和卓越的工作才能，正確地表達了中國共產黨的立場，說服和影響了許許多多的人，因而在國際統一戰綫中，團結了很多的外國朋友，這就大大有利於在抗戰勝利後把美蔣反動派徹底孤立起來。

周恩來抗戰時期在國內統一戰綫和國際戰綫中的工作，特別是他創立和運用的「團結進步力量、爭取中間力量，孤立和打擊反動力量」，「站穩立場、堅持原則、多做工作，擴大影響，爭取多數，孤立敵人」和又聯合又鬥爭原則的堅定性和策略的靈活性與政策、策略，以及他的「中肯求實，有理有節，求同存異，不卑不亢，平等待人」的風格，都爲他以後的外交工作積累了豐富的經驗和建立有新中國外交特色的外交打下基礎。

抗戰勝利後，周恩來同毛澤東、朱德指揮八路軍、新四軍依據波茨坦宣言規定向附近的日僞軍受降，和命令呂正操、張學思、方毅、李運昌等率部向東北進發，以後又調林彪、羅榮桓、黃克誠率部進入東北，並組織以彭眞、陳雲、李富春等的中共中央東北局，抽調大批幹部前往，開闢東北根據地，防止蔣介石下山摘桃子。同時努力爭取國內實現和平，建立由各黨派參加的聯合政府，反對蔣介石堅持獨裁和內戰的方針。因此，周恩來陪同毛澤東冒着很大的危險赴重慶同蔣介石進行和平談判，經過艱苦的努力和頑強而又巧妙的鬥爭，終於達成由周恩來起草的「雙十會談紀要」，推遲了內戰的爆發。

以後，他又同董必武、葉劍英、王若飛、吳玉章、陸定一、鄧穎超等組成的中共代表團繼續在重慶、南京、上海、北平同蔣介石、國民黨代表進行和平談判，努力爭取和平，動員國民黨統治地區人民爭取和平，反對內戰，爭取民主，反對獨裁的鬥爭，有力地揭露蔣介石的陰謀，配合解放軍民反對國民黨的軍事進攻。

特別應該提到的是自一九四五年十二月二十二日起他與美國以調解人身份的馬歇爾特使將近一年的談判。這是中國共產黨與美國政府最主要的接觸，是中國共產黨最主要的一次外交活動，也是周恩來就任外交部長前最大的一次外交實踐。在這次談判中周恩來以巨大的智慧、高超的藝術和不屈不撓的鬥爭，贏得了這場談判的勝利，維護了中國共產黨和中國人民的利益。他那善於審時度勢、運籌帷幄，隨機應變、果斷決策，向中國和世界表明他是一位極其罕見的外交家和革命領袖。

一九四五年十一月二十七日，美國總統杜魯門免去赫爾利駐華大使職務，任命馬歇爾爲總統駐華特使。馬歇爾是美國有數的五星上將。他二十二歲畢業於美國維吉尼亞軍事學校，身歷兩次世界大戰，曾在菲律賓、法國等作戰，一九二四年他充任美軍第十五步兵團團長時，曾駐天津三年，能講流利的中國話。但他從一九三二年起擢升爲少將以後又擔任美軍總參謀長，便在國際政治洪爐中受到鍛煉，歷次的羅斯福、邱吉爾會議，德黑蘭、雅爾培、波茨坦等重要國際會議，他都參加了，養成政治家的風度。這位六十七歲的軍人，在政治上說得上老馬識途了。周恩來認爲馬歇爾來華充當國共調解人，美國「扶蔣壓共」的政策不會變，但在方法上卻有改變的可能。赫爾利是企圖用武力支持蔣介石壓制共產黨，使美國在中國越陷越深，不僅遭到中國共產黨、中國人民的反對，也受到美國國內批評，而且違反美國當前主要戰略是與蘇聯爭雌雄。而馬歇爾來華，則有可能接受我黨民主的統一中國的意見。因此，他提出在與國民黨進行的這場爭取和平民主的鬥爭中，我們對美國的政策應是「力求在某種程度上中立它，不挑釁，對其錯誤的政策必須給以適當批評，對其武裝干涉中國內政必須以嚴正抗議，對其武裝進攻必須以堅決抵抗。」

十二月十五日，美國總統杜魯門發表了對華政策聲明，表示希望中國停止武裝衝突；召開包括各重要黨派的全國會議，擴大政府基礎，協商解決內部分歧；保證美國不會使用軍事干涉的方式影響中國的內爭過程。十二月十七日，中共中央發言人發表談話，歡迎杜魯門聲明，表示中國共產黨和中國一切民主派別願意在杜魯門聲明的基礎上與國民黨求得妥協。這是中國共產黨在新形勢下爲取得鬥爭中的主動權所採取的重要步驟。

周恩來在與馬歇爾最初幾次會談中，明確地向馬歇爾講了兩點：第一，中國不應內戰。中共主張立即停止衝突，用民主的方法解決國內的一切問題，先由政治協商會議草擬憲法，然後由改組了的政府籌備國民大會，通過憲法，使中國成爲憲政國家。中共目前所要求的這種民主與美國式的民主頗爲相似，但要加以若干中國化，即在目前階段，我們還承認蔣介石的領導地位和國民黨的大黨地位。第二，共產黨所說的建國道路就是要提倡民主和科學，以建立一個獨立、自由和富強的中國。在這方面，美國有許多地方可供我們借鑒，包括華盛頓時期的民族獨立精神，林肯提出的民有、民治、民享和羅斯福主張的四大自由，以及美國的農業改革和工業現代化。周恩來還向馬歇爾坦率表示，中國共產黨接受美國的調解是以美國不干涉中國內政爲前提的，我們希望看到盟國關心中國的內爭，但要求盟國恪守「不干涉中國內政」的諾言。周恩來說道：「如何才能做到二者兼顧，不致顧此失彼，極爲困難」，但中共「願意在這兩方面結合起來的基礎上考慮問題」。馬歇爾對此表示完全同意周恩來的顧慮，承認這是一個「十分微妙」而且「頗難做到」的事情，但他願盡力而爲。

周恩來遵照黨中央爭取實現全面停戰、通過政治協商、建立聯合政府，在全國開創一個和平民主的新階段的方針，與馬歇爾主要會談停戰和整軍兩個問題。

在停戰問題的商談中，周恩來與國民黨代表張羣、馬歇爾首先就兩個主要問題達成了一致意見。即無條件立即停戰並禁止一切軍事調動的原則和三方一致協議的原則。所謂「三方一致協議」，是指在負責處理停火及各項有關重大事宜的三人委員會（由美方代表馬歇爾、中共代表周恩來和國民黨代表張羣組成，後稱三人小組）中，每方都擁有否決權，按一致協議的原則做出決議，一切決議送交國共雙方最高當局分別核准後方能生效，這一原則也適用於隨後建立的、由三人小組領導的軍事調處執行部及其屬下的一切機構。這樣不僅使中共在馬歇爾的調處活動中與國民黨處於平等地位的保障，也是防止國民黨和美國雙方聯合起來壓制共產黨的保障。在關於停戰令一般條款的討論中，國共雙方最關注的是國民黨軍隊開入東北接收主權的問題和國民黨要求我方交出熱河、察哈爾兩省的赤峯和多倫兩個戰略要地的問題。經過周恩來的努力和鬥爭，最後國共雙方都作了讓步，三方一致同意，國民黨軍隊爲接收主權而開入東北可不受停戰令中關於禁止一切軍事調動的條款的約束。國民黨方面放棄對赤峯和多倫的要求，仍由中共部隊佔領。一月十日，國共雙方共同發佈了停戰令。

這就爲同一天開幕的政治協商會議創造了良好的氣氛。

政治協商會議是國共和談中的一個重要的環節。有中共和各進步黨派、人士參加的政治協商會議，於一九四六年一月三十一日，一致通過了政府改組案、和平建國綱領、軍事問題案、國民大會案、憲法草案。這些協議是引導中國走向和平、民主、團結的藍圖，給中國人民帶來了美好的希望。

在整編軍隊方案的磋商中，中國共產黨歷來主張，國家民主化是軍隊國家化的前提，國民黨軍隊與解放區軍隊要同時交給民主聯合政府。蔣介石則堅持要我黨交出軍隊才考慮實行政治民主化的措施。爲了解決這個矛盾，周恩來提出如果國共兩黨各執一端，必將造成對立，使問題無法解決。他建議兩者應該「並行前進，歸於一途」。他形象地解釋道，政治民主化與軍隊國家化好像兩條腿，是平行的，互相配合前進的，協調兩條腿的神經中樞就是改組政府。周恩來根據實際情況採取的這種靈活變通的說法，既堅持了國共兩黨的軍隊要同時交給聯合政府的原則，維護了我黨我軍的利益，又爲談判的進一步進行創造了條件。

在會談中，馬歇爾用了大量的時間介紹了西方國家軍隊不干預政黨政治的傳統的形成過程。他幻想把西方的這套制度植入中國，並以此說服我黨交出軍隊。馬歇爾提出的整軍建議中，盡量縮短國共兩黨部隊從分別整編到統編的過程。他甚至提出，在最先完成的統編軍隊中抽出三個師到日本參加聯合國佔領，其中一個師爲中共部隊。二月八日，中共中央指示周恩來，對馬歇爾提出的軍隊整編辦法有徹底破壞國民黨及地方軍隊原來系統的一面，可以「在原則上贊成他的意見」。同時，提醒說：「美蔣的目的在於政治上讓步，軍事上取得攻勢，對這種陰謀必須嚴重注意」。對於整編「必須慎重處理」，「因爲中國軍隊問題是最重要的問題」。中央的意見只是決定第一期整編計劃，對兩黨軍隊合編不能答應，一個師去日本應謝絕；第二期計劃待第一期計劃完畢後再行決定，因到時可取得一些經驗，並可看清美國的意圖，以便根據形勢的發展來決定我黨對於軍隊的政策。周恩來在談判中認眞貫徹了中央的這一指示。二月二十五日，國共雙方和以顧問身分參加的美方，共同簽署了軍隊整編基本方案。根據這個方案，全國軍隊的整編分爲分別和合編兩個階段，在實行全部統編前，尙須經過試點，這就具體地解決了軍隊統編與全國政治民主化互相配合進行的問題。統編方案規定，國共兩黨軍隊將按照雙方協議的五：一的比例配置，兩黨軍隊地位平等，統編結束之前，我軍的領導權屬於我黨。

停戰協定、政協協議和整軍方案簽署之後，內戰在全國範圍內暫時地相對地停止了一個時期，蔣介石被迫接受了成立聯合政府的決定，被迫承認了我軍的地位和數量。這是周恩來領導的中共代表團在談判中取得重大成果。雖然這些協議不久就遭到國民黨方面的破壞而未能實行，但它們的簽訂仍具有重大的政治意義，國民黨撕毀協議，暴露了它們堅持獨裁、內戰的面目，我黨堅持要求履行這些協議，則大得人心，掌握了政治鬥爭的主動權。同時，也爲我黨我軍準備對付國民黨發動內戰，贏得了寶貴的時間。

一九四六年三月召開的國民黨六屆二中全會，通過了一系列決議案，推翻了政協決議確定的修憲原則，也推翻了整軍協定。同時，在改組政府的談判中，國民黨也蓄意設置障礙，極力避開建立聯合政府這一關鍵步驟，企圖直接召開國大，制定獨裁憲法，爲繼續實行法西斯統治製造根據。周恩來根據他同蔣介石、國民黨多年談判的經驗，他們善於搞兩面派、玩流氓手段，出爾反爾，說話不算數。非常敏感地意識到形勢發生逆轉，他在國民黨二中全會閉幕後立即致電中共中央，說明國民黨已退回到兩面派的本來面目。從此，周恩來為挽救時局的惡化付出了極其巨大的努力。

他在維護各項協議同國民黨反動派進行堅決的鬥爭的同時，與國民黨、美國方面就解決東北問題進行談判。當整軍談判即將結束的時候，周恩來就敏感地察覺到「東北問題將成為鬥爭的焦點」。馬歇爾來華後，我黨就希望和平解決東北問題，一九四六年二月中共中央連續致電中共代表團，指示：「力求用和平方法解決東北問題」。周恩來根據指示，於二月下旬，主動要求國、美兩方就東北問題舉行談判，並提出了解決東北問題的建議。

可是，蔣介石在東北問題上毫無和平誠意，他先是採取迴避態度，否認東北存在中共軍隊，否認東北處於內戰狀態，遲遲不願就東北問題舉行談判，當談判開始後，他又採取拖延戰術。美國幫助國民黨佔領東北是它的既定政策，馬歇爾從一開始在東北問題上就站在偏袒國民黨的立場上。他對中共與蘇聯的關係疑慮重重，極力幫助蔣介石確立在東北的優勢地位。他不顧東北內戰正在擴大，以履行美國有幫助國民黨接收東北主權的條約的義務為藉口，動用美軍的運輸工具，不斷向東北運送國民黨部隊，後來甚至超過了整軍方案所規定的五個軍的限額。對於周恩來先後提出的一些合理建議，例如三人小組親赴東北視察促成停戰等都表示不能接受。在幾經周折之後，於三月二十七日，國共雙方就派遣停戰執行小組進入東北問題上達成協議。但一二天後，國民黨軍隊就在東北發動了新的進攻。蔣介石還宣稱國民黨在東北的行動不得受任何阻攔，在國民黨完成接收之前，東北無內政可言。我軍忍無可忍，只有實行自衛還擊。

此時，周恩來從東北形勢的發展連繫整個談判形勢，分析和判斷，認為，眞正挽救和平的機會已經不存在了。要打破國民黨在東北大打，全國大鬧的局面，就必須在東北挫敗蔣介石的軍事進攻，只有如此，才有可能制止全國內戰的爆發，挽救已惡化的局勢。中共中央接受周恩來的看法和建議。到了一九四六年五月中旬，四平保衛戰的緊要關頭，周恩來認爲，全面破裂的危險已經增加，形勢眞正好轉絕無可能，目前半打半和的可能性較大。而到五月下旬，在四平、長春失守之後，周恩來的結論是，內戰已臨全面化邊緣，不可避免，但尚有緩和與推遲的可能。面對急轉直下的形勢，周恩來和談判代表團的成員一致向黨中央建議，調整我黨的方針策略。由於蔣介石的內戰方針已定，我方力量一時尚處於劣勢，因此我黨目前方針應爲避免挑釁，推遲戰事，積極準備。六月七日，周恩來飛返延安，直接向中央滙報情況，並進行研究。中共中央根據周恩來的意見，決定：我黨目前的策略方針是在不喪失基本利益的前提下「竭力爭取和平，哪怕短時期也好」。

蔣介石在各方的壓力下，爲了欺騙羣衆，他於六月六日宣佈從第二天起東北休戰十五天。其實，蔣介石同意東北停戰，主要是因爲他在關外的軍事力量已達頂點，他打算在關內發動進攻，並利用在東北取得的軍事勝利的時機，壓迫我黨在全國作出讓步。他在談判中不斷提出極爲苛刻的條件和一系列極爲無理的要求，企圖逼迫我黨屈服或宣佈談判破裂，使他得到發動全面內戰的藉口。面對這樣嚴峻、緊張的談判鬥爭，周恩來採取的對策是既要避免破裂，又要不做大的讓步。雙方在談判桌上不斷拿出針鋒相對的新提案和方案，但不解決任何問題。

六月二十六日，國民黨軍隊大舉進攻我中原解放區，爆發了全面內戰。國共兩黨鬥爭的重心已由政治談判，轉到軍事較量。在這個時局轉換的關鍵時刻，周恩來十分注意分析研究國民黨和美國兩方的政策差異，以便利用矛盾，尋找對策。他有一個基本估計，在東北問題上，國、美兩方的立場已日趨一致，但對蔣介石發動全面內戰，美國尙有疑慮，不願大力支持。對這個矛盾要加以利用，但不能估計過高。周恩來主張採取的策略是，對於國民黨要針鋒相對，以打對打，以和對和，以半打半和對半打半和；對於美國則要以爭取爲主，批評爲輔。在與馬歇爾的會談中，周恩來不斷揭露蔣介石積極佈置內戰的陰謀，列舉國民黨違反停戰令，破壞政協決議的大量事實，表示中共希望馬歇爾能繼續站在公正的立場上調處。

在六月初的一次會談中，周恩來向馬歇爾指出，中共一直希望馬歇爾能完成自己的使命，而國民黨方面從一開始就不願其成功。現在蔣介石已準備大打，並竭力把美國拖下水。對於美國的對華政策，周恩來指出，美國政府採取的是雙重政策。一方面是比較好的，是羅斯福總統留下的世界各國要合作，中國各黨派也要合作；另一方面，是比較暗淡的，那就是積極援助國民黨，而不顧中國尙未實現民主化。對於中國正在出現的內戰局面，美國是要負責任的，應該加以制止，也能夠加以制止。

隨着內戰的擴大和美國對國民黨的援助的不斷增加，周恩來在談判中加強了對美國的批評和鬥爭。主要集中在兩個問題上：第一，反對讓美方握有最後決定權。美方提出改變過去三方一致原則，還有國、共兩方代表意見分歧時，軍調部或執行小組的美國軍官握有決定權、執行權和解釋權，國民黨代表表示支持和給予補充。這個建議有利於國民黨和美國兩方聯合起來壓共產黨。對此，周恩來堅決加以抵制，他告訴馬歇爾和其他美方人員，改變三方一致協議的原則使人感到美國要控制中國，中共方面不能接受。當國民黨代表也一而再、再而三地提出這個問題時，周恩來斬釘截鐵地說：「中共是愛國主義者，不能承認喪失國權的辦法。」第二，反對美國援蔣。它包括反對美國幫助國民黨運兵東北超過整軍方案所規定的五個軍數額，反對美國政府向國民黨提供貸款、武器、作戰物資，反對美國國務院提出的軍事援華法案和向國民黨出售戰時剩餘物資等。

最後，周恩來同馬歇爾的鬥爭中心是揭露美國的騙局。在一九四六年九月底，國民黨軍分三路向張家口進攻。周恩來立即致函馬歇爾、蔣介石，聲明如果國民黨軍隊不立即停止對張家口的進攻，中共將認爲國民黨政府已公然宣告談判破裂。十月九日，周恩來在上海與馬歇爾舉行會談，向其表示，中共對他的「公正」立場已喪失信任，暗示他的調處已失敗，應該退出調處。

十月十一日，國民黨軍隊佔領張家口，蔣介石得意忘形，立即宣佈召開一黨包辦的僞「國大」。國共談判到了破裂的最後關頭。十一月十五日，僞「國大」開幕，十六日，周恩來舉行中外記者招待會，慷慨陳詞，指出國民黨一黨「國大」的開幕最後破壞了政協以來的一切決議，停戰協定與整軍方案，隔斷了政協以來和平協商的道路。十九日，周恩來率中共代表團返回延安。一九四七年一月七日，馬歇爾奉調回國，並發表了所謂「離華聲明」，誣蔑我黨「不顧國家利益與人民痛苦」，「不願作出公允的妥協」，吹噓蔣之獨裁憲法是「民主憲法」，顚倒是非，把美蔣發動內戰的罪責完全強加在我黨頭上。一九四七年一月十日，周恩來在延安發表了「評馬歇爾離華聲明」的演說，痛斥了馬歇爾的無恥讕言。周恩來列舉了美帝派軍駐華，幫助蔣介石調動二百一十八個旅進攻解放區，侵佔解放區十七萬九千多平方公里土地，佔領解放區一百六十五個城市，締結侵略性的中美商約、航空協定等大量事實，明確指出破壞和談，發動內戰的「罪魁禍首」不是別人，正是美蔣反動派。指出馬歇爾的僞善面目，使中國人民和世界人民進一步認清美帝的眞面目。

周恩來回到延安後，同毛澤東一起留在陝北，勝利地指揮全國的解放戰爭，並領導國民黨統治區和情報工作，他同毛澤東相輔相成，協調運轉統帥部，毛澤東站得高，看得遠，魄力大，在戰略決策上往往獨具匠心，高人一籌。周恩來既能協助毛澤東運籌帷幄，深謀遠慮，又能將毛澤東的意圖和決策，化作嚴肅謹愼的技術措施，環環相扣的具體步驟貫徹到千軍萬馬的行動上，落實千里之外的決勝中。周恩來同毛澤東一起不但指揮陝北和全國的軍事鬥爭，獲得重大的勝利，而且還一起制定遼瀋、淮海、平津三大戰役作戰方案，並指揮作戰，消滅了蔣介石的主力部隊。在這具有決定意義的三方戰役勝利之後，蔣介石的敗局已定，被迫退位。周恩來又在北京主持同國民黨的和談，中國人民解放軍渡江之後，他除繼續指揮作戰，消滅蔣介石殘餘軍隊以外，主要精力用於主持籌備召開新的全國政治協商會議，起草「共同綱領」，並成立中央人民政府。

由於周恩來有如是的光榮歷史，赫赫功勳，學識淵博，經驗豐富和多方面的領導能力以及高尙的品格、情操，因而被公認爲傑出的領袖，受到全黨全軍全民的尊敬、受戴和擁護。

毛澤東早在中共七屆二中全會之前，就考慮要選擇一位能力強，威信高，能總攬全局的人當新中國的總理和外交部長，主持政府工作、新中國的建設和外交事務。他在同其他中央領導人個別交談或中央書記處的會議上醞釀中央人民政府領導人選時，便深思熟慮地說：我們很快就要在全國取得勝利了，奪取這個勝利已經不要很久的時間和花費很大的氣力了。但是鞏固這個勝利，則是需要很久的時間和要花費很大的氣力。資產階級懷疑我們的建設能力，帝國主義者估計我們終久要向他們乞討才能活下去。因此，我們要建立一個強有力的中央人民政府，管理好國家，管理好城市，發展經濟，提高人民生活，並同帝國主義、資產階級作好政治鬥爭、經濟鬥爭、文化鬥爭和外交鬥爭，否則我們就不能維持政權，就會站不住腳，就會失敗。我認爲關鍵是要選好一個當家人、好總理。在我們幾個人當中，我看恩來最能應付國內國際大局面，解決複雜的矛盾，是個人才，他比我強，我不如他，讓他做總理兼外長最合適。

朱德表示：我贊成恩來做總理，他一直是我們黨的總管家，軍隊的總管家，再讓他當政府的總管家那是順理成章。他是解決問題的能手，甚麼最難辦的事，到他的手裏便迎刃而解了。

劉少奇說，管理國家，建設國家，好比唱一台大戲，要有各式各樣的角色，但是必須有一個主角，否則戲就唱不好，唱不下去了。像《西廂記》裏的紅娘就是個主角，台上台下、台前台後都有她的戲，有聲有色。我看就請恩來來唱紅娘這個主角，我們大家唱配角。

毛澤東認爲，少奇這個比喻很好，很生動。恩來唱紅娘，我們這些人的日子就好過了。

任弼時也非常贊成周恩來當總理。他還建議他兼外交部長。他說，恩來長期做統一戰綫工作，又在我們黨內主管外交工作，外交工作實際上就是國際統一戰綫工作，他有豐富的經驗，是拿手好戲。而且他既有外交方面理論也有過實踐，在國際上他享有很高的聲譽，是最好不過的外交部長人選。

根據黨內多方面的醞釀，毛澤東在一九四九年三月十日中國共產黨七屆二中全會的總結發言中就明確地說到：新中國中央人民政府的主要人員配備，現在尚不能確定，還需要同民主人士商量，但「恩來是一定要參加的，其性質是內閣總理。」

各個民主黨派、民主人士，長期同周恩來交往，深知他的爲人，對他的品格和才學都佩服得五體投地，認爲周恩來是最周到不過的人，由他當總理，那是眞正的「周」總理了，所以都一致地、毫無保留地擁戴他，相信他一定能把中國對內對外的事辦好。

許多外國人也認爲新中國的總理和外交部長非周恩來莫屬。

一九四九年一月三十一日斯大林派聯共中央政治局委員米高揚前來石家莊聽取中共中央的意見。他在同毛澤東等書記處成員會談後，又單獨同周恩來會談一次，這次談話的內容十分廣泛：討論了戰後經濟建設、交通運輸等恢復工作，成立新政府的總體規劃與設想；對外關係問題，特別是對外貿易的開展與管理；發展或建立各種社會組織、羣衆團體和對他們力量的運用和發揮；在中國有多黨存在，它們的作用和意義等。這些正是周恩來在新中國建立前夕日夜苦心思考和探索的問題，這次談話給米高揚留下了很深的印象，以後，他對人說：「周恩來將是中國新政府一位很好的總理。」

一九四九年七月劉少奇率領中國共產黨代表團訪蘇，與斯大林商談中國建國問題時，斯大林說，中國革命很快就會取得勝利，那時你們就將成立新的共和國，組織中央政府，不過在這方面也不會遇到甚麼困難，因爲你們有周恩來這樣一位現成的總理，哪兒去找這樣一位理想的總理呢?!

美國總統杜魯門派往中國的大使銜駐華特使五星上將馬歇爾；後任美國國務卿、國防部長，說周恩來是他從未遇到過的外交談判對手。

就連周恩來的對手蔣介石也非常佩服和贊賞他，不無感嘆地認爲國民黨裏找不到像周恩來這樣的人才。蔣介石一直想拉攏他、重用他。就是在國民革命軍攻克武漢，蔣介石的反革命面目已經暴露，國共[38]兩黨面臨公開分裂的時候，蔣介石還想任命周恩來以戰地政務委員會主任或戰地財政委員會主任的重要職務，但被周恩來拒絕了。

二、外交部點將

公元一九四九年十月一日下午，中央人民政府委員會第一次會議開完之後，三時整，毛澤東主席、周恩來總理兼外交部長、朱德、劉少奇、宋慶齡等副主席，及中央人民政府委員會委員、政務院副總理、中央人民政府軍事委員會副主席等黨政軍各方面的負責人，懷着勝利的喜悅，邁着矯健的步伐，沿着西側的古磚梯道登上天安門，慶祝中華人民共和國的誕生。

天安門，原爲明清兩代皇城的正門，位於北京市區的中心。它始建於明朝永樂十五年，也即公元一四一七年，當時稱「承天門」，承天啓運的意思。清朝順治八年，公元一六一五年重新修建，改稱「天安門」，受命於天，安邦治民的意思。在高大的紅色城牆上開有五個拱形門，城上有九開間的重檐，歇山城樓，紅柱黃瓦，巍峨壯麗。前後各有華表一對，門前有金水河，跨河有漢白玉石橋五座，橋前爲廣場。天安門過去乃是皇帝發表詔書的地方。如新皇帝登基，選納皇后等重大慶典時，在此舉行「頒詔」儀式。

從天安門向北，便是那舉世聞名的紅牆綠瓦的故宮，又稱紫禁城。這個佔地面積七十二萬平方米，建築面積五十二萬平方米，九千多間房屋的雄偉壯麗的建築羣，裏面珍藏着大量的奇珍異寶、歷代名人字畫、珍貴的藝術品和各種文物。它代表中國和東方的古老文明。

如今它們都已回到人民的手裏，今天天安門廣場和東西長安街乃至整個古老的北京城都披着節日的盛裝。三十萬軍民聚集天安門廣場周圍。人羣和旗幟、彩綢、鮮花、燈飾，滙成了喜慶的錦綉的海洋。

中央人民政府秘書長林伯渠準時宣布開會，在剛剛定爲代國歌的《義勇軍進行曲》樂曲聲中，中央人民政府主席毛澤東莊嚴宣布：中華人民共和國中央人民政府成立了！中國人民從此站起來了！這個聲音，代表全中國人民，代表無數先烈們的夙願。這個聲音，震撼了全世界。

隨即毛澤東開動有電綫通往天安門廣場中央國旗桿的電鈕，升起了中華人民共和國第一面五星紅旗。就在那紅旗冉冉升起的時候，五十八門禮炮齊放二十八響，如同報春驚雷迴蕩在天地之間。

紅旗升起之後，毛澤東主席宣讀了中華人民共和國中央人民政府的公告：「宣告中華人民共和國的成立，並決定北京爲中華人民共和國的首都。」

北京，原名北平。它是馳名世界的歷史文化古城。其歷史極其悠久，向上追溯，它是人類的祖先發祥地之一，幾十萬年前著名的「北京人」在這裏生息、勞動，開闢草原、菜地，揭開了中國遠古歷史的第一章。就是往近處說，從歷史有明確的記錄時候算起，周武王分封召公奭於燕，也有三千多年的歷史了。

在這以後，北京有過衆多的名稱、紛繁的建置，如薊城、廣陽、燕郡、幽州……物換星移，屢經變遷，而燕京、而南京、而北平、而北京，隨着中華人民共和國的發展而發展，而日益繁榮昌盛，所謂「人物殷阜，百姓富饒」。北京是古代中國北方的重鎮，是漢族和北方各民族交流往來的樞紐，後來成爲全國的政治、經濟、文化中心。

毛澤東宣讀完公告以後，林伯渠秘書長宣佈閱兵開始。

中國人民解放軍總司令朱德，這位從辛亥革命開始，就帶兵打仗，南征北戰，不知經歷和指揮多少戰鬥的著名軍事家、統帥。他身着戎裝，健步走下天安門城樓，乘坐敞篷汽車通過金水橋，還候在橋南的閱兵總指揮聶榮臻即致軍禮報告，受檢閱的陸海空軍代表部隊均已準備完畢，請總司令檢閱。

在《三大紀律八項注意》、《軍隊老百姓》、《保衛勝利果實》等軍樂樂曲的連續鳴奏中，朱德總司令由聶榮臻總指揮同車陪同，檢閱肅立受閱的三軍部隊。當朱德向指戰員問好時，指戰員齊聲響亮地回答：「祝總司令健康！」

接着，朱德重登天安門，宣讀了《中國人民解放軍總司令部命令》。

然後，海軍、陸軍、炮兵、摩托化兵、騎兵在《八路軍進行曲》、《軍隊進行曲》和《坦克進行曲》的伴奏聲中雄赳赳的走過天安門，人民空軍的飛機分別三機和雙機編隊，一批一批飛經天安門廣場的上空。在天安門前天上地下，渾然一體，形成雄宏的立體武裝陣容，萬衆觀望，應接不暇。毛澤東、周恩來、劉少奇、朱德也興奮得樂不可支。

閱兵儀式完結以後，便是歡騰的羣衆遊行隊伍，舉着五顏六色的旗幟，呼着祝賀的口號，唱着勝利的歌曲，走過天安門向新中國的領導人致敬。

周恩來是開國大典籌委會的主任，上述的活動，都是在他的精心安排下進行的。他顯得特別地忙，他在天安門上來回張羅、檢查、督促，一絲不苟，保證大典順利進行，同時，他還要向毛澤東、劉少奇、朱德、宋慶齡和民主人士、各界代表，分頭介紹今天的盛況，共享歡樂。他無限感慨地說：「中國人民世世代代爲之奮鬥的這一天終於到來了！」

可是，此時此刻的周恩來，他的心情既興奮激動，又對往事有許多酸甜苦辣的回憶。他浮想聯翩，想到過去，想到現在，更想到將來。

周恩來從天安門參加開國大典回到中南海他辦公的地方。

中南海曾經蒙受許多恥辱，經歷了六十年左右的辛酸苦痛，可以說是一個舊中國的縮影。中國人民解放軍進入北京以後，它才回到人民的懷抱，洗刷了恥辱，蕩滌了汚垢，中南海成爲黨中央和政務院辦公的地方，以新的姿態展現在人們面前。

周恩來的辦公室先是在中南海豐澤園頤年堂毛澤東住處和辦公的地方旁邊。一九四九年十月七日，他搬進中南海西花廳。

西花廳原是清朝最後一個攝政王載灃的官邸的一部分。辛亥革命後，軍閥袁世凱和段祺瑞都使用過這個地方。一九四九年全國解放時，這座院落已很破舊了，但周恩來認爲稍加修葺，還可以用作他的辦公室、住房以及會客。可是他又不許講排場，除了必要的開支外，不同意多花國家一分錢。

西花廳是一個四合院，前面大約有百多平方米是他的會客室，用來會見國內外客人或在這裏開會。東西廂房是周恩來和鄧穎超的臥室以及秘書們的辦公室和住房。三間北房是周恩來的辦公室。東西兩面牆立着四個書櫥，放滿了書籍，三張方桌拼起來的長會議桌，佔去了辦公室的大部分。周恩來吃飯就在會議桌的一角。周恩來的辦公桌斜放在辦公室的右邊，辦公桌左側茶几上三部電話機一字兒擺開。周恩來就是在這個極其普普通通的辦公室裏，日理萬機，處理着黨和國家對內對外的大事，直到他病重住院才離開這個辦公室，在醫院裏辦公。

周恩來一回到辦公室，沒有休息，馬上拿起電話撥到中央外事小組的王炳南，檢查他昨天下午和今天早晨交待的任務完成的情況。

周恩來曾在昨天，九月三十日上午，他步履矯健，氣宇軒昂的來到中央外事小組的辦公室。他一進門便笑着對大家說，從現在起，中央外事組的工作任務已經結束了，我們要開始辦正式的外交了。明天毛澤東主席在開國大典上將發表一個公告。典禮結束後，要將中華人民共和國主席毛澤東的公告和用我這個外交部長名義的函件，立即發送到留住在北京、南京、上海等地的外國使館或領事館。你們趕緊準備，把公告和函件中外文都打印好。這將是我們新中國的第一個外交文件，是通過使領館向外國發出的第一個照會。周恩來又指示說：遺留在中國的外國使領館，除社會主義國家外，均不承認其外交地位。今後建交工作，要通過談判進行，要他們表明與台灣斷絕一切外交關係，我們才予承認，我們建交是有原則的。談判建交在國際上並無先例，這是根據我國具體情況的一個創舉。

周恩來一向對工作抓得很緊，講求效率，他在電話中要求中央外事組立即將發給使領館的每封函件和公告送來給他簽字。

一份份函件送到周恩來的面前：只見上面寫道：

公函

逕啟者，中華人民共和國中央人民政府毛澤東主席已在本日發表了公告。我現在將這個公告隨函送達閣下，希爲轉交

貴國政府。我認爲中華人民共和國與世界各國建立正常的外交關係是需要的。此致

先生

中華人民共和國中央人民政府外交部長

一九四九年十月一日於北京

每一份函件袋中裝有一份公告，內容是：

中華人民共和國中央人民政府公告

（一九四九年十月一日）

自蔣介石國民黨反動政府背叛祖國，勾結帝國主義，發動反革命戰爭以來，全國人民處於水深火熱的情況之中。幸賴我人民解放軍在全國人民援助之下，爲保衛祖國的領土主權，爲保衛人民的生命財產，爲解除人民的痛苦和爭取人民的權利，奮不顧身，英勇作戰，得以消滅反動軍隊，推翻國民政府的反動統治。現在人民解放戰爭業已取得基本的勝利，全國大多數人民業已獲得解放。在此基礎之上，由全國各民主黨派、各人民團體、人民解放軍、各地區、各民族、國外華僑及其他愛國民主分子的代表們所組成的中國人民政治協商會議第一屆全體會議業已集會，代表全國人民的意志，制定了中華人民共和國中央人民政府組織法，選舉了毛澤東爲中央人民政府主席，朱德、劉少奇、宋慶齡、李濟琛、張瀾、高崗爲副主席，陳毅、賀龍、李立三、林伯渠、葉劍英、何香凝、林彪、彭德懷、劉伯承、吳玉章、徐向前、彭真、薄一波、聶榮臻、周恩來、董必武、賽福鼎、饒漱石、陳嘉庚、羅榮桓、鄧子恢、烏蘭夫、徐特立、蔡

暢、劉格平、馬寅初、陳雲、康生、林楓、馬敘倫、郭沫若、張雲逸、鄧小平、高崇民、沈鈞儒、沈雁冰、陳叔通、司徒美堂、李錫九、黃炎培、蔡鋌鍇、習仲勳、彭澤民、張治中、傅作義、李燭塵、李章達、章伯鈞、程潛、張奚若、陳銘樞、譚平山、張難先、柳亞子、張東蓀、龍雲爲委員，組成中央人民政府委員會，宣告中華人民共和國的成立，並決定北京爲中華人民共和國的首都。中華人民共和國中央人民政府委員會於本日在首都就職，一致決議：宣告中華人民共和國中央人民政府的成立，接受中國人民政治協商會議共同綱領爲本政府的施政方針，互選林伯渠爲中央人民政府委員會秘書長，任命周恩來爲中央人民政府政務院總理兼外交部部長，毛澤東爲中央政府人民革命軍事委員會主席，朱德爲人民解放軍總司令，沈鈞儒爲中央人民政府最高人民法院院長，羅榮桓爲中央人民政府最高人民檢察署檢察長，並責成他們從速組成各項政府機關，推行各項政府工作。同時決議：向各國政府宣佈，本政府爲代表中華人民共和國全國人民的唯一合法政府。凡願遵守平等、互利及互相尊重領土主權等項原則的任何外國政府，本政府均願與之建立外交關係。特此公告。

中華人民共和國中央人民政府主席毛澤東

一九四九年十月一日

周恩來仔細審閱了公告和公函的中外文，確認無誤，他拿起辦公桌上的毛筆，打開墨盒，蘸滿墨汁，在「外交部部長」下面簽上「周恩來」三個大字。他的字瀟洒、挺拔、有力。他將一封封公函簽完了字以後，又讓外事組的人和秘書仔細檢查一遍，裝進信袋裏，立即發送。因爲這是新中國政府第一個外交文書，也是非常重要的外交文書，牽涉到外國政府承認中華人民共和國政府和與之建立外交關係的問題，周恩來原本就是一個認眞、仔細、謹愼的人，所以他就更加特別認眞、仔細、謹愼了。

就在公函發出的第二天，十月二日，蘇聯外交部副部長葛羅米柯受蘇聯政府委托致電周恩來外長說：「蘇聯政府由於力求與中國人民建立眞正友好關係，始終不渝的意願，並確信中國中央人民政府是絕大多數中國人民意志的代表者，故特通知閣下，蘇聯政府決定建立蘇聯與中華人民共和國之間的外交關係，並互派大使。」同日，葛羅米柯副外長還向國民黨廣州政府駐莫斯科代辦發表聲明：「由於中國發生的事件……蘇聯政府認爲與廣州的外交關係已經斷絕，並已決定自廣州召回其外交代表。」十月三日，周恩來立即覆電葛羅米柯，表示「熱忱歡迎立即建交並互派大使。」

接着，保加利亞於一九四九年十月四日、羅馬尼亞於十月五日、匈牙利、朝鮮、捷克於十月六日、波蘭於十月七日、蒙古於十月十六日、德意志民主共和國於十月二十七日、阿爾巴尼亞於十一月二十三日分別與新中國建立外交關係。

這時，周恩來每天工作十五、六個小時，有時連續幾夜不眠。他一方面按照「另起爐灶」、「打掃乾淨屋子再請客」和「一邊倒」的方針，忙於同外國商談建立外交關係和處理外國帝國主義國家在華的駐軍權、自由經營權、內河航行權、海關管理權和司法權等特權殘餘，外國人在華擁有的企業、房地產、外國政府、私人團體在中國興辦的文教事業，以鞏固新中國的獨立與主權，爲在平等互利的基礎上同世界各國建立新的經濟、文化關係開闢道路。另一方面，他積極籌組政務院和外交部的班子。

經過一個多月的時間，周恩來組成了外交部的領導班子，選定外交部的辦公地址。

一九四九年十一月八日，北京已進入深秋，天氣微寒，落葉紛飛。這天下午，周恩來乘坐美國別克豪華轎車，從中南海他的住處西花廳前往東單外交部街的外交部。

中華人民共和國外交部的辦公地址，位於東單迤北路東外交部街（三十一至三十三號）。這裏是一個兩幢西式樓房的大院子。

它最初是明朝將領石亨的賜第。由於石亨恃功驕傲，權傾一時，引起英宗的疑忌。英宗天順四年，以石亨圖謀不軌罪被捕下獄，後死於獄中，宅第被沒收入官。

明朝世宗嘉靖年間，世宗將石亨舊宅賜給咸寧侯仇鸞，仇鸞將右邊建成一座秀麗的花園。嘉靖三十一年，仇鸞被革職，憂懼而死，住宅被沒收入官，後來賜給成國公朱庚。明朝萬曆二十七年，神宗女壽寧公主下嫁冉興讓，便將此宅改賜給冉駙馬。冉駙馬爲這個府第起名爲宜園。

明末至清初，幾經演變，宜園成了工部寶源局所在地，開爐鑄造錢鈔，清朝宣統年間，外務部將已廢的寶源局舊址改建爲專待外國人的迎賓館。特意聘請美國人堅利遜承包修建西洋式迎賓館。主樓爲灰色，上下二層，樓內中間有過道，樓上北側正中有可容納四、五百人的大禮堂。禮堂東西兩側和南面爲客房。樓梯寬大精美，窗戶敞亮。樓頂平台，四周有女牆。樓底均爲寬大的客房，地下有厨房和餐廳。大院有兩個大門，東邊爲洋式大門，有門樓，庭院寬綽，古樹參天。西邊爲中式綠琉璃瓦大門，門內有雋麗的假山。這樣的迎寶館在當時堪稱是第一流的了。

北洋軍閥袁世凱就任臨時大總統時，即以這個迎賓館作爲他的辦公之處。袁世凱爲了痲痺革命派，鞏固他的地位，於一九一二年八月邀請孫中山來北京「晤商要政」。袁世凱爲了拉攏孫中山，將迎賓館讓給孫中山居住，他自己搬到鐵獅子胡同東門內辦公。孫中山從八月二十四日至九月十八日在這個迎賓館住了二十六天。同袁世凱密談了十三次，大部分也都在這裏進行。孫中山離京以後，袁世凱的外交部便從東堂子胡同遷到迎賓館，把石大人胡同改稱外交部街。不久，又在迎賓館樓西邊增建一座大樓，稱西樓，迎賓館稱東樓。兩樓之上有天梯相通。一九二八年北洋政府垮台後，這裏成了舊外交部的檔案保管處，後來又曾一度爲國民黨政府華北政務管理委員會佔用。一九四九年北平和平解放，由華北人民政府秘書廳接收，以後便交給外交部了，成爲外交部第一個辦公地址。

李克農、章漢夫、王炳南

周恩來的車來到外交部的西門口，警衛向他立正敬禮，然後緩緩地開到東樓門前門樓下面大樓的台階邊，警衛員小何先從車的前座走下來，打開後面的車門，周恩來非常敏捷地走下車來。他今天仍然穿着一身在天安門上開國大典時穿的那套黃色卡嘰布中山裝。

這時，新任命的外交部副部長李克農、章漢夫和外交部辦公廳主任王炳南迎上前來，周恩來同他們一一握手，隨後由李克農等陪同，走上二樓，引導到周恩來在外交部的辦公室。

周恩來的辦公室在二樓會議大廳的南面一排房間的東頭一間，大約有三十餘平方米，由於樓層高、窗口大，顯得寬敞明亮。室內是剛剛粉刷過的一層白色油漆牆，下面有二尺高的木板牆，木質地板地，地板上舖着厚厚的大地毯，中間有一個大吊燈，四周牆壁上有壁燈，臨近南面窗戶旁，安放一張雕花紅木的大辦公桌，四張紅木太師椅，一套沙發，四個紅木雕花的書櫥。書櫥裏放滿了二十四史、古典文學、詩詞，都是綫裝的古書，以及中外有關外交學、外交史和國際問題的著作。周恩來辦公室西側外間爲一大會客室，用來接待各國使節和重要外賓，地上鋪着高級地毯和放置兩套大沙發。

周恩來看過以後，坐在辦公桌邊的椅子上說：「這個辦公室雖沒有我在國務院的辦公室大，卻比那個闊氣，我不是說過嗎，一切因陋就簡，爲甚麼要搞得這樣豪華呢？」

李克農笑笑說：「總理，這些東西原來都是北洋政府外交部的，已經存放在這房子裏三十多年了。這次我們接管過來，稍加清洗修理就用上了。」

王炳南接着說：「總理你看這些太師椅上都刻有龍的圖案。不是宣統皇帝就是袁世凱想登基做皇帝時候添置的。」

周恩來也隨着王炳南手指的太師椅看去，說：「你看這張椅上眞是刻的雙龍戲珠，手工精緻，栩栩如生。這都是勞動人民的創造，供皇帝和官僚們享用。現在又回到人民手裏，舊物利用，再爲人民服務這很好。」周恩來停頓一會，濃眉下的一對大眼睛，掃射一下辦公室又掃射一下在座的人，鄭重而又嚴肅地說：「我今天告訴你們，在我當外交部長的時候，不得建造新的外交大樓，也不許增添更多的房子和辦公用具，這個就很好嘛！一定要勤儉辦外交。」

李克農、章漢夫、王炳南連連點頭，同聲說道：「一定遵照您的指示辦。」他們三個人都是長期追隨周恩來；在他的直接領導下工作和成長起來的，深知周恩來的爲人、性格和脾氣，是位說一不二的人。

李克農，又名峽公、稼軒、震中，是個傳奇式的人物。他出身於安徽巢縣一個地主家庭，一八九九年九月十五日生。青年時代就受民主革命思想的薰陶。「五四」時期投入轟轟烈烈的新文化運動，一九二五年「五卅」運動以後，他在蕪湖創辦了民生中學，團結進步人士，積極傳播革命思想，開展反帝反封建活動。一九二六年，他在蕪湖加入中國共產黨。一九二八年到上海，先從事革命文化活動，並擔任黨的滬中區委宣傳部長。一九二九年正當蔣介石加緊對我黨的破壞和對紅軍的圍剿，黨派他到陳賡同志擔任科長的中央特工科工作，在當時黨的中央主要負責人周恩來的直接領導下反對國民黨利用特務手段，包括叛徒告密，窮兇極惡地搜索和破壞黨的各級機關，加強對共產黨中央和各級黨組織的安全保衛工作。

在這期間，他幹了一件十分驚人的事，就是一九三一年四月下旬，當時的黨中央、周恩來派參與中央領導特科工作的顧順章送張國燾去鄂豫皖根據地工作後，在武漢被國民黨特務逮捕叛變。顧順章原是上海的工人，中共中央政治局候補委員。他長期協助周恩來負責黨的保衛工作，了解黨的重要機密極多，清楚只有極少數人才知道的中共中央機關和周恩來、陳雲等許多中央領導人的住址，也熟悉黨的各種秘密工作方法。顧順章叛變後向國民黨建議以突然襲擊的方式，將中共中央機關和主要領導人一網打盡。這個極端的機密而重要的情報，被我黨早就打入國民黨中央組織部調查科任機要秘書的地下黨員錢壯飛、胡底截獲了，他們立刻派人連夜從南京趕到上海，報告李克農。在這千鈞一髮的危急關頭，李克農沉着機警，千方百計設法找到當時與中央直接聯繫的陳賡報告了黨中央，和中央負責人周恩來。情況極端危急，時間十分緊張，又是在國民黨嚴密統治下，要迅速大規模地疏散機關和人員，那任務自然是非常非常艱巨的，不知道有多少困難和危險，但是像周恩來這樣一個有着鋼鐵般意志，又能冷靜而周密地估量可能發生的種種問題的人，沒有浪費一點時間，英明而果斷地採取行動，在當天就同陳雲商定好對策，在聶榮臻、陳賡、李克農、李強等協助下，採取了一系列的緊急措施，銷毀大量機密文件；迅速將黨的主要負責人轉移，並採取嚴密的保衛措施；把一切可以成爲顧順章偵察目標的幹部，盡快地轉移到安全地帶或撤離上海，切斷顧順章在上海所能利用的重要關係；廢止顧順章在上海所知道的一切秘密工作方法。

當夜，中共中央、江蘇省委和共產國際機關全部搬了家。當顧順章帶領國民黨特務在上海進行大搜捕，包括周恩來、鄧穎超夫婦倆原先的住址也都被搜查，結果卻一一撲空。這是在周恩來領導下，李克農、錢壯飛立下的奇功、大功。如果不是他們的機智勇敢，不怕危險，打入敵人內部，那麼中共中央機關和主要領導人被一網打盡，對中國革命帶來的打擊將是不堪設想。所以，毛澤東曾說：李克農、錢壯飛等同志是立了大功的，如果不是他們，當時許多中央同志包括周恩來這些同志都不存在了。周恩來多次在不同的場合，表揚和稱讚李克農、錢壯飛，胡底是中國情報工的「三傑」。說若是沒有他們，我們這些人早就不在人世了。以後李克農、錢壯飛、胡底與周恩來先後進入中央蘇區，可惜錢壯飛在長征途中犧牲了。李克農到了蘇區後，任中央蘇區政治保衛局執行部長，中國工農紅軍第一方面軍政治保衛局長、紅軍工作部部長，並參加了長征，仍然在周恩來的領導下。

長征到了陝北，李克農又奉中央和周恩來之命，第一個同張學良將軍進行停戰談判。西安事變時，他任以周恩來、博古、葉劍英組成的赴西安談判代表團秘書長，協助周恩來和平解決西安事變。

抗日戰爭時期，李克農先後擔任八路軍駐上海、南京、桂林辦事處處長，八路軍總部秘書長，中共中央長江局秘書長，中共中央社會部副部長、情報部副部長。解放戰爭時期，任北平「軍事調處執行部」中共代表團秘書長，爲葉劍英的得力助手，接着又任中共中央社會部部長，軍事情報部部長，都是在周恩來的領導下，長期從事情報工作和統戰工作，同國民黨和美國代表等外國人打交道有着豐富的經驗。他既是外交專家又是情報專家。

從李克農的經歷看，他一定是個冷漠嚴肅的人，哪知他卻是個熱情洋溢，風趣和善的人。他微胖，梳得整齊的濃厚的黑髮，帶着微笑的圓臉盤深湛的目光中彷彿含有一種洞察力，他因爲眼疾很重人們都叫他「瞎子」，鼻樑上架一副度數較深的金邊眼鏡，上唇留着齊口短髭，很有氣派。他還是一個喜愛文藝的人，不但同文藝界的人如夏衍、阿英等有較深的交往，而且在蘇區時同錢壯飛、胡底等經常自編自導自演話劇、活報劇、雙簧，曾主演過《秘書長萬歲》，在劇作家李伯釗主編的《農奴》中，與李伯釗分別扮演劇中兄妹兩個角色，他在表演中生動自然，維妙維肖，深受觀衆的歡迎。

章漢夫，一九〇五年出生於江蘇武進縣。他早年留學美國，接受了馬克思主義的思想，參加了美國共產黨。一九二八年中國共產黨派他到莫斯科中國勞動大學學習，曾擔任共產國際東方部研究員，並在派駐赤色職工國際的中國代表團中協助鄧中夏的工作。一九三一年回國後，周恩來派他擔任廣東省委宣傳部長、代理書記，後又調回上海任中共中央宣傳部幹事。一九三三年擔任江蘇省委書記。不久，因叛徒告密，章漢夫被國民黨逮捕入獄。他遭受敵人的嚴刑拷打，威逼利誘，他置個人生死於度外，始終堅貞不屈，英勇頑強，表現了一個共產黨員的崇高氣節和優秀品質。一九三五年出獄後，在上海擔任中共中央文化工作委員會委員，從事抗日救亡統一戰綫的工作和著譯工作。

抗日戰爭時期，章漢夫在周恩來的直接領導下，他擔任中國共產黨在國民黨統治區出版的《新華日報》副總編，一九三八年十月日本帝國主義攻佔武漢前夕，出版了最後一張報紙，隨同周恩來撤出武漢。一九三九年至一九四五年，章漢夫在重慶《新華日報》任新聞編輯部主任、總編輯等職。一九四一年「皖南事變」，周恩來爲了揭露國民黨消極抗戰、積極反共的陰謀，親筆寫了「爲江南死難者致哀」，「千古奇寃，江南一葉；同室操戈，相煎何急?!」的題詞。章漢夫堅決執行周恩來的指示，同敵人的新聞檢查官進行了機智的鬥爭，挫敗了敵人的阻撓，把周恩來的題詞在《新華日報》上刊登出來。受到周恩來的讚許。

一九四五年五月，章漢夫作爲中國代表團中共代表董必武的助手出席了舊金山制定聯合國憲章的大會。表現了他的外交才能。

解放戰爭期間，章漢夫被中共中央和周恩來派往上海擔任中共上海工委委員、副書記，並負責在上海、南京籌備出版《新華日報》和《羣衆》周刊。一九四六年，蔣介石發動全面內戰，中國共產黨代表團被迫離開國統區，周恩來派章漢夫、喬冠華、龔澎等到香港工作，章漢夫任中共中央華南分局委員、香港工委書記，從事統一戰綫和宣傳工作。

新中國成立前夕，章漢夫先在中共中央統戰部工作，後任天津市軍管會委員會委員，外事研究組組長，中共上海市委委員，外事處處長。

王炳南，陝西乾縣人，生於一九〇八年一月。早在青年時期就受到黨的影響，接受進步思想。一九二五年參加共產主義青年團，一九二六年轉入中國共產黨，在乾縣、淳化等地從事建黨工作。一九二八年在楊虎城部隊做黨的地下工作。一九二九年起赴日本、德國留學，在德國期間任德國共產黨中國語言組書記、國際反帝大同盟東方部主任、旅歐華僑反帝同盟主席，一九三六年春奉黨的指派從德國回國，做爭取楊虎城和十七路軍的工作，推動團結抗日，促進國共合作。在和平解決西安事變的過程中，協助周恩來做了許多重要的工作，受到周恩來的賞識、毛澤東的表揚。西安事變後，任西北民衆運動指導委員會主任委員。一九三七年後，中國共產黨派他到上海、武漢、重慶等地作爲周恩來的助手做統一戰綫、國際宣傳和外事工作。他歷任上海文化界國際宣傳委員會常務委員，全國各界救國會中央常委，中國共產黨與民主革命同盟的聯繫人。中共中央南方局國際宣傳組負責人，外事組組長，中共中央南方局候補委員。一九四六年國共重慶談判期間，任毛澤東的秘書。以後又擔任中國共產黨駐南京代表團外事委員會第二副書記兼發言人。一九四七年國共談判破裂後，相繼在延安、晉綏和西柏坡工作，擔任中共中央外事組副主任。中華人民共和國成立以後，他是最早協助周恩來籌組外交部的主要負責人之一，做了大量有益的工作。如找房子，購置辦公用具以及調配幹部。

王炳南熟悉外交工作，講一口流利的德語，英文也能應付一般的外交活動，他同許多外國人打過交道，有很豐富的經驗，他的思想敏銳，工作勤奮，富有魄力，勇於負責。他爲人正派，光明磊落，平易近人，關心他人。因此頗得周恩來的賞識，成爲周恩來外交上的得力助手之一。

王炳南有一段浪漫史。他的第一個妻子是德國人，名字叫安娜利澤，嫁王炳南後改名爲王安娜。她雖是亞利安人的後代，但個子不高，長得帥，漂亮精幹，聰明伶俐。王安娜一九〇七年生於德國西部，曾在柏林大學攻讀歷史和語言，以優異的成績獲得哲學博士學位。從一九三一年起，她積極參加了反對希特勒法西斯主義運動，並兩次被捕入獄。在她讀書期間與同學王炳南結識、戀愛，於一九三五年結婚。一九三六年二月隨王炳南來中國。她一直跟隨王炳南在西安、上海、武漢、重慶工作，還到達延安、華北抗日前綫，她結識毛澤東、周恩來、朱德、宋慶齡、魯迅、郭沫若、何香凝、張學良、楊虎城、沈鈞儒、李公樸、史良等中國革命領袖及羣衆和愛國民主人士。在三十年代和四十年代中國革命極其艱苦，中國人民浴血抗戰的時期，王安娜作爲中國人民的朋友，一位爲正義事業而不倦戰鬥的戰士，和中國人民同患難、共命運，在抗日大後方辛勤地工作，付出了很大的精力，如一九三八年武漢撤退以後，她奉周恩來之命，往桂林出越南海防轉香港、上海，憑着她那「高鼻子」、「洋太太」海外關係，爲八路軍轉運了大批醫療器材、藥品、通訊器材、汽車、救護車等重要物資。受到周恩來、鄧穎超的讚許。她的名聲也大振，人們都知道這位神通廣大的「王太太」。一九四五年抗戰勝利後，因種種原因，包括中國共產黨規定外交人員不得與外國人結婚在內，與王炳南分手，王安娜於一九五五年離開中國返回東德，一九六一年移居西德，並多次訪問中國，爲中、德兩國人民友好做了很多有益的工作。她著有《中國——我的第二故鄉》等書，她在書中極力稱頌周恩來，介紹她在中國的所見所聞和親身經歷，論述中國政治舞台上的各方面人物和事件，對中國共產黨的抗日統一戰綫政策，對國民黨統治腐敗黑暗和人民大衆的苦難生活。中國人民在中國共產黨領導下進行的英勇鬥爭等。王安娜與王炳南結婚後於一九三六年十月十九日生有一子叫王黎明，「文化大革命」後才被王安娜接往西德定居。

王炳南在一九四九年新中國建立前夕，就在這個外交部的前身「迎賓館」的大廳與張翼雲小姐舉行婚禮，劉少奇夫婦廖承志等人前來祝賀。「文化大革命」中王炳南和張翼雲都受到衝擊，張女士終因年幼，未經過這種考驗，忍受不了精神的摧殘，便在外交部跳樓自殺了。以後王炳南又同潘自力大使的遺孀姚淑賢女士結婚，此係後話。

周恩來對李克農、章漢夫、王炳南說：「你們把幹部花名册拿給我。」

王炳南一聽，連忙打開自己的公事包，把早已準備好的幹部花名册取出來，恭恭敬敬地送到周恩來的面前。他們都知道周恩來有一個習慣，到哪一個機關或開一個重要的會議，都要對在場的人逐個點名的。用周恩來自己的話說，通過點名既可認識人，又可直接交談，了解情況，增進感情。而今天是周恩來第一次到新中國的外交部來參加成立大會的，無疑對出席會議的人要點名的。所以王炳南他們早就準備好了一個外交部幹部的花名册。

物色人才，從容點將

周恩來接過花名册，一頁一頁仔細地翻閱，每一個幹部的姓名、籍貫、出生、年齡、學歷、特長都一一看過，有的還默記在心。

周恩來看完花名册說，「人不多啊，總共才二百多一點，要面對世界一百多個國家，是很不夠用的。」

李克農立即回答說：「是的，總理，我們正在物色和抽調一些幹部來充實外交部，不過人很難選，懂外交會外文的人不多。」

「你這就不對了」。周恩來批評說：「幾億人口的大國。還沒有人才！當然囉！」周恩來話鋒一轉：「外交幹部是代表國家和人民利益的，必須挑選那些絕對忠於黨、忠於國家、忠於人民，任何時候都能夠站穩階級立場的人來做，總不能有半點兒馬虎。世界上每個國家的統治階級都要挑選本階級中最忠誠、最可靠、有才幹的分子來從事外交工作。英國只有貴族子弟才能進外交學校，擔任外交職務。日本也都是從東京帝國大學、京都大學這些有錢的人才能上得起的大學生中挑選外交幹部。蘇聯在十月革命後，列寧是從工人和水兵出身的布爾什維克擔任外交工作的。你們知道，蘇維埃政府的第一位外交人民委員，也就是外交部長，契切林就不是職業外交家，而是一個忠誠的布爾什維克，他忠誠地完成了黨交給他的任務，非常出色。在衛國戰爭期間，著名的老革命家，老布爾什維克莫洛托夫擔任外交部長，協助斯大林打敗了德國法西斯，他的精明才幹和傑出的外交手腕，尤其是他建立的反法西斯國際統一戰綫贏得了勝利，也獲得世人的稱讚。」所以我們外交隊伍要「另起爐灶」，國內國外都要用我們共產黨自己優秀的幹部。舊的外交人員一律不用或基本上不用。

「總理說得對，另起爐灶。」章漢夫搖動着胖胖的身材，贊成周恩來的意見。

「我們的外交幹部無非三個來源，一是從軍隊選調，軍隊幹部經過戰爭的考驗，是最靠得住的；二是從地方幹部中選調，他們有全面領導工作經驗，也是很靠得住的；三是從地下黨中選調，他們的文化水平比較高，在敵人白色恐怖中渡過來的，也是可靠的。」周恩來明確提出解決外交幹部的途徑。

李克農抹一抹嘴上的短鬍說：「我們將遵照總理的指示，馬上着手選調，現在我們已從軍隊中物色幾位將軍，準備派出去當大使，像袁仲賢、耿飈、姬鵬飛、曾湧泉、黃鎮、彭明治、王幼平、譚希林、倪志亮、韓念龍等，還要調些中級軍官，派出去當武官和參贊。」

周恩來的臉色顯露出絲絲微笑，滿意地說：「這很好，不過要訓練一下，請一些專家講點起碼的外交知識，比如一般外交禮儀、見人如何打招呼、握手，如何用刀叉吃西餐、如何穿西服打領帶，等等。如能學點外文更好。」

李克農、章漢夫、王炳南異口同聲地稱讚道：「總理這個指示很重要，我們立即着手籌辦！」

周恩來將外交部幹部花名册交給秘書，然後站起來，走出他的辦公室，向別的辦公室走去。他要逐一視察外交部的各個司、處的辦公室和外賓接待室。李克農、章漢夫、王炳南及周恩來的秘書、警衛簇擁着周恩來，先視察了東樓外交部辦公廳、蘇聯東歐司、國際司、領事處、禮賓處、外賓接待室、廚房、食堂，又視察了西樓的亞洲司、西歐司、情報司、美澳司和國際新聞局。他邊看邊做指示，要李克農、章漢夫、王炳南等如何關心、改善幹部的工作條件和生活條件，不要一進城，就高高在上，不關心幹部，犯官僚主義的錯誤。

周恩來精神抖擻，他似乎一點也不覺得疲倦，不顧李克農等建議「休息一會」，便逕直來到東樓大廳。

外交部全體幹部已齊集大廳，個個穿得整整齊齊，盡量打扮得漂亮一點，像過年一樣，參加慶典一樣，一派喜氣洋洋，說說笑笑。的確，這是個不一般的日子，它是無數志士仁人，爲之奮鬥一生，要建立人民自己的外交部，一洗一百多年來屈辱外交的恥辱；要有自己獨立自主的外交政策，在國際上揚眉吐氣；要選擇國人信得過的外交部長，在世界上縱橫捭闔，贏得勝利和榮譽。今天這個願望就要實現了，我們黨和國家傑出的領袖、具有豐富外交經驗、在國內外享有盛名的中國第一任外交部長周恩來就要來上任了，並且要發表就職演說，這樣重要的時刻，難得的機會，誰的胸中都會是像大海的波濤洶湧澎湃，無法抑制自己興奮的心情。

當周恩來笑容可掬，健步走入會議大廳之際，人們不約而同地站了起來，熱烈鼓掌，掂起腳尖，翹望周恩來那高雅的神采，可親的面容，像一股春風吹進大廳。

李克農噘起八字鬍，兩手向下一捺，示意大家坐下，可是人們似乎沒有看到似的，一味忘情地站在那裏，目不轉睛的看着面對大家的這位叱咤風雲、爲中國革命出生入死、奮鬥半生的偉人。

周恩來經歷這種場面已不止一次了。他深知人們尊敬他、愛戴他、崇拜他，但他卻非常謙恭、虛心。他說：「同志們，請坐下，我周恩來同大家一樣，也是一個平平常常、普普通通的人，我也犯過錯誤，現在還有許多缺點和不足，並不像外界說的那樣完美無瑕。以後我們要長期共事，你們是會看到我的優點，也會發現我的缺點。所以我們要互相幫助，互相提醒，外交工作與其他工作不同，不允許有半點差錯。」

周恩來的幾句話，說服了大家坐了下來。

李克農馬上站起來，走上講台，放開喉嚨，帶點安徽口音說：「同志們，中華人民共和國外交部成立大會現在開始，中華人民共和國成立後，我們經過一個多月的緊張準備，包括調幹部、找房子，今天終於準備就緒，宣告正成成立。我們首先請我們敬愛的周總理講話。」

周恩來站起來說：「首先我要糾正李克農副部長的一個錯誤……。」

會場上頓時緊張起來，人們心想怎麼李克農剛到外交部當副部長就犯錯誤了，感到茫然。李克農自己也覺得莫名其妙，臉上顯出一陣尷尬的表情，不過，他也是久經考驗的，在周恩來的領導下，經常受到表揚，也受到過批評，他深知總理批評人並不記人的過失，照樣信任你。所以他馬上冷靜下來，恢復常態。

「我今天是外交部長，我到外交部來，你們稱我周外長，不要稱我周總理嘛！」

周恩來的話音一落，全場發出熱烈的掌聲和笑聲，一陣緊張的氣氛烟消雲散，大家覺得周恩來這位偉人又同自己靠近了一步。

周恩來緩緩坐下，端正而又瀟洒地面東而坐，兩隻濃眉大眼掃視一下全場，英俊的臉上露出兩個笑渦，和藹地說：「在座的，有的是第一次見面，我們先認識認識，好嗎？」說着，周恩來向秘書一招手，小何立即將「外交部幹部花名册，恭恭敬敬地遞上來。

周恩來接過花名册，他和藹可親，有如一家人聚集談天，令人毫無拘束之感。從頭點名道：「外交部副部長王稼祥，他現在是我國駐蘇聯大使，也是我們派出的第一位大使，不在國內，但他還是兼着外交部副部長。他是位老同志，做過紅軍政治部主任、軍委副主席、黨中央政治局委員和書記。他在蘇聯留過學，很受斯大林和蘇聯同志信任。」周恩來又點到李克農，他說：「李克農副部長現在主持外交部的常務工作，他是個老黨員、老紅軍，長期做情報工作和統戰工作，是代表我黨中央第一個同張學良將軍接觸的人。」然後他側過身來，對着坐在他旁邊的李克農說：「你是安徽蕪湖人，陶行知也是你們安徽蕪湖人嘛。」

李克農馬上應道：「是，我們蕪湖還有位文學家錢杏邨。」

「你們蕪湖是魚米之鄉，也是人才輩出的地方。」周恩來又側過身來，問坐在他左邊的章漢夫。

「你是江蘇武進人，同瞿秋白、張太雷是同鄉，這兩位都是才氣橫溢的革命家，可惜他們死得太早，只有三十多歲。」

「這兩位我都認識，也曾領導過我。」章漢夫一邊撫摸着他那高度近視的眼睛，一邊回答問題。

「克農沒有上過大學，漢夫是留美、留蘇的學生，還在美國參加共產黨，你的英文很好，俄文怎樣？」

「俄文忘掉很多，但還能聽懂一些。」

「做外交工作的一定要學習外語，已經會外語的要提高，不會的要從頭學，我們是不行了，歲數大了，你們還年青，來日方長，世上無難事，只怕有心人。」周恩來一邊說一邊翻看花名冊。他翻到外交部辦公廳。說道：「辦公廳主任王炳南，這你們都知道，他是德國留學生，好像還在日本留學？」

「是的，時間很短，日文沒有學好！」王炳南回答。

「我在日本一年多，日文也沒有學好。現在想來有點可惜，眞是用時方知學時少。」

「可是，您在日本學了不少社會科學，受到河上肇等馬克思主義的啓蒙教育，還寫了不少抒發救國救民偉大抱負的著名詩篇，如『大江歌罷掉頭東，邃密羣科濟世窮，面壁十年圖破壁，難酬蹈海亦英雄』和《雨中嵐山》、《雨後嵐山》都是膾炙人口的。」章漢夫插話。

「我的那些詩詞，比毛澤東同志的詩詞差得遠呢！」周恩來謙虛地說：「好，我們不談這些。我看王炳南算是老外交人員了！」

「總理才是老外交家呢！」王炳南說。

「炳南，我剛才糾正了克農的錯誤，你又重犯了，你們這些人啊……。」

王炳南腦子反應很快，立刻檢討說：「我這個人忘性太大，應該稱周外長，不應叫周總理。」

全場一陣笑聲，周恩來也笑了。

「中國共產黨第一個關於外交工作的指示，就是周外長起草的，最早同外國人打交道也是我們的周外長。可以說恩來同志是我們外交工作的開創者和奠基人。」王炳南又謙虛地說：「我從西安事變起就在周公的領導下，做了一些統戰工作和外交工作，今後還要在我們敬愛的總理領導下，做好新中國的外交工作。」

會場上又是一片笑聲。

王炳南楞了一下，不知大家爲何笑。但他畢竟是位聰明人，馬上明白了人們發出笑聲的原因，他十分尷尬地說：「眞是本性難移！」然後他轉過臉對着周恩來說：「我們叫總理慣了，叫外長不習慣，我看總理呀，您還是讓我們叫總理吧！」

會場上的笑聲更大，並且把目光注視着周恩來。

周恩來溫和地笑笑。「你們今後就叫我周恩來吧。起名字就是讓叫的嘛！」

全場默然。

「辦公廳有三位副主任：閻寶航、董越千、賴亞力，都是經過考驗的老同志，也或多或少從事過外交工作和統戰工作。閻寶航是張學良的老部下，賴亞力當過馮玉祥的秘書。蘇聯東歐司司長伍修權，沒有到任。他是莫斯科中山大學的學生，共產國際代表，做過李德的翻譯，八路軍駐蘭州辦事處主任，以後一直在軍隊工作，現爲東北軍區參謀長。由他來同蘇聯、東歐國家打交道是合適的。副司長徐以新是位老紅軍也在蘇聯留過學。」周恩來翻開花名册下一頁，說：「亞洲司司長沈瑞先（即夏衍），杭州人氏，日本留學生，中國有名的文學家、戲劇家、翻譯家、中國電影事業開拓者之一。他也沒有到任，暫由喬冠華兼任代理司長，副司長陳家康。」

周恩來又翻開花名册下一頁，說：「還有美澳司司長柯柏年，歐非司司長宦鄉，這你們都已熟悉了，他曾在顧祝同那裏當過少將參議，我就不介紹了。副司長溫朋久是德國留學生，曾在楊虎城部下工作過。現在我想着重介紹一下我們外交戰綫上的秀才喬冠華同志。」

喬冠華立即恭恭敬敬地站起來，他那高大清瘦的身體，神情瀟洒，滿臉堆笑地看着周恩來，同時向主席台上的李克農、章漢夫、王炳南點點頭。

周恩來以目示意，對着喬冠華說：「你坐下來吧！」又接着說：「喬冠華是我國清華大學哲學系畢業，然後又到日本東京帝國大學、德國杜賓根大學攻讀，獲哲學博士學位，我們這裏得外國大學的博士學位不多吧？」

「有，總理。」龔澎站起來說：「我們司的副科長浦山同志，就是美國哈佛大學的哲學博士。」

「噢！」周恩來略帶驚訝的口氣說：「我們外交部還是有人才呀。浦山同志你今年多大了，是哪裏人？」

浦山立刻站起來說：「總理，我是江蘇無錫人，一九二三年十一月生。」

「江浙才子多，可我這個江浙人就不行啦！」周恩來又問：「那你的英文一定很好了？」

「不行，馬馬虎虎的能用。」

「你不要謙虛嘛，英文這門工具，你將來可以大顯身手。」周恩來停頓一下：「喬冠華回國後，用喬木的筆名寫了大量的國際時事評論文章，流傳於國內外，在延安的胡喬本同志也用筆名寫了大量的文章，他們兩人既是同鄉又是同學，故而一時有「南喬」、「北喬」之稱，傳為佳話，以後喬冠華參加重慶《新華日報》工作，以于懷的筆名撰寫《國際述評》。抗戰勝利後隨同我在上海參加中共代表團工作。一九四六年底，由於國民黨發動內戰，中共代表團的工作遭到破壞，撤離上海，喬冠華和龔澎夫妻倆赴香港從事黨在文化知識界的統戰工作。」周恩來突然向大家發問道：「龔澎同志，你們不認識嗎？她是我們情報司司長！」

全場回答：「認識、認識，她是我們外交部第一位女司長！」

「不，還有龔普生同志，龔澎同志的姊姊，章漢夫同志的夫人，是我們的國際司副司長。你們倆姐妹都是出自安徽名門望族。龔澎還是一二一九學生運動的領袖。那時你在燕京大學讀書？」周恩來問龔澎。

龔澎馬上站起來：「是的，總理，我同黃華同志是同學！」

「司徒雷登是你們的老師的了？」

「是的。」

「這人後來當了美國駐華大使，毛主席寫的「別了，司徒雷登就是指的他，這個人回去以後幹甚麼去了？」

「聽說，回他自己家鄉賦閒了。」喬冠華站起來回答。

「喬冠華從香港回來後，參加了全國政協工作，現在擔任政務院國際新聞局局長，外交政策委員會副主任，剛才我說還兼任亞洲司代理司長，政策研究室主任是我兼的。現在我們需要有人研究新中國的外交政策，提出建議，供中央決策，喬冠華在這方面是個人才。喬冠華同志你可要費心，現在我們可以說是百廢待舉。」周恩來對喬冠華殷切期望和信任。

「一定不辜負黨的信任、總理的教導！」喬冠華誠懇地表示自己的決心，同時他心裏也感到責任重大。

「下面我想改變一下做法，不用我來介紹，而是自我介紹。」周恩來說：「韓敍，你介紹一下你的簡歷！」

韓敍十分謙恭地站起來說：「我是江蘇江寧人，一九二四年五月二十四日生，燕京大學經濟系一年級。」

「沒有讀完大學？」

「是的，因爲參加抗日鬥爭。」

「你哪一年參加工作的？」

「一九四二年參加工作，一九四四年入黨。」

「你現在辦公廳禮賓處當副科長？」

「是的。」

「禮賓工作很重要，這是個門面，外國人首先看你待人接物，是否友好。當然，我們新中國的禮賓工作，要有自己的風格、特色，不卑不亢。不像清朝和國民黨政府見到外國人卑躬屈膝，我們既要有骨氣，又不要有驕氣。總之，是慢慢摸索，要總結經驗，制訂出一套制度。你們交際處處長王倬如、副處長沈平。要尊重他們的領導，把禮賓工作搞好。」

韓敍連連點頭。

「凌青，我們在延安時就認識了。」周恩來翻到美澳司一欄。

凌青馬上站起來，自報山門。「我是福建人，一九二三年生，大學畢業，在中央外事小組工作。現在是美澳司的科長。」

「你是林則徐的後代？」

「是的，我是他的玄孫。」

「林則徐禁止鴉片，抵抗英國侵略者，是一位頗有見識和才幹的民族英雄，一直受到後人的尊敬和敬仰的。你要繼承和發揚你們祖上的遺志和榮譽。」

「是的，總理，我一定努力工作，爲新中國的外交事業作出貢獻。」

「噢！對不起，我把你們美澳司司長柯柏年忘記介紹了。他是一位長期從事國際問題研究的老同志，人都稱他柯老，其實，我看他一點也不老嘛！」

「周總理，您比我永遠是青年呢！」柯柏年謙虛地說。同時引起會場一陣笑聲。

周恩來把到會的人都一個個地點到。

第一次重要講話

隨後，周恩來發表了外交部成立後第一次重要講話。周恩來在內部講話，極少用起草好的稿子，他都親自動手寫一個簡要的提綱。今天，他手裏只拿了一張紙條，便侃侃而談。

他說：「關於外交工作，特別是同帝國主義鬥爭，我們不能說沒有一點經驗。抗戰以來十多年，我們當然是有些對外鬥爭經驗的，但是經過整理，使它科學化系統化而成為一門學問，那還沒有開始。我們雖然可以翻譯幾本兄弟國家如蘇聯的外交學，或者翻譯一套資產階級國家的外交學，但前者只能做為借鑒，而後者從馬克思列寧主義的觀點來看，是不科學的。唯有經過按照馬克思列寧主義觀點整理的，才算是科學。從前者我們可以採用一部分，從後者我們只能取得一些技術上的參考。我們應當把外交學中國化，但是現在還做不到。

「我們現在的外交任務，是分成兩方面的。一方面是同蘇聯和人民民主國家建立兄弟的友誼。我們在鬥爭營壘上屬於一個體系，目標是一致的，都為持久和平、人民民主和社會主義的前途而奮鬥。另一方面，是反對帝國主義。帝國主義是敵視我們的，我們同樣也要敵視帝國主義，反對帝國主義。」周恩來輕輕地抿了一口茶。

「外交工作有兩方面：一面是聯合，一面是鬥爭。就聯合這方面說，我們同兄弟之邦並不是沒有差別。換言之，對兄弟國家戰略上是要聯合，但戰術上不能沒有批評。對帝國主義國家戰略上是反對的，但戰術上有時在個別問題上是可以聯合的。我們應當認識清楚，否則就會敵我不分。」

「今天開闢外交戰綫，首先要認清敵友。對帝國主義既要藐視，又要重視，這是辯證的。在戰略上要藐視，在戰術上要重視。對具體鬥爭我們必須用心組織，好好地進行。這同打仗一樣，我們稍不經心，就會打敗仗。」「但也不要怕它，否則就會處於被動，它就處處威脅你。中國的反動分子在外交上一貫是神經衰弱怕帝國主義的。清朝的西太后，北洋軍閥的袁世凱，國民黨的蔣介石，哪一個不是跪倒在地上辦外交呢？中國一百年來的外交史是一部屈辱的外交史，我們不學他們。我們不要被動、怯懦，而要認清帝國主義的本質，要有獨立的精神，要爭取主動，沒有畏懼，要有信心。所以，凡是沒有承認我們的國家，我們一概不承認它們的大使館、領事館和外交官的地位，只把它們的外交官當作外僑來看待，享受法律的保護，他們犯了法，我們一樣照法辦事，它們對我們沒有辦法。」

周恩來又抿了一口茶，精神抖擻地說：「我們對每一個戰鬥，每一件事情，都要重視，都要有信心，不要怕，但也不要盲目衝動，否則就會產生盲目排外的情緒。義和團的民族情緒是可貴的，然而它的領導者造成了盲目排外情緒是錯誤的。我們要善於掌握這種情緒。外交不能亂搞，不能衝動。遇事要仔細想，分析研究，看是屬於哪一類性質，其後果如何，分析好的一方面，同時也要分析壞的一方面。要培養思考的能力，頭腦不但要記憶，並且要想。必須多思考、分析研究，並且要多看書、多實踐，才能善於鬥爭。外交工作比其他工作是困難的。做羣衆工作犯了錯誤，羣衆還可以原諒，外交工作則不同，被人抓住弱點，便要被打回來。軍隊在平時要演習打靶，假想作戰，外交工作也一樣，要假想一些問題。不要冒昧，不要輕敵，不要趾高氣揚，不要無紀律亂出馬，否則就要打敗仗。尤其是我們年輕的同志，往往最容易輕視敵人。」「過去我們可以說是打游擊戰的，只接觸過一些外國記者和馬歇爾等，不是全面的戰鬥。現在我們是代表國家，一切都要正規化，堂堂正正地打正規戰，我們應該加倍謹慎。」

周恩來一邊喝茶，一邊用他那銳利的目光掃視一下全場，會場上鴉雀無聲，都在聚精會神，靜靜地聽他講話，每個人都用筆在記。

他略為提高聲調說：「另外，聯合一方面，到現在已經有九個國家承認我們，加上阿爾巴尼亞，共有十個國家。除此而外，資本主義國家也許要來承認我們。加上印尼、越南等，便要有十幾個國家了。就兄弟國家來說，我們是聯合的，戰略是一致的，大家都要走社會主義的道路。但國與國之間在政治上不能沒有差別，在民族、宗教、語言、風俗習慣上是有所不同的。所以，要是認為這些國家之間毫無問題，那就是盲目樂觀。樂觀是應當的，但對這些國家也要注意聯合中某些技術問題。『人心不同，各如其面』，人和人之間尚有不同，何況國家、民族呢？我們應當通過相互接觸，把彼此思想溝通。這個聯合工作是不容易的，做得不好，就會引起誤會。誤會是思想上沒有溝通的結果。我們應當研究如何改善關係，不要因為是兄弟國家，就隨隨便便。」

周恩來強調：「我們要藐視帝國主義，但不輕視具體鬥爭；要聯合兄弟朋友，但不要馬虎。一種是聯合，一種是鬥爭，這兩種都通過外交形式出現。外交是代表國家的工作，我們大家要在具體工作中，加強團結，才能把外交工作搞好。在開闢戰場之初，應當在工作中鍛煉培養，要求每一個同志，一切從學習出發，不要驕傲，不要急躁，不要氣餒。毛主席在黨的第七次代表大會後一再告訴我們，要戒驕戒躁，謙虛謹慎，這對我們是很重要的。同時，還要有紀律，外交同軍事一樣，外交不過是「文打」而已。我們說一句話，做一件事，都可能影響戰鬥，必須有嚴格的紀律。一切都要事先請示、商討、批准後再做，做完後要報告，這一點很重要。」

周恩來的話音一落，全場暴發熱烈的掌聲，有不少人還站起來鼓掌，足足有五六分鐘之久。因爲這個講話既新鮮又生動，既有理論又有實踐，既有政策又有策略，既有方針又有具體做法，給大家的鼓舞很大，等於上了第一堂外交課。

周恩來的這個第一次正式外交講話，雖然很短，卻內容十分豐富，一開始就顯示了他創建的新中國新型外交的光輝思想和超人的才華。

周恩來講話以後，已是吃晚飯的時候了。他在王炳南陪同下來到樓下食堂，同外交部工作人員一道排隊，買了一盤豆腐，一碗清湯，二両米飯，隨便找了一個桌子坐下就餐。外交部工作人員見此情景，無不感動，有的竟激動得流下淚來，認爲有這樣才華橫溢又同羣衆打成一片的領袖、外交部長，乃是中國歷史上所未有，也是世界歷史上少見的，在他的領導下工作眞是無限幸福、心情舒暢，而且一定能幹出一番驚世界的偉業。人們個個信心百倍，勁頭很大，暗下決心，一定要不辱使命，努力工作，做出成績，報答中國共產黨和周恩來的殷切期望。

晚飯以後，舉行新部成立晚會，鄧穎超也趕來參加，周恩來翩翩起舞，瀟洒自如，風流倜儻，舞姿優美動人。外交部的女同志們爭先恐後地陪同周恩來跳舞，因爲女同志太多，大家自覺地排隊，輪流同他跳。周恩來跳舞，一方面是爲了休息，一方面利用這個機會接觸羣衆，他同舞伴們一面跳一面聊天，了解每個人的情況、思想和工作，在舞間休息時還同大夥談心。周恩來非常平易近人，如同兄長一般，沒有一點兒領袖的架子，都願將自己的心裏話告訴他。他都耐心聽取，諄諄善誘，啓發提高。眞是「聽君一席話，勝讀十年書」。一些解不開的疙瘩，經過他的開導，都豁然開朗。自此以後，外交部的人都願意接近周恩來，那怕是見上一面，說上幾句話，或者因爲工作上出了岔子，犯了錯誤，被他批評，也都覺得痛快，心裏高興。周恩來憑他的品格、智慧、才能贏得了外交部人的心，他依靠大家，大家也全力擁戴他、支持他，都願爲他拚命工作，爲他賣命，這樣上下一條心，緊緊地團結在一起，外交工作能不蒸蒸日升，突飛猛進，取得一個又一個的勝利嗎？

三、出訪蘇聯締結條約

一九五〇年一月十日周恩來以總理兼外長身份率團訪問蘇聯，這是他在中華人民共和國成立後第一次以官方名義出國訪問，也是第一次重大外交行動。

周恩來爲甚麼在剛建國不久，百廢待興，國內外事情多如牛毛，急需處理之際，卻率領一個包括東北人民政府副主席李富春、中央貿易部部長葉季壯、外交部蘇聯東歐司司長伍修權、東北工業部部長呂東、東北貿易部副部長張化東、外交部辦公廳副主任賴亞力、旅大市市長歐陽欽等幾十人冒着嚴冬寒冷，風雪漫天，乘坐北京到滿洲里，在赤塔改乘蘇聯西伯利亞大鐵道穿過人烟稀少、茫茫的草原、森林，經過十天之久的長途奔馳才到達蘇聯首都莫斯科。

這是因爲當時中華人民共和國主席毛澤東正在蘇聯訪問，他希望周恩來前去與蘇聯領導人商談中蘇兩國關係問題。

一九五〇年一月二日，毛澤東從莫斯科給中央發來電報說：

「(一)最近兩日這裏的工作有一個重要發展。斯大林同志已同意周恩來同志來莫斯科，並簽訂新的中蘇友好同盟條約及貸款、通商、民航等項協定。昨一月一日決定發表我和塔斯社記者談話，已見今日(二日)各報，你們諒已收到。今日下午八時，莫洛托夫、米高揚二同志到我處談話，問我對中蘇條約等事的意見。我即詳述三種辦法：（甲）簽訂新的中蘇友好同盟條約。這樣做有極大利益。中蘇關係在新的條約基礎上固定下來，中國工人、農民、知識分子及民族資產階級左翼都將感覺興奮，可以孤立民族資產階級右翼；在國際上我們可以有更大的政治資本去對付帝國主義國家，去審查過去中國和各帝國主義國家所訂的條約。（乙）由兩國通訊社發一簡單公報，僅說到兩國當局對於舊中蘇友好同盟條約及其他問題交換了意見，取得了在重要問題上的一致意見，而不涉及詳細內容，實際上把這個問題拖幾年再說。這樣做，中國外長周恩來當然不要來。（丙）簽訂一個聲明，內容說到兩國關係的要點，但不是條約。這樣做，周恩來也可以不來。當我詳細分析上述三項辦法的利害之後，莫洛托夫同志即說，（甲）項辦法好，周可以來。我仍問，是否以新條約代替舊條約？莫洛托夫同志說，是的。隨即計算周恩來及簽訂條約的時間。我說，我的電報一月三日到北京，恩來準備五天，一月九日從北京動身，坐火車十一天，一月十九日到莫斯科，一月二十日至月底約十天時間談判及簽訂各項條約，二月初我和周一道回國。」

「（二）你們收到此電後，請於五天內準備完畢，希望恩來偕同貿易部長及其他必要助手和必要文件材料，於一月九日從北京動身，坐火車（不是坐飛機）來莫斯科。」「（三）以上是否可行，五天準備時間是否足夠，是否還需要多一二天準備時間，有無叫李富春或其他同志同來協助之必要，均請考慮電覆。」

毛澤東早在一九四八年三四月間就打算去蘇聯會晤斯大林。但是斯大林接到毛澤東的電報後沒有馬上答覆。他考慮，這個時候毛澤東有甚麼問題，想談甚麼？他經過相當長的時間考慮之後回電說：「現在是中國革命接近勝利的關鍵時刻，你是統帥，不能離開，你有甚麼話要說，我們願意聽，我可以派人去，派政治局的人去。」後來蘇方派了蘇共政治局委員、蘇聯部長會議副主席米高揚來到中共中央所在地河北省的西柏坡，同毛澤東、周恩來、任弼時舉行了五天會談，毛澤東等主要向米高揚介紹了中國共產黨的情況，戰略和策略，各項方針政策，成立新政府的考慮特別是政府的性質和形式。目的是想讓斯大林了解我們的打算，事先打個招呼，免得到時候他們腦子轉不過彎子來。擔心中國原是半殖民地國家，如果現在一屁股坐在蘇聯一邊，全世界恐怕沒有多少國家會承認我們。在新中國建立前夕，毛澤東又派劉少奇率領代表團於一九四九年七月訪問蘇聯，也是向斯大林說明，希望在中華人民共和國成立時首先得到蘇聯的承認。毛澤東認爲，新中國成立以後，如果外國三天不承認，就有問題了。斯大林同劉少奇會談後，他高度讚揚中國共產黨是完全成熟的黨，並說，長江以南指日可待，你們遲遲不成立政府是怎麼回事啊！這種無政府狀態，會不會被帝國主義用來干涉你們？斯大林還表示，過去由於不了解情況蘇聯曾給你們中國出了些不好的主意，給你們的工作帶來了困難，干擾了你們。毛澤東和中國共產黨中央非常重視斯大林的建議和承認錯誤、表示道歉的話。並把原定在一九五〇年一月一日成立中華人民共和國的日期提前到一九四九年十月一日。

在中華人民共和國成立後，短短兩個多月的時間裏，毛澤東便親自於一九四九年十二月六日，輕車簡從赴莫斯科，其目的是祝賀斯大林七十壽辰；看一看蘇聯，「從南到北，從東到西都想看一看；得一個「既好看，又好吃」的東西，即中蘇友好同盟條約。毛澤東、周恩來等當時中國共產黨中央的外交思想是堅持獨立自主，同時又要在政治上、經濟上依靠蘇聯、東歐社會主義國家的支持和幫助，也就是「一邊倒」的方針。那時的客觀事實是，新中國剛剛誕生，世界正處在第二次世界大戰後的冷戰期，資本主義和社會主義兩大陣營尖銳對立，中國的勝利還不鞏固，既要對付以美國爲首的帝國主義的威脅和封鎖，又要恢復和建設貧窮落後、千瘡百孔的國家。因此，中國需要蘇聯這樣的社會主義國家作爲我們的盟友和後盾，而蘇聯當時在國際國內困難很多，也需要有中國這樣走上社會主義道路的大國作爲自己的盟友，在政治上、道義上給予支持。這是當時的歷史條件決定中蘇兩國的關係必須友好，必須結盟。毛澤東就是在這樣一種特定情況下訪問蘇聯的，這是他第一次訪問蘇聯，也是第一次離開中國大門。

毛澤東的訪問，受到斯大林和蘇聯黨政的特別重視和最高規格的接待。

毛澤東要學周恩來

毛澤東一行所乘列車於一九四九年十二月十六日十二時正點到達莫斯科，受到蘇共政治局委員、蘇聯部長會議第一副主席莫洛托夫（地位僅次於斯大林），還有元帥布爾加寧、外貿部長孟希科夫、副外長葛羅米柯、莫斯科衛戍司令西尼洛夫中將等的熱烈歡迎。由於莫斯科天氣寒冷，歡迎儀式從簡，毛澤東在莫洛托夫陪同下匆匆檢閱儀仗隊之後，便乘車前往莫斯科郊區斯大林在衞國戰爭期間住過的別墅。這幢別墅除住房外，還有一套完整而堅固的地下設備：辦公室、會議室、休息室、食堂及水電供應設施等，離斯大林住的孔策沃地區的房子不遠。

莫洛托夫招呼毛澤東好好休息，並告當晚十時斯大林約他在克里姆林宮會晤。

毛澤東休息一個下午，在別墅的周圍走了一會，欣賞冬日莫斯科郊外的景色，吃完晚飯，毛澤東整理一下行裝，考慮一下見斯大林說些甚麼。不久，警衛人員把毛澤東和翻譯師哲送到克里姆林宮斯大林的秘書處。因爲到達時間比約定的時間早了三分鐘。秘書長包斯特列貝舍夫請毛澤東稍候一下，他走進去向斯大林通報。十時整，斯大林的辦公室門開了，以斯大林爲首，莫洛托夫、馬林科夫、貝利亞、布爾加寧、卡岡諾維奇、維辛斯基等排成一行列站在門口迎接。斯大林首先走上前雙手緊握毛澤東的雙手，注視端詳一會兒說：「你還很年輕，很健康嘛！」說完回過頭來把莫洛托夫等一一介紹給毛澤東。大家在大廳裏站成一圈，相互問好，交談祝願。斯大林對毛澤東非常激動地讚不絕口：「偉大，眞偉大！你對中國人民的貢獻很大，你是中國人民的好兒子，我們祝願你永遠健康、健壯！」

毛澤東回答道：「我是長期受打擊、受排擠的人，有話無處說，有苦難言……」毛澤東言猶未盡。斯大林非常機靈，他怕毛澤東再談過去那些不愉快的事，急忙把話接了過去：「勝利者是不受譴責的，勝利就是一切，不能譴責勝利者，這是一般的公理。」

隨後大家圍着長方形的會議桌就坐，一邊是毛澤東和師哲，一邊是蘇聯領導人，斯大林坐在桌頭邊。

談話開始時，斯大林還是關心地詢問毛澤東的健康狀況，然後說：「中國革命的勝利，將會改變世界的天秤，國際革命加重了砝碼，我們全心全意祝賀你們的勝利，希望你們進一步取得更多更大的勝利！」

斯大林停頓一會，用銳利的眼光看着毛澤東，問道：「你這次不遠千里而來也很不容易，你看我們應該做甚麼?你有甚麼想法和願望?」

毛澤東從容而又風趣地說:「我這次來是應該完成某項事情的,要提出個甚麼東西的,它必須是既好看,又好吃。」

蘇聯領導人聽了毛澤東的回答,不知所以然,得不到要領,貝利亞甚至大笑出聲。

斯大林畢竟老練有經驗,沉着冷靜,仍然繼續探問,「你的既好看,又好吃的東西指的是甚麼呢?」

毛澤東沒有正面回答,很含蓄地說:「我打算邀周恩來到莫斯科來一趟。」

斯大林馬上反問道:「如果我們不能確定要完成些甚麼事情,那麼又請周恩來幹甚麼呢?」

毛澤東沒有再回答。

其實,斯大林當時的想法很明確,他認爲不管中、蘇之間簽訂甚麼條約或協定,都應該由他代表二億人民的蘇聯,由毛澤東代表五億人民的中國來簽署。但是斯大林又不願由他主動提出與中國簽訂這樣或那樣的條約、協定,以免有「強加於人」之嫌,尤其是因爲他在中國革命問題上曾犯過錯誤,而今更是格外小心謹愼。毛澤東的心裏則有另一番打算。在他出國之前,中共中央政治局對毛澤東此行的決定是:給斯大林祝壽,然後利用時機在蘇聯休息一個時期,有關雙方簽約事宜的談判則由周恩來隨後去辦。所以,儘管斯大林以後又再三詢問毛澤東的想法和願望,毛澤東仍然答覆說:「等周恩來來後再說。」

周恩來就是在這樣背景下,於一九五〇年一月二十日抵達莫斯科,受到蘇聯部長會議副主席米高揚，外交部長維辛斯基、蘇聯駐華大使羅申及中國駐蘇大使王稼祥的熱烈歡迎。周恩來在車站發表了簡短演說，他說，我們此行的目的是奉毛主席的指示，來參加關於鞏固中蘇兩國邦交的會商，以促進兩大國之間的友誼團結和世界和平事業。其實，周恩來早在火車上就與毛澤東通了電話，交換了會談的內容和意見。

車站儀式結束後，蘇聯安排周恩來一行下榻在莫斯科郊區的高級別墅裏。

周恩來三赴莫斯科

周恩來同毛澤東不一樣，他在新中國成立前就已三次到過蘇聯，早就同斯大林打過交道，對莫斯科的情況，他也很熟悉，許多往事和情景都記憶猶新。

他回想第一次到蘇聯是一九二八年四月，根據共產國際的通知，中共中央決定他和瞿秋白赴莫斯科籌備中國共產黨第六次全國代表大會。他裝扮成古董商人和夫人，也是親密戰友鄧穎超從上海出發。這是他們一九二五年八月結婚以來第一次一起出國。途經大連時，發生過一段意外的遭遇，因自己沉着機智地應付，從容地化險爲夷。事情是這樣的——

當輪船剛停靠大連碼頭，他和小超（周恩來對鄧穎超的愛稱）正準備上岸時，駐大連日本水上警察廳上來幾個人，對他們進行盤問。首先問周恩來是做甚麼的？他回答是做古董生意的。又問你們做生意爲甚麼買那麼多報紙。回答說，在船上沒事可以看看。警察廳又問到哪裏去？回答去吉林。問到東北幹甚麼？答去看舅舅。警察廳當即讓周恩來跟他們上水上警察廳。在那裏，他們又詳細詢問他的出生年月日，學歷，職業等。當他們問到他舅舅姓甚麼？叫甚麼？回答他姓周、叫曼青。問他是幹甚麼的？答：在省政府財政廳任科員。他們問你舅舅姓周，你爲甚麼姓王？他說，在中國舅舅和叔叔是有區別的，姓氏是不一致的，不像外國人舅舅、叔叔都叫 Uncle，因此，我舅舅姓周，我姓王。對方又說，我看你不是姓王而是姓周，你不是做古董生意的，你是當兵的。他於是伸出手去說：你看我像當兵的嗎？他們仔細端詳不像當兵的手，然後開抽屜看卡片，對他說，你就是周恩來。他又反問他們，你們有甚麼根據說我是周恩來呢？我姓王、叫王某某。他們一系列的盤問，他都泰然沉着的一一作了回答。大約盤問了兩小時，才放他走。周恩來來到鄧穎超的住處，開始甚麼話也未說，安然無事的樣子，然後他低聲對鄧穎超說，我們去接頭的證件在哪裏？要立即燒毀。鄧穎超馬上找出來到衞生間撕碎投入馬桶裏。接着他們有說有笑地去樓下餐廳用餐。

他和鄧穎超在當天下午離開大連，坐火車前往長春，然後轉往吉林縣去看望他們的伯父。在車上仍遇到跟踪，上車後同他們坐對面的乘客是日本人，用中國話同他們攀談，他們也同他聊天。當時，已識破他是跟踪他們的。他們在長春站下車時他拿出名片給他，周恩來立即回片。一般人名片都放在西裝小口袋裏，實際上他沒有名片，他裝着找名片的樣子，「噢！我的名片沒有裝在口袋裏，還在箱子裏呢！對不起」，並做出要去取的手勢，對方說不必，不必了。終於對付過去了。到長春以後，似乎沒有人跟踪了，住進旅館，他立刻換上長袍馬掛，把鬍子刮掉，又乘車去吉林。抵達後沒有敢直接到伯父家去，先住旅館，寫了一封信，請旅館的人送去。正好周恩來的三弟恩壽在，一看就認出是他的筆迹，就把他們接到伯父家。

他們在伯父家停留了兩天，周恩來先走，到哈爾濱住在他的二弟周恩溥家，鄧穎超隔一天後，由他三弟陪送到哈爾濱，他們在哈爾濱接頭證件已毀掉，無法同有關的人取得聯繫。只得在哈爾濱再等幾天，在火車站上等到了李立三，通過李把關係接上了。然後乘火車到滿洲里，進入蘇聯境內，繼續乘火車到莫斯科。

六月九日斯大林同周恩來、瞿秋白、向忠發、李立三談話，分析論述中國革命的形勢和任務等問題，說：「目前我們不能說中國革命已經處於高潮。革命高潮是將來的事，而不是眼前的事。農民運動和土地革命最重要的結果，是創造紅軍。如果能夠把參加農民運動的人們爭取過來，並且集中部隊打下幾個城市，那末，這將對今後的局勢有更大的意義。」斯大林強調說：在任何時期，農民都是不能領導工人革命的。革命必須由工人階級領導。斯大林指出：中國革命是資產階級民主革命，不是「不斷革命」，也不是社會主義革命。

六月十八日，黨的第六次代表大會在周恩來、瞿秋白的日以繼夜地積極籌備下，在莫斯科郊外的一所舊式莊園裏召開。出席大會的有正式代表八十四人、候補代表三十四人，代表黨員四萬多人。共產國際書記布哈林作《中國革命與中國共產黨的任務》的報告，瞿秋白作政治報告：《中國革命與共產黨》、周恩來除在討論政治報告時作了長篇發言，作了組織報告和軍事報告。大會閉幕時，他致了閉幕詞。

周恩來作爲大會的秘書長，工作異常繁重。但他精力充沛，工作有條不紊，行動敏捷，處事果斷，給人留下很深的印象。

七月十九日，在中共六屆一中全會上，周恩來被選爲政治局委員，二十日，中央政治局第一次會議上，向忠發、周恩來、蘇兆征、蔡和森、項英等五人被選爲政治局常委。在分工中，周恩來負責黨的組織工作和軍事工作，並兼任中央政治局常委的秘書長和中央組織部長。在這以後的很長一段時間內，周恩來實際上是中共中央的主要負責人。

六大是中國共產黨歷史上一次有着重要意義的全國代表大會，大會指出：中國的社會性質仍然是半殖民地半封建社會，中國革命階段的性質，是資產階級民主革命；當前的政治形勢，是處在兩次革命高潮之間；中國共產黨的任務不是進攻，而是爭取羣衆，準備暴動；並且批評了左、右傾機會主義，特別是左傾盲動主義的錯誤。總的來說「六大」關於革命性質、動力、前途、形勢和策略方針等問題的決定基本上是對的，「六大」的基本路綫是正確的。對中國革命的發展起了積極的作用。但「六大」還是把城市工作放在中心的地位，沒有認識到中國革命的中心問題是農民的土地問題，中國革命的特點是農民的武裝割據，因而對中國革命的長期性和農村革命根據地的重要性認識不足。同時，繼續把民族資產階級和小資產階級排除在中國革命的動力之外，對中產階級的作用、反動勢力內部的矛盾缺乏正確的估計和政策。所以「六大」也有毛病，犯了些錯誤，但這些錯誤沒有形成路綫錯誤。

周恩來第二次到莫斯科是一九三〇年三月初，他途經歐洲，在德國停留一段時間，還應德共《紅旗報》的約請，發表了《寫在中華蘇維埃第一次代表大會召開之前》的社論。文章被認爲「生動具體地展現了中國革命巨大高潮的圖景。」五月間抵達莫斯科。這次，他來莫斯科主要是解決中共中央與共產國際遠東局在對中國革命形勢、政策上的分歧。共產國際遠東局斷言中共中央犯了右傾的錯誤，主要有三點：一是不反對富農，二是勾結兪作栢問題，三是在赤色工會問題上有動搖。中共中央不同意遠東局的意見，希望予以糾正，並且反過來認爲遠東局本身有着一貫右傾的錯誤，如放鬆中共黨內最嚴重的右傾——取消派，要求取消游擊戰爭等。

五月間，周恩來同共產國際開始討論中國革命問題。

七月五日，周恩來出席聯共第十六次代表大會，在會上做了《中國革命高潮與中國共產黨》的報告。說：「中國革命性質是資產階級性的民權革命。同時，這一民權革命是要在無產階級領導下聯合農民才能徹底完成。指出在黨內既要反對右的傾向，也要反對左傾盲動情緒和關門主義。」

十六日，周恩來在共產國際政治委員會上作了《中國革命高潮的特點與目前黨的中心任務》的報告。說：「中國革命的發展，因爲全國政治經濟的不統一，還表現不平衡的特徵。」「目前中國革命新高潮在成熟的過程中，還沒有形成全國直接革命的形勢。」

大約在七月下旬，周恩來會見斯大林，同他進行一個多小時的談話。斯大林這時和一九二八年時不同，接受一年多來中國紅軍有重大發展的事實，認爲應該把紅軍問題放在中國革命的第一位。

七月十六日，共產國際政治秘書處擴大會議討論中國問題。由周恩來首先作報告，瞿秋白、張國燾也參加會議。周恩來在作結論時說：「現在是革命高潮日在成熟過程中，雖然蘇維埃已經推翻了鄉村封建統治，但在全國來說，還沒有直接革命形勢」。

二十三日，共產國際政治秘書處通過《關於中國問題的決議案》，再次強調：「此刻還沒有中國的客觀革命形勢」，「建立完全有戰鬥力的政治堅定的紅軍，在現時中國的特殊條件之下是第一等的任務。」

周恩來同瞿秋白離開莫斯科，八月十九日或二十日到達上海。

周恩來第三次到莫斯科是一九三九年，因膀子骨折，於八月二十七日離開延安經新疆迪化，於九月中旬到達蘇聯，住克里姆林宮醫院。當時陪同周恩來到莫斯科的有鄧穎超、王稼祥、陳昌浩和孫維世。

周恩來在莫斯科期間，除了治病，還做了大量的工作，如將毛澤東的《關於國際形勢對新華日報記者的談話》帶到共產國際，發給兄弟黨。和陳林（即任弼時）聯名致信阿米拉夫，反映中共為八路軍培養軍事技術幹部的軍事學校，半年來由於缺軍事技術和教員，致教學難以進行，要求幫助解決，或允許將學習較好的學員派到蘇聯辦訓練班。為紀念蘇聯十月革命二十二周年，寫了《帝國主義戰爭與民族解放戰爭》的文章。為共產國際撰寫《中國問題備忘錄》，並在共產國際執委會上連續作了兩天報告，詳細分析抗戰以來戰局的變化情況以及中日雙方的優劣勢和強弱點，介紹中國共產黨領導下的人民武裝英勇作戰的情況，說明抗戰能堅持下去，中國人民能夠取得勝利。在共產國際執委會書記處會議上作關於中國青年運動的報告。按照中共中央的委托，致信斯大林，說目前中國抗戰正進入艱難時期，統一戰綫內部存在着嚴重磨擦，投降與分裂正成為目前中國的主要危險。會見莫斯科一區委副書記，聽其介紹工作情況。共產國際執委主席團根據周恩來的報告，作出決議，肯定中共的政治路綫是正確的，當前動員千百萬中國人民來克服投降的危險是共產黨的中心任務。共產國際主席團向共產國際各支部提議，展開最廣泛的同情和援助中國人民運動。共產國際領導人季夫特洛夫將決議交給周恩來。周恩來向季夫特洛夫陳述中共革命情況和王明的錯誤。參加共產國際監委會對李德問題的審查。分別會見共產國際執委皮克、伊巴露麗、庫西寧、安東尼斯庫、馬爾蒂等當時德國、西班牙、芬蘭、羅馬尼亞、法國共產黨的領導人。在莫斯科中心黨校作《關於中國抗戰問題的報告》。同蘇聯經濟學家瓦爾加交談如何解決邊境人民生活問題、受到中國法幣貶值的影響問題，徵求對方意見。還看望了在蘇聯學習的中國同志。最後應邀赴季夫特洛夫的家宴。於一九四〇年二月二十五日乘火車離莫斯科到阿拉木圖，同行的有任弼時、鄧穎超、蔡暢、陳琮英、陳郁、師哲、日本共產黨領導人岡野進、印度尼西亞共產黨領導人阿里阿罕等，然後乘飛機離開阿拉木圖到新疆迪化。

周恩來在新中國成立前，三次到莫斯科，實際上辦的黨內外交，同共產國際、同蘇聯、同斯大林進行廣泛的聯繫和交談，溝通中國共產黨與他們的關係，解決了中國革命許多重大問題，為中國革命作出巨大貢獻。同時，在蘇聯莫斯科期間，也了解蘇聯的政治、經濟、文化、軍事、外交等各方面的情況，也參觀遊覽了蘇聯特別是莫斯科。周恩來非常喜歡這個紅色而又古老的莫斯科。因為它不僅是第一個社會主義國家的首都，而且它有着許多吸引人的魅力。

中蘇條約談判艱苦

莫斯科位於東歐平原也是蘇聯歐洲部分的中部，傍莫斯科河而建。它的歷史悠久，是個有着八百多年歷史的古城。

在莫斯科的中心，莫斯科河畔高聳的山崗上，有一帶朱紅色的齒形城牆，這就是有名的克里姆林宮。克里姆林宮是俄國歷代帝王的宮殿，十月革命勝利以後，成了蘇聯最高政權機關的所在地。克里姆林宮是由許多教堂、宮殿和美麗的多層塔樓組成的，它是幾個世紀以來俄國建築藝術的集中表現。克里姆林宮的宮牆，圍成一個三角形。三角形的每一邊，各有七座塔樓。這些塔樓的外觀都不一樣，有的高，有的矮，有圓形的，有橢圓形的，有四方形的，也有十六角形的。在五座最高的塔樓尖上，裝置有瑪瑙石的五角星。五顆星都安在軸承上，所以能隨風轉動。

周恩來一到莫斯科，就全身心地投入以簽訂中蘇友好同盟條約爲中心的中蘇關係談判，他擠不出甚麼時間再舊地重遊，欣賞莫斯科的風光美景和重建後的莫斯科新貌。只是莫洛托夫陪同他在蘇聯莫斯科大劇院看了一場芭蕾舞《天鵝湖》。

周恩來在同毛澤東商量了中蘇友好同盟條約的基本內容後，於一月二十三日他同中國駐蘇聯大使王稼祥會見了斯大林、莫洛托夫、維辛斯基。老同志、老朋友見面，彼此問好、別後情景、寒暄一陣之後，即就條約的一些原則性問題進行商談，因爲彼此都有需要，都關係到雙方的切身利益，因此，很快達成協議，並確定條約的文字措辭由周恩來同莫洛托夫、維辛斯基進行會談、草擬。

隨後，中蘇雙方開始了正式會談。中國方面由周恩來以外長身份出面，按照外交上對等原則，蘇聯方面由外長維辛斯基出面進行會談。中國方面參加會談的有王稼祥、李富春、葉季壯，蘇聯方面有米高揚、羅申。雙方各就條約的基本思想主要內容、條款以及文字措辭講了自己的想法和意見。

開始，蘇方按照周恩來說的基本思想和大體內容，起草了一個條約文本交給中方代表團。

周恩來看後，生氣地說：「不對，我說的很多，內容沒有完全包括進去，要修改，大力修改！」他立即將王稼祥、陳伯達找來，並提出由我們自己擬一個文本。還向毛澤東作了滙報，毛澤東非常贊成。

周恩來一向做事認眞、細緻、一絲不苟。他認爲中蘇條約關係到國家的重大利益、關係到當前的國際鬥爭、關係世界和遠東的和平，是一件震驚世界的大事，必須搞好，要防止出漏洞，以免後人吃虧。他反覆思考，反覆同代表團商量，聽取各方面意見，集思廣益。然後，他親自動手，整整花了兩天多的時間，草擬了一個條約文本。主要條款爲：

——締約國雙方保證，共同制止日本或與日本相勾結的任何國家之重新侵略與破壞和平；

——一旦締約國任何一方受到日本或與日本同盟的國家之侵略；另一方得以援助；

——雙方均不參加反對對方的任何同盟，雙方保證以友好合作精神，遵照平等、互利、互助原則，發展和鞏固中蘇兩國之間的經濟與文化聯繫，彼此給予一切可能的援助，並進行必要的經濟合作。

周恩來又是一向十分謹慎的人，特別在外交工作上更是愼之又愼。他將起草好的條約文本，再交給代表團全體人員包括工作人員和中國駐蘇聯大使館的同志，進行逐條逐句逐字的研究、斟酌和修改。他告誡大家：這個條約不僅在今天看行，還要在以後看行不行，要經得起時間的考驗和後人的檢查。

周恩來身體力行，他對自己起草的條約，又一再一個字一個字的推敲，他連吃飯、睡覺都想着條約，嘔心瀝血，爲條約付出了巨大的智慧和勞動。他發現條約中「一旦締約國任何一方受到日本或與日本同盟國家之侵略，另一方「得以援助」不夠肯定，沒有表明條約應有的作用。便又找王稼祥、陳伯達、伍修權等商量，經過再三考慮、研究、斟酌，改爲「另一方即盡其全力給予軍事及其他援助。」

在條約的名稱上，周恩來也動了一番腦筋，原是雙方商定爲「中蘇友好同盟條約」，他覺得僅是「友好同盟」還不夠確切，因爲條文中有互相幫助的意思，不是蘇聯方面幫助中國，而是中國也幫助蘇聯，因此他在條約的名稱上加上「互助」兩字，即成爲「中蘇友好同盟互助條約」了。

條約文本起草完以後，周恩來交給當時擔任主要翻譯的師哲，譯成俄文交給蘇方。周恩來對俄文譯本，也找王稼祥、伍修權等俄文專家反覆推敲，認爲準確之後，這才交出去。

蘇方見到中方的條約對案，非常滿意。莫洛托夫、維辛斯基等都說，沒有想到中方起草後這麼好，未作甚麼修改便全部接受了。

一月二十五日，周恩來又主持起草了關於旅順、大連、中長鐵路協定和關於蘇聯貸款給中華人民共和國的協定等草案。

關於中長鐵路和旅大問題，都是沙皇俄國強迫中國清朝政府「同意」由俄國修築、經營和租借的，這原是帝國主義列強瓜分中國的結果。而且中長鐵路早在日本佔領東北期間，已經向蘇聯付款買下了鐵路的主權，雖然錢少了一點，但是總算給過錢了。一九四五年蘇軍進入東北和日本投降後，蘇聯重新佔領了中長鐵路主權。一九四九年中華人民共和國政府建立後，蘇聯本應無條件地移交鐵路的主權，但是他們因爲經過中長鐵路到海參威等遠東城市，比走蘇聯本國的遠東鐵路還要近許多。所以，蘇聯要求在一定時期內共同享有中長鐵路的主權和利益，蘇聯實際上是多佔了便宜。周恩來和中國政府考慮我國尚無足夠的經營管理和技術能力，在此情況下暫時由兩國共管共用，對我國還是有好處的，所以便同意中長路暫時由兩國共享權益。在《關於中國長春鐵路、旅順及大連的協定》中還說蘇聯應將在我國東北從日本手中獲得的財產，也就是一批工廠、礦山及其機器設備等等，無償地移交中國，但是實際上蘇聯軍隊在撤離東北時已將所有能拆卸運走的機器設備和器材物資等等大部分搬到蘇聯去了。鞍山鋼鐵廠、瀋陽兵工廠和小豐滿發電廠等地方，只是「無償地」移交了一些空房子，連日本高級官員和軍官家裏的高級傢俱都被他們搬回蘇聯去了。可見他們的風格是不高的，暴露了民族利己主義的傾向。同他們口頭上宣稱的並不是一回事。不過，我們還是以大局爲重，從大處着眼，未在這些具體問題上同他們計較爭執，在總的方面，斯大林等蘇共領導人對我們的態度還是相當熱誠的，他們對中國的援助也是很大的。因此，整個會談過程還是十分順利和圓滿的。協定規定：在締結對日和約之後，但不遲於一九五二年末，蘇聯將中長鐵路的一切權利和財產無償地交給中國；蘇聯從旅順口撤退，並將該地區的設備移交給中國，由中國償還其費用；大連港在對日和約締結後移交給中國，其中蘇聯代管和租用的所有財產均交中國接收。蘇聯給中國經濟貸款協定，給中國三億美元之貸款作爲償付購買蘇聯機器設備和器材之用，利率百分之一，十年內中國用以戰略物資爲主的原料及茶葉、現金、美元來償還。

這以後，毛澤東、周恩來同莫洛托夫、布爾加寧、馬林柯夫和貝利亞商討關於新疆石油開採、有色金屬的開發、稀有金屬開採以及把蘇聯曾在中國新疆邊境儲存的大量武器移交給中國等問題。這次會談談得非常順利而有成效，雙方決定簽訂有關幾個協定。事後，由新疆自治區主席賽福鼎前往莫斯科與蘇方簽字。

在條約、協定大都已準備就緒之後，毛澤東、周恩來到克里姆林宮拜會了斯大林。這次會見除了談了雙方都感興趣的問題以外，斯大林提出中國革命經過幾十年的艱苦奮鬥，積累了豐富的經驗，爲了總結這些經驗，建議毛澤東把自己寫的論文、文章、文件等編輯出版。毛澤東也有這個想法，周恩來亦極力贊成，但希望得到蘇聯的幫助，希望斯大林派一位有理論修養的同志幫助工作，斯大林立即允派蘇聯哲學家尤金來。這便是後來《毛澤東選集》（第一、二卷）出版的緣由。

中蘇條約正式簽署

一九五〇年二月十四日，《中蘇友好同盟互助條約》正式簽訂，在克里姆林宮舉行了隆重的簽字儀式。斯大林、莫洛托夫、伏羅希洛夫、米高揚等主要領導人和毛澤東、王稼祥、李富春等中方領導人出席了簽字儀式。周恩來同維辛斯基代表本國政府，分別在兩份條約文本上簽了字。

周恩來在簽字儀式上說：「締結中蘇條約的根據，是兩國人民的根本利益，同時也代表了東方和世界一切愛好和平與正義的人民的利益，條約的簽訂使得美國爲首的帝國主義者挑撥中蘇兩國的企圖，完全失敗了。」

維辛斯基說：「中蘇條約表明了兩國友誼合作和各國人民和平安全的願望，也證明了蘇聯外交政策的偉大。」

與《中蘇友好同盟互助條約》同時簽訂的還有《關於中國長春鐵路、旅順口及大連的協定》、《關於貸款給中華人民共和國的簽訂》，同時，兩國共同聲明，一九四五年八月蘇聯與中國原國民黨政府締結的各項條約與協定，均失去效力。

簽字儀式後，斯大林舉行招待會，慶賀《中蘇友好同盟互助條約》的簽訂，招待會上斯大林對毛澤東、周恩來說：「我聽說你們希望我出席你們的告別宴會，這種場合我一般不出席，一次也未出席過這樣的宴會，但聽說你們有這個願望，我們政治局專門研究了一次，並決定我出席你們的告別宴會。」

毛澤東、周恩來回答道：「我們歡迎你，斯大林同志，參加這次宴會，不過你如果身體不能支持，健康狀況不允許的話，可以提前退席。」

斯大林搖搖頭：「不，既來之，則安之，我會堅持到底的。」

王稼祥聽說斯大林要出席宴會，情緒非常高漲，他立即趕回使館，着手安排晚上的宴會。

離克里姆林宮不遠的一個大旅社，它的第一層樓全被中國大使館包了。下午六時，賓客陸續到來，在大約五百多名賓客中有蘇聯高級幹部、知名人士、各國駐蘇使節，但他們都不知道斯大林要出席當天的宴會。當斯大林快要到達的時候，毛澤東、周恩來、王稼祥等都到大門口迎接。

不一會兒，斯大林率領蘇聯全體政治局委員走上了台階，毛澤東、周恩來和斯大林、莫洛托夫等握手問好後，便一起走向餐廳的正席。這時許多賓客都驚呆了，他們沒有想到斯大林會到場，他們中的許多人甚至從來沒有這麼近地看見斯大林。一時間，大廳裏騷動起來，接着爆發一片熱烈的掌聲，直到中蘇兩國領導人穿過大廳走進主賓餐室，各自就坐之後，掌聲才停息下來。

宴會廳是用玻璃板隔成一大一小兩廳，毛澤東、周恩來、王稼祥和斯大林、莫洛托夫以及蘇共中央政治局委員們在小廳裏，其他來賓都在大廳裏。

周恩來開始致祝酒詞時，因玻璃門隔音，大廳裏的人聽不清講話都擁向小廳，人們擁擠在玻璃門邊，門快要被擠碎了。周恩來見此情景，忙叫人把活動板壁拆去，兩廳變成一大廳，才使大家安定下來。

周恩來祝酒詞，事先把講稿給翻譯費德林看過，並譯成俄文，周恩來講話時，沒有拿稿子，但他的二千多字祝酒詞與原稿一字不差地講出來。他主要說：「中蘇友好要世世代代繼續下去，中蘇兩黨兩國兄弟般的團結，對世界革命是最大的貢獻，感謝蘇聯的無私援助。」
周恩來的祝詞激動人心，全場熱烈鼓掌。
斯大林祝酒，講得很輕鬆，他說：「中蘇友好團結和兄弟情誼要保持下去，這是各國勞動人民所希望的，這些周恩來都講到了，也代表了我的意見。社會主義陣營的團結也應像周恩來講的那樣，團結就是力量。」
席間還互相祝願：「健康、長壽、友誼……。」宴會一直持續到午夜，才盡歡而散。
二月十六日，斯大林在克里姆林宮舉行一個小型宴會，爲毛澤東、周恩來送行。參加的人只有三四十人，圍在一個長方桌上。越南胡志明也參加了。
可能斯大林對這次《中蘇友好同盟互助條約》的簽訂很高興。他興致勃勃地不斷同客人談話，甚至開玩笑。席間，胡志明很羨慕中蘇簽訂友好條約，他向斯大林說：「斯大林同志，我也要向你請示。」斯大林笑道：「你怎麼能向我請示，我是部長會議主席，你是國家主席，官比我大，我應該向你請示。」胡志明接着半開玩笑地說：「你們同中國同志訂了個條約，趁我在這裏，我們也訂個條約吧！」斯大林說：「你是秘密來的，怎麼同你訂約？否則人家要問你是從哪兒突然冒出來的呢？」胡志明幽默地說：「這很簡單，你派架飛機把我送到天上去轉一圈，然後再派些人到機場迎接我，在報上發個消息不就公開了?然後，我們兩國就簽訂條約嘛！」斯大林不好回答，講了一句笑話說：「你們東方人想像力太豐富了。」周恩來在這種場合一向很活躍，談笑風生。
中蘇友好同盟互助條約簽訂的消息傳出去以後，立即在世界的各個角落引起巨大的反響。

——《華盛頓郵報》認爲：這是一個「驚人的勝利」。

——美聯社說：「中蘇條約拆了美國對華政策的台。」

——一位美國參議員說：「這個同盟嚴重打擊了美國在亞洲的地位。」

——法新社說：「這個條約必然成爲反殖民主義的強有力的武器。」

《中蘇友好同盟互助條約》和其他協定的簽訂，使中蘇關係大大向前發展一步，中蘇結成同盟，這對剛剛成立的中華人民共和國的鞏固和發展，對反對帝國主義，爭取世界和平都具有重大的歷史意義。這是周恩來就任新中國外長以後，第一個重大的外交行動，也顯示了他的傑出的外交才能。

從中蘇條約談到戰爭

周恩來回國後，一九五〇年三月二十日在外交部全體幹部會上的報告，對《中蘇友好同盟互助條約》作了很高的評價。

他說：「這次締結《中蘇友好同盟互助條約》大家都很高興。」「現在我只想講一講裏面的一個關鍵問題，這就是條約的目的和任務。條約中有反對和爭取兩個方面的任務。我們所反對的一方面，是條約裏指出的與日本勾結的國家，這就是美國，由此烘托出另一方面，也是積極爭取的一方面，這就是要爭取世界永久的和平。這兩個方面體現了我們今天的外交鬥爭和我們在和平陣營所從事的神聖偉大的任務。」

「這個條約不僅體現了中蘇兩個國家七萬萬人民力量的團結，而且也體現了社會主義國家和新民主主義國家八萬萬人民的團結。它不僅鼓舞了殖民地的國家和被壓迫的民族，同時也鼓舞了資本主義國家的人民。所以這個條約是有其歷史意義的。」

周恩來強調說：「帝國主義是不願意看見也不願意了解新世界和人民力量的，所以每次世界上發生重大事件，像這次中蘇締約，都出乎他們的意料。這種情況說明，和平陣營的行動擊中了帝國主義的要害。帝國主義不願意看見革命，因為革命要消滅它，即使是改良，它也害怕，因此它不得不從戰爭中找出路。」

周恩來引伸說：「戰爭究竟打得起來打不起來呢？這是我們大家要研究的問題。今天的世界形勢對這個問題的回答是：帝國主義發動戰爭是困難的。我們今天工作做得越好，戰爭就越打不起來；人民力量越強，打的可能性就越小。因為國際上的鬥爭也是力量的對比。剛剛說過，現在已經有八萬萬人團結起來，這同十月革命後的蘇聯所面臨的情況已經不同了。那時蘇聯受十四個國家的武裝干涉，處境很艱難。而今天我們八萬萬人背靠着背，從柏林到上海，連結在一起，這樣大的力量，是沒有任何帝國主義可以打破的。這個力量只有在中國革命勝利後才能表現出來。八萬萬人團結的力量是不可戰勝的。

「再以帝國主義營壘來看，它們從哪裏能動員那麼多人力來打仗呢？帝國主義最理想的是希望別的國家替它打。但是，今天的歐洲人是最不希望戰爭的。歐洲是工業發達地區，打爛了不容易恢復。歐洲人坐上一夜火車醒來就出了國境，一打仗全國都被打亂了。所以他們希望最好是不打仗。自衛戰爭是迫不得已，侵略戰爭是尤其不願意。今天可以肯定地說，英法等西歐各國人民是不願意打仗的，這一點美國人也是知道的。」

「在東方，美帝國主義要發動戰爭就要控制日本。它企圖單獨締結對日和約，而中國和蘇聯卻提出要共同締結和約，日本人民懂得，單獨締結和約是不能解決問題的。」

「中蘇友好同盟條約簽訂以來，美帝國主義一直處在被動地位。這一點資本主義國家的輿論也不得不承認。因此，現在美帝國主義也在大喊要締結和約，要求和平。當然，這只是鬥爭的開始，事情還是要繼續發展下去的。

「美帝國主義也希望動員其本國人民來打仗，但這是很困難的。在兩次世界大戰中，美國都佔了便宜，而現在想要本國人民打先鋒，這就要危害本國人民的和平生活。因為從美國人民來說，打仗將使幾百萬人喪失生命，大量財產遭受損失，這是不可想像的。現在美國人民過着和平生活，沒有哪個國家要侵略他們，帝國主義之間的矛盾也沒有那麼大，以致有人要去打美國，和平陣營又是主張和平競賽的，所以讓美國人打先鋒，他們是不願意的，但是也有一個弱點，就是美國人民的被控制在壟斷資本之下。我們的消息不能進到他們國內去，壟斷資本還用低級文化來麻醉他們的人民，所以要使美國人民覺醒起來，這是世界人民的責任。這一點我們中國人民的責任也很大，我們要求恢復在聯合國的合法席位，就有這個意義。」

周恩來從中蘇友好同盟互助條約的簽訂，進一步談到外交工作問題。他說：「我們外交工作者要增強自信心，發揚革命的愛國主義，這對我們外交工作者是非常重要的。」「當然，我們今天的外交傳統不是舊的，但將來外交工作開展了，還是要與舊的外交傳統接觸，也多少會受點影響。因此，我們要打破舊的外交傳統，既不盲目排外，也不媚外，否則不是狂妄便是自卑。不卑不亢才是我們的態度，在這方面必須得體。」

「在國際戰場上，有朋友，也有敵人。對於敵人，舊中國的外交傳統容易流於自卑，而今天革命勝利了，卻又容易流於驕傲。我們要不亢不卑，便不得不有一套統一的禮節。當然，這些都屬於外交形式，爲甚麼要照顧外交形式呢？這是因爲我們要爭取外國人民，某些形式與制度是必須建立的。有時，形式是起很大作用的。這一點，對某些從學校中出來的知識分子和從部隊調來的同志來說，可能不習慣，但必須要重視。注意形式並不是迷信形式，而是爲了完成外交任務，但形式還是重要的。從這一點上說，外交機關就是不同於其他一般機關和學校。」

周恩來最後說：「《中蘇友好同盟互助條約》簽訂後，將使我們的工作更加開展起來。老實說，我們的工作是落後於形勢的，外交戰綫上的許多任務等待我們去完成。我們的經驗比較少，人才也比較缺乏，但是，我們要下決心完成任務。」

周恩來的講話，受到外交部全體幹部的熱烈鼓掌和好評，增強了大家的信心和決心。

四、韓戰爆發運籌於中樞

周恩來總攬內政、外交大權，如同《西廂記》裏的紅娘角色一般，裏裏外外一把手。他正緊張地、不分日夜地忙於國內建設和對外工作的開展。那時中國共產黨的七屆三中全會和中國政治協商會議第一屆第二次會議剛剛開過，參加這兩個會議的代表，有的剛剛返回自己的工作單位，有的還在途中，有的還沒有離開北京，正在京城商定人才、籌集恢復生產的資金。他們帶着周恩來「方向和目標是確定了的，但道路是要我們一步一步走的」會後囑咐，準備回去大幹一場，恢復和發展經濟，增強國力，改善人民生活。

就在這個關鍵時刻，一九五〇年六月二十五日拂曉，一個震驚世界的消息，朝鮮戰爭爆發了。

朝鮮在第二次大戰結束後，爲蘇美兩國軍隊分別佔領，蘇聯軍隊一九四五年八月十五日在朝鮮北部登陸，美國軍隊九月八日在朝鮮南部登陸，按照蘇美協議以北緯三十八度爲界，分別接受日本投降。根據戰時大國協議和有關聲明：一九四三年十二月一日中美英開羅宣言、一九四五年七月二十六日蘇美英波茨坦公告和一九四五年八月八日蘇聯政府聲明，朝鮮應獲得「自由獨立」。因此蘇美軍隊駐扎於朝鮮應只是暫時的現象。爲此蘇美曾組織聯合委員會，以協助成立臨時朝鮮民主政府爲主要任務。可是，事實上在朝鮮南北兩部分出現了不同的發展情況，在北朝鮮建立了以金日成爲首的人民委員會，展開了包括土地改革在內的各項民主改革，進行了經濟的恢復和建設工作；在南朝鮮，美軍恢復了日本統治時期的警察和審判系統，扶植了李承晚政權，對人民實行反動統治，並破壞北朝鮮關於由各人民團體和政黨的代表協商籌備普選、建立統一的政府、完成朝鮮獨立統一的建議。在美國破壞下，蘇美聯合委員會於一九四七年十月解散了，美國隨即操縱聯合國大會於十一月通過決議，設立「聯合國朝鮮臨時委員會」，監督朝鮮的議會選舉、政府的組成和武裝力量的編制。這樣就違背了聯合國憲章關於不得干涉一國內政的規定。

在美國扶植下，一九四八年八月在南朝鮮成立了以李承晚爲總統的「大韓民國」，終於正式宣告了朝鮮的分裂。在這同時，在北朝鮮進行了有南北朝鮮選民普遍參加的最高人民會議的選舉，南朝鮮有百分之七十七點五二的選民選出自己的代表到北朝鮮海州進行選舉。一九四六年九月，成立了以金日成爲首的中央政府，宣告了「朝鮮民主主義人民共和國」的建立。這以後，蘇聯軍隊於一九四八年十二月二十六日全部撤離北朝鮮。隨之，美國政府也於一九四九年六月三十日聲明將美軍全部撤離朝鮮。但是，美國政府在南朝鮮設立一個龐大的有五百人的軍事顧問團，繼續指揮李承晚軍隊，並軍事控制南朝鮮，美國政府還給李承晚集團大量軍事裝備，以擴充軍隊。一九五〇年一月，美國同李承晚集團簽訂了「聯防互助協定」。南北朝鮮出現了對峙局面。

李承晚依仗着美國的支持，妄圖軍事吞併北朝鮮，狂妄地一再公開叫囂軍事北進。一九五〇年六月十七日，美國國防部長路易斯・約翰遜、參謀長聯席會議主席奧馬爾・布萊德雷和國務院顧問杜勒斯親臨三八綫視察南朝鮮軍隊，爲南朝鮮打氣；六月十九日，杜勒斯還在南朝鮮國民議會上發表演說，表示美國給予南朝鮮以一切「必要的道義和物質的支持」。對於這種形勢，難怪北朝鮮人民是不能不予以充分警惕的。

戰爭發生後，朝鮮人民軍僅僅三天之內解放了漢城和將近二萬平方公里的廣大地區。美李軍隊在整個戰綫上開始崩潰。

杜魯門推行他的國際戰略

美國政府在朝鮮戰爭爆發的同一天，指使聯合國安全理事會於下午二時，也就是北京時間二十六日下午三時，舉行非法的緊急會議，在蘇聯代表缺席和中華人民共和國合法權利被剝奪的情況下，按照美國的提案，會議一開始就企圖把侵略者的帽子戴到朝鮮民主主義人民共和國的頭上，只是由於有人不同意，才把「武裝侵略」一詞，改爲「對大韓民國的武裝進攻」。安全理事會討論的結果，以九比零票通過了略加修改的美國提案，南斯拉夫代表力爭無效，又來不及請示，只好棄權。安全理事會「斷定」北朝鮮部隊「對大韓民國的武裝進攻」，「構成了對和平的威脅」，請求「聯合國朝鮮委員會」盡快提出關於局勢的建議，號召「各會員國對聯合國執行來決議給予一切幫助」。要求朝鮮民主主義人民共和國的武裝力量推到三八綫以北。

安全理事會是由十一個理事國組成，其中包括五個常任理事國和六個非常任理事國。五個常任理事國是中國、蘇聯、美國、英國、法國。當時的中國席位被蔣介石當局的代表非法竊據着。蘇聯代表因爲驅逐蔣介石代表出聯合國的提案被否決，從一九五〇年一月三十日起拒絕繼續出席會議。六個非常任理事國當時是印度、南斯拉夫、埃及、挪威、古巴、厄瓜多爾。根據聯合國憲章第二十七條規定，安理會一切有關重大問題的決定，至少需有七個理事國的同意票，其中必須包括安理會所有五個常任理事國在內。由於沒有中國的合法代表和蘇聯代表的缺席，六月二十五日安理會這個決議是直接違反聯合國憲章的，是非法的。

在成功湖安理會決議後不到四小時，六月二十五日晚八時半，美國總統哈里斯·杜魯門，從密蘇里州獨立城北特拉華街家中，乘「獨立號」專機趕到華盛頓布萊爾大厦，在這裏舉行了「極其重要」的晚餐會，參加晚餐會的名單是由美國國務卿迪安·艾奇遜提出並親自邀請。參加者爲：

國務卿	迪安·艾奇遜
國防部長	路易斯·約翰遜
副國務卿	詹姆斯·韋伯
陸軍部長	弗克蘭·佩斯
海軍部長	弗朗西斯·馬修斯
空軍部長	托馬斯·芬勒特
參謀長聯席會議主席	奧馬爾·布萊德雷
陸軍參謀長	勞頓·柯林斯
空軍參謀長	霍伊特·范登堡
海軍作戰部長	福雷斯特·薛爾曼

無任所大使　　　　　　　　菲利普·杰塞普

助理國務卿　　　　　　　　迪安·臘斯克

　　　　　　　　　　　　　約翰·希克森

布萊爾大厦是杜魯門官邸，他當副總統時原住在狄格路公寓，繼任總統後，搬進白宮，但因白宮急需修繕，從此，他就搬到了座落在賓夕法尼亞大道一六五一號的布萊爾大厦。它原是一位名叫布萊爾先生的住宅，主人把這幢建築獻給了美國政府充作賓館。它座落在白宮的斜對面，同白宮舊行政大樓僅有一牆之隔。這是個老式建築，古樸典雅，內部裝璜非常考究，可以說都是藝術品。客廳裏那精緻的水晶吊燈和金框鑲邊的大型穿衣鏡，使官邸顯得更加富麗堂皇。

布萊爾大厦的主人哈里斯·杜魯門，一八八四年五月八日生於美國密蘇里州拉瑪小鎮，出身世代農家，早年生活很苦。一九〇一年高中畢業後無力升學，做過雜工，一九〇四年他加入蒙太拿州義勇軍，曾去投考美國著名的西點陸軍大學，未能考取。便在某藥廠當藥劑師助手，報紙的發行員，書局及銀行職員，但都不合他的興趣，悶悶不得志，被父親逼迫回家，在家鄉農場幹活。少年時害了一場病，弄得視力減弱，經常戴一副沒邊的眼鏡。所以從小就是坐在屋子裏讀書，戶外活動較少。他愛讀歷史、戰史和歷屆總統的政績實錄。杜魯門在父親逝世後，又先後畢業於凱薩斯市立法政學校和福特西爾炮兵學校。

第一次世界大戰時，杜魯門參加軍隊，被派往法國作戰，因英勇善戰，由一個不出名的炮兵上尉擢升爲少校。一九一九年退役，在獨立城經營服飾用品店，一九二一年該店倒閉後投身於政界，一九二二年任杰克遜縣法官，一九二四年至一九三四年任法院推事。一九三四年十一月至一九四四年任聯邦參議員，一九四四年羅斯福競選第四屆總統時，他被提名爲副總統候選人，同年十一月當選爲副總統。他只當了八十八天副總統，翌年四月十二日羅斯福病逝，杜魯門繼任總統，一九四八年競選連任總統獲勝。

杜魯門擔任美國總統的時候，正是美國成爲世界上經濟實力最雄厚從未遭受戰火破壞的頭號強國，在他的桌子上經常擺着一塊「決斷在我」的座右銘，他的確是一位世界頭等強國發號司令者。

他於一九四五年八月六日，八月九日在日本廣島、長崎投下了原子彈，造成無數人的死亡和原子彈受害者。

他堅決支持蔣介石打內戰，殺戮了幾百萬中國人。

他從一開始就把聯合國當作推行美國政策的工具。

杜魯門是一個權術家，一個極端的民族利己主義者。他常常以實用主義的態度對待國際事務，出爾反爾，自食其言。當一九四一年六月，蘇德戰爭爆發的時代，作爲參議員的杜魯門，曾經這樣主張：美國應該觀望，如果希特勒勝利了，就幫助俄國，反之，如果俄國勝利了，就幫助德國，讓他們兩敗俱傷，美國坐收漁利。

一九四五年五月八日，德國剛剛宣佈投降，杜魯門就立即簽署了關於停止租借法案的命令。六月十二日，美國對外經濟管理局局長克勞利下令，所有在運的租借物資尚在途中的船隻均需返回美國，所有在碼頭上等待裝船的物資包括已裝上了一半的物資統統卸下來送回工廠。英國、蘇聯及其他歐洲國家對此強烈不滿。

戰後，杜魯門對社會主義國家實行「遏制」政策。一九四五年十二月十五日，杜魯門發表對華政策聲明，宣佈「美國政府堅信一個強盛的、團結的和民主的新中國，對於聯合國組織的成功及世界和平最爲重要」，「美國的支持將不擴展到以美軍事干涉去影響中國任何內戰的過程」，但是，實際上正如美國國務卿艾奇遜後來也承認的，「一九四五年一直到一九四八年初秋，國民政府在人力和軍備上較其對手具有顯著的優勢」。「的確在那一個時期之內很大一部分由於我們在運輸、武裝和補給上給予他們的部隊的援助，他們遂能推廣其在控制及於華北和滿州的大部分。到馬歇爾將軍於一九四七年初離開中國時，國民黨在軍事上的成就和領域的擴張上，顯然是登峯造極的。」

杜魯門的出爾反爾，在台灣問題上的表演可算是一個典型。一九四三年的開羅宣言已明文規定，中、美、英三國之宗旨在剝奪日本自一九一四年第一次世界大戰開始以後在太平洋所佔有之一切島嶼，在使日本竊取中國之領土，例如滿洲、台灣、澎湖羣島等歸還中國。日本亦將被逐出於其以武力或貪欲所攫取之所有土地」。杜魯門親自參加簽署的波茨坦公告，又重申「開羅宣言之條件必將實施」，而且，日本投降以後，國民黨政府已經接收了台灣，但是，在解放戰爭後期，杜魯門政府卻又說甚麼「台灣地位未定」。一九四九年二月，駐日盟軍總司令麥克阿瑟發表聲明說：「在對日和約簽訂之前，台灣屬於美國對日佔領軍總部。」同年八月，美國政府照會李宗仁提出，「把台灣置於盟國軍事管轄之下。」

中華人民共和國成立以後，一九五〇年一月五日，杜魯門發表不干涉台灣的聲明，確認日本投降後，「美國及其盟國承認中國對該島行使主權」，並稱「美國對福摩薩或中國其他領土從無掠奪的野心」，「美國亦不擬使用武裝部隊干預其現在的局勢」。同日，艾奇遜專門就杜魯門的上述聲明進行闡述，他說：「中國管理福摩薩已有四年了，美國及其盟國均未對這種權力和佔領提出任何疑問，當福摩薩成爲中國一個省時，誰也沒有提出任何法律上的問題。」

可是到了朝鮮戰爭時，他的調子又變了。

一九四三年三月，他在國會發表講話，提出不能對希臘、土耳其政府面臨的進步的力量的打擊「坐視不救」，要求國會撥款四億美元「援助」兩國瀕於崩潰的政府。他要求把美國的權益擴展到全世界，他宣佈美國要包攬全球事務，要將世界一切反共力量集結起來，反對共產主義。他宣佈干涉世界上任何地方的共產主義，包括可能被懷疑爲共產主義性質的國內革命。這篇講話，後來被稱爲「杜魯門主義」。

一九四七年六月，杜魯門支持國務卿馬歇爾提出的「歐洲復興計劃」，以「美援」爲手段，打開歐洲門戶。一九四九年提出「開發落後地區」的「第四點計劃」，向第三世界進行滲透。

杜魯門爲推行他的世界戰略，早就準備打一仗。一九四八年七月十日，他在給邱吉爾的一封信中說：「你們打倒世界納粹主義和法西斯主義的偉大貢獻，值得引以自慰，所謂共產主義是我們緊接着要解決的大問題，我希望我們無需付出戰勝法西斯的血和淚的代價，就能解決它。」杜魯門這種野心，在他一九四八年三月三日給他的女兒一封信中更爲露骨了。他說：「極權國家，是沒有甚麼不同的，不管你稱之爲納粹、法西斯、共產黨或佛朗哥西班牙都一樣。」「他們還在搞亂朝鮮、中國、波斯和近東的局勢。」「決策將是非作不可的，我正在打算作出決策。」「我們也許不得不為爭取世界和平而打仗。」

杜魯門的這些經歷，使他的性格既剛強、狹隘、易於衝動，又獨斷和自信。

杜魯門從在布萊爾大廈的晚餐會一開始，他就宣佈一條禁令，說晚餐結束和服務員退出以前，不要討論任何問題。然後，他擺動一下他那不高、中等身材的身體，摩摸一下無邊的眼鏡說：現在我首先請迪安·艾奇遜國務卿詳細報告朝鮮情況。艾奇遜宣讀了美國駐韓國大使穆喬爾來電，建議由美國提出關於朝鮮局勢的提案，搞出個決議，根據聯合國憲章「對和平的威脅，破壞及侵略行為」的制裁條款，請各會員國採取行動。

杜魯門表示接受這個建議。

然後，艾奇遜又宣讀了由國務院和國防部準備的「待總統決定事項」。經過一番討論，杜魯門於一九五〇年六月二十五日二十三時五十五分發出了包括以下內容的指示和命令：

命令麥克阿瑟應將美國人——包括美國軍事顧問團人員的眷屬撤離朝鮮，為此應當守住金浦其他航空港，擊退對這些地方的一切進攻。在履行這項任務時麥克阿瑟的空軍部隊應當留在三八綫以南。命令麥克阿瑟以空投或其他辦法把軍火和物資供給部隊。

命令美國第七艦隊開進台灣海峽，以阻止對台灣的任何進攻。

在六月二十六日晚九時又在布萊爾大廈開了一次同樣規模的會議。這次會議主要是研究新的情況，檢查頭一天決定事項落實情況和世界上的反映。會議只開了四十分鐘。

布萊爾大廈第二次會議後，對外聲明的文稿已經敲定。六月二十七日十二時三十分，也就是杜魯門六月二十七日公開聲明前一個小時，他約請了十五位國會領袖們，把準備公開聲明的文稿讀給他們聽，並且告訴國會領袖們，「我們已經命令美國部隊對南朝鮮支持到底。」艾奇遜爲了解除議員們對蘇聯可能干涉的顧慮，還特意說明，蘇聯還來不及回到安理會使用否決權，即使他們回來，六月二十五日的決議也已經否決不了啦。

於是，六月二十七日下午一時三十分，杜魯門的公開聲明發表了。聲明說：

在朝鮮，爲了防止邊境襲擊及維持國內治安而武裝起來的政府部隊，遭到北朝鮮的進犯軍的攻擊。聯合國安全理事會要求進犯軍停止敵對行爲，並撤退至三八綫。他們沒有這樣做，相反地反而加緊進攻。安理會要求聯合國的所有會員國給予聯合國一切協助以執行決議。

在這些情況下，我已命令美國的空海部隊給予朝鮮政府部隊以掩護及支持。

對朝鮮的攻擊已無可懷疑地說明，共產主義已不限於使用顛覆手段來征服獨立國家，現在要使用武裝的進犯與戰爭。

它違抗了聯合國安理會爲了保持國際和平與安全而發出的命令。在這種情況下，共產部隊的佔領台灣，將直接威脅太平洋地區的安全，及在該地區執行合法與必要職務的美國部隊。

據此，我已命令第七艦隊阻止對台灣的任何進攻。作爲這一行動的應有結果，我已要求台灣的中國政府停止對大陸的一切空海行動。第七艦隊將監督此事的實行。台灣未來地位的決定，必須等待太平洋安全的恢復，對日本的和約的簽訂或聯合國的審議。

我並已指示加强美國在菲律賓的部隊，及加速對菲政府的軍事援助。

我同樣也已指示加速以軍事援助供給在印度支那的法國及其聯邦成員國的部隊，並派遣軍事使團，以便與這些部隊建立密切工作關係。

我知道聯合國的一切會員國將仔細考慮最近在朝鮮的違反聯合國憲章的侵略行爲的後果。在國際事務中恢復强大統治將有廣泛影響。美國將繼續支持法律統治。

我已訓令美國駐安理會代表奧斯汀大使向安理會報告這些步驟。

在杜魯門的聲明發表之後，於六月二十七日晚美國又利用安理會通過一項決議，說：「必須用緊急的軍事措施來恢復國際和平與安全」，建議聯合國各會員國「向大韓民國供給爲擊退武裝進攻並恢復該地區國際和平與安全所必須的援助。」

七月一日，美國陸軍先頭部隊到達朝鮮，七月八日，杜魯門任命麥克阿瑟爲聯合國軍總司令。

朝鮮局勢急劇緊張。炎熱的夏天，朝鮮半島陰雲密佈，驚雷滾滾，西太平洋捲起的狂風暴雨，籠罩着朝鮮半島三千里錦綉江山。

面對這個突如其來的情況，作爲朝鮮民主主義人民共和國的近鄰怎麼辦？

中國政府反應強烈

中國共產黨中央政治局召開緊急會議研究對策。決定：

由周恩來外長發表聲明，嚴厲駁斥杜魯門六月二十七日的聲明。

周恩來於一九五〇年六月二十八日發表如下聲明：

美國總統杜魯門在指使南朝鮮李承晚傀儡政府挑起朝鮮內戰之後，於六月二十七日發表聲明，宣佈美國政府決定以武力阻止我台灣的解放。美國第七艦隊並已奉杜魯門之命向台灣沿海出動。

我現在代表中華人民共和國中央人民政府聲明：杜魯門二十七日的聲明和美國的海軍行動，乃是對於中國領土的武裝侵略，對於聯合國憲章的徹底破壞。美國政府這種暴力掠奪的行爲，並未出乎中國人民的意料，只更增加了中國人民的憤慨，因爲中國人民許久以來即不斷地揭穿美國帝國主義侵略中國，霸佔亞洲的全部陰謀計劃，而杜魯門這次聲明不過將其預定計劃公開暴露並付之實施而已。事實上，美國政府指使朝鮮李承晚傀儡軍隊對朝鮮民主主義人民共和國的進攻，乃是美國的一個預定步驟，其目的是爲美國侵略台灣、朝鮮、越南和菲律賓製造藉口，也正是美帝國主義干涉亞洲事務的進一步行動。

我代表中華人民共和國中央人民政府宣佈：不管美帝國主義者採取任何阻撓行動，台灣屬於中國的事實，永遠不能改變；這不僅是歷史的事實，且已爲開羅宣言、波茨坦公告及日本投降後的現狀所肯定。我國全體人民，必將萬衆一心，爲從美國侵略者手中解放台灣而奮鬥到底。戰勝了日本帝國主義和美國帝國主義走狗蔣介石的中國人民，必能勝利地驅逐美國侵略者，收復台灣和一切屬於中國的領土。

中華人民共和國中央人民政府號召全世界一切愛好和平正義和自由的人類，尤其是東方各被壓迫民族和人民，一致奮起，制止美帝國主義在東方的新侵略。只要我們不受恫嚇，堅決地動員廣大人民參加反對戰爭製造者的鬥爭，這種侵略是完全可以擊敗的。中國人民對於同受美國侵略並同樣進行反抗鬥爭的朝鮮、越南、菲律賓和日本人民表示同情和致意，並堅信全東方被壓迫民族和人民，必能把窮兇極惡的美國帝國主義的戰爭製造者，最後埋葬在偉大的民族獨立鬥爭的怒火中。

同時，周恩來針對聯合國安理會六月二十七日通過的關於要求聯合國會員國協助南朝鮮當局的決議，致電聯合國秘書長賴伊，強調指出：「聯合國安全理事會於六月二十七日在美國政府指使和操縱下所通過的關於要求聯合國會員國協助南朝鮮當局的決議，是支持美國武裝侵略，干涉朝鮮內政和破壞世界和平的，並且這一決議是沒有中華人民共和國和蘇聯兩個常任理事國參加下通過的，顯然是非法的。聯合國憲章不得授權聯合國干涉在本質上屬於任何國內管轄之事件，而安理會六月二十七日的決議正違反了聯合國憲章這一重要原則。因此安全理事會關於朝鮮問題的決議，不僅毫無法律效力，並且大大破壞了聯合國憲章。」

中央人民政府決定，國內經濟恢復的工作部署不變，把當前支援朝鮮反抗美國侵略鬥爭的工作，主要交由東北行政委員會負責。並在全國開展「反對美國侵略台灣、朝鮮運動周」，以動員全國人民，為抗美援朝作思想和輿論的準備。

在軍事上作必要的準備並爭取朝鮮戰爭和平解決。七月七日，周恩來主持召開國防會議，會議決定以中國人民解放軍第十三兵團為主組建東北邊防軍。七月十三日，中央軍委下達了成立東北邊防軍的決定。改編爲東北邊防軍的十三兵團各部先後於七月下旬火速抵達東北瀋陽、本溪、安東等地集結。任命鄧華爲東北邊防軍司令員兼政治委員，洪學智、韓先楚爲副司令員，解方爲參謀長。

六月三十日周恩來親自選派柴成文爲中國駐朝鮮臨時代辦及參贊、武官、一等秘書等六名外交官趕赴朝鮮，以了解和掌握朝鮮局勢的發展。七月八日周恩來在政務院會議室接見了他們。

周恩來面帶笑容，同被接見的外交官們一一握手，他按照名單，非常仔細地詢問每個人的經歷，非常仔細地檢查了各項準備工作。他見參贊薛宗華、一等秘書張恒業二人表情有些拘謹，一時不知說甚麼好，便風趣地說：「你們這些同志眞會繃臉呀！」一句話逗得大家都笑了。然後，周恩來同他們進行了長時間的談話，精闢地闡述了當前朝鮮戰爭的情勢和外交上的任務，高瞻遠矚地指出：「現在美國的地面部隊已經在朝鮮參戰，根據剛收到的消息，聯合國安理會又授權由美國指揮參加侵朝的各國部隊，從安理會的決議可以看出，美帝國主義者必將糾集更多的國家出兵，所以朝鮮戰爭的長期化很難避免，這就會帶來影響全局的一系列複雜的問題。朝鮮人民軍英勇頑強，鬥志旺盛，令人欽佩。你們見到金日成同志時，首先祝賀朝鮮人民軍在勞動黨、金首相領導下取得的偉大勝利，還要感謝朝鮮勞動黨、朝鮮人民在我們困難時期對我們的幫助。」

周恩來停頓一下，自己先端起茶杯喝茶，他也要在座的外交部副部長章漢夫和被接見的同志喝茶。

接着，他又說：「你們幾個人都沒有在東北戰場上工作過，可能你們不了解一九四六年、一九四七年東北戰場的情況。」他介紹說：「一九四六年冬天，在東北的國民黨軍隊實行『南攻北守』先南後北的作戰方針，以絕對優勢的兵力向我南滿解放區連續進攻，先後佔領了安東、通化等城市。南滿我軍爲了集中兵力殲滅敵人有生力量，又主動放棄了一些地方，所以，解放區逐漸縮小，到一九四六年底只剩下臨江、撫松、濛江、長白等縣，其他都變成了游擊區，敵人於一九四七年春繼續向臨江地區發動進攻，在我南北夾擊下，終於粉碎了敵人『先南後北』消滅我軍的陰謀。東北戰史上說『三下江南，四保臨江』就是指這時的情況。在這期間，南滿我軍家屬都不得不撤到朝鮮北部，他們受到了朝鮮黨、臨時政府和人民的親切照顧。不僅如此，在我『讓開大路，佔領兩廂』的方針下，朝鮮又成了東北戰場同關內交通聯絡的重要通道。」

周恩來進一步說：「至於歷史上，朝鮮同志對中國革命的貢獻，你們都很清楚，所以說中朝人民之間的友誼是非常深厚的，對於朝鮮同志在我們困難的時候所給予的幫助，甚麼時候也不能忘記。」

周恩來順手拿起服務員早就放在桌上的小毛巾，擦了擦臉，消除因為通宵未眠帶來的疲勞，他擦完了臉，又擦了手，然後將小毛巾放在桌上的小瓷盤裏，說道：「現在朝鮮人民處在鬥爭的第一綫，要向朝鮮同志表示支持，看甚麼事需要我們做，請他們提出來，我們一定盡力去做，保持兩黨兩軍的聯繫，並及時了解戰場的情況，是當前的主要任務，你們幾個人去就是幹這個事情。」

周恩來又說：「還有甚麼問題嗎？」

柴成文問道：「據說朝鮮人民軍裏有一個蘇聯顧問團，蘇聯駐朝大使史蒂科夫就是總顧問；工作中會有接觸，對待他們應持甚麼態度？」

「他們如何對待你們，你們就如何對待他們。」周恩來直截了當地作了回答。

最後，周恩來又親自審定外交部草擬好的給朝鮮外交部的介紹信，並親手簽上他的名字。

談話結束後，周恩來親切地同每個同志握手告別，目送大家離去。

雷英夫等判斷美軍仁川登陸

朝鮮人民軍於一九五〇年七月初，已基本上殲滅了李承晚軍隊的主力。七月四日水原戰役，人民軍重挫了美國侵略軍，使美國運到朝鮮的地面部隊損失三分之一以上。七月十四日，人民軍突破錦江美軍防綫，七月二十日，人民軍發動總攻，全殲美重要據點大田的美國軍隊，美二十四師遭到覆滅，師長迪安被擊斃。從一九五〇年六月二十五日至九月上旬，朝鮮人民軍解放了朝鮮南部百分之九十以上的地區，和佔南部人口的百分之九十二的人民，美李軍損失八萬人。美國雖一再增兵，集結了十萬的兵力，也只能據守大丘、釜山等橋頭堡陣地。朝鮮人民反侵略戰爭的大好形勢，是令人可喜的。但是美帝國主義絕不會放下屠刀，立地成佛，放棄他的戰爭政策和侵略政策的。麥克阿瑟和五角大樓正按照杜魯門總統的旨意，制定一個大規模的入侵朝鮮的罪惡計劃。

毛澤東、周恩來都是久經考驗的偉大謀略家和軍事家，他們一直密切注視着朝鮮局勢的發展，預料美軍要在朝鮮哪個港口登陸和越過三八綫侵入朝鮮北部地區，一方面提請金日成注意，一方面通過印度向美國提出警告。但是，此時中國政府考慮到中國人民迫切要求恢復長期的戰爭的創傷，進行經濟建設，改善人民生活，原擬爭取和平解決朝鮮問題和有關的遠東問題。周恩來於一九五〇年七月十三日就親手擬訂了一個解決方案：

一、撤出一切外國軍隊；

二、美軍撤離台灣海峽和台灣；
三、朝鮮問題由朝鮮人民自已解決；
四、恢復中華人民共和國在聯合國的合法席位並驅逐蔣介石的代表；
五、由蘇、美、英、法四國外長開會籌備對日和約。
周恩來還將這個設想告訴了蘇聯，得到蘇聯的贊同。
斯大林在七月十五日覆信給印度總理尼赫魯，對他七月十三日致斯大林和艾奇遜的建議和平解決朝鮮這場戰爭，使其局部化的答覆說：

我歡迎你的和平創議，你認爲宜經由包括中國人民政府在內的五大國的代表必須參加安全理事會，來使朝鮮問題得到和平處理，這一觀點，我完全贊同。我相信，爲了朝鮮問題的迅速解決，在安全理事會上聽取朝鮮人民代表陳述意見，是適宜的。

同時，蘇聯常駐聯合國代表馬立克，乘輪任安理會主席之機於八月一日回到安理會。八月四日他在安理會上提出了一個和平解決朝鮮問題的提案，要求停止朝鮮境內的敵對行爲，在討論朝鮮問題時，應邀請中華人民共和國的代表出席，並聽取朝鮮人民代表的意見。
中國政府於八月二十日致電表示支持。
但是聯合國安理會在美國的操縱下，於九月一日否定了馬立克的倡議。
杜魯門到底想幹甚麼？
周恩來在想，毛澤東在想，解放軍總參謀部在想，外交部在想。

一九五〇年八月，朝鮮戰爭進入關鍵時刻，雙方主力在洛東江一帶相持不下，戰事呈膠着狀態。各方都對戰局發展作出種種猜測，一時議論紛紛，莫衷一是。朝鮮民主主義人民共和國宣佈八月份將是他們取得徹底勝利的時刻，要把美僞軍趕下海，而國際上有人預言朝鮮要失敗。美國報紙則一會兒說美軍要撤回日本，一會兒又說美軍要增派部隊到朝鮮半島登陸作戰。而美國軍方則對此閃爍其詞。它的下一步行動計劃究竟如何？可以說是眞眞假假，虛虛實實，撲朔迷離，捉摸不透。作爲中央軍委常務副主席、主管軍隊日常工作的周恩來，時刻關心朝鮮戰局的發展，他要他的軍事秘書雷英夫和總參謀部作戰局隨時報告最新情況，有時一天要報告三、四次。八月二十三日，總參作戰局和其他有關部門在中南海居仁堂開會研討朝鮮戰局，爭來爭去，最後大家意見比較一致，取得共識。

當晚，雷英夫趕到西花廳向周恩來報告會議討論情況，他說：大家判斷美軍下一步一定要在朝鮮登陸作戰，在諸多戰略要點中，可能性最大、威脅性最大的登陸就是仁川港。

周恩來問：有甚麼根據嗎？

雷英夫答：我們大家歸結爲六條理由：（一）敵軍現在在洛東江地區集中了十幾個師固守，那麼狹小的一塊地方擠滿了那麼多的兵力，不進攻，又不撤退，想幹甚麼呀？無非是想以此吸住朝鮮人民軍的主力，使其不能走，也無法機動。（二）美軍在日本原有兩個師，最近又成立了新的機動兵團，按道理，它要麼去增援洛東江防綫，要麼就在日本佈置防務，不然朝鮮丟掉了怎麼辦？可它既不馳援，也不佈防，反而在搞登陸訓練，意欲何爲呢？（三）侵朝美軍及麥克阿瑟本人第二次世界中都在太平洋地區，一直進行島嶼作戰，因此登陸是他們的拿手好戲，它不發揮這個優勢，簡直不可思議。（四）美、英等國正將好多艦隊（包括登陸艦）向朝鮮方面調，這些軍艦顯然不是爲解決供應問題，而是用於登陸。（五）朝鮮人民軍把敵軍壓到洛東江後，使敵人形成了密集防守，構築了大量的工事。戰局到了啃骨頭的階段了。這個硬骨頭看來一時啃不掉，可是啃不掉還要在那兒啃，就有被敵人機動兵力反咬一口的危險，最險的就是被敵人從側後襲擊。（六）朝鮮半島是個狹長地帶，從北到南，戰略補給綫就是那麼一條，現在朝鮮人民軍的補給綫已經拖的很長了，而漢城是個樞紐，鐵路、公路交通都要經過這裏，其他港口當然也可考慮登陸，但離洛東江戰綫不是太近就是太遠，近了難以形成包抄，遠了一時也威脅不大。而一佔仁川可就要命了，馬上就能拿下漢城，切斷人民軍的後方補給綫，形成南北夾擊之勢，搞不好人民軍的主力就被包進去了。所以朝鮮戰局表面上看很好，實際上很險，面臨一個大轉折點，這一着棋無論如何要防啊。

周恩來耐心仔細地聽取雷英夫的陳述，然後用肯定地語氣說：「喲！這可是個大事，是戰略性的大問題！」接着他又詳細地問了一些情況，便拿起電話對毛澤東說：「雷英夫他們根據很多材料判斷美軍可能要在仁川登陸，他們有六條理由。」周恩來把六條理由簡單說了一遍，又說了自己的看法。毛澤東聽後說：「這確實是大事。這樣吧，你帶雷英夫馬上到我這兒來，詳細談下。」

周恩來、雷英夫前往毛澤東住處豐澤園內的菊香書屋。毛澤東正在翻開十三兵團鄧華、洪學智的報告。報告說：「美軍在大批轟炸機掩護下，實施遲滯對方攻勢，以時間換取空間的戰術，繼而拚死扼守洛東江，沿大邱、馬山、釜山、慶州的鐵路四形地區建立了環形防禦圈，扼制了朝鮮人民軍的攻勢，因之，「北朝鮮人民軍各個擊破和殲滅敵人的機會已成過去」，加之朝鮮人民軍一路南下，補給綫延長，暴露出戰略弱點，「估計敵人將來反攻的意圖，可能一爲以一部分兵力在北朝鮮沿海側後幾處登陸，作擾亂牽制，其主力則於現地由南而北沿主要鐵道公路逐步推進；一爲以一小部分兵力於現地與對方周旋，抓住人民軍，其主力則在側後平壤或漢城地區，大舉登陸，前後夾擊，如此，人民軍的處境會很困難……」。

毛澤東在桌上舖開地圖，仔細在朝鮮東西海岸綫上往來巡睃，不停地吸着烟。他認爲鄧華、洪學智分析得很有道理，恐怕不得不提防敵人從側後登陸這一手。

毛澤東見周恩來、雷英夫進來，忙說：「請坐、請坐」隨即說：「恩來！十三兵團鄧華、洪學智的報告你看了嗎？」

「我剛看完，就聽了雷英夫同志的滙報，我看鄧華、洪學智的報告和雷英夫的意見是基本一致的，可以說是不謀而合。」

「是的！」毛澤東說：「現在請雷英夫詳細講講你們作戰局的意見。」

雷英夫將向周恩來陳述的看法和六條理由重說了一遍，毛澤東一邊聽一邊點頭，聽完後，連稱：「有道理、有道理」。

「麥克阿瑟這人有什麼特長，他的性格如何？」毛澤東問雷英夫。

雷英夫在毛澤東面前有些緊張，加上八月正是北京最熱的時候，滿頭是汗，他掏出手帕擦了一擦，說：「在第二次世界大戰中，美軍在太平洋對日軍作戰時，麥克阿瑟常常使用海軍陸戰隊實施機動登陸作戰的方法。比如美軍在攻打馬努斯和洛斯內格羅斯島的戰役中，麥克阿瑟便在日本人的鼻子底下，冒險從洛斯內格羅斯島實施兩棲登陸攻擊，取得勝利；還有美軍進攻呂宋島的戰役中，麥克阿瑟以主攻部隊第一軍和第十四軍在林力延海灣登陸，向馬尼拉進軍，同時以一部分兵力在蘇比克海灣西北的海岸和馬尼拉灣南面的納蘇格布海岸登陸，封鎖巴丹半島和科雷吉多爾島，切斷日軍的退路，並從馬尼拉的後方向馬尼拉進攻。現在麥克阿瑟故技重演，他的第八集團軍困守南端的釜山港，新從美國調運來的幾個師在日本集結，沒有投入使用，如果把這些部隊用艦艇運到朝鮮中部的港口登陸，那就切斷了人民軍的退路，同時也切斷了運輸補給綫，這樣人民軍就可能腹背受敵。」

毛澤東默默地聽着、思考着。

「至於，主席問麥克阿瑟的性格，據外電報導，這個人是個倔老頭兒，他下的決心誰也不能改變，另外他還是個好戰分子。」

毛澤東聽到這兒，興致很濃，說：「好！好！他越倔越好，越好戰越好，驕兵必敗！」

「主席，我看情況判斷已經清楚了，我們應採取一些預防措施才好，否則就會失去戰略的主動權，被動挨打。」周恩來建議。

毛澤東果斷地說：「對，總理，這事馬虎不得，你的建議很好，我們應該馬上採取重大措施，否則就來不及了，就有被人堵在家門口的危險。」

「我意，首先命令十三兵團採取一切措施務必於九月底以前作好一切準備，只要他們能在九月底以前開到鴨綠江邊並做好作戰準備，我們就主動了。」周恩來說。

「好，事不宜遲，立即給鄧華、洪學智發報，要他們緊急行動起來，不得有誤。」毛澤東略微停頓一下又說：「要立即通知朝鮮、蘇聯方面，我們判斷美軍要在仁川登陸，向他們講清仁川登陸的利害關係，建議人民軍主力立即從洛東江一綫適當後撤，佈置一些部隊在仁川進行防守，做好工事，以防敵人登陸。」

「你看是否給我們駐朝大使倪志亮發個報，請他把我們的意思轉告金日成。」周恩來說。

「好，可以！」毛澤東同意。

「至於蘇聯方面或者請王稼祥通知他們，或者我們直接召見蘇聯駐華大使通知他們。」

「這由你定吧！」毛澤東對周恩來說。

「還要總參謀部、外交部密切注意敵人的登陸活動。隨時向我們報告，以便決策。」周恩來又建議。

「總參謀聶老總、李濤外，雷英夫也可把別的事情放下，集中力量管作戰，外交部要李克農他還兼副總長情報部長、章漢夫、喬冠華、龔澎多注意國際上的動向和情報。」毛澤東補充周恩來的建議。

周恩來同毛澤東商量完了應該採取的措施，正準備告辭去具體落實。

毛澤東做了個手勢，請周恩來坐下，問道：「恩來，你看莫斯科對朝鮮局勢會怎麼看？」說着，毛澤東站起來，隨手從桌上揀起一支烟，點燃了，猛抽一口，兩眼盯着周恩來，看他的反映和表情。

周恩來非常敏捷的回答道：「蘇聯代表馬立克在聯合國安理會提出和平解決朝鮮問題，要求雙方停止敵對行動，撤退一切外國軍隊。我們也表示了支持。但美國操縱安理會拒絕了。可見杜魯門是要打下去的了。」他沒有馬上回答蘇聯採取甚麼態度。

「當然，杜魯門是不會同意的，那就等於把朝鮮交給金日成了。」毛澤東扔掉手上的烟蒂。說道：「美帝國主義的手伸得太長了，別個國家的內戰，他非要遠隔重洋來干涉，硬是要充當世界憲兵的角色。全世界那麼多國家，人民要革命，民族要解放，這是不可抗拒的潮流，它美國怎麼能管得了，到頭來一定會陷入泥塘裏淹個半死。」

「杜魯門恐怕不這麼看，他要維持在西方世界的威信，保全自己的面子，一定會在朝鮮孤注一擲。」周恩來說着也站起來，同毛澤東並肩在屋內踱着方步，但他不抽烟。毛澤東卻又點起一支烟，噴出濃霧，輕聲說：「不過，一旦戰局惡化，我們那是不能也不應袖手旁觀的，蘇聯到那時會怎樣，你說他就撒手不管嗎？」

周恩來見毛澤東又回到蘇聯的態度問題上來了，他回答道：「根據我的感覺和分析，蘇聯不認爲美國會在朝鮮大動干戈。」

「那爲甚麼？」毛澤東半信半疑地問。

「因爲蘇聯害怕爆發第三次世界大戰，他也以爲美國也害怕爆發第三次世界大戰，擔心在朝鮮大打出手，會引起蘇聯出兵，這樣美蘇直接交戰，不就導致第三次世界大戰了嗎？」

「說得好，說得好，到底你同蘇聯同斯大林接觸多，把他們的底都摸透了。」毛澤東讚許地說。

「第二次世界大戰中蘇聯消耗太多，急於要恢復經濟，需要有個喘息的時間，和平的環境。」周恩來補充道。

「我們也同樣需要一個和平環境，醫治戰爭的創傷，可是形勢逼到你的頭上，你想躲也躲不了，只有硬着頭皮幹。就像解放戰爭一樣，原先我們不是也打算爭取和的嗎，作出讓步就算了，可是蔣介石一定要打，那好，打就打吧，雖然很困難，很擔憂，結果不是把他打敗了嗎？」毛澤東連抽了兩口烟，又說：「你說如果眞的同美國打起來會不會引起世界大戰呢？嗯，當然有可能。但不要怕，美帝國主義有甚麼了不起？他花了那麼大的力氣支持蔣介石，還不是被我們打敗了嗎？原子彈又不是美國一家有，斯大林那裏也有那件東西了嘛！對待挑釁者，一是不怕，二是敢打。你看，第一次世界大戰打出來一個蘇聯，第二次世界大戰又打出中國和東歐一批社會主義國家，假如第三次世界大戰非打不可，那結局很難說，決不會是美帝國主義一廂情願，說不定又會出現一大批社會主義國家呢！」

毛澤東送周恩來走出菊香書屋時，已是深夜了，在月光下，草坪上一片金黃色，沒有風，空氣顯得燥熱，毛澤東用手打着白襯衫，有意無意地說：「今年是我們開國後的第一年，這個夏天好熱喲。」

周恩來停下腳步，轉身用他那炯炯的目光看着毛澤東，他明白毛澤東這句話的含意，知道他們現在肩付的重擔，他雖是暗示，卻非常清楚地說：「要熱大家都熱嘛！」

「是嘛，杜魯門那裏也不會太涼快的吧，大家一起熱吧。天要下雨，娘要改嫁，隨他去吧！」

說罷，兩位老戰友緊緊地握手告別，幾十年戰鬥在一起，他們的心是相通的。他們臨別幾句暗語，實際上彼此已達成一種默契，必要時準備派兵參戰。

中美之間必有一戰

時隔一個多月，果然不出毛澤東、周恩來所料。根據麥克阿瑟的要求，經美國總統杜魯門批准從美國大陸，波多黎各、夏威夷和地中海艦隊抽調相當的兵力到朝鮮前綫，於是麥克阿瑟指揮美國海陸空三軍，乘朝鮮人民軍主力膠着於洛東江，後方空虛之際，集中美國陸軍第一師、第七師、李承晚的陸戰部隊，在美國和英國的三百多艘軍艦和五百多架飛機掩護、支援下於九月十五日至十六日在仁川登陸。毛澤東、周恩來認爲對朝鮮人民軍最爲不利的情況發生了。朝鮮戰局發生巨大的變化。

此時，周恩來批覆了東北邊防軍（即原十三兵團）建議在出兵朝鮮之前派一個先遣小組前往朝鮮熟悉情況的報告，但在中央未就出兵作出最後決定之前，仍不宜用先遣組名義，而用中國駐朝鮮使館武官的身份。於九月十七日，周恩來接見了新任武官：

張明遠　東北軍區後勤部隊副部長
崔醒農　第十三兵團司令部偵察處長
何凌登　第三十九軍司令部參謀處副處長
湯敬仲　第四十軍一一八師參謀長
黎　非　軍委炮兵司令部情報處副處長

同時被接見的還有正在國內滙報工作的駐朝鮮使館政務參贊柴成文，周恩來告訴他們中央正在考慮出兵朝鮮問題，要他們盡快出發前往朝鮮北部，前往勘察地形，了解情況，爲出兵做準備，並要柴成文單獨會見金日成，告訴他中國新派來的五名武官的任務。

兩天以後，毛澤東、周恩來兩人又一次研究朝鮮戰局，認爲朝鮮人民軍難以抵抗美軍發起強大的攻勢，後方又空虛，情況十分危急，而且從戰局的發展來看，美軍必將越過三八綫，向北推進到中朝邊界，威脅中國的安全，唇亡齒寒。因此應該大力支援兄弟的朝鮮人民的正義鬥爭，要準備拿出足夠的力量擊退美國侵略者。

周恩來連夜召集軍委總參謀部的同志開會，並於九月二十日親自擬定赴朝作戰方針的基本原則：「抗美援朝戰爭應是自力更生的持久戰，在戰役戰鬥中，須集中兵力與火力的絕對優勢，圍殲被我分割的少數敵人，逐步將敵人削弱下去，以利長期作戰。」毛澤東對這個方針非常贊同，並且隨後給十三兵團下達了準備出兵的命令。

九月三十日，李承晚軍隊第三師越過三八綫。

十月一日，麥克阿瑟竟向朝鮮民主主義人民共和國發出「最後通牒」，要求他們無條件投降。當日深夜，金日成緊急召見中國大使倪志亮，他風趣地說：麥克阿瑟「要我舉手投降，我從來沒有這個習慣。」說着他揮了揮拳頭，並交給大使一封信要求中國十三兵團渡過鴨綠江入朝作戰。

十月二日，中央政治局連續在中南海頤年堂舉行擴大會議，各大區主要負責人和中央黨政軍領導同志都到了會。會上，毛澤東讓與會者着重擺擺出兵的不利條件和困難。與會者暢所欲言，擺出不少不利條件。

林彪發言說：「美軍師出無名，是不義之師……。」「不過」林彪話一轉，「美軍是高度現代化的軍隊，我們部隊目前裝備太差啦，一個野戰軍僅有幾十門火炮，還不抵美國一個團的兵力，而且，裝甲部隊又極少，我們過去打國民黨軍隊還可以，現在打美國軍隊沒有把握，如果美國對我們再丟幾個原子彈可夠我們吃的。按目前我軍的裝備情況和美軍作戰，我估計……至少要集中五倍甚至六倍於敵的兵力才能取勝。依我看，還是加強邊防為好，待敵人進入我們東北再打。」

高崗也說：「出兵朝鮮要慎重，我們國家已經打了二十多年仗，現在剛統一，元氣還沒有恢復，再打，怕是經濟上負擔不起，現在是政權到手，百廢待興，打仗又不是用拳頭，要花錢的。如果我們出兵入朝，沒有三倍、四倍於美軍的炮兵和裝甲兵，是頂不住的，一旦頂不住，美軍打過鴨綠江，那後果就不堪設想了。所以我同意林彪同志的意見，以防為好，免得引火燒身。」

這些天周恩來幾乎沒有閉過眼，他翻覆地想，權衡出兵還是不出兵的利害，他從個別交談和會上發言，知道多數同志是不贊成出兵的，他們的擔心也是有道理的，全國人民飽嘗了幾十年戰火劫難，新中國成立不到一年，百廢待興，而美國又是頭號軍事強國，還糾集了十多個國家的精兵，裝備比我們強，海空軍佔絕對優勢，手中還有原子彈，氣勢洶洶，不可一世，連蘇聯都不敢參戰，我們卻要出兵，確實是困難極大。可是這是關係到中國前途、命運的大問題，不出兵就將遭到美國的侵略、欺侮、壓迫。他經過愼重而又愼重的考慮，盱衡全局，認為還是出兵更有利些。於是他說：「防？怎麼個防法？積極進攻是更好的防。我們鴨綠江一千多里防綫，需要多少部隊？而且年復一年都得準備打，不知他那天打進來。」周恩來停一下，斬釘截鐵地說：「既然早晚都要打，我看還是早打為好。」

「跟美國這一仗，看來是不可避免的了，最近根據法新社透露，美軍結束朝鮮戰爭後，將去保護亞洲的各個極為重要的地區，這些地區包括台灣和印度支那，果然如此的話，就會逼使我們在台灣和越南同他們較量。既然美國決定從三個重要方向來實行對中國的進攻，朝鮮、台灣和越南，那我看，我們還是選擇朝鮮為好。理由是朝鮮北方多為山地，對美軍機械化行動不利，便於我們打運動戰，而且，朝鮮與蘇聯接壤，也便於我們獲得蘇聯的援助。老大哥的援助還是不可少的嘛！」周恩來輕輕地抿了一口茶，濃眉下兩隻大眼睛，放射出炯炯、威武的眼光和神情，放大聲音說：「現在我們如果對美帝不抵抗，一着輸了，就會處處陷於被動，敵人將得寸進尺。反之，如果給以打擊，讓他在朝鮮陷入泥坑，敵人就無法再進攻中國，甚至會影響它派兵到西歐的計劃，這樣敵人內部的矛盾也會發生。」

「美帝國主義用武力壓迫別國人民，我們要使它壓不下去，給它以挫折，讓他知難而退，然後可以解決問題。我們是有節制的，假如敵人知難而退，就可以在聯合國內或聯合國外解決問題，因爲我們是要和平不要戰爭的。」

「還有另一種可能，敵人愈打愈眼紅，打入大陸，戰爭擴大。」

「我們應該做這方面的準備，我們並不願意戰爭擴大，它要擴大也沒有辦法。我們這一代如果遇着第三次世界大戰，爲了我們的子孫，只好承擔下來，讓子孫永享和平。」

在這裏，周恩來把中美必有一戰，不是在朝鮮打就在別地打，而在朝鮮打對我更有利的道理，把戰場上的抵抗和勝利同進行談判、爭取和平的關係，把朝鮮戰爭的前景和結果都分析得一清二楚。

周恩來的講話，引起大家的高度重視，許多人認爲講得好，有道理，晚打不如早打，尤其在別的地方打不如在朝鮮打，只有打才有可能進行談判，爭取和平解決朝鮮的問題。

但也還有人不這樣認爲，胸中有疑慮，擔心打不贏，後果不堪設想。

毛澤東插話說：「我非常贊成周恩來的意見。有人害怕美國的原子彈，我認爲它有它的原子彈，我有我的手榴彈，它打它的原子彈，我打我的手榴彈；我相信我的手榴彈會戰勝它的原子彈，無非是紙老虎。」

會議休息時，毛澤東對周恩來說：「他們一千條道理一萬條道理駁不倒我們一條道理，我們和朝鮮都是共產黨領導下的社會主義國家，我們不能在一旁看着敵人把朝鮮滅亡了。唇亡齒寒嘛，怎能見死不救呢？另外，爲了我們自己的建設也要出兵。」毛澤東和周恩來又商量了一會，最後決定派志願軍援朝作戰。會議又討論了一會，毛澤東宣佈今天的會議到此結束；明後天再繼續討論，但宣佈中央已決定派志願軍入朝作戰。

「爲甚麼叫志願軍呢？」毛澤東、周恩來是有過考慮的。因爲叫志願軍意思就是政府不出面宣戰，是人民志願組織起來的軍隊，這樣就不給美國以國與國宣戰的口實，留有很大的迴旋餘地，同時，也可不洩露軍事秘密。

當天晚上，毛澤東、周恩來找林彪談話，擬要林彪率領志願軍入朝作戰，因十三兵團原是第四野戰軍的主力，是林彪的部下，林彪在東北工作過幾年，對東北的情況熟悉。但是林彪沒有馬上表態，考慮良久，覺得以志願軍現有設備和美軍作戰，風險太大，搞不好要把他在遼瀋、平津戰役中打出來的威信都全部丟光。況且到朝鮮作戰肯定會十分艱苦，部隊又沒有制空權，飛機狂轟濫炸，指揮部也要鑽洞子，而他的身體狀況難以適應艱苦的環境，他神經衰弱，怕水、怕風、甚至聽到水聲流動也使他皮膚過敏。便推托身體有病，不能勝任。

毛澤東、周恩來見林彪不肯承擔此重任，便決定另請大將軍彭德懷來掛帥。

召見印度大使，闡述中國立場

十月三日凌晨，周恩來緊急召見印度駐華大使潘尼迦，向他表明了「美軍如越過三八綫，我們要管」的中國政府的強硬態度。

周恩來：前天收到大使先生轉來尼赫魯總理的來函，謝謝。尼赫魯總理所提的問題，範圍很廣，因此需要一些時間來研究。我們感謝他的好意，對於他的努力表示讚賞。尼赫魯總理所提的問題中，有一個是比較緊急的，那就是朝鮮問題。美國軍隊正企圖越過三八綫，擴大戰爭。美國軍隊果眞如此做的話，我們不能坐視不顧，我們要管。請將此點報告貴國政府總理。

潘尼迦大使：我曾經預料到這種局勢，因此於九月二十六日致電我國政府，報告：如果美軍越過三八綫，其後果將非意料所及。尼赫魯總理於是致函閣下，據我所知，他還以公函分致英美政府，提出警告。我國駐聯合國代表團團長勞氏把閣下十月一日報告中有關朝鮮的一段，在記者招待會、安理會以及聯合國大會上宣讀了。我國政府正在盡其所能，繼續施加壓力。

周恩來：關於朝鮮事件，我們曾經交換過意見。我們主張和平解決，使朝鮮事件地方化。我們至今仍主張如此。我在十月一日的報告中也聲明了我國政府的態度，我們要和平，我們要在和平中建設。過去一年中，我們在這方面已經作了極大的努力。美國政府是靠不住的。儘管在三外長會議中有了協議，不經聯合國協議，不得越過三八綫，但是美國政府不一定受其約束。

潘尼迦：有些迹象已經表明，美國政府有背棄三外長協議的可能，麥克阿瑟對美國政府的壓力很大。昨日有消息報告，南朝鮮軍隊已經越過三八綫九英里。

周恩來：我們也看到同樣的消息，據說是在東海岸。另一個消息說，瓦克將軍指揮的部隊已經越過三八綫，但是並未說明是南朝鮮軍隊還是美軍。

潘尼迦：我當即刻報告尼赫魯總理。除了以上閣下所述，是否還有其他需要我報告的？是否有任何建議？

周恩來：其他一切，容我們研究尼赫魯總理來函之後，於下次會面時再告。

潘尼迦：閣下所稱朝鮮事件應該地方化，是否指朝鮮戰事應該限於三八綫以南？或是指朝鮮戰事應該即刻停止？

周恩來：朝鮮戰事應該即刻停止，外國軍隊應該撤退，這對於東方的和平是有利的。朝鮮事件地方化的意見，就是不使美軍的侵略行動擴大成爲世界性事件。

潘尼迦：朝鮮事件地方化在目前包含兩個問題：第一，美軍即將越過三八綫，因此，朝鮮事件地方化，可能是指所有已經越過三八綫的美軍必須即刻撤回。第二，朝鮮事件必須和平解決，有關各國，如中國、蘇聯必須參與討論此事。爲了使我向尼赫魯總理作報告時較爲明確起見，任何可能被中國所接納的建議究竟應包括哪種意義？

周恩來：這是兩個問題。第一，美軍企圖越過三八綫，以擴大戰爭，我們要管，這是美國政府造成的嚴重情況。第二，我們主張朝鮮事件應該和平解決，不但朝鮮戰事必須停止，侵朝軍隊必須撤退，而且有關國家必須在聯合國內會商和平解決的辦法。

潘尼迦：我必須鄭重說明時間之短促。美軍可能在十二小時之內越過三八綫，而印度政府接到我的電報並將採取有效行動，需要在十八小時之後。屆時，任何和平方案可能爲時已晚。

周恩來：那是美國人的事情。今晚談話的目的是奉告我們對尼赫魯總理來函中所提的一個問題的態度。

其實，周恩來在接見印度潘尼迦大使之前，他在九月三十日中國人民政治協商會議全國委員爲建國一週年的慶祝會上的講話中，就已經對美國提出嚴正警告。他在全面闡述中華人民共和國的外交政策時，全面譴責美國的對華政策，特別指出：「美國爲着進一步擴大在東方的侵略，故意製造了李承晚傀儡集團對朝鮮民主主義人民共和國的進攻，隨即借口朝鮮的形勢派遣海軍空軍侵略我國的台灣省，宣佈所謂台灣地位問題應由美國所操縱的聯合國解決，同時多次派遣侵略朝鮮的空軍侵入中國遼東省上空，實行掃射轟炸，並派遣侵略朝鮮的海軍炮擊中國的航海商船。美國政府由於這些瘋狂橫暴的帝國主義侵略行爲，已經證明了它是中華人民共和國最危險的敵人。美國侵略台灣和朝鮮的總司令麥克阿瑟早已透露了美國政府的侵略計劃，並且正在繼續製造擴大侵略的新藉口。中國人民堅決反對美國的侵略暴行，並決心從美國侵略者手中解放台灣及其他領土。」

周恩來在講話中嚴厲警告美國說：「美國侵略者如果以爲這是中國人民軟弱的表示，那就要重犯與國民黨反動派同樣嚴重的錯誤了。中國人民熱愛和平，但是爲了保衛和平，從不也永不害怕反抗侵略戰爭。中國人民決不能容忍外國的侵略，也不能聽任帝國主義者對自己的鄰人肆行侵略而置之不理。誰要是企圖把中國近五萬萬人口排除在聯合國之外，誰要是抹煞和破壞這四分之一人類的利益而妄想獨斷地解決與中國有直接關係的任何東方問題，那麼誰就一定要碰得頭破血流。」

杜魯門、麥克阿瑟錯誤地認爲「周恩來的聲明更多的意義在於實行一種政治恫嚇。中共沒有發動戰爭的能力，他們不具備相應的工業能力。而三八綫沒有甚麼軍事意義，它不過是一條緯度綫。有甚麼力量能阻止聯合國軍跨越它。」對於周恩來同潘尼迦大使的談話中警告美國如果越過三八綫，「我們要管」，杜魯門認爲「潘尼迦先生在過去都是經常同情中國共產黨的傢伙，因此對他的話不能當作一個公正的觀察家的話來看待，充其量不過是一個共產黨宣傳的傳聲筒罷了。」不予重視。

彭德懷臨危受命

兩天後，麥克阿瑟在東京聯軍總部主持召開作戰會議，麥克阿瑟在會上以一種不容置疑的口吻，宣佈了他的作戰計劃。他說：「諸位將軍，我認爲我們每個人以後都不再涉及甚麼三八綫的問題——沒有任何限制，就像踢足球時可以任意越過球場中綫一樣，有本事的你就帶球猛攻對方大門。現在我宣佈如下簡要計劃。第一、沃克將軍率第八集團軍以現有兵力打過三八綫，主攻方向是開城、沙里隆、平壤軸綫，目標是奪取平壤。第二，阿爾蒙德的第十軍由我直接指揮，以現有兵力在元山實施兩棲登陸，同第八軍在朝鮮北部會合，對敵軍形成包圍」。

一九五〇年十月四日午後不久，一架銀灰色的伊爾十八型飛機從西安機場呼嘯起飛。這是毛澤東、周恩來派來接赫赫有名大將軍、中央軍事委員會副主席、中國人民解放軍副總司令彭德懷。

彭德懷是湖南省湘潭縣人。生於一八九八年。出身貧寒，只讀過兩年私塾，從十一歲起就給地主放羊，當過煤窰工人和挑土工人，飽嚐了地主資本家的欺凌壓榨。苦難悲慘的童年，使他幼小的心靈中種下了對壓迫剝削者的仇恨，磨煉出對舊社會的叛逆性格。有一年，他的家鄉發生了一次大災荒，加上地主逼租逼債，弄得湘潭一帶哀聲載道，餓殍遍野，人民爲了活命，自動組織起來鬧案吃大戶。而家藏萬石糧的豪紳大戶們不僅顆粒不給，而且殘酷鎮壓。當時年僅十幾歲的彭德懷目睹此一情景，再也遏止不住心頭的怒火，帶領數百名飢餓的羣衆，衝進一個大地主家裏，運走了倉裏的大半糧食。他的叛逆性格第一次迸發出耀眼的光芒。一九一六年他抱着爲工農大衆尋找出路，爲中華民族謀求解放的強烈願望投入湘軍。一九一九年，他當連長時，在連裏組織「救貧會」，團結進步官兵，爲工農謀利益。一九二〇年冬，駐防南縣注磁口時，爲了減輕當地農民痛苦，經「救貧會」討論，秘密派人殺了一個姓歐的惡霸地主。這個惡霸地主是大軍閥趙恆惕處一個少將參議的哥哥。此舉在當時震動很大。被告發後，他棄職潛逃。一九二三年他考入湖南軍官講武堂，畢業後歷任連長、營長，以「救貧會」爲核心，組織「士兵委員會」，提出反對列強瓜分中國，打倒地主，實行耕者有其田等六條綱領，積極進行反帝反封建的鬥爭。

在大革命時期，彭德懷參加了北伐戰爭，他指揮的營作戰英勇，屢建戰功。一九二六年秋，他任代團長，在北伐軍圍攻武昌時，認識了共產黨員段德昌。段德昌對他進行了黨的教育，介紹他讀了「共產黨宣言」「資本論大綱」等馬列主義著作和進步書刊。這時，他才眞正尋找到工農翻身、民族解放的道路。大革命失敗後，在嚴重的白色恐怖下，他毅然決然地走上了馬克思主義的道路，於一九二八年初加入了中國共產黨。

一九二八年七月，在中國革命處於低潮的時刻，彭德懷領導了著名的平江起義。起義後部隊改編爲紅五軍，彭德懷任軍長，之後，他又創立紅三軍團，任軍團總指揮，積極開展湘鄂贛游擊戰爭，開闢了湘鄂贛根據地。同年十一月率領主力紅軍奔向井岡山，經過輾轉苦戰，於一九二八年十二月十一日到達寧岡地區，與毛澤東、朱德率領的紅四軍勝利會師。從此，他和兄弟部隊緊密配合，縱橫馳騁於巍峨井岡、蒼茫贛水和碧綠閩山之間，以艱苦卓絕的鬥爭，粉碎了蔣介石一次又一次的「圍剿」，跨越萬水千山，衝破蔣介石數十萬大軍的圍追堵擊，勝利地進行兩萬五千里長征，在長征後期擔任陝甘支隊司令員，到達陝北後，擔任過紅軍前敵總指揮，中央軍委副主席。

抗日戰爭時期，彭德懷擔任八路軍副總司令，同朱德一起率領八路軍，逆着國民黨狼狽南逃的百萬潰軍，英勇挺進敵後，放手發動羣衆，廣泛開展游擊戰爭，開闢了廣大的華北抗日根據地，堅持了華北敵後抗日根據地，指揮了有名的百團大戰，粉碎了日本侵略軍無數次的圍攻掃蕩，打退了國民黨反動派的挑釁、進攻，迎來了抗日戰爭的輝煌勝利。

解放戰爭時期，彭德懷受命於危難時期，率領了人數不多，裝備又差的第一野戰軍，在十倍於我之敵的瘋狂進攻面前，在極端困難的條件下，從容不迫，泰然自若，聲東擊西，連戰皆捷，終於消滅了蔣介石、胡宗南、馬步芳、馬鴻奎、馬繼援的軍隊，解放了大西北，立下了以少勝多的赫赫戰功。

彭德懷既有勇又有謀，既善於將兵又善於將將，高瞻遠矚，成竹在胸，既是個戰略家又是個戰役指揮家，他組織指揮過無數次重大戰役、戰鬥，他提挈百萬大軍如一人，令則行，禁則止，靜如山、動如虎、攻必克，守必固，高屋建瓴，勢如破竹。是國際國內有名的大軍事家，傑出的將帥。毛澤東曾經寫了熱情讚揚他的詩：

山高路遠坑深，
大軍縱橫馳奔。
誰敢橫刀立馬，
惟我彭大將軍。

現在，當美軍越過三八綫，大舉向朝鮮民主主義人民共和國進攻，嚴重威脅中國安全的時候；面對世界上最強大的又用先進武器武裝起來的美帝主義，而在我軍裝備落後，國力弱，供應困難的情況下，必須挑選一個能征慣戰，又有威望的大將軍來統帥志願軍入朝作戰，才能穩操勝券。所以毛澤東，周恩來認定了他、看中了他，選定了他。

彭德懷靠在飛機座椅上，腦子裏一時無法安靜下來。中央命令他緊急赴京是甚麼任務呢？他想是不是有關大西北的建設呢，他已讓秘書把資料帶上，以備回報，飛機在西北和華北上空飛行，白雲下，隱約可見山巒、平原和銀帶狀的河流，他側頭向下望去，華北大地呀，多少年來，數百次戰鬥，東渡黃河，沂口戰鬥，百團大戰，敵後堅持，攻克太原、歸綏，這些熟悉的、戰鬥過的地方，現在應該休養生息，再向西北望去，只見茫茫一片，大西北呀，是他眷戀的地方，兩萬五千里長征，他和毛澤東、周恩來首先到達陝北、甘肅、寧夏，保衛延安、沙家店戰鬥、攻克西安、進軍新疆等等，這片解放了的土地，建設的重任落在他身上。可是，他又想，前幾天在報紙上看到，我國外交部聲明，《強烈抗議美國及其僕從悍然越過三八綫侵略朝鮮」，莫非同這件事有關？他忽然想起八月下旬毛澤東曾經給他發過一次電報，告訴他，須集中十二個軍以便機動。但此事於九月底再定，那時請你來京面商。現在是十月初，看來可能就是這件事。他曾同十九兵團、二十兵團的司令員打過招呼。不過，中央不是已將十三兵團派往東北兩個月了嗎？而且，他看過中央軍委先委派粟裕爲司令員，蕭勁光、蕭華爲副司令員的任命，以後又改任鄧華、洪學智等爲正副司令員，現在會不會是增兵東北，或出兵幫助朝鮮，若是幫助朝鮮同志，率先出動的是十三兵團，而十三兵團大都是原來隸屬第四野戰軍的主力部隊，如果要派一位大將率領部隊出征，那首先應該是點林彪的將嘛！

彭德懷一下飛機，中央辦公廳的一位負責同志已經等候在停機坪，他說：「彭總，我們來接您去中南海，中央正在開會，要您一下飛機就去開會。」

當彭德懷邁着穩健的步子走進頤年堂會議室時，政治局擴大會議正在進行。

毛澤東、周恩來見彭德懷進來，都笑着向他打招呼。

毛澤東說：「老彭呀，你是準時到達。我們催你趕快來，是很急的事喲，可是也沒得辦法，是美帝國主義不讓我們休息嘛！」

彭德懷向毛澤東點頭笑笑，說：「讓我一分鐘也不能躭誤，立即進京。中央的命令一下，我家就是着了火，也得趕來喲。」

周恩來說：「現在是我們鄰居家着火了，而且越燒越大，我們能安之若素嗎？現在我們開會就是討論這件事，出兵朝鮮問題。德懷同志你先喘口氣，等會你也要準備發言啦。」周恩來神彩奕奕，泰然自若。這位大政治家、大外交家、大軍事家，一向瀟洒自如，春風滿面，對待每一個同志都是非常誠懇、熱情，對待每一件事都非常認眞、仔細、周到。今天是他主持會議，從他的神情看是臨危不懼，胸有成竹。

彭德懷坐下以後，環顧會場四周，發現除政治局委員及外交部副部長李克農、章漢夫外，參加會議的幾乎全是高級將領，可以說是一次最高的軍事會議，一定有重大的軍事決策和行動。彭德懷是個敏感的人，他意識到中央急召他來京，可能又要給他甚麼任務。但他想，還是先不露聲色，聽聽別人的發言再說。

周恩來催促大家發言，他說：「中央已在十月二日決定派志願軍赴朝作戰，並已電告蘇聯斯大林，請其予以支援。孫子說「知彼知己，百戰不殆。」我們既要看到出兵赴朝的有利條件，也要看到不利的條件。這樣才能揚長避短。」

高崗開口道：「我還是那個意見，出兵朝鮮要愼重。我認爲林彪同志的意見是有道理的，待敵人進攻到我國境內再打不遲。所以我主張早打不如晚打好。」高崗講出他的理由：「美國戰爭潛力很大，從他們的南北戰爭結束到現在，將近一百年了，美國本土沒有遭到戰爭的破壞，成爲世界上工業最發達的國家，別忘了，美國的鋼產量每年達到八千萬噸，超過我們一百四十多倍。不要說還有原子彈。我們呢，大家都知道，百孔千瘡，百廢待興。剛剛解放，大多數解放區的土地改革還沒完成，許多邊遠地區的土匪、特務和國民黨軍隊的殘餘武裝還未肅清。不如等我們經濟發展了，部隊的武器裝備改善了，特別是我們的海空軍建立起來，那時候再打，恐怕更有把握些。」

高崗的發言，引起大家的爭論。有的說，我們準備不足，美國準備也不足。美軍分佈全球，戰略重點在歐洲，在朝鮮的兵力明顯不足；有的說，與其坐等美國打進來，不如打出去；有的說，不如請蘇聯出兵，蘇聯軍隊武器比我們好；有的同意林彪、高崗的意見。各種意見相持不下。」

周恩來宣布今天散會，明天繼續討論。

衆人起身離去。

毛澤東、周恩來叫住彭德懷：「德懷同志慢走一步，我們還要同你談談哩。」

毛澤東、周恩來、彭德懷三人並肩走出頤年堂會議室，穿過頤年堂院門，走到菊香書院。

毛澤東從辦公桌的卷宗中翻出一份電報，遞給彭德懷，憂慮之態，溢於言表：「我給你看個東西。這是金日成和他的外相朴憲永十月一日那天通過我們的大使發來的電報，你看看，形勢很危急，美軍在仁川登陸之後，已越過三八綫。我們通過印度大使潘尼迦那個渠道向美國提出警告：不要越過三八綫，過了三八綫，我們要管。可是他不理睬，要用軍事解決問題。昨天凌晨，恩來同志再次召見潘尼迦，重申我們的態度，可美國的好戰分子料定我們不敢參戰，料定我們怕他們，所以才對我們的警告當耳邊風。他美國依仗甚麼？還不是仗着飛機大炮，還有那個不得了的原子彈。」

周恩來接着說：「驕兵必敗，哀兵必勝。歷史上常常是弱者戰勝強者。我看我們是有把握打敗美國侵略者。」

彭德懷看完朝鮮的求援電報，沉思良久：朝鮮已面臨亡國之災，向我們發出緊急求援的呼籲，怎麼能見死不救呢？何況都是共產黨國家，應該團結一致，共同對敵，更不要說兩國唇齒相依，唇亡則齒寒。」彭德懷認爲應該出兵赴朝。他反問一句：

「主席、恩來同志，你們是否已經下定了決心？」

毛澤東嘆了一口氣，說道：「德懷同志，這個決心可不容易下喲。我和恩來同志考慮很久，商量過多少次，政治局也討論過。你知道，一聲令下，三軍出動，那就關係到數十萬人的性命。常說，性命關天嘛。打得好那沒麼子可說的，打得不好，危及國內政局，甚至丟了江山，那我們對人民沒法子交待嘍！政治局擴大會上，大家的擔憂也是有道理的。不過，打還是要打，朝鮮危急了，我們要是不管，那我們將來危急了，斯大林也不管，都那樣的話，社會主義陣營不就成了一句空話？我告訴你德懷同志，斯大林對我們黨有些瞧不起呢！他以爲我們不是眞正的馬克斯主義者，是搞農民運動的土地改革者，農民黨。我們現在困難很多，經濟落後，這是實情。但我們不能只顧自己，我們畢竟是大國，土地遼闊，人口衆多。應該發揚國際主義精神，無私地援助朝鮮。話又說回來，幫朝鮮也利於我們自己。我們的重工業都集中在東北：鞍山的鋼鐵，瀋陽的機械工業，撫順和本溪的煤，小豐滿大型水力發電站。我們不能讓敵人推到鴨綠江邊威脅我們東北的安全。」

周恩來見毛澤東講完了，不緊不慢地說：「朝鮮戰事發生以來，我就一直考慮我們怎麼辦，出兵還是不出兵，出兵的結果會如何，不出兵的結果會如何？出兵有哪些有利條件，有哪些困難和不利條件。開始我也覺得我們國家剛剛建立，百廢待興，應該集中力量搞建設，待我們實力雄厚了，再同美帝國主義決一雌雄，可是，再一想這是一廂情願，美國不讓你這樣做。經過政治局擴大會這幾天的討論，我認爲晚打不如早打，乾脆打了以後再建設。我同總參謀部，外交部的同志們研究過分析過多少次。認爲：美國的國力比我們強得多，經濟發達，我們很落後，美軍裝備先進，具有現代化的裝備，機動性強，陸軍地面火力很強，海空軍佔有絕對優勢。同美軍相比，我軍的裝備則處於明顯的劣勢，步兵就那麼幾門迫擊炮。其他重一點的火炮都是繳獲的國民黨的，用騾馬牽引，運動隱蔽都很困難，主要是靠步槍和手榴彈發揮作用。

「但是，我們也有美軍所不具備的長處：

「第一、我軍是爲了反侵略而戰，爲了國際主義而戰，是正義之師，出師有名，得到國內國際廣大人民的支持；我們的指戰員政治覺悟高，士氣旺盛，在政治上我們佔絕對優勢；美軍是爲了侵略而打仗，他們是不正義的，出師無名，遭到美國人民和全世界人民的強烈反對，士氣低落，在政治上處於明顯的劣勢。

「第二、我軍有豐富的戰鬥經驗，幾十年一貫以劣勢的裝備戰勝裝備優良的敵人，我軍善於近戰、夜戰、山地戰、白刃戰；美軍雖有現代化的優良裝備，但他的軍官與士兵不善於進行夜戰、近戰、白刃戰，在這些方面我軍佔有絕對優勢。

「第三、我軍作戰機動靈活，善於打運動戰，從側面包抄消滅敵人，還善於分散、隱蔽、獨立作戰，美軍則是一切按條令規定，打法比較呆板機械。

「第四、我軍英勇善戰，不怕流血犧牲，能吃苦耐勞；美軍很多是少爺兵，不能吃苦。

「第五、我軍是背靠祖國作戰，離後方近，組織供應比較方便；美國遠涉重洋作戰，需要的東西很多要從美國本土運來，即使有些物資可以從日本運來，供應綫也比我們長得多，人員物資補充困難。美軍的裝備雖然現代化，車多、大炮多、飛機多，但是他們消耗的油料、彈藥也多。我們的裝備差，車少、炮少，但消耗的油料、彈藥也少。

「另外，從戰略上說，美國的戰綫太長，從北冰洋、黑海、波羅的海、地中海、印度洋、太平洋一直搞到東方來，戰綫從西歐到東亞，比當年希特勒和日本的戰綫都長。美國在世界上還有許多軍事基地，好比十個指頭按跳蚤，動彈不得。美國的同盟國都不強，可派的兵也寥寥無幾。美國依仗有原子彈，也並非他一國所獨有，蘇聯也掌握了原子彈。同時，蘇聯答應派空軍，空中由他們負責，地面由我們負責。所以，只要我們有充分的準備，準確掌握敵人的長處和短處，避開敵人的長處，充分發揮我們的長處，趨利避害，以我之長擊敵之短，就一定能以劣勢的裝備，打敗優勢裝備的敵人。」

彭德懷聽了毛澤東、周恩來的一席話，連連點頭，說：「你們說得有道理，分析得很透徹。我看我們有把握取得反美戰爭的勝利……。」說到這裏，彭德懷停下來不說了，他想，聽高崗剛才告訴我的「要點你的將嘍」。毛澤東、周恩來叫他來，莫非眞的，可是他馬上把話題岔開：「現在十三兵團只有四個軍，那力量不夠呀。」

毛澤東馬上接過話題說：「我想再給他們編兩個軍，把五十軍和六十六軍調去，你看怎麼樣？」「我們還準備調華東野戰軍宋時輪的第九兵團去。」周恩來補充道。

彭德懷見毛澤東、周恩來的話已到嘴邊，就是沒有明說讓他率領赴朝作戰部隊。他問道：「十三兵團都是四野的部隊，林彪他現在怎麼樣了呢？」

毛澤東立刻手一揮，淡淡地說：「不談他不談他，這個人打起仗來謹愼有餘，膽力不足。今天我們不談他。」毛澤東用眼神同周恩來交換了一下意見，說：「好吧，老彭，今天我們先談到這裏，你回去休息、吃飯。」

毛澤東，周恩來把彭德懷送出菊香書屋，毛澤東對彭德懷說：「老彭，你要好好想一想喲。」

「給我多少時間？」彭德懷停下腳步問。

「我不吝嗇，給你……」毛澤東伸出兩個指頭。

「兩天！」

「兩個小時。」周恩來說：「想好了以後，你給主席打個電話。」

彭德懷走後，毛澤東對周恩來說，「志願軍的統帥有了，這就好辦了。」

「老彭這個人對黨對國家忠心耿耿，在困難面前勇於負責，是個難得的人才啊！」周恩來讚賞地說。

「有他赴朝指揮作戰，我就放心了。」毛澤東興高彩烈地說。

彭德懷回到北京飯店住處，連飯也無心吃，翻來覆去地想，他已不能回大西北領導那裏建設了，他將要奔向相反的方向去東北了，然後率領幾十萬上百萬大軍出征朝鮮，在戰場上同美國人厮殺了。想到這裏，他毅然決然地抓起電話，撥響了毛澤東的電話號碼。

「怎麼樣老彭？兩個小時到了。」毛澤東濃重的湖南鄉音，這對彭德懷是很熟悉的。

「我想好了，主席，聽從組織安排。」

「那好，君子一言，駟馬難追。明天會上見。」

第二天，政治局擴大會議在頤年堂繼續進行，彭德懷作重要發言。他說：「美國佔領朝鮮，威脅我東北，又控制了台灣，上海、華東受到嚴重侵擾。它要發動戰爭，隨時都能找到藉口。老虎總是要吃人的，甚麼時候吃，決定於它的腸胃。我看不同美帝見個高低，要想建設社會主義是困難的。」

他呷了一口茶，說：「我們常說，社會主義陣營，要比資本主義陣營強大，我們不出兵支援朝鮮，那麼怎樣顯示強大呢？爲了鼓勵殖民地、半殖民地人民反對帝國主義，反對侵略的民族民主革命，也要出兵，爲了擴大社會主義陣營威力也要出兵。」

彭德懷又講了入朝作戰的戰略戰術，他說：「美國同我在朝作戰，它利速決，我利長期；它利正規，我利對付日本鬼子那一套。我有全國政權，有蘇聯援助，比抗日戰爭時期有利得多。即便打爛了罎罎罐罐，無非等於解放戰爭晚勝利幾年，沒有甚麼了不起的。我認爲出兵朝鮮是必要的，我贊成主席、恩來同志的考慮和中央的決定。」

「好嘛，德懷同志的意見我看很好。」毛澤東說：「我給大家通報一個情況，我和恩來、少奇、朱德等同志都商量過，我們想讓彭德懷同志率兵出征。昨天晚上恩來和我找老彭談了一次，他欣然接受這個重擔。老將出馬嘍！好吧，德懷同志，我謝謝你，中國人民謝謝你！你是臨危受命哪，有你去我們就放心了。」

彭德懷指揮四野主力

彭德懷是個急性子，責任心很強。他受命以後，即於十月八日到達瀋陽，九日召開軍以上幹部會，傳達中央的決定和指示。宣讀了中央軍委的電令：

彭高賀、鄧洪解及中國人民志願軍各級領導同志們：

（一）爲了援助朝鮮人民解放戰爭，反對美帝國主義及其走狗們的進攻，借以保衛朝鮮人民、中國人民及東方各國人民的利益，着將東北邊防軍改爲中國人民志願軍，迅即向朝鮮境內出動，協同朝鮮同志向侵略者作戰並爭取光榮的勝利。

（二）中國人民志願軍轄十三兵團及所屬之三十八軍、三十九軍、四十軍、四十二軍及邊防炮兵司令部所屬之炮兵一師、二師、八師。上述各部隊立即準備完畢，待令出動。

（三）任命彭德懷同志爲中國人民志願軍司令員兼政治委員。

（四）中國人民志願軍以東北行政區爲總後方基地，所有一切後方供應事宜，以及有關援助朝鮮同志的事務，統由東北軍區司令員兼政治委員高崗同志調度指揮並負責保證之。

（五）我中國人民志願軍進入朝鮮境內，必須對朝鮮人民、朝鮮人民軍、朝鮮民主政府、朝鮮勞動黨（即共產黨）、其他民主黨派及朝鮮人民的領袖金日成同志表示友愛和尊重，嚴格地遵守軍事紀律和政治紀律，這是保證完成軍事任務的一個極重要的政治基礎。

（六）必須深刻地估計到各種可能遇到和必然會遇到的困難情況，並準備用高度的熱情、勇氣，細心和刻苦耐勞的精神去克服這些困難。目前總的國際形勢和國內形勢於我有利，於侵略者不利，只要同志們堅決勇敢，善於團結當地人民，善於和侵略者作戰，最後勝利就是我們的。

中國人民革命軍事委員會主席　毛澤東

一九五〇年十月八日於北京

彭德懷身着戎服，威武莊嚴，雖已五十出頭的人了，但講話仍像宏鐘似的，他說：「我是四日到的北京，五日受的命。八日就到瀋陽來了。昨天晚上，會見了金日成同志的代表朴一禹，今天又來和同志們見面，馬不停蹄倉促上陣！」

接着說：「昨天晚上朝鮮的內務相朴一禹同志專程抵瀋陽，向我通報了目前朝鮮的戰況，當夜又乘車返回。朴一禹說：美國最近已又從日本動員了五萬兵力補入李承晚部，並且他們還擬再次從美國調七個師來朝作戰，從東西朝鮮灣登陸。金日成同志再一次緊急要求我軍迅速出動。所以，我軍的出兵不僅是定了，而且是很快就要出動了。」

然後，他又談了入朝作戰的方針。他說：「當前我們的任務是積極援助朝鮮人民反侵略者，保持一塊革命根據地，作爲相機消滅敵人的基地。在敵人技術裝備優勢和朝鮮地幅狹小的條件下，我軍過去在國內戰爭中所採取的大踏步進退的運動作戰，已不適合於朝鮮戰場，而採取陣地戰與運動戰配合的方針。敵人來攻，我們要把它堅決頂住，不使之前進；發現敵人有弱點，即以迅速出擊，插入敵後，堅決消滅之。保存土地是我們的任務，但更主要的是消滅敵人的有生力量。我們的戰術是靈活的，不是死守某陣地，但在必要時又必須堅守某一陣地。我們不是單純的防禦，最好既能消滅敵人，又能守住陣地。我們的任務是光榮的、艱巨的，我相信同志們一定能完成好。」

十月十一日，彭德懷從瀋陽趕赴安東前綫，聽取了十三兵團司令鄧華、副司令洪學智、韓先楚、參謀長解方的滙報，並向中央建議增派兵力，不久中央決定調六十六軍到前綫，第九兵團晝夜兼程從華東趕來。

彭德懷聽完滙報，研究了入朝作戰部署以後，在鄧華、洪學智、韓先楚、解方和朴一禹的陪同下，親自登上中朝交界的白頭山和鴨綠江邊，察看地形，選擇進朝作戰的路綫。

白頭山，位於中朝國境綫上，朝鮮五岳中之北岳，白頭山山脈，即摩天嶺山脈，它的最高峯是朝鮮最高的山峯。它是早更新世火山活動的產物，在近世紀時期，曾於一五九七年、一六六八年、一七零二年先後噴發過。主峯海拔二千七百五十米，名將軍峯。山頂有一橢圓形火口湖，稱白頭山天池（中國稱長白天池），周圍有大片玄武岩，一般厚二百至三百米，部分地區厚六百米，覆蓋於片麻岩之上，形成以火山口爲圓心，半徑一百七十公里，面積四萬五千平方公里，高大廣袤的白頭山台地。由此向南延伸，連接朝鮮地勢最高的部分，即「北部山地」，有白藏高原、蓋馬高原和鴨綠高原。中朝交界的鴨綠江和圖門江（又稱豆滿江）發源於白頭山，東西分流。這一帶年平均溫度負攝氏一點七度，年平均降雨量七百至八百毫米。山頂除七至八月份外，其餘時間均爲白雪覆蓋，白頭山直到海拔二千米處，都長着茂密的樹林，再往上爲高山草原帶，山裏長着一百多種藥材，一百一十多種野菜和香料植物，有五十一種野獸和一百三十七種鳥類。

彭德懷登上白雪皚皚的山頭，他先朝北看看祖國的東北，已經冷雨飄飄，樹葉已經枯萎了，莊稼也快收完了，但是大地仍然生機勃勃，香烟繚繞，他無限眷戀地說：「啊，祖國，母親，你的兒女們，爲了保衛你，明天我們就要出國打仗了！」他又朝南瞭望，一片烏雲遮着大地，戰火紛飛。他感慨地說：「啊，我的朋友，我的鄰邦，你們正在帝國主義侵略魔爪下，遭災受難，爲了幫助你們，援救你們，明天，我們就要進入你們美麗的國土，三千里錦綉江山，同你們並肩作戰！」

陪同彭德懷的人們，每個都有一番感嘆，說不出的複雜心情，走下山來，到了鴨綠江邊。

彭德懷走到江邊，捧起一把碧綠的江水，對着隨行的人說：鴨綠江名不虛傳，它的水眞是綠的，我還第一次見到如此綠的水呢！」他又試試水的溫度，讓偵察人員量量水的深度。並且說，「如果萬一敵人把鴨綠江上大橋炸了，我們就涉水過去。長江那樣寬那樣深，還擋不住我百萬大軍橫渡呢，小小的鴨綠江有何難哉？」他對着鄧華和洪學智等說，「十三兵團都是哪裏人？」鄧華噘噘嘴，「這老洪最清楚，他在這個部隊時間最久了！」洪學智笑笑說：「這個部隊有您、彭老指揮過的紅一方面軍老底子，有徐海東的紅二十五軍、有八路軍一一五師。抗戰後，黃克誠率領的新四軍第三師，我就是三師的，從蘇北到東北，羅榮桓率領的山東八路軍，從山東到東北，經過解放戰爭又吸收了東北青年。這是一支能征慣戰的四野主力部隊。」

彭德懷笑笑說：「解放戰爭期間，我沒有直接指揮這支部隊作戰。」

洪學智說：「您是中央軍委副主席、中國人民解放軍副總司令。他們都會聽你指揮的！」

彭德懷說：「我不是這個意思，中國人民解放軍是共產黨領導的，都得聽共產黨的指揮，黨中央既然任命我爲志願軍的司令員，那當然得聽我指揮。我是想問部隊的成份，是南方人還是北方人，南方人都會水，北方人旱鴨子，渡江要挑選那些會水的在前面開路。」

洪學智說：「原來老總問的是這意思，我想問題不大。這支部隊裏蘇北人多，尤其是中下層骨幹相當多的蘇北人，他們過去生長在水網地區，又在那裏作過戰，所以涉水過江都可以。」

彭德懷聽了洪學智的介紹，非常滿意地說：「好，現在萬事俱備，只等東風了！只要中央和毛主席一聲令下，我們就跨過鴨綠江，奔赴朝鮮戰場。」

五、再訪蘇聯談軍援

十月，莫斯科的建築物和街道都已披着一層銀白色的雪衣。

周恩來剛忙完了派志願軍赴朝作戰，任命了彭德懷爲司令員兼政治委員，十三兵團已經做好了一切戰前準備，可以說萬事俱備，只等中央一聲令下，就立即向朝鮮出動了。又於十月七日偕同翻譯師哲飛往莫斯科，同斯大林商討蘇聯派飛機支援朝鮮作戰問題。

事情是這樣的，早在十月二日，中國決定派志願軍入朝作戰時，就給斯大林發了一份電報：

菲里波夫（斯大林的代號）同志：

（一）我們決定用志願軍名義派一部分軍隊至朝鮮境內和美國及其走狗李承晚的軍隊作戰，援助朝鮮同志。我們認爲這樣做是必要的。因爲如果讓整個朝鮮被美國人佔去了，朝鮮革命力量受到根本的失敗，則美國侵略者更爲猖獗，於整個東方都是不利的。

（二）我們認爲既然決定出動中國軍隊到朝鮮和美國人作戰，第一，就要能解決問題，即要準備在朝鮮境內殲滅和驅逐美國及其他國家的侵略軍；第二，既然中國軍隊在朝鮮打起來（雖然我們用的是志願軍名義），就要準備美國宣佈和中國進入戰爭狀態，就要準備美國至少可能使用其空軍轟炸中國許多大城市及工業基地，使用其海軍攻擊沿海地帶。

（三）這兩個問題中，首先的問題是中國軍隊能否在朝鮮境內殲滅美國軍隊，有效地解決朝鮮問題，只要我軍能在朝鮮境內殲滅美國軍隊，主要地是殲滅其第八軍（美國的一個有戰鬥力的老軍），則第二個問題（美國和中國宣戰）的嚴重性雖然依然存在，但是，那時的形勢就變爲於革命陣綫和中國都是有利的了。這就是説，朝鮮問題既已戰勝美軍的結果而在事實上結束了（在形式上可能還未結束，美國可能在一個相當長的時期內不承認朝鮮的勝利），那麼，即使美國已和中國公開作戰，這個戰爭也就可能規模不會很大，時間不會很長了。我們認爲最不利的情況是中國軍隊在朝鮮境內不能大量殲滅美國軍隊，兩軍相持成爲僵局，而美國又已和中國公開進入戰爭狀態，使中國現在已經開始的經濟建設計劃歸於破壞，並引起民族資産階級及其他一部分人民對我們不滿（他們很怕戰爭）。

（四）在目前情況下，我們決定將預先調至南滿的十二個師於十月十五日開始出動，位於北朝鮮的適當地區（不一定到三八綫），一面和敢於進攻三八綫以北的敵人作戰，第一個時期只打防禦戰，殲滅小股敵人，弄清各方面情況；一面等候蘇聯武器到達，並將我軍裝備起來，然後配合朝鮮同志舉行反攻，殲滅美國侵略軍。

（五）根據我們所知材料，美國一個軍（兩個步兵師及一個機械化師）包括坦克炮及高射炮在內，共有七公分至二十四公分口徑的各種炮一千五百門，而我們一個軍（三個師）只有這樣的炮三十六門。敵有制空權，而我們開始訓練的一批空軍要到一九五一年二月才有三百多架飛機可以用於作戰。因此，目前我軍尚無一次殲滅一個美國軍的把握。而既已決定和美國人作戰，就應準備當着美國統帥部在一個戰役作戰的戰場上集中它的一個軍和我軍作戰的時候，我軍能夠有四倍於敵人的兵力（即用我們的四個軍對付敵人的一個軍）和一倍半至兩倍於敵人的火力（即用二千二百門至三千門七公分口徑以上的各種炮對付敵人同樣口徑的一千五百門炮），而有把握地乾淨地徹底地殲滅敵人的一個軍。

（六）除了上述十二個師外，我們還正在從長江以南及陝甘區域調動二十四個師位於隴海、津浦、北寧諸綫，作爲援助朝鮮的第二批及第三批兵力，預計在明年春季及夏季，按照當時的情況逐步使用上去。」

蘇共初步應允出動空軍

已經是深夜了，位於莫斯科市中心的克里姆林宮的淺灰色塔樓在號叫的寒風中，俯瞰着寂靜無人的寬闊的紅場，高高的克里姆林宮牆內，一座二層小樓內的一個房間還亮着燈光。蘇共中央總書記約維・斯大林的辦公室裏，正在舉行蘇共中央政治局會議，討論中共中央關於出兵朝鮮的來報。

斯大林拿着燃燒着的烟斗，在地毯上來回踱步，一面聽取政治局委員們的發言，一面在思考。斯大林已經顯得蒼老，他的向後梳的頭髮已變得灰白、稀疏，前額與頭頂相連的部分已經禿謝，並且他的臉色似乎也因嗜酒的緣故而透出一種鋁灰色。只是那一雙永遠沉思與洞察的眼睛，依然炯炯有神，露出犀利與智慧的鋒芒。

莫洛托夫首先發言說：「中國同志決定派志願軍入朝作戰是對的、英明的。根據雅爾培、波茨坦會議，朝鮮在二次大戰後以三十八度緯綫爲分界綫，分爲南北朝鮮，現在李承晚和美國軍隊越過三八綫，就破壞了雅爾塔、波茨坦會議的決議，我們爲了維護國際協議、維護國際上現存的格局，應該支援中國人民志願軍，他們負責地面作戰，我們派出空軍負責空中作戰，中蘇朝聯合起來，可以對抗美國的侵略，粉碎美國的企圖。當然，我也贊成中國同志意見，力爭使朝鮮戰爭地方化，但也做最壞的打算。」

伏羅希洛夫發言說：「毛澤東、周恩來等中國領袖們決定派志願軍入朝作戰，表現了他們的偉大氣魄和決斷力，值得我們讚佩，我高興有這樣可靠的盟友。當然，中國剛剛解放不久，國力比較弱，面對美國這樣強大的敵人，沒有國際支援是不行的。我們蘇聯在反法西斯戰爭中遭受破壞，損失很大，需要有一個和平環境恢復元氣。但是美帝國主義侵略兄弟國家，不能坐視不管，出點飛機支援中國、朝鮮還是可以的。」

「我耽心，蘇聯出動空軍會不會引起第三次世界大戰。」赫魯曉夫提出質問：「依我看，爲了穩重起見，蘇聯還是不要出動空軍，讓中國、朝鮮和美國先打去，看看情況再說。」

「我同意赫魯曉夫同志的意見。對於蘇聯出動空軍要特別愼重，否則，如果美國空軍轟炸中國大陸，蘇聯爲了援助中國，去轟炸日本的美軍基地，那麼戰爭就沒有邊緣了，完全可能擴及到歐洲和世界各地。蘇聯無疑要被再次捲入戰火之中。」貝利亞發言。

斯大林停下來說：「我也耽心，蘇聯出動空軍，可能導致蘇美直接作戰，爆發第三次世界大戰，這不符合我們目前恢復和發展經濟的方針。」斯大林邊走邊說：「原先，我們不是估計美國不敢在朝鮮大打嗎？可是美國竟敢在仁川登陸，大舉進攻，朝鮮很危險，中國願意出兵支援這很好。但是沒有相應的空軍配合，中國軍隊和美國作戰，困難很大，結果就很難說，萬一中國軍隊頂不住，被美軍打進中國東北部，那裏離蘇聯很近……。」斯大林卻又停下來，臉上露出一種堅毅的神態。說：「不久以前，我們不是同中國簽訂蘇中友好同盟互助條約嗎？條約中明文規定：一旦條約國任何一方受到日本或日本同盟的國家之侵略，另一方即盡其全力給予軍事及其他援助。這是信義，這是義務，這是責任呀！」

莫洛托夫又說：「斯大林同志說得對，我們必須信守蘇中友好同盟互助條約，如果失去信用，誰還同我們簽訂條約呀，所以我們應該答應中國方面的要求。」

「那好吧，莫洛托夫同志，請你告訴外交部通知羅申大使轉告周恩來，蘇聯負責空中作戰。」斯大林作了決定。

事物常常不是按人們想像的那樣發展，就在毛澤東、周恩來命令志願軍向朝鮮境內迅即出動，通過中國駐朝鮮大使館告訴了金日成，請朝鮮方面派專人去瀋陽與彭德懷商談志願軍入朝作戰的具體事宜，同時把這些情況通報了莫斯科。可是不到兩天，蘇聯方面通過蘇聯駐華大使羅申告知周恩來，說：「原商定的蘇聯方面出動空軍部隊配合中國軍隊入朝作戰之事，由於蘇聯方面沒有做好準備，所以空軍暫不能出動。」

空援落空周恩來再赴莫斯科

周恩來對這個突如其來的變化很震驚，他說：「我們不是一切都商量好了嗎？怎麼在中國軍隊已下令出動的情況下，蘇聯卻單方面決定改變呢？是因爲時間太匆促，蘇聯空軍確實未準備好，還是別有原因。請羅申大使轉告斯大林和蘇共中央，我們不理解……。」

羅申大使一走，周恩來立即趕到豐澤園，將蘇聯的通知告訴毛澤東。毛澤東頓時臉色變白，他抽着烟來回在室內走動，足足考慮了十多分鐘才說：「恩來，你看這樣一來，眞讓我們爲難。」

「是啊！蘇聯不出動空軍，我們就喪失了制空權，敵機狂轟濫炸，大部隊白天無法作戰，困難太大了。」周恩來說：「他們說因爲沒有準備好，暫緩出動，主席，你相信嗎？」

「我才不相信哩！他們沒有準備好，我們也沒準備好，許多部隊過冬衣服都沒發下去，武器裝備也有待更換。依我看暫緩出動不過是個托辭，斯大林是想讓我們單獨對美軍作戰，以避免風險。」

「暫緩出動是外交辭令，實際上他們害怕捲入這場戰爭。我們也要愼重喲。」

「你看蘇聯遲不說早不說，偏偏等我們命令一下，他們才說，讓我們話說出去了，無法收回。」

「即使社會主義國家也不一定可靠，我們要獨立自主，自力更生才是。」

「恩來，我看這件事要重新考慮，不過還要爭取一下。」毛澤東點起烟，狠抽了一口。又說：「恐怕要勞你大駕，去一趟莫斯科了。」

周恩來在去莫斯科之前，同毛澤東商定暫緩出兵，等他的消息再定。

周恩來乘坐專機到達莫斯科，蘇聯部長會議副主席莫洛托夫、蘇聯外交部長維辛斯基和中國駐莫斯科大使王稼祥等到機場迎接，並送至莫斯科奧斯特羅夫斯卡婭八號高級公寓。

周恩來告維辛斯基，請他轉告斯大林，說他要盡快見到斯大林同志，有重要的情況告訴他。

周恩來要王稼祥通知正在莫斯科休養的林彪立刻前來，陪同他去見斯大林。

林彪怕打不贏麥克阿瑟，丟了他「林總」的面子，擔當「千古罪人」之名，藉口身體不好，給中央打報告，請求到蘇聯治病。把抗美援朝的重擔撂了下來。

第二天，維辛斯基通知周恩來，斯大林立刻見他。斯大林現在靠近黑海邊的克里米亞半島阿布哈茲區休假，大部分的政治局委員也在那裏，將由布爾加寧陪同前往。

克里米亞半島，位於蘇聯歐洲部分的南部，臨黑海和亞速海。

斯大林和蘇聯其他領導人時常在克里米亞這個風景勝地休息和療養。

今天，斯大林在他的阿德烈爾斯休養所的辦公室裏等待周恩來的到達。

周恩來、林彪在布爾加寧陪同下於上午到達克里米亞阿布哈茲區，先參觀了一番療養區，然後又休息了幾個鐘頭。午後，前往斯大林的住處，進行會談。

斯大林在他那寬敞明亮、溫和舒適的辦公室裏，同先行到達的蘇聯外交部長維辛斯基交談起來。

「這次，周恩來到蘇聯來，是要我們派蘇聯空軍支援他們出兵朝鮮？」斯大林不急不慢的問。

「是的，斯大林同志！」維辛斯基小心翼翼地坐在斯大林的對面，擺出一副聽候詢問的樣子，並畢恭畢敬地回答道。

「維辛斯基同志，我們政治局是曾經決定支援中國的空軍問題。不過……」，斯大林拿起桌上的煙斗，慢慢裝上烟絲，緩緩地走動着，劃了根火柴，點着煙，抽了一口，停下腳步。「可是後來，政治局有幾位委員，如貝利亞、赫魯曉夫、米高揚，還有……，他們堅持認為蘇聯不宜出動空軍，那樣就等於蘇聯直接參戰，就可能引發新的世界大戰——第三次世界大戰，這對蘇聯不利，因為蘇聯在第二次世界大戰中犧牲很大，工農業生產遭到極大的破壞，需要生機養息，重新建設，我覺得他們的意見也有道理，但是我又有一種躭心，如果蘇聯不出動空軍，那麼中國志願軍入朝會不會有變化？」

「我想不會的，斯大林同志！」維辛斯基也站起來恭敬地回答：「毛澤東、周恩來早已下決心參戰，這從他們十月初發給您的電報中可以看得很清楚。」

斯大林被維辛斯基提醒，他停下腳步，放下烟斗，從辦公桌上的檔案夾裏找出中共中央的來電，又仔細看了一遍。說道：「從這份來電中，倒是沒有講到蘇聯出動空軍作爲中國派志願軍的先決條件。不過通過外交途徑磋商過，我們是允諾過他們的要求。」

「但是，斯大林同志，如果中國軍隊沒有蘇聯空軍支援，赴朝作戰是很困難的。」維辛斯基臉上露出擔心的神色。

「你這種擔心是有道理的，但是，維辛斯基同志，不要過高估計美軍的實力，他雖然打着聯合國的旗號，但是兵力所限，要知道，戰爭中最後解決問題的，還是要靠陸軍，美國哪有那麼大的胃口，吞了朝鮮，還敢去吞中國，他消化不了，而且還會撑破肚皮的。」

「斯大林同志，您考慮得很周到。」維辛斯基說。

「不要說這個」。斯大林打斷了維辛斯基的恭維。「你看看周恩來是不是到了，維辛斯基同志？」

維辛斯基看了看手錶，從長桌的椅子上站起來：「是的，斯大林同志，時間到了。」說着，他匆匆地走出辦公室。

這時，在通向斯大林辦公室的走廊上，裝飾壁燈把長廊映得金壁輝煌，猩紅的地毯上，周恩來、林彪、師哲正徐徐走來。

周恩來走在最前面，他穿一身灰色中山裝，腳着一雙棕色皮鞋，步履輕捷，還像平時一樣瀟洒自如，神態安祥，但他的心情並不輕鬆，因爲這次來莫斯科見斯大林不比以前幾次，這一次是要解決一件棘手的事情，怎麼把這件事處理好，而又不影響中蘇之間的友好關係。這是他從北京上飛機到莫斯科後一直在考慮的問題，由於蘇聯空軍暫緩出動，而中國志願軍也暫緩出動，斯大林會有甚麼反應，會不會發脾氣？斯大林會不會改變主意，立即出動空軍？

周恩來憑着自己同斯大林多次接觸，知道斯大林曾在德黑蘭、雅爾培和波茨坦三國首腦會談中，以政治遠見和外交手腕解決了世界許多重大政治問題。在同外政界、外交界包括兄弟黨在內的接觸中，還是極有分寸、注意禮貌的，並非西方傳說那樣專橫的樣子。

在斯大林辦公室的門口，蘇聯外交部的接待人員已經等在那裏，微笑着向周恩來等問好，就在此刻，維辛斯基從裏邊打開了斯大林辦公室的雕花燙金大門，躬身同周恩來等握手，用俄文說了一句歡迎的話。

斯大林和莫洛托夫等其他政治局委員見周恩來進來，也都站起來向前挪動幾步，笑着同周恩來等握手問好。

周恩來發現斯大林似乎比半年以前見到的時候更加衰老了，面部肌肉顯得很鬆弛，握手的時候感覺十分無力。

「毛澤東同志讓我代他問候您。」周恩來微笑着對斯大林說。

「毛澤東同志好吧，請你轉達我對他的問候，我想他現在一定很忙。」斯大林試探着說，想看看周恩來的反映。

周恩來沒有正面回答，他卻介紹說：「林彪同志也來了，你們很早就認識了吧。」

「是的，」斯大林說「林彪同志抗日戰爭曾在我們蘇聯養病，病好以後還在蘇聯參謀部工作過一段時間，我聽說你正在蘇聯莫斯科養病，怎麼也到我這裏來了。」

林彪恭敬地欠了欠身子，說道：「我是在蘇聯養病，不過，我很想和周總理一道來看望你，這正好是一次機會。」

周恩來爲甚麼要帶林彪來見斯大林，是因爲林彪同斯大林熟悉呢，還是因爲林彪任過第四野戰軍司令員，對東北比較熟悉呢？或者是由於怕說服不了斯大林派空軍，怕毛澤東猜忌，所以要林彪作佐證呢？

斯大林彷彿沒有注意林彪在說甚麼，沒等翻譯將他的話翻完，就轉向周恩來，用一種非常平淡的口氣說：「朝鮮同志由於戰爭開始時軍事進展順利，疏忽了對情況逆轉時的思想準備，也許產生了輕敵思想，但當美帝在仁川登陸反撲後，對朝方壓力很大，現在招架不住了。看來敵人不會就此止步，不會停止前進，如果碰不到強大的阻力的話，而且，朝鮮目前已受到極大的挫折，戰場形勢很嚴重的，對我們都是很不利的。」斯大林停頓一下，看看周恩來的反映。

他見周恩來不動聲色。又說：「今天想聽聽中國同志的看法和想法。」

周恩來見斯大林在放試探氣球，他仍然沉住氣未說甚麼。斯大林急了，便單刀直入地說：「我們已經知道中國任命了彭德懷同志爲志願軍司令員，率兵赴朝。我聽說彭德懷作風勇猛，很會打仗，是位好統帥。」

「是的，斯大林同志，無論在紅軍時代，還是在抗日戰爭、解放戰爭期間，彭德懷打得都很出色，所以毛澤東同志才點他的將。」周恩來回答道。

林彪坐在那裏一陣臉紅，心中有愧，但他忙掩飾說：「不過和美軍作戰，情況就不同了啦。」林彪雖然承認彭德懷作戰勇猛，打了很多大仗、漂亮仗，但他認爲彭德懷勇氣有餘謀略不足，不及自己善於講究戰略戰術，權衡利弊得失。這次彭德懷受命援朝，未免有點冒險。他想他在俄養病，本是藉口躲避，未想到周恩來又叫他來見斯大林，談中國因爲蘇聯不出動空軍中國志願軍也暫緩入朝作戰。他心裏直是叫苦，這可不是甚麼好差事，搞不好給斯大林留下壞的印象。不過已經來了，只好硬着頭皮隨機應變。反正有周恩來擋着，問題不至於太嚴重。

「美軍有甚麼了不起，林彪同志，你要知道，他們是在別國領土上進行的不義之戰，士氣必然低落，你說是嗎？」

林彪一驚，才知道斯大林是對他說的，於是趕忙回答：「當然，美軍師出無名，是不義之戰……不過，目前部隊裝備太差啦，火炮和裝甲部隊太少，我估計至少要集中五倍甚至六倍於敵的兵力，才能取勝。」

斯大林靠在椅子上，手裏拿着一枝鉛筆，在一張白紙上勾勾畫畫，一會兒，一隻綫條簡單的狼躍然紙上。這個習慣是斯大林多年形成的，不論是在出席重大會議，還是在外交場合，他時常這樣做，或者是畫一隻狼，或是畫一座教堂……。這些熟練的動作，並不影響他的思考和同別人談話，而是常常在畫着甚麼的時候，對某一個問題的決斷就在頭腦中形成了。

「是的，林彪同志，你說得也有道理。」斯大林的眼睛依然在欣賞紙上的那隻狼。「中國的裝備有待改進。」斯大林對看周恩來說：「你們提出要蘇聯幫助你們裝備四十個師，我們同意，但要分步驟來，目前，我們馬上先為你們裝備二十個師。不過，我們的經驗，不必等裝備好了再作戰，應該邊作戰邊裝備，這樣士兵會更快地熟練運用這些裝備，在實戰中提高部隊的戰鬥能力。」

「我們黨中央感謝斯大林同志對我們的援助。」周恩來認為時機到了，立刻轉入正題：「毛澤東同志一再囑咐我向斯大林同志表示衷心的謝意！但是我還想向您反映一下我們的困難情況，那就是我們的空軍剛剛組建，飛行員正在訓練，還不能立刻投入戰鬥，因此，中央政治局決定，暫緩出兵。」

「怎麼？你們不是已經出動了嗎？」莫洛托夫一愣，急忙說：「為甚麼要暫緩呢？要知道，朝鮮情況非常緊急。」

斯大林不動聲色，他把烟斗輕輕放在桌上，兩眼默默地盯着那張畫了一張草圖的紙。他心裏非常明白，這是由於蘇聯空軍的暫緩出動，中國方面也就暫緩出兵了。

好半天，斯大林不緊不慢地用低沉的聲音說：「關於空軍問題，我想我們還可以再設法解決。布爾加寧同志，我們應該告訴總參謀部，空軍方面應該加緊對中國空軍進行戰前訓練。還有援助坦克、大炮等裝備。」

「是，斯大林同志，這事我們馬上去辦。」布爾加寧回答非常乾脆。

「請原諒，」斯大林對周恩來說：「目前蘇聯空軍尙不能出動，飛機到了空中，很難劃定界限，如果和美國全面衝突起來，仗打大了，也會影響中國的和平建設，特別是你們還處在戰後恢復階段。」

「我看蘇聯空軍可以穿中國志願軍的服裝，以志願軍的名義作戰。」林彪靈機一動說：「這樣旣可解決我們的制空權，又避免了美蘇的直接衝突。」

「可是，如果有的飛行員被對方捉去，那只穿一身中國志願軍的衣服又有甚麼用呢？」斯大林微微一笑，令人捉摸不定。

停了片刻，斯大林問周恩來「恩來同志，那麼您這次來莫斯科，就是來通知我們這件事的？」

「是的，斯大林同志，沒有蘇聯空軍的配合作戰，我們暫不出兵。」周恩來不容置疑的回答。

沉默了一會兒，斯大林拿起那隻早已熄滅的烟斗，說道：「那麼好吧，我們是不是應該通知金日成，讓他在中國東北通化建立流亡政府？」

周恩來明知斯大林是將他一軍，因爲誰能忍心讓北朝鮮被美帝國主義佔領呢？這個結局將是令人痛心的啊。可是中央沒有授權他如果蘇聯不答應派出空軍，中國也要出動志願軍。所以，他沒有作出反應。

「不過，金日成可以帶游擊隊上山打游擊嘛！」林彪卻說：「北朝鮮山多林密，背靠東北，適合打游擊，革命一定會成功的，斯大林同志。」

斯大林將在手中的烟斗一搖晃，然後站起來，在室內踱步，邊走邊說：「我理解中國的困難，只是暫緩要緩到甚麼時候？你們看，朝鮮的事情，對於我們最好的結局是：旣不引起世界大戰，同時又能有效地制止侵略。」

「也許朝鮮問題在短時期內得不到解決，但是我們還是要做好戰爭準備。」周恩來強調說：「希望蘇聯答應提供我們二十個師的裝備能盡快運到，而且我們還需要大量的運輸汽車……。」

斯大林非常注意地聽着周恩來的話，忽然，他停下步子，轉身對周恩來說：「這個問題，我剛才講過，裝備還是在實踐中更換更好，部隊可以在實戰中訓練，在實踐中迅速掌握使用技術，發揮先進裝備的效力。」

周恩來不露聲色地笑了，臉上依然非常嚴肅。心想斯大林到底是談判老手，不愧爲智鬥羅斯福、邱吉爾的斯大林，他居然輕而易舉地把問題又引回到中國應該出兵參戰的問題上來。不過，我周恩來見斯大林的目的也已達到了，將中共中央暫緩出兵的決定向他作了解釋，事情既已辦完，就沒有必要再談下去了，免得陷入被動。於是也說：「好吧，斯大林同志，我們會將您的建議向我黨中央政治局報告的。」

會談後，斯大林爲周恩來舉行宴會。

爲了使氣氛輕鬆、緩和斯大林、莫洛托夫等同周恩來海闊天空的閒談、聊天、時而談些奇聞軼事、奇風異俗，時而談些歷史故事、時談些世間奇聞，歷史事件，奇異人物，加上各種奇異的酒會。斯大林還不斷向周恩來、林彪敬酒，以表示好感。

離開斯大林的住地，天色已經微明，周恩來絲毫沒有睡意，因爲與斯大林的會見使他的神經高度緊張，睡意早被驅逐得無影無踪。他認爲，他現在完成了一項使命，精神稍稍輕鬆一點兒，但是向蘇聯要軍事裝備，還得一項一項地談。既不能過於討價還價，又要機智靈活地達到目的。各種事情都要掌握好分寸，談何容易。

第二天，清晨周恩來等在布爾加寧的陪同下，飛返莫斯科。

林彪在路上問周恩來，「總理，您看斯大林今天的態度怎樣？」

「經驗豐富，不露聲色呀！」

周恩來回到下榻的奧斯特羅夫斯卡婭八號公寓，坐下休息喝茶，機要秘書康一民將國內發來的特急絕密電報送來。

周恩來接過電報，迅速閱過，眉頭一挑，對站在一旁的師哲說：「立即譯成俄文，首先送給莫洛托夫，要求他立即轉告斯大林，並約定時間，舉行新的會談。」

中國決定單獨出兵

說罷，又仔細地看了一遍電文：

「恩來同志：

（一）與政治局同志商量結果，一致認爲我軍還是出動到朝鮮爲有利。在第一時期可以專打僞軍，我軍對付僞軍是有把握的，可以在元山、平壤綫以北大塊山區打開朝鮮的根據地。可以振奮朝鮮人民。在第一時期，只要能殲滅幾個僞軍的師團，朝鮮局勢即可起一個對我們有利的變化。

（二）我們採取上述積極政策，對中國、對朝鮮、對東方、對世界都極爲有利；而我們不出兵，讓敵人壓至鴨綠江邊，國內國際反動氣焰增高，則對各方都不利，首先是對東北更不利，整個東北邊防軍將被吸住，南滿電力將被控制。

總之，我們認爲應當參戰，必須參戰，參戰利益極大，不參戰損害極大。

毛澤東

一九五〇年十月十三日」

周恩來久久凝視着電文，一種振奮之情油然而生，說實在話，毛澤東的氣魄令他欽佩不已。現在看來，不管蘇聯出不出動空軍，我們也要打了。

「總理，電話要通了。」翻譯的話打斷了周恩來的思緒，他健步走到電話機旁，拿過話筒，用俄文說：「莫洛托夫同志嗎？我是周恩來，請翻譯同志給你講話。」

周恩來將話筒交給師哲，一句一句地口授：

「毛澤東和中央政治局發來重要電報，有關朝鮮問題我們又有重大決策，請安排我盡快和斯大林同志會見。」

莫洛托夫立即報告斯大林。這時斯大林也已回到莫斯科。

斯大林沉默了一會兒說：「不是剛剛見了不久嗎，怎麼又要見呢？莫洛托夫同志，他們又要提出甚麼條件？」

「是的，斯大林同志，這很可能，據我了解，您同周恩來談話以後，中國方面一點動靜沒有，看來他們眞的暫緩出兵了。」莫洛托夫說。

斯大林又沉默了一會，然後說：「中國是個大國，周恩來是位大人物，他要求見我，我能不見嗎？何況，此時非常需要中國的支持，尤其是朝鮮戰局，沒有中國參與是絕對絕對不行的，莫洛托夫同志，你懂嗎？」

「我懂，斯大林同志。」

「那你就通知周恩來，請他明天上午來！」

「好的，我馬上給他打電話，他在等我答覆呢。」說着莫洛托夫退出斯大林的辦公室。

第二天上午，周恩來健步走進斯大林的辦公室，斯大林的表情有些拘謹，他請周恩來坐下，板着臉，沒有說話。

「斯大林同志。」周恩來先開口，他態度自然、輕鬆而又充滿信心，聲音朗朗地說：「毛澤東同志剛剛發來電報，我們中央政治局已經再次做出決定立即出兵朝鮮！」

當翻譯把周恩來的話翻譯給斯大林後，斯大林半晌沉默無語。他想，周恩來剛剛通知中國暫緩出兵，怎麼現在又突然通知立即出兵呢，變化眞快。他怕翻譯翻錯了，又問蘇方翻譯周恩來同志剛才是說中國立即出兵嗎？

翻譯說：「是的，斯大林同志，師哲同志是俄文專家，他的翻譯從來是又準確又流利的。」

莫洛托夫也笑容滿面地說：「周恩來同志是這樣說的！」

斯大林臉上的笑容可掬。他意識到中國同志作出這樣重大的決策，這意味着中國人民將克服多大的困難，付出多大的犧牲嗎？這才是眞正的馬克思主義國際主義啊！斯大林不竟感動地說：

「還是中國同志好，還是中國同志好……好啊！」他似像對周恩來說，又像似自言自語。

周恩來忽然一怔。他看到一種液體物質湧上了斯大林灰黃的眼瞼，並且熠熠閃光。

他流淚了，周恩來看在眼裏。

周恩來見事情已經辦完，斯大林也未再說甚麼，便起身告辭了。

斯大林突然迅速地站起來，雙手緊緊地擁抱着周恩來，並且大聲說：「請您轉告毛澤東同志，我感激他，朝鮮人民、蘇聯人民和全世界人民都感激他，他是一位眞正了不起的偉人、馬克思主義者，中國黨是成熟的黨，馬克思列寧主義的黨，高舉國際主義旗幟的黨。請你們放心，你們出兵之後，我們蘇聯一定盡力援助你們。」

周恩來回到公寓以後，立即將見斯大林的情況電告毛澤東。

六、出兵朝鮮與外交周旋

一九五〇年十月十九日黃昏時刻，冷雨霏霏，細密如麻，濃雲低低壓着大地。在迷蒙的充滿寒意的秋雨中，中國人民志願軍司令員兼政治委員彭德懷，率領第四十、三十九、四十二、三十八四個軍和三個炮兵師，分別同時開始在安東、長甸河口和揖安三個鴨綠江渡口，雄赳赳，氣昂昂，浩浩蕩蕩地跨過鴨綠江，進入朝鮮，開始了震驚世界的抗美援朝戰爭。

這場戰爭，實質上是中美之間的戰爭，是中美兩國軍隊在朝鮮半島進行一場眞槍實彈的厮殺、較量。

這場戰爭，是美國敵視新中國政策的結果。

志願軍入朝以後，周恩來更是忙中加忙了，他一天只睡三四小時的覺。他要協助毛澤東指揮朝鮮戰爭，組織和調動部隊增援朝鮮前綫，和一切後勤保證，事實上的副統帥，兼總謀參長、總後勤部長；領導和指揮圍繞朝鮮戰爭的外交鬥爭；設計和安排國內的經濟建設和社會改革，消除美國在中國的影響，防止美國入侵，保證朝鮮前綫的需要。這一切的一切，都要周恩來去運籌帷幄，精心安排，身體力行。

彭德懷率領志願軍進入朝鮮之後，他於十月二十日由朝鮮副首相朴憲永陪同從新義州來到大榆洞，這是金日成從平壤撤退下來的臨時住地。彭德懷和金日成這兩位偉人要在這裏進行歷史性的會見，商討中朝兩國軍隊如何聯合作戰的問題。

大榆洞原是朝鮮有名的一座金礦。它位於清川江以北的北鎮西北三公里的一個山溝裏，四面環山，從東北向西南方向有一條溝，溝的西南有一個豁口，口外有一條由昌城到球場的可行汽車的土路。沿着溝往裏進，西側有一農家的草房，便是金日成下榻之處。此外，零零落落還有三五家依山向陽的農舍，是金日成的警衛人員、電台工作人員的住處。

由這個地方往東，有一片窪地，依地勢有幾塊形狀不一的稻地，地裏莊稼已經收了，只剩下將要枯黃的稻稈之類的東西，被風吹的左搖右晃。窪地以東，就是大榆洞金礦。金礦洞口有一間寬敞的木板房，是礦工原來放工具的棚子。這裏就是彭德懷起先一段時期在朝鮮作戰的指揮部。這個木板房後邊就是一洞，洞口直徑有十多米寬，洞裏大洞套小洞，冬暖夏涼，遇有飛機轟炸，便是一座天然防空洞。

在這以前，一九五〇年十月八日，毛澤東就代表中共中央給金日成去過電報，電報說：

倪志亮同志轉金日成同志：

（一）根據目前形勢我們決定派志願軍到朝鮮境內幫助你們反對侵略者；

（二）彭德懷同志爲中國人民志願軍的司令員兼政治委員；

（三）中國人民志願軍的後方勤務工作及其在滿洲境內有關援助朝鮮的工作，由東北軍區司令員兼政治委員高崗同志負責；

（四）請你即派朴一禹同志到瀋陽與彭德懷、高崗二同志會商與中國人民志願軍進入朝鮮境內作戰有關的諸問題（彭高二同志本日由北京去瀋陽）。

上午九時，金日成派專人來到彭德懷的指揮部請他前往。中國駐朝鮮大使館參贊柴成文陪同前往。

金日成早已站在他的住地門口迎接彭德懷。他見彭德懷來了，趨前幾步，親切地同彭德懷握手，連聲說：「歡迎你，熱烈歡迎你彭德懷同志！」

彭德懷也忙說：「你好，首相同志！」

隨後，金日成引彭德懷到住室門口，按照朝鮮習慣，脫鞋進入室內，在榻榻米上席地而坐。

金日成的辦公室兼臥室，整潔明亮，炕上的油紙擦得鋥亮，室內四壁掛着白布簾。

賓主坐定以後，女服務員送來三杯清茶。

金日成兩隻銳利、智慧的眼睛盯着彭德懷這位五十出頭，卻已聞名世界的大將軍，身材不高不胖，兩隻聰明的眼睛炯炯發光；智慧的大腦袋藏有百萬雄兵；威武剛毅，沉着穩健而又樸實無瑕、可親可愛的形象，心中十分高興。毛澤東、周恩來選擇這樣一位志願軍統帥，入朝作戰，朝鮮民主主義人民共和國、朝鮮人民有救了，他衷心地感謝中國共產黨、中國人民伸出無私的救援之手，真正體現了朝中兩國兄弟情誼，無產階級國際主義的偉大精神。

金日成首先非常莊重地說：「讓我代表朝鮮黨、朝鮮人民和朝鮮政府再一次向你、彭德懷同志表示最熱烈地歡迎，現在是我們最困難的時刻，在我沒有接到倪大使和柴同志的通知的時候，我就相信你們是會來的，後來毛澤東同志來了電報，我就放心了。現在你來了，非常歡迎，非常感謝毛澤東、周恩來同志，非常感謝中國政府、中國人民，非常感謝彭德懷同志。

彭德懷坐下以後也不斷打量，這位年青的朝鮮人民領袖，在這樣國家面臨存亡的危急關頭，仍然那樣沉着、冷靜、胸有成竹，心中非常欽佩，他謙虛而又誠懇地說：「首相同志，你辛苦了。你們的鬥爭不僅是爲了你們自己，你們已經付出了重大的民族犧牲，我們理應支援。毛澤東主席、周恩來總理要我轉達對你們的問候和慰問，如果說感謝，應該感謝朝鮮人民和朝鮮人民軍。」

金日成：「謝謝、謝謝！情況很緊急，是否先請你談一談中共中央的決定和有甚麼打算？」

彭德懷：「我們的部隊十九日晚分別由安東、長甸河口、揖安等處開始渡江，向朝鮮戰場開進。」

金日成：「我已知道了。」

彭德懷：「這次出動是倉促的，部隊改換舊裝備還沒有完成，臨戰前的訓練，有的部隊還沒有進行，第一批入朝參戰的部隊四個軍十二個步兵師，三個炮兵師，大約二十六萬人，作爲預備隊隨後還有兩個軍八萬人，近日也將入朝。爲了防止意外，中共中央已計劃再抽調二十多個師做爲第二、第三批入朝參戰的部隊。總計可達六十餘萬人。

金日成：「好，好！」

彭德懷：「我們準備先在平壤、元山一綫以北，德川、寧遠一綫以南的地區構築防禦綫，構起兩三道防禦綫，求得保持一塊革命根據地，做爲今後消滅敵人的基地。半年之內如敵人來攻，則在陣地前面予以分割殲滅，如平壤、元山同時來攻，則打孤立薄弱一部，如果敵不來攻，我們也暫不去攻他，等我們換裝、訓練完畢，空中和地面都具有壓倒優勢的條件以後，再去攻擊平壤和元山。我們這種想法，行不行，聽聽首相同志的意見。」

金日成：「非常感謝，感謝毛主席、周總理，中共中央的決定我完全贊成。」

彭德懷：「現在的問題是部隊過江和開進都需要時間，修築工事又需要時間，根據現在敵人瘋狂冒進進攻的情況，這一設想能否實現，令人擔心。所以我們希望人民軍繼續組織抵抗，盡可能遲滯敵人的前進，以爭取時間。」

金日成：「敵人十分囂張，不可一世，昨晚得到的消息，東路敵人十七日已佔咸興，正企圖繼續北上，中路敵人十九日已佔陽德、成川，西路敵人十九日已進到平壤南郊；人民軍由南方撤回來的部隊，西綫已指定地點集結，進行整頓，東綫多數電訊中斷，估計他們很困難，我已經派人送命令給東綫軍團，讓他們佔領黃海道、江原道地區，開展游擊戰拖住敵人，可是派去的人至今沒有消息。」

彭德懷：「現在手上能作戰的兵力有多少？」

金日成：「現在馬上能作戰的只有不足四個師的兵力。一個工兵團、一個坦克團在長津附近，一個師在德川、寧遠以北，一個師在肅川，還有一個坦克師在博川，我們將盡一切努力抵抗。」

彭德懷：「毛主席、周總理和我們黨中央下這個決心的確是不容易的事，中國大陸剛剛解放，困難很多，現在既然決定出兵了，第一要看能不能在公平合理的解決朝鮮問題上有所幫助，主要的最關鍵的是能不能殲滅美國侵略軍隊；第二不能不準備美國宣布同中國處於戰爭狀態，至少要準備它轟炸東北和我國工業城市，攻擊我沿海地區，這方面已經有所準備。現在面臨的問題是部隊過江了，究竟能不能站住脚，我看無非是有三種可能。」

彭德懷喝了一口朝鮮茶，明確而又精闢地說出三種可能：

「一是站住了腳，殲滅了敵人，爭取朝鮮公平合理地解決；
「二是站住了腳，殲滅不了敵人，僵持下去；
「三是站不住腳，被打了回去。
「我們力爭第一種可能。」

會談結束後，已時近中午，主人留客人吃午飯。在這荒山僻嶺的山溝裏，只能簡便的一頓午飯了。一隻炖好的鷄，幾個罐頭，一瓶葡萄酒。賓主頻頻舉杯，親切友好，十分融洽。

就在彭德懷入朝與金日成會見的前幾天，十月十七日美國總統杜魯門乘「獨立號」專機到威克島與麥克阿瑟會見。

麥克阿瑟，一八八〇年生在美國一個軍官的家庭，一九〇三年畢業於美國西點軍校。他年方三十八歲即被晉升爲少將，被稱爲「最年輕的將軍」，二十年代，他任美國西點軍校校長、一九三〇年升任陸軍參謀長，是美國唯一的四星上將，在他之下當時還有一名三星將軍，艾森豪威爾只不過是他手下一名少校副官，著名的喬治·巴頓將軍當時也是他手下的少校。當時美國陸軍只有一輛高級轎車，歸他一人獨自享用。麥克阿瑟待人極爲粗暴，狂妄自大，動輒罵人，甚至不把總統放在眼裏，桀驁不馴，違抗總統命令，自作主張，他常揮舞着手上那隻鑲寶石的烟斗，隨意發號施令。

麥克阿瑟一九三五年被調到菲律賓，他子承父業，繼任美駐菲軍和菲軍總司令（他的父親在美西戰爭中遠征菲律賓，取得這一職位）。一九四一年日軍偷襲珍珠港得逞後，進而圍攻馬尼拉，麥克阿瑟逃亡澳大利亞，隨後，他擔任西南太平洋盟軍總司令。一九四四年他同馬歇爾、艾森豪威爾、李海、金·

尼米茲、阿諾德一道被升爲五星上將，作爲美國最高軍銜。論資歷，他應該是首屈一指的，論戰功，他卻是「乏善可陳」，他是日軍手下敗將，在萊特灣大海戰中日本海軍徹底瓦解以後，麥克阿瑟才有了轉機。指揮過許多次兩棲登陸作戰，一直把日軍驅逐出巴布亞，佔領新畿內亞許多戰略要地，直至攻佔菲律賓。一九四五年八月十五日日本投降後，他任盟軍駐日總司令，執行美國獨佔日本的任務，君臨東京，成爲日本的太上皇，更是不可一世。

被譏稱爲「小人物」的杜魯門接替羅斯福擔任總統，不用說更不被麥克阿瑟看在眼裏。杜魯門爲了籠絡麥克阿瑟，在戰後，曾多次邀請麥克阿瑟回國一行，並準備以迎接艾森豪威爾凱旋歸國那樣的隆重儀式來歡迎他。但是麥克阿瑟卻藉口在日任務繁重，難以脫身，予以拒絕。杜魯門說：「我一直對麥克阿瑟在日本任職期間不願接受返回美國表示遺憾。」杜魯門的女兒瑪格麗特講得更明白：「父親懷疑他寧願等待共和黨發出政治邀請召喚時回國，以便一舉兩得，既是凱旋而歸，又是榮獲總統候選人提名。」

一九五〇年七月八日，杜魯門任命麥克阿瑟爲侵朝聯合國軍總司令。

一九五〇年八月二十五日，麥克阿瑟寫了一封準備在芝加哥五十一屆海外作戰退伍軍人大會上宣讀的信，信中說：「台灣落在這樣一個敵對國家的手中，就好比成了一艘位置理想，可以實施進攻戰略的不沉的航空母艦和潛艇支援艦，與此同時，還可以挫敗沖繩和菲律賓友軍防禦或反攻作戰行動。」「那些鼓吹太平洋綏靖政策和失敗主義的人提出乏味的論點是，如果我們保衛台灣，我們就會疏遠亞洲大陸，沒有比這再荒謬絕倫的了。」當這封信一被披露，杜魯門立即命令麥克阿瑟收回這封信，他說：「這一切意味着，麥克阿瑟擯棄了我們使台灣中立化的政策，而他卻熱衷於更冒險的政策。」反映了麥克阿瑟與杜魯門之間在政策上的矛盾。這矛盾當然不是主要在台灣問題上的矛盾，而主要是在戰略上歐亞位置的擺法上，杜魯門、艾奇遜等堅持歐洲是美國的戰略重點，麥克阿瑟則主張重視亞洲。

一九五〇年九月十五日，麥克阿瑟指揮美國陸一師、步七師、李承晚的陸戰部隊等，在美國和英國的三百多艘軍艦和五百多架飛機掩護和支援下，乘朝鮮人民軍主力膠着於洛東江，後方空虛之際，在仁川港登陸之後，迅速向三八綫及其以北推進。杜魯門立即給麥克阿瑟發出賀電，認爲勝利已成定局，戰場上北朝鮮已「喪失了抵抗能力」。但是杜魯門還有些不放心，蘇、中兩國有無最後介入的可能？從麥克阿瑟已暴露出的「亞洲第一」的思想來看，會不會不聽約束，硬要來一個「更大冒險」？整個遠東問題如何解決？戰後朝鮮重建問題，都需要他與麥克阿瑟通盤商量。

照道理，作爲總統兼美軍總司令完全有權召見任何一位軍事指揮官，但鑒於麥克阿瑟這樣恃老賣老、驕橫跋扈的人，杜魯門只好移樽就教，百般遷就，把兩人會晤地點定在太平洋上的威克島。杜魯門從華盛頓飛到威克島航程是四千七百英里，而麥克阿瑟從東京飛到威克島只有一千九百英里。

威克島是馬里亞納羣島中的小島。在關島和夏威夷羣島之間，北緯十九度十七，東經一百六十六度三十五。面積八平方公里，人口約一千六百餘人，現在被選定爲杜魯門、麥克阿瑟會晤的地方。

一九五〇年十月十五日，杜魯門乘「獨立號」專機飛到威克島，他原以爲麥克阿瑟在機場等候迎接。據杜魯門的女兒瑪格麗特說：「爸爸飛航兩倍於麥克阿瑟將軍的行程，而且按級別和禮儀的一切規格，麥克阿瑟作爲遠東司令，應當到機場迎接他的總司令。」然而，麥克阿瑟卻坐在一輛吉普上，直到看見杜魯門走出機艙，他才下車，漫步走到舷梯前，和杜魯門握手爲禮。他如此傲慢，竟然不向作爲武裝部隊總司令的總統行禮，使在場的人大爲吃驚。

杜魯門和麥克阿瑟在木屋舉行會談。參加會談的有雷德福海軍上將、穆喬大使、陸軍部長佩斯、布萊德雷將軍，菲力普・杰塞普、迪安・臘斯克、阿弗里・哈里曼和布萊德雷的參謀長漢布倫上校。會談主要研究朝鮮局勢。麥克阿瑟首先作了簡短的滙報，他說，我保證朝鮮戰爭贏定了，中國共產黨不會參戰，日本準備接受和約。他堅信在南北朝鮮抵抗都會在感恩節前結束，能夠在聖誕節前把第八軍撤回日本。他將留兩個師和其他聯合國國家的部隊在朝鮮，直到那裏選舉了以後，就有可能從朝鮮撤走所有非朝鮮部隊。選舉可在一九五一年一月份舉行。

麥克阿瑟講完後，就拿出烟斗，裝上烟絲，在準備劃火柴的時候，他轉過頭來對杜魯門說：「我抽烟，你不會介意吧？」杜魯門轉過頭來向他悻悻地盯了一眼，然後生氣地說：「抽吧，將軍。別人噴在我臉上的烟霧要比噴在任何一個美國人臉上的烟霧都多。」

停頓一會，杜魯門問麥克阿瑟：「中國和蘇聯干涉的可能性如何？」

麥克阿瑟說：「中國干涉的可能性很小，最多他們可能派五、六萬人進入朝鮮，他們沒有空軍，如果中國人南下到平壤，那一定會遭到慘重的傷亡。俄國有空軍，但他們的飛行員素質都比我們差。我看不出俄國在冬季到來以前可能調出大量的地面部隊。俄國的空軍和中國共產黨的地面部隊根本就配合不起來。」

接着會議又討論了一旦衝突結束，復興朝鮮所需的援助問題和日本問題。

最後，杜魯門批准了麥克阿瑟的部隊可以越過三八綫直到鴨綠江畔。

彭德懷與金日成會晤之後的第五天，便發動了中國人民志願軍入朝以後第一次戰役。

二次戰役與美國的誘餌

彭德懷對於入朝的作戰方針，早在十月九日，他抵達安東後召開的師以上幹部會上就明確指出：「根據敵情和地形的條件，過去我們在中國所運用的運動戰大踏步前進大踏步後退不一定適合於朝鮮，因為朝鮮地面小，敵人還佔某些優勢，因此，在戰術上應採取運動戰與陣地戰相結合的形式，要『敢於斷敵後路，敢於逼近敵人』」。根據他的這個作戰方針和思想，他把入朝的四個軍、三個炮兵師，全部使用上，集中優勢兵力打了這一仗，只用了六天時間，便勝利結束了。殲滅敵軍一萬五千餘人，把瘋狂進犯的美軍、李承晚軍隊從鴨綠江邊一直打退到清川江以南，粉碎了美軍企圖在感恩節前佔領全部朝鮮的計劃，取得了志願軍入朝初戰勝利，穩住了朝鮮的戰局。

第一次戰役結束之後，彭德懷又計劃部署第二次戰役。他深知麥克阿瑟恃強蠻橫、剛愎自用，居功傲上的性格和脾氣以及美國對中國人民志願軍力量的錯誤估計，採取誘敵深入，部隊佯裝後撤，待其深入後殲滅之的戰略方針。

美國參謀長聯席會議經過反覆討論，認為中國人之所以出現在北朝鮮，有三種可能：

第一，為了邊境的安全，控制接近邊境的緩衝地帶；

第二，從戰略上控制美國的軍事力量，打一場有限規模的持久戰；

第三，將聯合國軍徹底驅逐出朝鮮半島。

但是，他們認為中國沒有力量敢於同美軍抗衡，所以三種可能中，第一種可能性最大。

麥克阿瑟通過美軍從空中和地面偵察，在朝鮮境內未找到中國人民志願軍的踪影。因此，他認為，中國人民志願軍已經離開朝鮮。這是中國人的一種手法，搞一場虛張聲勢而已。他決定從地面和空間兩個方面實行進攻。

杜魯門最後拍板，決定：

第一，在沒有判明中國軍隊出兵意圖之前，不改變麥克阿瑟佔領全朝鮮的計劃，但要麥克阿瑟相機行事；

第二，通過外交途徑進行試探，以「保證中共利益」為誘餌，阻止中國進一步介入。

霎時間，朝鮮北部，鴨綠江上，炸彈聲不絕於耳，燃燒彈火光四起，天亮到傍晚，整日不停，大批農舍城鎮變成瓦礫。美軍地面部隊第八集團軍和第十軍及李承晚的軍隊也於十一月六日開始作試探性進攻，聲勢浩大。

與此同時，美國通過英國、印度給中國傳話。十一月二十三日下午，中國外交部副部長章漢夫應約接見印度駐華大使潘尼迦。潘告稱，英國外交大臣貝文的態度有所變化，英國政府承認中國在朝鮮問題上的利益，建議中國代表團到達聯合國後，能與之討論朝鮮問題。

章漢夫：「你們的見解如何？」

潘尼迦：「印度政府的見解是：安理會必須有中國參加，才能討論朝鮮問題，英方提的兩點是非正式協商的一個開端。」

周恩來召集總參謀部和外交部有關負責人研究了朝鮮戰局和印度、英國的傳話，認爲中國人民志願軍入朝初戰勝利，不足以打擊美國的囂張氣焰，更沒有迫使美國放棄佔領全朝鮮的計劃，美國的外交試探，完全是一種誘餌，目的是軟化我們抗美援朝的決心。因此，決定置之不理，並立即用毛澤東的名義批准彭德懷的作戰計劃，要其狠狠打，消滅美軍的有生力量。

正當麥克阿瑟下達「總攻擊」命令，公開聲稱：「毫無疑問，我們的弟兄們可以回家吃聖誕晚餐了。」得意忘形地答記者問：「中國在朝鮮戰場上的兵力到底有多少？」他信口開河地說：「大約三萬正規軍，三萬志願軍。」

麥克阿瑟完全錯誤地估計形勢。彭德懷早已給他準備好了一個讓他自願鑽進的「口袋」。這時的中國人民志願軍除已進入的六個軍外，又從華東地區調來第九兵團的三個軍。十一月二十五日，彭德懷命令對深入北朝鮮的美李軍發動全綫反擊。

中國人民志願軍的反擊，勢如破竹，美李軍全綫崩潰，自相踐踏。美國一位作家小克萊・布萊爾描述當時美軍潰敗時的情景說：「十一月二十五日天黑不久，災難降臨了，約二十萬中國人穿插進沃克的第八集團軍與阿爾蒙德的第十軍之間的空隙，向第八集團軍的右翼，即韓國第二軍發起了攻擊。韓國部隊崩潰了，倉皇逃跑，使中部美國第九軍暴露出來。第九軍先是收縮，然後堅守，最後與左邊的第一軍一起後退。兩天後，十一月二十七日在東部戰場，另一支中國集團軍攻擊了第十軍的奧利佛・史密斯的第一陸戰師，中國軍插到背後，將海軍陸戰隊圍困在楚新水庫地區……局勢很快就明朗化了，聯軍遭遇的是第一流的軍隊。令人吃驚的是，中國人紀律嚴明，指揮有方。沃克的第八集團軍被這突然襲擊完全打量了頭，很快開始全綫後撤。」

第二次戰役取得了很大的勝利，僅中國人民志願軍就殲滅敵人三萬六千餘人，其中美軍二萬四千多人，報銷了敵軍汽車六千輛以上，坦克、炮車千數百輛，美軍一個黑人連投降，敵軍狼奔豕突。志願軍解放了除襄陽以外的全部三八綫以北的朝鮮領土和三八綫以南的翁津、延安半島，使得麥克阿瑟吹嘘的所謂「聖誕節總攻勢」變成聖誕節總退卻，迫使敵人由進攻轉入防禦，確定了抗美援朝的勝利基礎。

這兩次戰役充分體現了彭德懷的「攻其無備，出其不意」的戰略、戰術思想和實踐運用。美國軍事專家評論說「主力沿南韓軍序下第八師毗連地區集中突破，敵人（指志願軍）突破方向之選定完全正確而巧妙。」

就在朝鮮戰場上，彭德懷打得美、李軍狼狽潰敗之際。中華人民共和國出席聯合國會議的特派代表伍修權於十一月二十四日到達紐約，討論美國侵略中國領土台灣問題。

早在美軍入侵朝鮮和佔領台灣之初，周恩來考慮到這兩個嚴重事件，直接關係到侵犯中國的主權和新中國的安全問題，又鑒於美國竭力爲其侵略行徑辯護，企圖擴大其侵略戰果，很有必要派代表到聯合國這個講壇上闡明中國的立場和譴責美國的侵略。因此他以中國政務院總理兼外交部長身份代表中國政府致電聯合國，控訴美國的武裝侵略，要求安理會制裁美國侵略者，使其撤退侵略軍。而美國政府則利用聯合國進行反撲，於是在聯合國的安理會議程上，就出現了兩個重要議題：一是由中國提出的「美國侵略台灣案」；一是美國反誣「中國侵略朝鮮案」。按照聯合國憲章規定：安理會在討論有爭端問題時，應當邀請有關的當事國參加討論。因此，安理會於一九五〇年九月二十九日通過決議，同意中國政府派出代表團，出席聯合國大會和安理會，參加「美國侵略台灣案」的討論，表達中國政府的立場。這一決定由聯合國秘書長賴伊於十月二日正式通知中國政府。這在當時中國被排斥在聯合國之外，是一個十分引人注目的決定，可以說是新中國外交上的一個勝利。

周恩來和中央領導人經過反覆考慮，決定派出有外交工作經驗又敢於鬥爭的伍修權爲特派代表，外交部才子喬冠華爲顧問的九人代表團。在周恩來的直接領導和指導下，代表團進行充分的準備以後，周恩來以外長的名義致電聯合國秘書長賴伊，通知他們說：「中華人民共和國中央人民政府業已任命伍修權爲大使銜特派代表，喬冠華爲顧問，其他七人爲特派代表之助理人員，共九人出席聯合國安理會討論中華人民共和國中央人民政府所提出控訴武裝侵略台灣案的會議。」

經過許多周折，中國代表團於十一月二十四日紐約時間六時三十分到達紐約。一位美國記者描述當時的情景說：「對我來說非常榮幸，作爲一名記者，安心地在機場等待一架飛機的到臨，它將第一批中國人民的眞正代表載到了我們的國度。在黎明前的黑暗時，我站在顯得很空曠的機場上，晨風是冷颼颼的，頭頂上飛機正在低飛降落，進口處在一排警察的監視下，三五成羣站在那兒的一百多個攝影師、記者和政府官員們，起了無聲的騷動……服務人員將紅地毯一直鋪到飛機降落的地方，照像的燈光和汽車的強光直射着飛機門，使黑夜如同白晝，聯合國的汽車都發動起來了。」

十一月二十七日，中國代表團第一次出席聯合國大會，引起各方的注目，座無虛席。人們像看西洋景似的，看一看被國內外反動派描繪成一羣青面獠牙可怕的「土匪」，到底是甚麼樣的人。一個個坦然自若的態度和端莊正直的儀表的中國代表團，就是一次最好的亮相，就是對誹謗者無聲的駁斥和有力的回擊，就是周恩來領導下新中國外交官員的光輝形象。

十一月二十八日下午，聯合國安理會開始討論中國提出的美國武裝侵略台灣案。中國特派代表伍修權作了長篇演說。他說：「我奉中華人民共和國中央人民政府之命，代表全中國人民，來這裏控訴美國武裝侵略中國領土台灣（包括澎湖列島）非法的和犯罪的行爲。」接着他針對美國散布的「台灣地位未定」、「須由美國」「托管」或「中立化」等謬論，引用一九四三年的開羅宣言、一九四五年的波茨坦公告和一九五〇年一月杜魯門自己關於台灣屬於中國的言論一一駁斥，又進而揭露：「美國的實在企圖是如麥克阿瑟所說的爲使台灣成爲美國太平洋前綫的總樞紐，用以控制自海參威到新加坡的每一個亞洲海港」，把台灣當成美國的「不沉的航空母艦」，演說還針對美國代表奥斯汀說「美國未曾侵略中國的領土」等話道：「好得很，那麼，美國的第七艦隊和第十三航空隊跑到哪裏去了呢？莫非是跑到火星上去了？不是的，……它們在台灣。」「任何詭辯、撒謊和揑造都不能改變這樣一個鐵一般的事實：美國武裝力量侵略了我國領土台灣。」

伍修權強調說：「美帝國主義已經代替日本帝國主義，目前它正在走着一八九四——一八九五年日本帝國主義所開始走的侵略中國和亞洲的老路，而且想加速地進行。但是一九五〇年究竟不是一八九五年，時代不同，情況變了。中國人民已經站起來了。戰勝了日本帝國主義和美國帝國主義及其走狗蔣介石在中國大陸的統治的中國人民，也必定能勝利地驅逐美國侵略者，收復台灣和一切屬於中國的領土。」

伍修權最後嚴正提出：「爲了維護國際和平與安全，爲了維護聯合國憲章的莊嚴，聯合國安全理事會對於美國政府武裝侵略中國領土台灣和武裝干涉朝鮮的罪行有其義不容辭的制裁責任。因此，我代表中華人民共和國中央人民政府向聯合國安全理事會建議：

「一、聯合國安全理事會公開譴責，並採取具體步驟嚴厲制裁美國政府武裝侵略中國領土台灣和武裝干涉朝鮮的罪行。

「二、聯合國安全理事會立即採取有效措施，使美國政府自台灣完全撤出它的武裝侵略力量，以保證太平洋與亞洲的和平與安全。

「三、聯合國安全理事會立即採取有效措施，使美國及其他外國軍隊一律撤出朝鮮，朝鮮內政由南北朝鮮人民自己解決，以和平處理朝鮮問題。」

伍修權的演說，轟動國際政治舞台，新聞界紛紛發表評論，認爲中國的舉動「是突破，是成功，是勝利。」

伍修權連續幾次出席安理會會議，申述中國的立場，譴責美國侵略台灣，駁斥誣蔑「中國侵略朝鮮」。他嚴正指出：「美國武裝侵略朝鮮，一開始就嚴重地威脅了中國的安全。各位代表先生，朝鮮離美國的國境約有五千哩，說朝鮮的內戰會影響到美國的安全是十足的騙人鬼話，但朝鮮和中國的國境卻只有一江之隔，美國武裝部隊侵略朝鮮不可避免地威脅到中國的安全。事實也證明了侵略朝鮮的美軍，已直接地威脅了中國的安全。」伍修權列舉了美國侵朝後，美國軍用飛機不斷侵犯中國領空、進行偵察活動，掃射轟炸我國城鎮與村莊，殺傷我國和平居民，損壞我國財產等大量事實後，強調指出：「所有這一切美國侵朝武裝力量直接侵略我國的行爲，都是向中國人民公然無忌的挑釁，中國人民絕對不能容忍。我中央人民政府曾向聯合國陸續提出控訴，並要求聯合國立即採取措施，制止美國政府此種暴行，撤退美國侵朝部隊，以免事態擴大。」「美國的武裝侵略朝鮮就不可能認爲只是有關於朝鮮人民的事，不，不可能的，各位代表先生，美國對於朝鮮的侵略嚴重地威脅着中華人民共和國的安全。朝鮮民主主義人民共和國是中華人民共和國的親密友邦，它和中華人民共和國只有一江之隔；中國人民對於美國政府侵略朝鮮的這種嚴重狀態和擴大戰爭的危險趨勢，不能置之不理。中國人民眼見台灣遭受侵略，美國侵略朝鮮的戰爭火焰迅速地燒向自己，因而激於義憤紛紛表示志願援助朝鮮人民，反抗美國侵略乃是天經地義，完全合理的。」伍修權引證中華人民共和國外交部發言人十一月十一日的聲明說：「中國人民這種志願援朝抗美的合理表示，世有先例，無可指摘。大家知道，十八世紀，前進的法國人民就曾在拉斐德的倡導之下，用這樣的志願行動，援助過獨立戰爭中的美國人民，第二次世界大戰之前，世界各國擁護民主的人民，包括英國人民和美國人民，也同樣用這樣志願行爲，援助過西班牙內戰中反佛朗哥的西班牙人民。這一切都是舉世公認的正義行爲。」因此：他着重申明：「中國人民政府沒有任何理由可以阻止他們志願前往朝鮮，在朝鮮民主主義人民共和國政府的指揮之下，參加朝鮮人民反抗美國侵略的偉大解放鬥爭。」

聯合國會議上面對面的舌戰，和朝鮮戰略上「武鬥」的勝利，使得美國統治集團內部發生異常混亂，美國輿論驚呼：「這是美國陸軍史上最大的敗績」，國會山上吵得不可開交。有的說美軍已喪失對朝鮮軍事局勢的控制，有的說朝鮮局勢的發展已使世界面臨嚴重危機。有的指責麥克阿瑟判斷錯誤，指揮笨拙，應該撤職；有的把責任歸咎於杜魯門和艾奇遜，要求撤換國務卿，彈劾現總統，有的說，不進攻中國的東北是一種「姑息」，有的說，美國從此只應該照顧自己家裏的事。麥克阿瑟則公開把失敗的責任推給杜魯門，說他「本來是可以打勝仗的，只是杜魯門不讓照他的辦法幹下去」，未批准「轟炸」滿洲的計劃。杜魯門則指責麥克阿瑟對形勢估計錯誤，認為中共不會參戰；即使參戰必將慘敗，「如果中國共產黨企圖奪取平壤，那他們簡直是自投死路。」更譴責他不應該公開發表聲明，推諉責任；甚至考慮要撤麥克阿瑟的職。美國廣大羣衆則採用各種方式表示不滿；不少地方燒掉杜魯門和艾奇遜的模像。它的英法等主要盟國則普遍擔心美軍深陷朝鮮半島削弱在歐洲的力量，艾奇遜也不得不承認：「他們在秋季的那種熱情消失了。」

周恩來是位非常善於審時度勢的人，他從朝鮮戰局的發展，預計到美國必將在軍事、外交上採取新的行動。他指示解放軍總參謀部配合中國人民志願軍司令部迅速制訂第三次戰役的作戰計劃，要外交部密切注視各國動向，研究美國可能玩弄甚麼花招。

美國人玩花招

果然不出周恩來所料，美國總統杜魯門於十一月三十日舉行的記者招待會上發表關於朝鮮局勢的聲明。說：「中國人使用了大量的軍隊對我們進攻；而這種進攻仍然在繼續進行。如果聯合國部隊大部份被迫撤退，目前戰場上的情況是不穩定的。我們可能節節敗退，就像我們從前所遭受的失敗一樣，但是聯合國部隊不打算放棄他們在朝鮮的使命。」「有些人曾經希望通過聯合國所提供的正當的、和平的途徑和中國共產黨目前在成功湖的代表，順利地進行討論和談判。然而看不出中國共產黨的代表願意進行這種討論和談判的表示。他們避而不談實際問題，卻仿效蘇聯代表爲了阻止安全理事會的行動，所採取的慣技，進行猛烈抨擊，假話連篇。」

杜魯門在回答記者問是否在朝鮮戰場使用原子彈時說：「我們一直在積極考慮使用它。」

第二天，美聯社在紐約向它的華盛頓分社發出指令，要將這個消息列爲頭條新聞。

這條消息很快傳遍全世界，西歐等各國報紙也都用大幅標題刊登這條消息。意大利一家報紙宣稱：載有原子彈轟炸機已準備從日本的機場起飛。《印度時報》以「堅決不答應」爲題發表一篇社論。

接着，麥克阿瑟於十二月三日向美國參謀長聯席會提出了對中國進行報復的四點建議和措施：

一、封鎖中國海岸；

二、轟炸中國本土內的軍工企業及其設施；

三、派蔣軍入朝作戰；

四、要蔣軍對中國大陸進行牽制性進攻。

很顯然，這是對中國進行威脅和訛詐，企圖嚇退中國人民志願軍對兄弟的朝鮮人民反美鬥爭的支援。

但是，無論是杜魯門的威脅，還是麥克阿瑟的狂叫，都嚇不倒中國人民。毛澤東、周恩來他們一眼就看穿了美國的詭計。他們除增派部隊加強朝鮮前綫的戰鬥外，並在全國開展轟轟烈烈的抗美援朝運動。人們紛紛自願捐款，爲志願軍購買飛機、坦克。從北方到南方，從上海到烏魯木齊的廣大地區，機關、學校、工廠、農村，家家戶戶都升起爐火，架起鐵鍋爲志願軍趕製炒麵。周恩來親自帶頭揮起了炒麵的鍋鑊。許多的婦女老大娘爲志願軍趕做軍鞋。一批又一批的青年自願報名參加志願軍，他們被戴上大紅花，敲鑼打鼓地歡送他們上前綫。在思想戰綫上正在深入開展反對恐美、崇美、媚美的運動。孩子們個個都在唱一首兒歌：「一二三四五，上山打老虎，老虎不吃人，專吃杜魯門。」但是美國的盟國卻是嚇壞了。英國倫敦極度恐慌。英國下院工黨一百人簽名請願，聲稱如果首相艾德禮對杜魯門使用原子彈的意圖給予支持的話，他們就退出工黨使政府垮台。不僅是安奈林・比萬的追隨者，而且還有邱吉爾、艾登和巴特勒都表示了「憂慮」，他們普遍希望得到朝鮮事件不至於把全世界搞進一場大戰的保證。這樣，驚慌失措的艾德禮，再也坐不住了，急急忙忙於十二月四日越過大西洋飛抵華盛頓。從四日起到八日艾德禮和杜魯門舉行會談，展開了激烈的爭論。

艾德禮說：「讓中國參加聯合國，可以將他帶到正常的談判中來，從而實現停火。」

美國國務卿艾奇遜立即插話說：「不相信中國人會停火，不能讓大陸中國取得聯合國席位，美國在台灣問題上絕對不能讓步。」

艾德禮說：「從朝鮮和福摩薩撤退，並把聯合國的中國席位給共產黨中國，這並不能算是過高的代價……沒有甚麼比保持亞洲對我們的好感更爲重要的了。」

艾奇遜立即尖刻地頂上去：「美國的安全更爲重要。」

杜魯門揶揄地說：「我們將呆在朝鮮繼續打下去。如果我們得到別人的支持，那很好；倘使得不到，我們也無論如何要呆下去。」

艾德禮還是極力主張停火，說：「達成停火協議，可以使中國同俄國人分裂明顯起來，我要他們

（指中國）在遠東抵消俄國的勢力。」「我們單純把中國看成蘇聯的衛星國那才是中了俄國人的詭計。」

經過雙方爭論的結果，終於達成了一個公報，其要點是：「朝鮮戰爭還要繼續打下去」但是「在沒有與對方事先磋商之前，任何一方都不會使用這種武器（指核武器）。」美國得到了「朝鮮戰爭還要繼續打下去」英國得到了「在沒有與對方事先磋商之前，任何一方都不會使用這種武器。」的保證，總算是一種妥協的結果。

艾德禮的華盛頓之行，不僅代表英國人的態度，也代表了法國、加拿大等盟國的態度，他們反對杜魯門使用原子彈，也擔心麥克阿瑟胡來。由此可見，美國的盟國對支持朝戰的熱情已經降到正如艾奇遜所說的「不能再低的程度了。」

杜魯門則處於既要打下去，又要慎重行事的無可奈何的處境。他又聽了美國參謀長聯席會議對朝鮮局勢的分析：「中共部隊現在十分強大，如果他們全力以赴，完全可以迫使聯合國軍撤出朝鮮。」於是他制定了這樣的政策：

把戰爭限制在朝鮮；

保持對空海力量的限制；

不再向朝鮮派任何增援部隊，盡可能穩住三八綫附近的戰綫，然後尋求停火，達成停火協議，使朝鮮恢復到一九五〇年六月二十五日前的狀況，如果頂不住就撤出第八集團軍去保衛日本。

一九五〇年十二月七日，印度駐華大使潘尼迦約見中國外交部副部長章漢夫。他向章漢夫遞交了一份備忘錄，由阿富汗、緬甸、埃及、印度、印度尼西亞、伊拉克、黎巴嫩、巴基斯坦、菲律賓、伊朗、沙特阿拉伯、敍利亞和也門倡議朝鮮戰爭先在三八綫停戰，然後舉行一個與朝鮮問題有直接關係的各大國參加的會議，以便和平解決朝鮮問題進行協商。

潘尼迦說：「這是所有非歐、美國家第一次聯合起來提出的建議，這一建議不能被認爲是支持美國的。因此，如果中國宣佈不越過三八綫的話，則將得到這些國家的歡迎和道義上的支持。」「這個建議幾天之內將向安理會提出。」

章漢夫回答說：「我將把十三國的倡議和大使談話的內容報告周恩來總理兼外交部長。」

周恩來看了十三國的倡議和潘尼迦的談話，召集李克農、章漢夫、伍修權、王炳南、喬冠華、陳家康、龔澎、柯柏年等進行討論研究。大家一致意見，這些亞非國家由於害怕美國使用原子彈和擴大戰爭，出於要求和平的願望，希望朝鮮戰爭早日熄滅，得到公正解決，可又害怕開罪美國，只好來抑制中朝人民軍隊的手腳，搞一個「倡議」。但是不管動機如何，卻是有利於美國的，爲它尋求喘息的機會，穩住陣腳，以便它爭取時間進行準備，然後選擇時機再反撲過來。它的要害是「先停」後談。這個於我們是吃夠了的，一九四六年馬歇爾在中國搞的那一套，宣佈停戰令，然後幫助國民黨運兵，妄圖殲滅人民解放軍的把戲，我們不能上當。

周恩來於是決定先叫亞洲司司長陳家康約見印度駐華大使館參贊，向他提出四個問題：

爲甚麼十三國不反對美國對中國、對朝鮮的侵略？

爲甚麼十三國不宣言從朝鮮撤退外國軍隊？

爲甚麼在美軍打過三八綫的時候，十三國不講話？

爲甚麼十三國還有菲律賓（當時菲律賓是參加「聯合國軍」入侵朝鮮的美國盟國）？

十二月十一日周恩來接見印度駐華大使潘尼迦，他非常誠懇地指出，問題的關鍵在美國，到現在爲止，還沒有看到美國或聯合國有希望和平解決朝鮮問題的具體表示和步驟，不僅如此，聯合國正在討論「六國提案」，企圖以指責中國志願軍的正義行動來阻止朝鮮問題的解決。周恩來又指出，菲律賓不僅在聯合國通過侵朝決議時追隨美國，更以其軍隊跟隨美國進行武裝侵略，現在菲律賓也參加提案國主張先行停戰，他的眞實意圖就非常清楚了。周恩來最後指出，朝鮮問題和東方的和平問題是分不開的。

一九五〇年十二月十四日第五屆聯合國大會通過了「十三國提案」，主張由五屆聯大主席安迪讓以及印度和加拿大代表組成一個三人委員會，來確定可以在朝鮮議定滿意的停火基礎並盡速向大會提出建議。

本來自朝鮮戰爭一開始，中國就主張盡快把這一戰爭停下來，而美國卻不斷反對這樣做。到朝鮮戰爭的形勢對美國不利時，美國突然對停火大感興趣，顯然是別有用心的。十二月二十二日周恩來用外長名義發表聲明，揭露美國玩弄的「停火」陰謀的意圖，指出現在「停火」，美國就可以取得喘息時間，準備再戰，至少可以保持現有侵略陣地，準備再進。周恩來指出：中國政府曾多次聲明，凡是沒有中華人民共和國合法代表參加和同意而被通過的聯合國一切重大決議，中國政府都認爲是非法的、無效的，因此中華人民共和國政府不準備與「三人委員會」進行接觸。

但是在拆穿美國「停火」的詭計的同時，鄭重重申「中國人民亟望朝鮮戰爭能得到和平解決，我們堅持以一切外國軍隊撤出朝鮮及朝鮮內政由朝鮮人民自己解決爲和平調處朝鮮問題的談判基礎，美國侵略軍必須撤出台灣，中華人民共和國的代表必須取得聯合國的合法席位……朝鮮問題和亞洲重要問題的和平解決，離開這幾點是不可能的。」

爲了政治上的需要和配合外交鬥爭，中國人民志願軍鑒於運輸困難、氣候寒冷和部隊相當疲勞外，特別是山地運動戰轉爲陣地攻堅戰需要進行臨時訓練，建議第三次戰役「暫不越過三八綫」，以便充分準備，來年開春再戰。現在毛澤東、周恩來考慮決定第三次戰役要提前開始，而且必須越過三八綫。並且由周恩來擬定用軍委主席毛澤東的名義給彭德懷發了一個電報：

彭，並告高：

十二月八日電悉。（一）目前美英各國已要求我軍停止於三八綫以北，以利其整軍再戰。因此，我軍必須越過三八綫。如到三八綫以北即停止，將給政治上以很大的不利。（二）此次南進，希望在開城南地區，即離漢城不遠的一帶地區，尋殲幾部分敵人。然後看情形，如果敵人以很大力量固守漢城，則我軍主力可退至開城一綫及其以北地區休整，準備攻擊漢城條件，而以幾個師迫近漢江中流北岸活動，支援人民軍越過漢江殲擊僞軍。如果敵人放棄漢城則西綫六個軍在平壤漢城間休整一個時期。（三）明年一月中旬補充一大批新兵極爲重要，請高加緊準備。請彭考慮是否有必要和可能，從前綫各軍（東西兩綫共九個軍）抽調幹部至瀋陽加强管訓新兵的工作。宋時輪部目前即需補兵一部，恢復元氣，是否可能，請高籌劃見告。（四）空軍掩護鐵道運輸正在籌備，有實現可能，但最後確定尚待商辦。

當時，聯合國軍在朝鮮戰場上的總兵力已達三十四萬人，一綫兵力爲五個軍十三個師，另三個旅共約二十餘萬人，主力部隊仍是美國第八集團軍。中國人民志願軍投入第一綫作戰的有六個軍，約二十三萬人，朝鮮人民軍可投入第一綫作戰的有三個軍，十四個師，近八萬人。爲了保證具有重要意義的第三次戰役順利進行，中朝兩國多次協商決定中朝兩軍組成聯合司令部，簡稱「聯司」，凡屬作戰範圍及前綫一切活動，統由聯司指揮，決定由彭德懷任聯司司令員兼政治委員，金雄爲副司令員，朴一禹爲副政治委員。

彭德懷在第三次戰役開始前說：軍事要服從政治，既然政治形勢要我們打，中央也下命令要我們打，我們打起來實際上又有很多困難，所以就一定要愼重，要適可而止，政治上要求我們突破三八綫，那麼我們就堅決突破三八綫。

彭德懷還根據第一、二次戰役的經驗，志願軍沒有制空權，敵機白天轟炸很厲害等敵我雙方的特點，制訂了打運動戰，在運動中消滅敵人的作戰原則。這是他運用了避敵之長，攻敵之短，揚己之長，避己之短的軍事原則，也是一個非常高明的戰法。他向指戰員們說：「敵人離開了飛機大炮，攻不能攻，守不能守，只要我們充分利用夜間，實行大膽迂迴包圍穿插作戰，是可以殲滅敵人的。」他還根據朝鮮戰場上的實戰經驗，提出在晚上打仗，在有月亮照耀的晚上，更能發揮我軍夜戰的優勢。所以打仗最好在月圓期。但發起攻擊時，不能選在月正圓時，選在月圓時攻擊，越打月亮越小、越暗。最好是選在月圓前幾天，這樣打到戰役高潮時，月亮正好最圓最亮。因此，彭德懷與洪學智、韓先楚兩位副司令員和參謀長解方、政治部主任杜平等商量，選擇在一九五〇年十二月三十一日黃昏，約二百公里寬的正面上全綫發起攻擊。

第三次戰役勝利與中國的「和解性」

美李軍沒有想到中國人民志願軍和朝鮮人民軍會這樣快就發起進攻，以爲我們疲勞之師要休整呢，沒有做甚麼準備。當我軍一發起攻擊，敵人就慌了手腳，紛紛後撤。

經過七天七夜的戰鬥，中朝兩軍向南推進了八十至一百一十公里，殲敵一萬九千五百餘人，奪取漢城、飛渡漢江，收復仁川港，將敵逐至三七綫。這是一次較大規模的進攻戰役，從而進一步加深了敵人內部矛盾和悲觀情緒，擴大了中朝兩國之國際上的影響。

周恩來的住所兼辦公室中南海西花廳，這時那肅穆蒼翠的松柏、海棠和其他許多樹木都已覆蓋一層層的白雪，在寒風中搖晃，紛紛飄落。但是冬日和煦的陽光，照進西花廳內，格外的暖和、舒適、安靜。

周恩來開了一夜的會，直到早晨八時半才睡覺。秘書上班時，輕手輕腳地走進辦公室，在他的辦公桌上放下一大堆急待批閱的中央各部委、各省市委、政府、中央軍委送呈的文電。

上午十一時，周恩來起床漱洗、吃早飯，然後走進辦公室裏迅速地處理文件和電報，當他看到朝鮮前綫中國人民志願軍司令部發來第三戰役勝利的捷報，他不禁高興地站了起來，連聲叫道：「好、好、打得好！」並且馬上站起來，在室內來回走動，分析朝鮮的局勢和考慮下一步的鬥爭。他想美軍在朝鮮戰場上連連遭受失敗，美國的國內、美國同它的盟國之間的矛盾必然加劇，要求停戰的呼聲會越來越高，而我們的士氣旺盛，戰鬥意志很強，全國上下歡欣鼓舞，勝利的信心越來越高，我軍又打到三七綫，增加了我們的發言資本。爲了調動和利用敵人的矛盾，集中力量打擊美國統治集團，可以考慮把美國要求「停火」的倡議接過來。他又想了一想，現在美李軍雖然連遭失敗，但尚未將其打痛、打服，也就是說消滅美李軍的有生力量還不夠，他還有力量同我們較量，因此，在這種情況下，對美國的「停火」要求，不能表現過於熱心，以免給人中國急於求和的錯覺。

周恩來是最善於把外交折衝和軍事鬥爭巧妙結合起來，顯示了他不僅是一位罕見的傑出的政治家、軍事家，也是一位偉大的外交家，一位多才多藝的領袖人物。他想問題、看事情很廣很深很周到，這是任何一個常人所不能比擬的。

周恩來的思想高度集中，他邊走邊想，走着想着，竟然不知不覺地走到鄧穎超的辦公室裏來了。鄧穎超見周恩來進來，這對相敬如賓的夫妻，處處都心心相印，時時都相互尊重。鄧穎超立刻將自己的目光、注意力從文件上移向周恩來，用關切而又深情的眼神看着他。周恩來忽然發覺怎麼走到這裏來了，忙毫不掩飾說：「啊！小超，我怎麼走到這兒來了。」他靈機一動又說：「我們家還有酒嗎？今天中午我想喝一杯！」

「小超」是周恩來對自己愛人鄧穎超的愛稱。

今天，周恩來正忙於朝鮮戰爭的事，爲了慶祝前方打勝仗，想喝一點酒。鄧穎超喜出望外，立即親自到厨房，讓厨師準備，並加一個周恩來平時最喜歡吃的蘇北淮安名菜紅燒獅子頭。

飯菜準備好了，鄧穎超親自端上桌，一盤豆腐、一盤清蒸魚、一碗紅燒獅子頭、一小盤花生米和一小盤海蜇皮。一小鍋米飯和兩個玉米窩窩頭。鄧穎超斟滿了一杯茅台酒放在周恩來平時吃飯時坐的那面，當鄧穎超走到他的辦公桌邊，說：「恩來，飯菜已擺好了」，周恩來抬起頭來對着鄧穎超深深地笑一笑：「謝謝你，我就來。」說着他就放下文件，挽着鄧穎超的手一起走向飯桌，不像平時飯菜擺好了，催了幾遍，等飯菜都涼了才來吃。

鄧穎超見周恩來今天興致高，總是滿臉堆笑，喜孜孜的，她也就陪着周恩來吃飯，他們倆進城以後特別是朝鮮戰爭以來，不常在一起用餐。鄧穎超先揀了幾個花生米和幾根海蜇皮放在周恩來面前的盤子裏，讓周恩來喝酒，接着又拈了一塊魚放在周恩來的盤子裏，拈了一塊豆腐放在自己盤子裏，她一邊吃，一邊看來周恩來高興的樣子，說道：「恩來，我今天上午開會了，又未來得及看電報，是不是彭老總又在朝鮮打勝仗了？」

「你未看電報怎麼知道的呢？」周恩來問。

「我看你高興的神情。」鄧穎超說。

「你倒會察言觀色，可以做個福爾摩斯了。」周恩來說：「是的，老彭他們志願軍取得第三戰役勝利，這一來我們在朝鮮戰場上軍事、外交都有了較大的主動權。」周恩來又說：「所以，我今天要喝杯酒慶祝勝利，並遙祝取得更大的勝利。」說着周恩來舉起杯鄭重其事地滿飲了一口酒。

鄧穎超用欽佩的口氣說：「彭老總眞是一位戰將，一位大將軍。在蘇區他就戰功赫赫，長征他又是先鋒，逢山開路，遇水搭橋，後又任抗日先遣隊司令，一直打到陝北。抗日戰爭中又同朱總司令率領八路軍深入華北敵後，打了許多勝仗，最有名的是百團大戰，開闢了大片根據地，解放戰爭期間，他又受命於危難之時，擔任西北野戰兵團司令，用二萬多人的部隊，打敗了胡宗南二十五萬精銳部隊，還保衛了黨中央、毛主席和你與弼時同志。眞是了不起，現在又以裝備落後的志願軍打敗最現代化的美軍，可以說是天才的軍事家。」

「毛主席誇獎他，有一首詩你記得？」周恩來說。

「記得。」鄧穎超答道。

倆人同時吟道：「山高路險溝深，大軍縱橫馳奔，誰敢橫刀立馬，惟我彭大將軍。」

「斯大林說他是當代天才的軍事家，麥克阿瑟、沃克、李奇微這些美國赫赫有名的將軍，都成了他手下的敗將。」周恩來臉上露出讚許的神情：「我同他共事近二十年，深知他是一位智勇雙全的戰略家和戰術家，攻守兼備，勇猛善戰和獨當一面的統帥，尤以打「苦」仗著稱，能扭轉局勢，轉危為安。他爲人坦誠、耿直、剛正、豪爽、無私無畏、光明磊落。」

鄧穎超見周恩來酒喝的差不多了，揀了一塊紅燒獅子頭放在周恩來的盤裏，又盛了一小碗米飯給他。周恩來也忙揀了一塊獅子頭放在鄧穎超盤裏，並說：「你比我還需要營養。」他隨手又拿了一個窩窩頭就要動嘴啃。鄧穎超說：「窩窩頭太硬，你還是先吃點米飯，軟一點食品，然後再吃窩窩頭。」

周恩來像小孩一樣，微微地笑了笑，點點頭說：「好，今天就聽你的。」他邊吃邊想，又是自言自語又像是對鄧穎超說的：「看來，朝鮮戰場，志願軍還得再打幾個勝仗，美國人才會服輸。只有軍事上的勝利，才能有外交上的勝利，軍事是後盾，反過來外交上的勝利，又可推動軍事上的勝利，相輔相成，缺一不可。不過老彭他們很是艱苦，很是困難，任務又重。我正在給他們解決困難，保證給養和調兵遣將。你們婦聯也要動員全國婦女支援抗美援朝啊！」

「恩來，這你放心，我們婦女界決不會落後，無論是在城市和農村的廣大婦女，都行動起來了，正在趕做軍鞋、碾米磨麵，保證志願軍的需要。」鄧穎超非常自豪地說。

周恩來說：「好，只要全國人民都起來支持抗美援朝，這聲勢、這力量很大、很大，何愁打不贏美國佬！」

「不過，也需國際上的聲援，比如蘇聯東歐社會主義國家在道義上、物質上的支援。」

「這個自然！還要加上世界上一切愛好和平的人民，像宋慶齡、郭沫若他們搞的和平運動，動員世界人民和輿論，譴責美帝，支持中朝人民的正義鬥爭，就是一支很大很重要的力量。」

周恩來幾口吃完了小碗米飯，拿起窩窩頭在啃，並說：「這東西又香又經餓。」

鄧穎超說：「你還是那個軍人作風，吃得那樣快！」她趕忙揀了幾塊豆腐和一塊獅子頭放在周恩來的盤子裏，又舀了一勺子紅燒獅子頭的湯倒在周恩來的碗裏，並說：「恩來，你蘸着湯吃好一點。」

「謝謝你，小超！」周恩來非常感激鄧穎超對他的照料。而鄧穎超則因今天能同她的丈夫在一起吃飯感到很滿足。

周恩來一會，說：「今天下午我想找外交部的克農、漢夫、冠華、炳南、龔澎、家康來商量，美國人前一段不是說要先『停火』嗎，被我們拒絕了，因爲那是陰謀，目的是取得喘息機會。現在美國又吃了一次敗仗，倒是可以把美國的先「停火」建議接過來，以顯示中國方面立場的和解性，政治上比較主動，可以爭取許多中間國家的同情。」

「好啊，那你叫秘書通知他們，我叫服務員準備茶水。」鄧穎超在工作上一向支持周恩來。

經過同外交部同志討論商定：於一九五一年一月十三日，周恩來建議在中國舉行中國、蘇聯、美國、英國、法國、印度、埃及七國會議，以談判結束朝鮮戰爭。爲了促成談判的開始，中國外交部在給印度駐華大使的備忘中又進一步表示：「關於朝鮮戰爭，與和平調處朝鮮問題，可以分兩個步驟進行。第一個步驟，可以在七國會議第一次會議中商定有限期的停火，並付諸實施，以便繼續進行談判。第二，停戰全部條件必須與政治問題聯繫討論商定。」

在中國提出召開七國會議後，阿富汗、緬甸、埃及、印度、印度尼西亞、伊拉克、黎巴嫩、巴基斯坦、伊朗、沙特阿拉伯、敍利亞和也門等亞非十二個國家，也於一月二十四日向第五屆聯合國大會提出了召開七國會議的提案。但是，美國對於中國爲爭取恢復朝鮮和平而提出的這些合理的、和解的新建議仍拒不接受，操縱聯大政委會於一月三十日否決了「十二國提案」。進而又操縱聯大於二月一日通過了誣衊中國爲「侵略者」的決議。暴露了美國並未放棄侵略朝鮮的政策，並不願停火、談判解決朝鮮問題。

美國拒停火，再打第四次戰役

二月二日，周恩來以外長名義發表聲明，嚴正指出誣衊案露骨地證明美國政府及其幫兇是要戰爭不要和平，而且堵塞了和平解決的途徑。同時指正：「聯大在沒有中華人民共和國代表參加，而且僭越安全理事會權限的情況下，竟通過美國誣衊中國的提案，顯然是非法的、誹謗的、無效的，中國人民堅決反對。」

美國拒絕「停火」、「談判」和誣衊中國爲「侵略者」，立即在國際社會引起強烈反應。

英國在英聯邦會議上公開提出：他們「不願使美國政策把聯邦拖得太深」，主張同中國談判。在侵略集團內部矛盾加深。

蘇聯斯大林在回答記者問時說：「我認爲這是一個可恥的決定。確實，如果一個人斷言侵佔了中國領土台灣島並侵入朝鮮直到中國邊境的美國是自衛的一方，而保衛他的邊境並力謀光復被美國侵佔的台灣島的中華人民共和國倒是侵略者，那他必定是喪盡天良的了。」

印度總理尼赫魯說：「正在爲求得談判解決而作各種努力的時候，通過這一決議，似乎是不明智的。……因此，印度反對這個決議。」

事情的發展，正如周恩來所估計的那樣，中國的「和解性」取得了國際上的同情，揭露了美國的所謂「停火」建議的虛假性。

三月二十四日，麥克阿瑟公開狂叫「要把戰爭擴大到中國境內」。五月十八日，美國再一次操縱聯大通過了對中國和朝鮮民主主義人民共和國實行禁運的美國提案，要求聯合國會員國對中國禁運武器、彈藥、戰爭用品、原子能材料、石油、具有戰略價值的運輸器材以及製造武器、彈藥和戰爭用品有用的物資。這是美國企圖在軍事壓力和「輿論」壓力之外，進一步加強經濟壓力，以迫使中國就範。美國第七艦隊還在太平洋上舉行大規模的軍事演習。

毛澤東、周恩來、彭德懷經過反覆考慮，認爲，不大量殲滅敵人有生力量，杜魯門是不會善罷甘休的，必須作長期打的準備。因此，決定：必須在全國範圍內繼續推行抗美援朝的宣傳教育運動，使全國每個人都能受到這種教育；要消滅敵人的有生力量，需要時間，至少要作兩年的準備，這樣就要輪翻派出志願軍，採取輪翻作戰的方針；根據志願軍入朝作戰以來的經驗，規定每個軍殲滅敵人的具體任務；要做好後勤，充分保證前方作戰的需要；積極開展外交鬥爭，揭露敵人，爭取朋友，孤立美帝。

按照上述考慮，彭德懷在朝鮮戰場，一方面部署軍隊休整，一方面同金日成會談，並於一九五一年一月二十五日在君子里召開中朝兩軍高幹聯席會議，總結前三次戰役的基本經驗和今後的作戰方針，提出至少要再消滅敵人七至八萬人的戰鬥任務。

與此同時，由軍委副主席周恩來率領代參謀長聶榮臻、總後勤部部長楊立三、空軍司令員劉亞樓、炮兵司令員陳錫聯、軍委運輸司令部司令員呂正操及志願軍副司令員鄧華等在瀋陽舉行志願軍第一次後勤會議，總結前一階段的經驗，如何適應現代化戰爭的要求，保證前綫作戰的需要。

一九五一年五月二十二日，根據周恩來指示，以中國外交部發言人名義就聯合國大會通過對中國實行禁運的美國提案發表聲明，指出這是聯合國大會繼非法通過誣衊中國爲侵略者的可恥提案後，又一次破壞聯合國憲章、僭越安全理事會權限並蓄意擴大侵略戰爭的非法行動；這一行動絲毫也不影響中朝兩國人民反對美國侵略者的鬥志。聲明進一步提出這一美國提案的另一實質是：美國利用所謂中朝兩國實行禁運的非法決議，破壞世界市場的正常關係，壓低某些原料市場價格，以使美國軍火商人將獨佔這些原料，並操縱這些原料生產國的經濟命脈。

這些有力的措施，打破了美國企圖通過政治上的誣衊、經濟上的封鎖，給中國製造許多困難，以便有利於他在朝鮮的作戰。結果美國的如意算盤，完全打錯了。

一九五一年一月二十五日起，美軍集中了五個軍十六個師、三個旅、一個團共二十三萬人由剛剛接任在朝鮮戰場上死去的美第八集團軍司令沃克的李奇微指揮陸續向我全綫二百公里的防禦正面上發起了進攻，企圖乘我軍疲勞和補充困難之機，全力北犯，將我軍壓回三八綫及其以北地區，重點漢城，實施其新的進攻計劃。

當時，彭德懷和志願軍司令部沒有預料到任的李奇微會這樣快地把第八集團軍恢復起來，會這樣快地向我發起進攻，但彭德懷不愧爲英勇善戰的大將軍，他察明了敵人的企圖以後，立即於一月二十七日電令各軍停止休整，準備再戰，並立即把正在召開的中朝兩軍高幹會議也改爲準備進行第四次戰役的動員會議。同時，他也清醒地認識到經過前三次戰役，部隊減員很大，又沒有很好休整，十分疲勞，而且戰綫推到三八綫以南，運輸戰綫延長，補給困難。這次戰役實在是被迫打的，非常擔心它的後果，所以，他在一月三十一日給毛澤東和黨中央的電報中曾明確指出：「第三次戰役即帶有若干勉強性（疲勞），此次戰役則帶有更大的勉強性，如主力受阻，朝鮮戰局有暫時轉入被動的可能。」

正是因爲彭德懷深知知己知彼、百戰不殆這個孫子兵法中的重要原則，因此，他能按照客觀現實情況，及時採取措施，避實就虛，趨利避害，變被動爲主動。他同洪學智、韓先楚、解沛然仔細分析了敵我態勢後，決定力爭阻止敵人前進，穩步打開局面，從各方面加緊準備，仍做長期艱苦的打算。他決定改變前三次戰役進攻的方針而採取防禦的方針，以空間換取時間，改善供應，掩護第三兵團和第十九兵團入朝集結。

在具體打法上，彭德懷決定派副司令員韓先楚到西綫漢江、漢城方向組織一個指揮所，指揮三十八、五十軍和朝鮮人民軍一軍團，阻止敵人的主要進攻集團。派副司令員鄧華到東綫指揮三十九、四十、四十二、六十六軍，採取誘敵深入，爾後集中主力實施反擊，爭取殲敵一至兩個師，進而向敵縱深發展突擊，從側翼威脅西綫敵人主要進攻集團，動搖其陣勢，制止其進攻。

彭德懷部署完畢之後，他同洪學智親率志願軍司令部向南轉移，前進到金化，靠前指揮。這是彭德懷指揮作戰的一貫作風，每逢大的戰役，他必親臨前綫或前進到不能再前進的地方。他為了正確無誤地實施指揮，常常冒着戰火硝烟，奮不顧身，親臨前綫考察地形、敵情，力爭做到「知彼」。他多次告誡部下，「光靠地圖是指揮不好戰鬥的，只有邁開雙腳，走上第一綫，真正洞察敵我情勢，才有指揮權。」在江西蘇區進行第一次反圍剿戰鬥中，國民黨軍隊以絕對優勢的兵力，從四面八方撲向紅軍。從地圖上看，紅軍的確頻臨絕境，難以突圍，但是彭德懷放下地圖，親自察看前沿地形，終於發現一條十分險要的路徑，他立即指揮部隊，由此輕裝急行，突出重圍。隨後，他又率領部隊，突然襲擊敵軍的後背，重創敵軍，所以，他認為只有親臨前綫，才能親自掌握戰局的發展變化，便於及時調整部署，打擊敵人。

金化靠近大山，到處都是很密的森林和一條條山溝，雖然是冬季，大多數的樹木樹葉已經落光，但是因為它長得密，無論從外面或天上看不見樹林內的動靜，是一個天然的掩避體，山溝裏大部分乾涸，只有少數山溝裏有潺潺細流，因為是山上流下來的水，沒有絲毫污染，而且又清又甜，可以供人飲用。

彭德懷認為這是一個很好的去處，非常滿意，他選擇又深又寬的山溝，讓戰士們挖了幾個防空洞，架起幾個帳篷，將司令部安置在那裏，架起電話、電台同前後方、朝鮮人民軍、金日成保持密切的聯繫。彭德懷整天整夜在做開掘式的工事裏，閱讀前方來電。

由於西綫志願軍第五十軍、三十八軍和朝鮮人民軍第一軍團打得英勇頑強，連續作戰十晝夜，才撤退至漢江以北第二綫更有力地阻擊敵人，因而為東綫的反擊贏得了時間，創造了條件和有利態勢。彭德懷當機立斷，立即命令鄧華，首先殲滅橫城之敵。

鄧華指揮四十軍四十二軍主力和六十六軍一九八師分別於二月十一日下午五時至十二日晨，經過一夜的激戰，將李承晚的第八師打亂並切斷其退路，一部被殲，大部向橫城逃竄。十二日白天，三十九軍和四十軍將李承晚第八師大部分包圍於加雲北山、鶴谷里地區。四十軍一二〇師和四十二軍一二四師也於廣田地區包圍敵軍一部，經過一天激戰，將偽第八師三個團全部殲滅。朝鮮人民軍殲滅了偽第三偽第五師各一部，於十三日進到橫城東南之鶴谷里、下安興里，有力地配合了中國人民志願軍。到十三日晨勝利結束了橫城反擊戰，共殲敵一萬二千餘人，其中俘敵七千五百餘人。

李奇微在他的《朝鮮戰爭》回憶錄中描寫說：「在中共軍隊的進攻面前，美第二師又一次首當其衝，遭受重大損失，尤其是火炮的損失更為嚴重。這些損失主要是由於南朝鮮第八師倉皇撤退所造成的。該師在敵人的一次夜間進攻面前徹底崩潰，致使美第二師的翼側暴露無遺。南朝鮮軍隊在中國軍隊打擊下損失慘重，往往對中共士兵懷有非常畏懼的心理，幾乎把這些人看成了天兵天將。所以，過了很長時間，才使南朝鮮軍隊樹立起抗擊敵軍夜間進攻的信心。腳踏膠底鞋的中共士兵如果突然出現在南朝鮮軍隊的陣地上，總是把許多南朝鮮士兵嚇得頭也不回地飛快逃命。」

第四次戰役，持續了兩個多月，殲敵七萬八千人，取得輝煌的戰果。我軍雖然主動撤出漢城和三八綫以南地區，但卻爭取了時間，得到了補充，掩護了戰略預備隊的開進、集結，並引敵進入對我有利的地區，為下一次戰役創造了有利的條件。

在朝鮮戰場酣戰的時候，周恩來和聶榮臻正忙着調兵遣將，支援朝鮮前綫。毛澤東也向周恩來提出具體建議，他在一九五一年二月七日給他們的信中說：

恩來同志並告聶：

在你計劃輪番作戰兵力時，請將楊得志三個軍，西南三個軍（先開兩個軍，另一個軍於到達河北後教育兩個星期接着開），楊成武兩個軍（在六十六軍及五十軍接防後開），四十七軍（二月底集中岳州，三月初開東北，訓練兩個星期開前綫）及董其武兵團兩個軍（先補充一萬人，武器方面需亦有改善，準備四月間開前綫負守備任務）。編成為第二番作戰兵力。而以其現任第一番作戰兵力的第十三兵團六個軍撤至後方補充休整三個月至四個月（其中五十軍、六十六軍並同時擔任天津營口綫守備，其他四個軍位於平壤瀋陽之間休整），改為第三番作戰兵力。九兵團全部則回華東任守備。補充計劃，九兵團回華東再補，十三兵團需於撤到休整地點後即予補足。西南已到之兩個軍，楊成武兩個軍，須令其即開始作戰的各項教育，應召集這些軍的負責人來京開會授予任務。西南第二期三個軍，須令其於二月準備完畢，三月開始出動，四月到達河北。

彭德懷回北京會商戰略方針

不久，彭德懷利用第四次戰役和第五次戰役的空隙時間，回到北京，向毛澤東、周恩來和黨中央、中央軍委滙報朝鮮戰爭的情況和商討今後的戰略方針。

這是個春寒料峭的季節，毛澤東穿着一套厚呢黃色制服，晨曦剛退的早晨，在他的住地前面林蔭之下，來回踱步，他一面抽烟，一面在思考。

「主席，早啊！」清脆嘹亮的聲音注入他的耳內。他猛調頭。

「噢！恩來，你這樣早就來了，大概是剛下班，又是一夜沒有睡了吧？」

周恩來微微一笑，沒有正面回答。

「一個大國的總理難當啊，事情又多又雜，還兼着外交部長，中央軍委常務副主席，前方後方，對內對外總管，可把你給累壞了。不過，現在也沒有辦法，只能這樣子了，只是要多注意休息，勞逸結合，身體是工作的本錢啊，我要讓穎超同志管着你和多關心你的身體。」

「請主席放心，我的身體很好。」周恩來隨即同毛澤東一起漫步，邊走邊說：「昨天晚上，我到北京飯店看望德懷同志了，他讓我向你問好！」

「他怎麼樣，身體很好嗎？」毛澤東急切地問。

「他瘦了，痔瘡又出血，我叫他到醫院檢查一下，我已同北京醫院的院長說了。」周恩來一向關心同志。

「是啊！朝鮮戰場非常艱苦，老彭又是一心掛在工作上的人，又碰上美國這個強大對手，嘔心瀝血，夠他受的了，這次回來，要他好好檢查一下身體，關照北京飯店生活上照顧好一點。不過，老彭這人脾氣很犟，等會我們好好勸勸他。」

周恩來點點頭，表示贊同。

一會兒，一部黑色轎車，從中華門直駛頤年堂，毛澤東，周恩來忙趨車前迎接，彭德懷從車裏走出來，急忙同毛澤東、周恩來握手。

毛澤東風趣地說：「我同恩來在恭候你這打得美國人呱呱叫的彭大將軍。你這個人做甚麼事都不留一點情面，你這樣打法，叫美國人怎麼下台啊！」

「打得還不夠狠！」彭德懷說：「還要狠狠地打幾仗，非叫他認輸才行！」

「對，只有以實力為後盾和戰場上的勝利，杜魯門才會坐下來談！」周恩來說。

「原來你們兩人都是好戰分子，我這個溫和派便是少數了，少數服從多數嘛！」

毛澤東、周恩來、彭德懷說說笑笑，一同走進頤年堂毛澤東的辦公室。軍委代總參謀長聶榮臻和作戰部長、情報部長已在那裏等候。

彭德懷剛剛落座，突然又站起來，向毛澤東深深鞠躬，沉重地說：「我很對不起，岸英侄我沒有保護好……。」

毛澤東雖然已經知道他的大兒子在朝鮮戰場被美國飛機炸死了，但是一提起此事，他非常傷心，臉色一沉：「是啊，岸英他不幸犧牲了！」

周恩來看到毛澤東傷心的神情連忙說：「德懷和志司早就報告了，並且做了檢討；沒有很好注意安全，保護好岸英。我怕主席傷感，沒有即時報告，後來我給你和江青同志寫過一封信講了此事。」

周恩來的信是這樣寫的：

主席、江青同志：

毛岸英同志的犧牲是光榮的，當時我因你們都在感冒中，未將此事送閱，但已送少奇同志閱過。在此事發生前後，我曾致電志司黨委及彭，請他們嚴重注意指揮機關安全問題，前方回來的人亦常提及此事。高瑞欣亦是很好的機要參謀。勝利之後，當在大榆洞及其他許多戰場多立些紀念中國人民志願軍的烈士墓碑。

周恩來

一、二。

「是啊，我就是看到你的信才知道岸英犧牲的事。」毛澤東兩隻濕潤的眼看着周恩來，好久，才沉痛地說：「岸英這孩子太苦了，八歲的時候，就同媽媽一起被關進監牢，他母親就義後，經熟人出面說情，作保才出獄，被送到上海地下黨領導的大同幼稚園，一九三三年，上海地下黨機關遭敵人破壞，大同幼稚園被迫解散，無人收養，岸英就帶着他的兩個弟弟岸青和岸龍，在上海街頭賣報紙、揀破爛、推人力車，維持生活，居無定所，兄弟三人到處流浪，在幾次遷移中，小龍失散了，至今沒有下落。岸英、岸青幾經周折，才到了延安我的身邊，然後又送他們到蘇聯去學習，剛學點本領回國，又不幸犧牲了，我對不起開慧啊！」

室內沉默了好一會。

毛澤東畢竟是位偉人，堅強的革命家，「爲有犧牲多壯志」這是他的信條。昔日三國劉備兵敗荆州，大將趙雲在長坂坡大戰曹軍，突出重圍，救了劉備的兒子劉禪，雙手交給劉備，劉備接過擲之於地曰：「爲汝這孺子，幾損我一員大將！」趙雲見劉備如此器重他，忙抱起阿斗，泣拜曰：「雲雖肝腦塗地，不能報也！」後人都稱劉備：「無由撫慰忠臣意，故把親兒擲馬前。」一個封建郡主尙且如此愛護部將，人民的領袖更是愛護自己的大將軍，更何況彭德懷正在不顧個人安危、生死，在前綫指揮作戰；怎麼能責備他呢。毛澤東用手帕輕輕擦去眼睛裏溢出的淚水，喉嚨略帶嘶啞地說：「老彭，這怎麼能怪你呢？打仗嘛，就要有犧牲，別的子弟能犧牲，難道我毛澤東的兒子就不能犧牲嗎？」毛澤東停頓一會，關切地說：「老彭啊，我可要提醒你，一打仗，你就不顧個人安危，總要朝前靠，親臨前綫，這故然是名將之道，但是你是三軍統帥啊，朝鮮戰場沒有你指揮不行，必須確保安全。何況，現代戰爭，有電話、電報這些現代的通訊設備，完全可以運用來指揮前面作戰。」

「謝謝，主席對我的關心！我接受這次教訓，以後一定注意。」彭德懷悲愴地說：「你看岸英的遺體怎樣處理呢？是運回北京安葬呢，還是……？」

毛澤東沉思片刻，振作精神，大聲說：「『大丈夫志在四方，何必馬革裹屍還！』就讓同其他犧牲的戰士們一道葬在朝鮮吧！」

「我贊成，這也是我們國際主義的一個見證，中朝友誼的一個象徵，我想金日成同志是會歡迎的。」周恩來說。

「那好！我們不談岸英的事了，現在還是請老彭滙報朝鮮戰場的情況吧。」

彭德懷咳嗽兩聲，清清喉嚨，掃視一下會場，神志謙恭地說：「中國人民志願軍奉命出師朝鮮，在主席、總理、中央和中央軍委的正確領導下和及時指揮下，在極其艱苦和困難的條件下，同朝鮮人民軍協同一致，已進行了四次戰役，殲滅美偽軍十萬人左右，其中美軍及聯合國軍三萬餘人，還俘虜一部分美偽軍，其中有一些美國軍官，美軍第八集團軍沃克中將在倉皇撤退中喪命，收復了朝鮮人民民主主義共和國的全部領土，並曾一度打到三七綫，佔領了韓國首都漢城，我軍軍威大振，信心百倍，美偽軍士氣低落，一片失敗沮喪的情緒。」

彭德懷大口喝了一口擺在他面前香噴噴的龍井茶，繼續說：「原先我們估計入朝作戰，有三種結局的可能：第一種是站住了腳，殲滅敵人爭取和平解決朝鮮問題；第二種是站住了腳，但雙方僵持不下；第三種是站不住腳被打了回來。現在看來第一種可能性最大，第三種則完全可以排除。」

彭德懷提高聲調說：「從四次戰役中可以看出。美國乃是當今世界上最強大也最現代化的軍事大國，從未打過敗仗，非常驕傲，尤其麥克阿瑟這個傢伙驕橫已極，不消滅他的主力，美國是不會認輸的，不會退出朝鮮，也不會接受和談的，至少需要再消滅敵人五、六個師，這就決定了朝鮮戰爭的長期性，而不可能速勝，至於今後如何打法，採取甚麼戰略原則，請主席、總理和中央軍委決定。」

周恩來聚精會神地聽着彭德懷的滙報，不時地用鉛筆記下一些要點，當他聽完了滙報以後，馬上發言說：「事實證明主席和中央決定出兵朝鮮是完全正確的，非常必要的，不可一世的美帝國主義的是可以打的，而且是能夠打敗的，那種崇美懼美怕美的思想是錯誤，選派德懷同志統率志願軍，出兵朝鮮，連戰皆捷，這一方面說明主席知人善任，指揮得當，另一方面也說明老彭同志勇挑重挑，臨危不懼，在強大的敵人瘋狂進攻面前和極端困難的條件下，從容不迫，泰然自若，隨機應變，出色地運用我軍行之有效的戰略戰術，連續取得四次戰役勝利，打破了美國不可戰勝的神話，使得美帝認識到新中國是不可侮的。」

周恩來輕輕地抿了一口茶，濃眉下兩隻大眼放出神采的光芒，臉上流露出堅毅的神態，說：「我贊成德懷的分析，現在美帝雖已被打痛，但還未認輸，必須成建制地消滅他幾個師，他才會接受停戰、和談，朝鮮問題才能解決，所以，我們要立足於長期作戰，但同時要爭取盡可能早些取勝。」

周恩來停頓一下，又說：「我認爲這是可能的，首先，杜魯門、艾奇遜、馬歇爾等已意識到在朝鮮很難取勝，如果長期打下去，只能越陷越深；第二，美國當前的主要利益在歐洲，它的戰略重點在歐洲不在亞洲，而美國用在朝鮮的兵力，陸軍總數的三分一，空軍五分一，海軍二分一，這在戰略上是輕重倒置，主次倒置。麥克阿瑟這樣做是違反美國利益的，五角大樓和艾森豪威爾都極力反對在朝鮮戰場投入更多的兵力，我看麥克阿瑟這個統帥要當不下去了；第三，經過這段時間抗美援朝戰爭的考驗，和舉國上下思想的動員，物質的準備，我們有充分的信心、足夠的力量打敗美帝，現在，我可以保證給朝鮮前綫提供更多的兵力和先進的武器，包括炮兵、火箭炮，甚至我們年青的空軍也可以參戰！榮臻同志你們說對嗎？」

「對，對，總理講的完全正確，現在我們的後勤工作比入朝初戰時期好得多了，更有保證了。」聶榮臻說。

彭德懷突然樂呵呵地從座位上跳起來說：「只要總理、總長在後勤上充分保證，我彭德懷也向你們保證，不打敗美帝絕不回國！」

「那你就入朝鮮籍了！」毛澤東風趣地說：「三千里錦綉江山，勤勞勇敢的人民，實在令人可羨可愛啊！」

「是啊，沒有朝鮮人民的支援，金日成同志的關心支持，是不可能打勝仗的，我下令志願軍同志要愛護朝鮮一草一木。」彭德懷順着毛澤東的話說。

「中國革命，有許多朝鮮同志參加了，有不少獻出生命，現在朝鮮遭到美國侵略，我們幫助它打敗美國，那是應該的，理所當然的，其實中朝兩國軍隊擋住侵略者北進，也是對我們的支持，我們提出的抗美援朝保家衛國口號是非常正確的，很有鼓動性、戰鬥性、號召力。」周恩來說。

毛澤東猛抽一口煙，然後將煙撳在煙灰缸裏，說：「我看今天就討論到這裏，我同意恩來、德懷的分析和意見，朝鮮戰場在德懷的正確指揮下，已取得了四次戰役勝利，把美國的威風給打下去了。從目前情勢看來，朝鮮戰爭要作長期打算，至少也得兩年，當然能速勝則速勝，不能速勝則緩勝。問題是要成建制的消滅敵人幾個師，斷其一指不如斷其一手。至於具體如何打法，請老彭和志司研究決定。現在敵人正在繼續北進，我想在敵人之地面兵力佔優勢的情況下，我軍暫不進行戰役性出擊。如敵逼我應戰，擬讓敵人進至三八綫南北地區，在我第二番志願軍部隊九個軍到齊後再進行有力的新戰役。我估計，敵佔領三八綫以後的行動有三種可能：第一，趁我疲勞繼續北進；第二，暫時（十天至二十天）停止於三八綫；第三，較長時間（兩三個月）停止於三八綫，進行永久築城，待陣地大部鞏固後再進。這三種可能以前兩種可能爲多。但敵發現我有大量援兵到達時，第三種可能不僅存在，而且可能發生另一種情況，即變爲長期相持於三八綫。」

毛澤東喝口茶，清清嗓子，又說：「我認爲我們應該力求避免這種情況，我軍應在第二番部隊入朝後，趁敵進至三八綫以南地區立足未穩時，在四月十五日至六月底，兩個半月內實施反擊，在三八綫南北地區消滅美僞軍建制部隊幾萬人，然後向漢江以南地區推進，最爲有利。」

「我完全贊成主席和總理的意見，我回去後就同志司同志研究，堅決貫徹執行你們的指示，再打幾個漂亮仗，報答祖國人民的支援和期望。」彭德懷態度堅毅。

「主席！」周恩來說：「我建議德懷同志在北京多停留幾天，同總參、總後同志再談談，同時休息一下，到醫院檢查一下身體，如果時間允許還可到外地看看，前綫有鄧華、洪學智、韓先楚他們，最近陳賡同志要去志司任副司令，甘泗琪同志要去任副政委兼政治部主任。前方領導力量加強了。

「那好，就按恩來意見辦，老彭你要注意身體啊！」毛澤東是十分尊重周恩來的意見的，也很關心彭德懷的健康。

七、美國人發出和談信號

一九五一年二月，麥克阿瑟和李奇微到朝鮮戰場東綫進行視察，美國海軍加強了對朝鮮元山、新浦、清津諸港的炮擊，封鎖和對沿海島嶼進行偵察活動。同時，有情報，敵人正在增調援兵，擬將兩個國民警衛師調赴日本，準備增援朝鮮戰場，南朝鮮至少有兩個師約三萬人在日本加速訓練，裝備美械。種種迹象表明，敵在加緊登陸準備。登陸地點可能在東綫，東岸的通州、元山地區，以配合其陸上進攻，企圖打到三八綫以北，避免我軍由東面山區向其出擊。

三月中下旬，我十九兵團和三兵團已開進朝鮮，向預定地區開進。彭德懷根據北京會議的精神和設想，以及敵我雙方的情況，他考慮進行第五次戰役，對敵人發動大反擊。

中朝人民部隊第四次戰役的勝利，使美國統治集團內部和整個帝國主義陣營內部在朝鮮問題上爭吵不休，追隨美國參加朝鮮戰爭的國家，尤其是英國對美國進行公開責難。當美國侵略軍重佔漢城，復竄三八綫附近時，英國、加拿大、澳大利亞和印度先後表示所謂「聯合國軍」不要再越過三八綫，以免遭受更大打擊和擴大戰爭。杜魯門鑒於在朝鮮軍事和外交上到處碰壁，爲了取得英國等盟國的支持，乃「保證」非經與各有關國家協商不向中朝邊境發動攻勢，並呼籲與中共進行談判。

杜魯門讓美國國務院草擬了一個聲明。爲了求得上下一致，一九五一年三月二十日，美國參謀長聯席會議把這項聲明預先發給麥克阿瑟，打個招呼。

電文稱：「國務院正草擬一個總統聲明，要點如下：聯合國已肅清了南朝鮮大部分地區的侵略者，現在準備討論解決朝鮮問題的條件。聯合國認爲在大軍向三八綫以北挺進以前，應進一步作外交上的努力，以便取得和解。這就需要時間來判斷外交上的反應，並等待新的談判的發展。鑒於三八綫並沒有軍事意義，國務院已問過參謀長聯席會議，你具有甚麼條件才能在以後的幾星期內取得充分的行動自由，以便保證聯合國部隊的安全並與敵人保持接觸。希望你表示意見。」

當麥克阿瑟看到這個電報，認爲杜魯門的聲明與他的主張背道而馳，再加上他一向居功自傲，不把杜魯門放在眼裏，他於三月二十一日回電參謀長聯席會議要他表示意見的要求不予理睬，他再次抱怨對他指揮權的限制，「使他根本無法去掃清北朝鮮或者不能做出明顯的努力來達到這一目的。」他說現有的指令很適合當時的局面。同時他於三月二十四日擅自發表了一項聲明：

戰事仍按照預定的日程與計劃進行中。現在我們已大體上肅清了共產黨在南朝鮮的有組織的軍隊。愈來愈明顯，我們晝夜不停的大規模海空襲擊已使敵人補給綫遭受了嚴重的破壞，這就使敵方前綫部隊無法獲得足以維持戰鬥的必需品。我們的地面部隊正出色地利用這一弱點。敵人的人海戰術已無疑地失敗了，因爲我們的部隊已慣於作這種形式的戰鬥。敵人的滲透戰術只能加重他們的被零星消滅的損失。敵人的持久在氣候、地形與戰鬥的困難條件下顯得不如我們的部隊。

比我們在戰術上的成功更具有重大意義的是：事實已清楚地表明，這個敵人——赤色中國——的軍事力量被過分地渲染所誇大了。它缺乏工業能力，無法充分供應進行現代戰爭所必需的許多重要物資。它缺乏工業基地，甚至連建立、維持和運用普通海空軍所需要的原料也感缺乏。它無法供應順利進行地面戰鬥所必需的裝備，例如坦克、重炮和在戰爭中已被使用的其他科學發明。從前，他在人數上的巨大潛力很可以彌補這個缺陷，但是，隨着現有的大規模毀滅性方法的發展，人數上的優勢已不能抵償這些缺陷所固有的弱點。制海權和制空權在當前的重要性及其所起的決定性的作用並不遜於過去，有了制海和制空權，就有了對補給、交通與運輸的控制權。由於這種控制權掌握在我們手裏，再加上敵人在地面火力方面的劣勢結果就形成戰鬥力的懸殊，而這種懸殊決不是勇氣（不管它是多麼瘋狂）或完全不顧生命的損失所能克服的。

自從赤色中國加入朝鮮的不宣而戰的戰爭以來，這些軍事弱點就已清楚而明確地暴露出來了。聯合國部隊目前是在聯合國當局的監督下進行作戰的，因而相應地使赤色中國得到了軍事優勢，即使是這樣，事實還是表明：赤色中國完全不能以武力征服朝鮮。因此，敵人現在必然已經痛苦地認識到：如果聯合國改變它力圖把戰爭局限在朝鮮境內的容忍決定，而把我們的軍事行動擴展到赤色中國的沿海地區和內部基地，那麼赤色中國就注定有立即發生軍事崩潰的危險。確認了這些基本事實以後，如果朝鮮能夠按它本身的是非加以解決，而不受與朝鮮無直接關係的問題（如福摩薩問題或中國的聯合國席位問題）的影響，則在朝鮮問題上作出決定並沒有不可克服的困難。

絕不能犧牲已受到極其殘酷蹂躪的朝鮮國家和人民。這是一個關係至爲重大的問題。這個問題的軍事方面的結局得在戰鬥中解決，但除此之外，基本的問題仍然是政治性的，必須在外交方面尋求答案。不用說，在我作爲軍事司令官的權限之內，我準備隨時和敵軍司令員在戰場上舉行會談，誠摯地努力尋求不再繼續流血而實現聯合國在朝鮮的政治目標的任何軍事途徑，聯合國在朝鮮的政治目標是任何國家都沒有理由反對的。

麥克阿瑟的這個對中國人民的挑戰的聲明，威脅要把戰爭把擴大到中國境內來，暴露了美國準備再次侵略中國的意圖。立即引起美國和西方國家的強烈反應。英國、法國等國害怕把他們牽進到直接對中國作戰中去，就麥克阿瑟的聲明向美國政府提出非正式的抗議，同時要求撤換麥克阿瑟。

麥克阿瑟發表聲明以後沒有多久衆議院少數派領袖馬丁於四月五日在衆議院宣讀了麥克阿瑟給他的一封信，馬丁是一個孤立主義者，他長期反對杜魯門的對外政策，三月初他給麥克阿瑟的信中，談起不在朝鮮利用國民黨軍隊簡直是「愚蠢透頂的事」。

麥克阿瑟三月二十日回信說：「五日來函附來了你在二月十二日發表的演講稿，至爲感謝。我以莫大的興趣閱讀了它，我看出，多少歲月消逝了，而你當年的英風卻絲毫未減。

「關於共產黨中國在朝鮮參加對我們作戰而造成的局勢，我的看法和建議已極其詳盡地呈交給華盛頓。總的說來，大家都知道並了解這些意見，因爲這些意見只是遵循傳統的方式給暴力以最大的還擊而已，我們過去一直是這樣做的。你關於利用在福摩薩的中國軍隊的意見，既符合邏輯，也符合這個傳統。

「有些人似乎不可思議地難以認識到，共產黨陰謀家已選擇亞洲這個地方來着手征服世界，我們已經在戰場上參加了由此所造成的爭端；他們難以認識到我們在這裏是用武器為歐洲作戰，而外交家們則仍在那裏舌戰，而如果我們在亞洲輸給了共產主義，那麼，歐洲的陷落就不可避免了，如果我們在這裏贏得勝利，則歐洲很可能避免戰爭而維護了自由，正如你所指出的，我們必須贏得勝利。除了勝利我們沒有別的路可走。」

杜魯門看了麥克阿瑟的聲明，和致馬丁的信，火冒三丈。

麥克阿瑟批評了美國的對外政策，重申他關於亞洲同歐洲一樣重要，美國應把亞洲的戰爭擴大並進行到勝利，違背抗拒和破壞美國政府的戰略重點在歐洲的戰略決策；

麥克阿瑟一再主張在侵朝戰爭中要動用台灣的國民黨軍隊，這同杜魯門、艾奇遜的主張有分歧；

麥克阿瑟主張把戰爭擴大到中國，要轟炸中國的東北，而杜魯門、艾奇遜對此是遲疑的，因而也有分歧；

麥克阿瑟聲明和信件，公開暴露了他同杜魯門、艾奇遜、馬歇爾一派在政策上、侵略步驟和範圍上的矛盾，而且政出多門，侵犯了美國總統的職權，在美國統治集團內部引起很大混亂。

杜魯門為了平息幫兇國家對美國的不滿，緩和國內外輿論的抨擊，他多次召集哈里曼、艾奇遜、馬歇爾和布萊德雷等研究，如何處置麥克阿瑟問題，最後一致認為應該撤消麥克阿瑟的職務。

四天後，杜魯門發出一項命令：

我以總統和美軍最高統帥的名義，非常遺憾地免去閣下的駐日盟軍總司令、聯合國軍總司令、遠東美軍總司令、遠東美國陸軍司令的職務。請閣下將指揮權立即移交給李奇微將軍。

同時，杜魯門還任命詹姆斯·范佛里特接替李奇微的第八集團軍司令。

後來，杜魯門回憶說，在朝鮮戰爭過程中「我從來沒有忘記：美國的主要敵人是蘇聯，只要這個敵人還沒有捲入戰場而在幕後操縱，我們就決不能浪費自己的時間。」

李奇微接替麥克阿瑟的職務以後，爲貫徹杜魯門的既定政策，再次越過三八綫，並計劃以側後登陸配合正面進攻，在朝鮮蜂腰部（即元山至平壤一綫）建立新防綫。他認爲這條綫正面狹窄（只有一百七十公里），地形對他有利，進可以攻，退可以守，又是朝鮮的腹地，佔領這條綫，不僅在軍事上，而且在政治上也是有利的。

四月六日，彭德懷在金化的金礦洞召開志願軍黨委擴大會議，部署第五次戰役。

他說：現在朝鮮戰爭仍處於艱苦緊張的階段，各方面的情況及種種迹象表明敵軍在第四次戰役中進佔三八綫後不但還要繼續北進，而且從我側後登陸配合正面進攻的可能性也很大，其目的是爲了佔領三十九綫，即安州、元山一綫。如果敵人這一陰謀得逞，我軍的主要供應綫就會被切斷，這將對我造成極大的威脅，因此，對敵人的登陸企圖要做充分的估計，做好充分的準備。爲了粉碎敵人從側後登陸以配合正面進攻的陰謀，避免陷於兩綫作戰的不利，我軍必須集中優勢兵力，選擇敵人薄弱環節，先敵發起攻擊。

彭德懷又進一步說：第四次戰役打到此時，敵人已十分疲憊，傷亡、消耗尚未補充，預備兵力也尚未趕到，我軍立即組織反擊最爲有利。但是，此時我軍的戰略預備隊的集結尚未完成，因此還須再等一段時間，將敵人大體放至金化、文登里，桿城一綫再進行反擊，如敵人進展快，我即於四月二十日開始反擊，如敵人進展慢，我便於五月上旬開始反擊。在第五次戰役中，我們要爭取成建制地更多地消滅敵人有生力量，粉碎敵人的計劃，奪回主動權。實施反擊的地域主要是西綫紋山至春川一綫，該地域有僞軍第一師、英第二十九旅、美第三師、第二十五、第二十四師、土耳其旅和僞第六師。根據敵人戰役部置縱深小，其援兵主要來自橫的方向等特點，決定我軍在戰役指導上，實行戰役分割與戰術分割相結合，戰役包圍迂迴與戰術包圍迂迴相給合的方針。在兵力部置上擬首先以一部兵力從金化、加平一綫，利用這一帶的大山區劈開一個缺口，將東西綫割裂。與此同時，以三兵團由正面突擊，以九兵團和十九兵團分別從東西兩翼突擊並實施戰役迂迴，各個分割殲滅敵人，得手後再向縱深發展。東綫人民軍金雄集團和西綫人民軍一軍團分別向當面之敵進攻，積極配合作戰。

彭德懷最後強調說：後勤工作再三重複一句，要特別認眞對東綫五個軍的糧食供應。如一兩天沒飯吃，再好的作戰計劃都完了。如果這次打勝了，全體指戰員的功勞算一半，後勤算一半。

發動第五次戰役

四月，朝鮮大地已經冰雪融化，枝頭吐出嫩嫩的綠葉，山林裏花開鳥鳴，一派生機。然而，人們卻生活在炮火連天之中，他們一方面抗擊美國侵略，一方面盼望早日實現和平，安居樂業。

四月十九日，美軍第二十四師、二十五師進至鐵原附近。這兩個師在敵軍整個戰綫上形成了突擊態勢，有利於我軍對其實施攻殲。彭德懷審時度勢，斷然決定：第五次戰役於四月二十二日黃昏發起。以三個兵團，共十二個軍，在西綫實施主要突擊，以分割北漢江以西敵人爲目的。以第三兵團爲中央突擊集團，從正面突擊，以第九第十九兵團爲左、右突擊集團，從兩翼進行戰役迂迴，首先分別殲滅僞第一師，英第二十九旅、美第三師、土耳其旅和僞軍第六師共五個師（旅）。然後再集中兵力滙合殲美第二十四師和第二十五師。東綫人民軍第三、第五兵團積極箝制敵人，並相機殲敵。

經過激烈的戰鬥，至四月二十九日，彭德懷命令停止攻擊，結束第五次戰役第一階段的攻勢。因爲口子張得大了，想一下子消滅敵人五、六個師，再加上戰役發起時出現的誤差，沒能插入敵人側後，形成迂迴包圍，所以打了個平推仗，未能大量殲滅敵人有生力量。在後勤上仍靠士兵們身上背的那點彈藥、糧食，不能進行持久的戰鬥。

朝鮮戰爭爆發後，周恩來一直參與朝鮮戰爭的指揮作戰、組織，後勤工作更是由他負責籌劃。他非常洞悉前方情況，深知作戰除了戰略戰術之外，後勤工作尤其是現代戰爭中它的重要性。因此，他認爲朝鮮戰爭要長期打下去，必須做好後勤工作，有充分的物質供應。

朝鮮戰爭是一場極其複雜、尖銳而又艱苦、長期的鬥爭，軍事鬥爭、政治鬥爭和外交鬥爭交織在一起。許多工作都要周恩來承擔，他也主動承擔、勇於承擔。軍事上，他要負責調動軍隊，掌握戰場形勢，運籌帷幄，協助毛澤東指揮前綫打仗，組織後勤供應等；政治上，他要在全國開展抗美援朝，保家衛國運動，動員羣衆支援前綫；外交上，他要同時處理前方和聯合國內外的鬥爭；又要協調中、朝、蘇三方的行動。爲此，他每天批閱、修改大量文電，及時作出決定，發出指示，召集會議，會見外賓和使節。累得他精疲力盡，以致瘦了許多，甚至還病了一場，但他仍然振作精神，爲朝鮮戰爭操勞。

今天，他爲了加強朝鮮戰場的後勤，想了很久很久，決定給志願軍司令部發去一個電報，要管後勤的副司令員洪學智回國滙報，並決定和解決一些問題。

他剛處理完這件事，秘書何謙走進來，提醒他說：鄧大姐在南方養病，給您來了信，至今未覆，她很關心您的工作和身體，您不給她覆信，她會不安和擔心的。周恩來看了一眼何謙，又批完一個文件後說：要不是你提醒，我倒給忘記了。

周恩來提筆寫道：

超：

昨天得到你二十三日來信，説我寫的是不像情書的情書。確實，兩個星期前，陸璀答應帶信到江南。我當時曾戲言，俏紅娘捎帶老情書。結果紅娘走了，情書依然未寫。想見動筆之難。寄來西湖印本，均屬舊制，無可觀者。望托人拍幾個美好而有意義的鏡頭携歸，但千萬勿拍着西裝的西子。西湖五多，我獨選其茶多，如能將植茶、採茶、製茶的全套生產過程探得，你稱得起茶王之名，否則，不過是「茶壺」而已。乒乓之戲，確好，待你歸來佈置。現時已綠滿江南，此間始發青，你如在四月北歸，桃李海棠均將盛開，我意那是時候了。忙人想病人，總不及病人念忙人的次數多，但想念誰深切，則留在後證了。

周恩來

成立志願軍後勤司令部

洪學智在《抗美援朝戰爭回憶》中說：

四月下旬，第五次戰役第一階段後期的一天，我正在楠亭里第二分部檢查督促物資前運工作，忽然接到彭總的電話，讓我馬上回志司。我放下電話，便匆忙趕到志司所在地——空寺洞。這時，天已經擦黑了。一走進彭老總的礦洞，他就大聲對我說：「老洪呀，你馬上回國。」

「回國？」我感到很突然。

彭總背着手，在洞內踱了幾步，燭光把他的身影射到洞壁上。

「黨中央、政務院、中央軍委對志願軍的後勤工作很關心。」他轉過身，目光炯炯地看着我說：「你回去一趟，向周副主席滙報一下我們前綫後方供應的情況。」

我心想，讓黨中央、中央軍委了解一下前綫後勤的實際情況，實在太有必要了。

當時，正如我前面已講過的，美軍正依仗其空中優勢，對朝鮮北部的城鎮、工廠、車站、橋樑等重要目標進行毀滅性的轟炸，還以少架多批的戰鬥轟炸機，依山傍道，晝夜不停地超低空搜索掃射，不放過一人一車，一縷炊烟。朝鮮北部山多河多，鐵路多在沿海，腹部地區鐵路很少。公路縱綫多，横綫少，盤山跨水，彎急坡陡，又多與鐵路並行，往往一處被炸，鐵路、公路各綫受阻，道路佈局不適應戰時運輸的要求。志願軍後勤運輸主要依靠汽車，而敵人把破壞我戰區後方交通作爲重要手段，使我後勤運輸陷入極度的困難之中。第三分部汽車第四團剛入朝時，因經驗不足，車輛待避過於集中，一次就被敵機打毀了七十三台。再加上戰況複雜多變，部隊推進迅速，第一次戰役打到清川江，第二次戰役延伸到三八綫，第三次戰役插到了三七綫，運輸綫迅速延長，第四次戰役後和第五次戰役中參戰兵力又成倍增長，後勤跟進供應十分困難。

志願軍黨委針對面臨的嚴重困難，採取了各種應急措施，陸續增加戰區的後勤力量，調整後勤保障單位的部署，主要是沿襲國內解放戰爭後勤開設兵站綫的經驗，通過兵站綫實施跟進保障。由於敵機的狂轟濫炸，爲了搶時間，爭效率，盡量減少損失，志願軍各級後勤都把主要工作轉入到了夜間進行。但是，因爲敵人破壞嚴重，部隊前出深遠，後方供應仍十分困難。現在，彭總讓我回國向周副主席滙報情況，使中央領導直接了解前綫的情況，以便從人力、物力、財力等方面獲得全國人民的支持，真是太及時了。

這時，彭總又說：「你回國後，把我們決心成立志願軍後方勤務司令部的想法也向周副主席滙報一下。」

我說：「知道了。」

我簡單地收拾行裝後，帶着警衛員，當夜就坐吉普車出發了。路上車多、人多，經常阻車。由於夜黑，路窄，不准開燈，汽車險些翻到溝裏。天亮時，敵機又俯衝下來，向吉普車掃射，幸虧山頭的高射炮部隊及時開炮，我們的車才得以安全通過。到北京後，我先到帥府園中央軍委駐地，聶榮臻代總長對我說：「周副主席正等着你呢，快去吧。」

當時，我穿着志願軍的單軍裝，由於日夜兼程，渾身泥污。但是也顧不了許多，就急急忙忙地趕到了中南海周副主席辦公室。

周副主席已站在門口等我了，我向他敬了禮，他緊緊地握住我的手說：「洪學智同志，你一路上辛苦了！」

我說：「周副主席辛苦。」

周副主席工作很忙，他顯得很憔悴。

當時，由於敵機轟炸，部隊白天不能生火做飯，晚上又要行軍作戰，做飯條件極困難，只好吃炒麵。爲了給部隊供應更多的炒麵，周副主席在繁忙的工作之餘，還親自同機關幹部一起炒炒麵。前綫將士知道此事，感動得無法形容，真是吃一把炒麵，長一股勁呀！

周副主席讓我坐下，關切地問：「前綫作戰情況怎樣？」

我向周副主席簡要地滙報了前綫的基本情況，然後說：「幾次戰役打下來，我們吃虧就吃在沒有制空權，敵機的轟炸破壞使我軍遭到極大的損失，敵機經常一折騰就是一天，見到人就猛衝下來嘎嘎地掃射，扔汽油彈，化學地雷，定時炸彈、三腳釘……晚上是夜航機，戰士們叫『黑寡婦』，也不盤旋，炸彈便紛紛落下，到處是大火。主要是阻滯我軍的行動。」

周副主席十分嚴肅地說：「美帝國主義欺負我們，瘋狂到了極點。但是他們沒有想到，在他們的海空優勢下，我們卻打到了三八綫，美軍這是第一次在世界上吃敗仗。不過，志願軍要想不吃虧，就得研究對付敵機的辦法。」

我說：「志司在後方的支援下，已經加強了高炮部隊，並已在關鍵點上增設了防空哨。現在我軍主要是靠勇敢精神。比如運輸車遇到敵機轟炸時，有的就開足馬力，猛跑一陣，帶起數百丈塵土，揚得敵人不知怎麼回事，驚呼共軍施放了烟霧彈。」

周副主席笑了，說：「戰士們的勇敢精神，打掉了恐美病。同志們付出了鮮血，但教育了四億人。」說到這兒，他沉思了一會兒說：「美國會不會登陸中國？現在還不能肯定。但是，前綫我方勝利越大，登陸的可能性就越小，所以前綫一定要打好。中央軍委考慮，要盡快出動飛機。當然，我們的飛機有限，只能給敵機製造一點混亂，振奮一下士氣。」

我說：「前綫將士都盼望我軍出動飛機。」

周副主席說：「中國有飛機，許多與我國有偉大友誼的國家有飛機，但是飛機參戰還不是時候，這個你當副司令，應該是很清楚的。」

我一想，也確實如此，飛機要吃汽油，如果用朝鮮戰場上現有運輸力量來供應，就把一切軍需彈藥都停運，也不見得行呀。後方供應制約着戰役的規模，這是一點也不假的。

接着，周副主席又問：「供應主要是甚麼問題？」

我滙報說：「志願軍沒有防空力量，公路運輸綫長達數百公里。第三次戰役時，前面兵站與後面的兵站相距三四百公里，形成中間空虛，前後脱節。另外，後勤高度分散，也沒有自己獨立的通訊系統，常常聯絡不上。」

周副主席説：「所以，外國軍事家説，後勤是現代化戰爭的瓶頸，志願軍後勤必須加强，中央軍委考慮，要給志願軍後勤增派防空部隊，通信部隊……」

我説：「軍委的決定太正確了。後勤現存的主要問題是供應不及時。前三次戰役，部隊是在挨餓受凍的情況下打敗敵人的。如果供應得好，勝利會更大。現在戰士有三怕，一怕沒飯吃，二怕無子彈打，三怕負傷後抬不下來。」

周副主席神情嚴肅地聽着、點着頭，不時地用鉛筆在紙上寫幾個字。

「現在敵人參戰的飛機已由一千多架增加到了二千多架，並由普遍轟炸轉向破壞我運輸綫。特別是凝固汽油彈對我地面倉庫，設施危害最大。敵人還派遣大批特務潛入我後方指示目標轟炸。四月八日，敵機向我三登庫區投擲的大量燃燒彈，一次就燒毀了八十四節火車皮物資，其中有生熟糧食二百八十七萬斤，豆油三十三萬斤，單衣和襯衣四十萬零八千套，膠鞋十九萬雙，還有大量其他物資。後方供應的物資只能有百分之六七十到前綫，百分之三四十在途中被炸毀……」

周副主席聽到這裏，臉上露出了十分嚴峻的神情。

我又説：「我們志願軍也採取了些積極預防措施。」

周副主席以詢問的目光注視着我。

我說：「每次戰役發起前，除汽車裝備、馬車裝足外，人員還加大携帶量，一個戰士携行量達六七十斤。在部隊運動迅速，供應困難、後勤跟進不及時的情況下，這是一綫作戰部隊生存和戰鬥的必要保障手段。」

周副主席說：「我們的戰士辛苦了。」

我說：「戰士雖然苦一點，但感到還是這樣保險些。」

周副主席問：「聽說美軍常常把丢棄的作戰物資炸毁呀？」

「是這樣的，所以在前綫，取之於敵十分困難。正因爲如此，志願軍採取的第三條措施就是與朝鮮政府協商，開始就地借糧。」

「這可以解決一部分問題吧？」

「可以。但是在三八綫以南至三七綫一段地域，不行，這裏原爲敵人佔領，經過敵人反覆搜刮，而且當地人民志願軍也不了解，就地籌措非常困難，形成了三百里的無糧區。」

周副主席焦急地問：「對此，你們採取甚麼措施沒有？」

我說：「採取了。彭總讓盡量想辦法解決。我們主要是改進運輸方法，組織多綫運輸，並由成連成排運輸，改爲分散運輸跑單車。另外，實行分段包運制。這樣各汽車部隊可以熟悉本段敵機活動規律和道路情況。再就是在沿綫挖掘供汽車隱蔽的掩體，這可以減少人員、車輛的損失。」

周副主席問：「這樣做有效嗎？」

我說：「大大提高了運輸效率。」

周副主席說：「抗美援朝戰爭，對我軍後方供應提出了許多新的問題。你們要好好研究一下現代戰爭後勤工作的特點，美帝國主義者氣勢洶洶，不可一世，揚言去年『聖誕節』就結束朝鮮戰爭。事實上，不但沒有結束，我軍反而打到了三七綫。我們以劣勢裝備打敗了有海空優勢、裝備先進的美國，這對我們人民和世界人民都是很大的鼓舞。對世界各國人民反帝鬥爭也是很大的支援。過去，美國南北戰爭時，北美的裝備比南美差，也是北美打敗南美。我分析美國不敢在中國大陸登陸。英法怕擴大戰爭，說『進攻中國就是戰略上失敗。』我們同朝鮮人民一道，克服困難，不怕犧牲，一定能打敗武裝到牙齒的美帝國主義。」

周副主席後來又問後方去的司機怎樣，能否適應前綫的形勢。我告訴周副主席：「這些司機很有勇敢精神，但由於不熟悉情況，傷亡大，所以，先讓他們擔任司機助手，慢慢積累通過敵機封鎖的經驗，逐步過渡到當正式司機。」

滙報到這兒，周總理問我：

「你還有甚麼問題要講？」

我說：「彭總還讓我向你滙報一個重要問題。」

周總理：「甚麼問題？」

我說：「成立志願軍後方勤務司令部的問題。」

「啊？」周總理感興趣地問：「說說你們的想法。」

我說：「從朝鮮戰爭中彭總和我們都逐漸認識到了現代化戰爭中後勤的作用，現代戰爭是立體戰爭，在空中、地面、海上，前方、後方同時進行，或交叉進行，戰場範圍廣，情況變化快，人力物力消耗大。現在歐美國家都實行大後勤戰略，五十里以前是前方司令部的事，五十里以後就是後方司令部的事，戰爭不僅在前方打，而且也在後方打。現在，美國對我後方實施全面控制轟炸，就是在我們後方打的一場戰爭。這場戰爭的規模，不僅決定了我們在前方進行戰爭的規模，而且也決定了前方戰爭的成敗。我們只有打贏了這場後方的戰爭，才能更好保證我們前方戰爭的勝利。後勤要適應這一特點，需要軍委給我們增派防空部隊、通信部隊、鐵道部隊、工兵部隊等諸多兵種聯合作戰，而且需要成立後方戰爭的領導機關——後方勤務司令部，統一指揮後方戰爭的諸兵種聯合作戰，在戰鬥中進行保障，在保障中進行戰爭。」

總理一邊聽，一邊點頭，說：「你們這個想法很好，很重要，軍委一定盡快地加以研究，盡快地採取措施。」

滙報結束，我站起身要走時，周副主席說：「馬上就到『五一』了，你準備一下上天安門吧。」

我看自己的一身破舊的軍裝，笑着說：「我這個樣子，怎麼上天安門呀！」

周副主席說：「怎麼不能上，穿這衣服好呀，你代表志願軍麼！」

我還是笑着推辭，周副主席說：「這樣吧，我告訴楊立三，給你做一套新軍裝。」

「五一」節，北京市人民舉行了盛大遊行，體現了國家空前的團結、强大。

我上了天安門城樓以後，工作人員通知說：「毛主席要接見你。」

我問：「甚麼時候接見？」

他說：「你等着，到時候我來帶你。」

不一會兒，我就被帶進了天安門城樓休息室。毛主席和中央領導同志接見了我。我見到毛主席，敬了個禮，毛主席對在座領導同志說：「洪學智同志是志願軍的副司令員，是從朝鮮前綫回來的，是志願軍的代表。」接着毛主席問：「彭總的身體怎樣？」

我說：「彭總的身體很好。」

毛主席又說：「你們打的敵人有飛機、坦克、大炮和海軍的優勢，是武裝到牙齒的敵人。」

朱總司令說：「你們打的是一場真正的現代化戰爭。」

毛主席說：「你們每打一仗都要很好地總結經驗。」接着又問：「你回來滙報的問題解決了沒有？」

我說：「已經向總理滙報了，總理已做了安排，他還要找我談一次。」

我臨回朝鮮以前又到總理那去了一趟，將前綫需要解決的問題，又進一步做了落實。

五次戰役後期，軍委專門派總後勤部部長楊立三、副部長張令彬、空軍司令劉亞樓和炮兵司令陳錫聯等到空寺洞志司，具體了解後勤困難，研究如何加强對志願軍後勤的支持，如何加强志願軍的後勤建設。

楊立三、劉亞樓他們認爲彭總的意見很有道理。回去後，向毛主席和周總理、徐老總、聶老總等軍委領導作了滙報，軍委很快表示同意我們的意見，並給我們發出指示，決定「在安東與志司駐地之間，組織志司後方司令部。」

五月十九日，中央軍委做出《加强志願軍後方勤務工作的決定》。決定命令：

着即成立志願軍後方勤務司令部，負責管理朝鮮境內之一切後勤組織與設施（包括鐵路，軍事運輸在內）；

志願軍後方勤務司令部，直接受志司首長領導；

凡過去配屬志願軍勤務之各部隊（如工兵、炮兵、公安、通信、運輸、鐵道兵各部隊、工程部隊等），其建制序列及黨、政、軍工作領導，指揮與供給關係等，今後統歸志願軍後方勤務司令部負責；

中央軍委任命洪學智兼任志願軍後勤司令員，周純全爲政治委員，張明遠爲副司令員，杜者蘅爲副政治委員，政治部主任漆遠渥（後名李雪三）。

中央軍委的決定，從理論和實踐的結合上闡明了後勤在現代化戰爭中的地位和作用，擴大了後勤工作的職權和範圍，標誌着後勤由單一兵種向諸軍種合成的重大轉變，是志願軍後勤發展史上一個重要的指導性文件。

這乃是周恩來關心和指揮朝鮮戰爭的一個重要貢獻，也是一個創舉。

美蘇的刺探接觸

再說，朝鮮戰場前綫，彭德懷於五月六日下達第五次戰役第二階段作戰命令。他以九兵團和人民軍金雄集團（由九兵團統一指揮），首先殲滅縣里地區的僞第三、第五、第九師，爾後視情況繼續殲滅僞首都師、僞第十一師。以第三兵團割斷美、僞軍聯繫，阻止美第十軍東援。十九兵團在西綫積極行動，箝制美軍主力，配合東綫作戰。

經過一個多月的激烈作戰，於六月十日結束。整個第五次戰役歷時五十天，是最長的一次戰役，中朝雙方共投入十五個軍，殲敵八萬二千餘人，粉碎了敵人妄圖在我側後登陸，配合正面進攻，在朝鮮蜂腰部建立新的防綫企圖，擺脫了我軍在第四次戰役中的被動局面，我新參戰的部隊取得對美軍作戰的初步經驗。同時，經過這次戰役的較量，也迫使敵人對中朝人民軍隊的力量重新作出估計，不得不轉入戰略防禦，並接受停戰談判。

自從一九五〇年十月九日，中國人民志願軍入朝作戰以來，到一九五一年六月十日，八個月的時間裏，已進行了五次戰役，總計殲敵二十三萬餘人，其中美軍十一萬五千人。雖然和三次戰役後相比，在第四、五次戰役中敵軍又往北推了一些，但總的來說，我們還是將敵人從鴨綠江邊打到了三八綫附近。

美國在侵朝戰爭中遭到了沉重的打擊。根據他們的兵員和物資消耗，平均每月爲八十五萬噸，幾乎相當於當時美國援助北大西洋公約組織一年半的數量，比他們在第二次世界大戰的頭一年消耗多一倍。本來美國全球戰略的重點在歐洲，現在卻把重兵放在朝鮮戰場，放在亞洲，總兵力已達六十九萬人，而且仍感兵力不足，美國的戰略預備隊，只剩下在日本的美軍兩個師和僞軍三個師以及在美國國內的六個半師，再往朝鮮增兵已十分困難。英、法等國則更不願意再往朝鮮增兵。美國付出的代價如此巨大，勝利卻十分渺茫。這不僅引起美國人民強烈不滿，反戰、厭戰的情緒日益高漲，在美國統治集團的內部矛盾也日益激烈。

在這種軍事和政治上均不利的局面下，美國陸軍副參謀長魏德邁哀嘆道：「朝鮮戰爭是個無底洞，看不到聯合國軍有勝利的希望。」美國統治集團已經認識到單靠軍事手段，打敗中朝軍隊，解決朝鮮問題是不可能的了。五月十六日，美國國家安全委員會遂做出「通過停戰談判結束敵對行動」的決定。六月初，美國又通過聯合國秘書長賴伊多次透露願意通過談判結束敵對行動的意圖。正如艾奇遜後來在他的回憶錄中所說的：「是啊，於是我們就像一羣獵狗那樣到處去尋找綫索。」

艾奇遜先是要當時在巴黎玫瑰宮的查爾斯·波倫向德國的蘇聯管制委員會主席政治顧問弗拉基米爾·西蒙諾夫進行試探，也許對方沒有懂得他的意思，試探毫無反應。

艾奇遜讓駐聯合國的歐內斯特·格羅斯和托馬斯·科里向馬立克，或者是蘇聯駐聯合國的副代表西門·查拉普金進行非正式的試探，不僅沒有成功，反而引起一些謠傳。

艾奇遜又通過美國——瑞典——莫斯科的渠道秘密試探一下，同樣沒有回聲。

艾奇遜想，也許直接去找中國，於是他讓白宮政策設計辦公室的查爾斯·伯頓·馬歇爾去香港尋找接觸的機會，然而，辛苦了一陣，仍然沒有獲得成功。

艾奇遜着急了，這時他想起另一人，喬治·凱南。這位曾在第二次世界大戰期間作爲美國駐蘇聯大使哈里曼的得力助手、臨時代辦，長期在蘇聯工作，回國後又任美國國務院政策研究室主任，現任美國國務院顧問，正在普林斯頓大學研究所裏工作，他同蘇聯政府、外交部交往甚多，有許多朋友。國務院請他五月中旬來華盛頓，向他交待一項特別任務，讓他去見蘇聯駐聯合國代表馬立克。

凱南受命之後，立即寫了一封親筆信給馬立克，要求作爲私人拜訪去看望他，並希望馬立克接信以後打電話或寫信通知普林斯頓大學研究所給予回答。

馬立克在蘇聯外交部工作時，認識凱南，因爲經常打交道，那時蘇聯同美國是反法西斯同盟國，所以關係較好，成爲朋友。戰後仍保持一定的聯繫，馬立克到聯合國工作後，他們有時也見面和互訪。所以馬立克接到凱南的信，便立即覆信歡迎他來作客。

五月十三日，凱南從新澤西州普林斯頓大學驅車到達紐約海濱長島格倫克福莊園的一幢幽雅的別墅，受到了主人熱情的接待。

座落在長島鄉下的這所別墅，被習習海風纏繞，環境十分幽雅恬靜安逸。這裏是蘇聯駐聯合國代表團領導人從星期五晚上到星期一早晨渡假的地方。

馬立克在寬敞明亮的客廳裏接待了凱南，桌子上擺着水菓、香烟，馬立克以尊敬的口氣問凱南：「老朋友，你想喝點甚麼？咖啡、威士忌還是康雅克？」

凱南說：「我喜歡威士忌。」

服務員很快送來兩杯帶冰的威士忌，恭恭敬敬地遞給凱南和馬立克。

於是，他們一邊喝酒，一邊用俄語開始了「朋友式」的交談。

凱南從美蘇關係說起逐漸引向本題。他說：「我們兩國在朝鮮問題上，似乎正在走向一場可能最危險的衝突。這肯定不是美國的攻策和目的。當然，我們也很難相信這會是蘇聯的希望。」

馬立克一聽，立刻感到喬治・凱南此行決不只是爲了看望老朋友，話中有話，似乎負有使命，他發問：「既然美國的政策和行動會造成這樣的危險，難道不應該改變你們的政策和行動嗎？」

凱南不理會馬立克的提問，直接觸及本題，他接着說：「看來，中國人所引導的航向不可避免地會招致這樣的結果。不管北京是否希望這樣，但對我們兩國來說，這是引向嚴重麻煩的趨勢。」

「是這樣嗎？」馬立克說：「我們不止一次提出過解決朝鮮問題的唯一辦法是雙方停止敵對行動，撤出一切外國軍隊，朝鮮問題在沒有外國干涉的條件下，由朝鮮人民自己去解決。凱南先生提到中國的行動，你知道，中國曾多次提出朝鮮問題應該和平解決，而且當你提到中國時，難道你不應該回想一下杜魯門總統去年六月二十七日聲明嗎？你們派第七艦隊進入台灣海峽構成對中國的侵略和你們剝奪中國在聯合國合法席位的錯誤政策嗎？中國人民志願軍是在美軍逼近鴨綠江直接威脅到它的安全時才進入朝鮮境內的。」

一個外交家爲了完成他的使命，就像一個偵察分隊爲了完成任務，置途中任何干擾於不顧一樣。凱南仍不反駁。他說：「我說的是現在的危險趨勢應該得到制止。我看制止這種趨勢的唯一辦法是雙方的司令官進行停戰和停火的談判，我們很想知道莫斯科對於這一形勢的看法，也想知道如果有甚麼建議的話，那將是甚麼樣的建議？」

馬立克也不理會凱南的提問，他兩手一推作了個手勢：「你知道，蘇聯並未介入朝鮮戰場上的作戰。」

凱南單刀直入地說：「美國準備在聯合國或在任何一個委員會或是以其他任何方式與中國共產黨人會面，討論結束朝鮮戰爭的問題。」至此，凱南總算把他受命要說的主要問題都捅出來了。

馬立克馬上追問：「是恢復朝鮮戰爭戰前狀態嗎？」

「是的，馬立克先生。」凱南說：「各自回到戰前位置。」

「一切外國軍隊應該立即從朝鮮撤離。」馬立克說。

「立即撤退一切外國軍隊的問題，是沒有商量餘地的，但將來可以進行逐步從朝鮮撤退外國軍隊的討論。」

「朝鮮問題是同整個遠東問題連在一起的，美國的政策造成一系列嚴重後果，它不只是朝鮮問題，還有對日和約問題，台灣問題、中國在聯合國席位問題等等，都是必須解決的。」

「考慮到美國在日本和遠東的一般利益，出於安全的考慮，美國不能容忍朝鮮落在和美國敵對力量的手中，同樣不能同意整個國家落在共產黨手中。」凱南喝了口威士忌，又說：「在朝鮮停止軍事行動的問題，應作爲一個單獨的問題來解決，與其他更廣泛的遠東問題無關。……關於台灣和中國在聯合國的席位，目前不可能涉及這些問題，包括朝鮮的前途問題在內，準備以後討論。」

雙方談話結束了，稍有外交常識的人都知道，像這樣談話是不會作任何結論的，各自只能向自己的政府作報告。

馬立克同凱南的談話，傳到北京，周恩來同外交部、總參謀部進行研究，認爲有兩種可能，一是緩兵之計，以談判作爲幌子，爭取時間，調集兵力，再打，甚至大打；一是經過中國人民志願軍和朝鮮人民軍五次戰役，使美國認識到依靠武力征服朝鮮已不可能，企圖通過談判得到它在戰場上得不到的東西。但是，我們從朝鮮戰爭一開始就主張和平解決的，現在既然凱南找馬立克要同我們談判，不管美國出於何種動機，那種可能性，我們都應接過來，不好拒絕也不應拒絕，在談的過程中，利用矛盾，分化敵人，揭露敵人，打擊敵人。這樣對我們有利。但鑒於美國還很強大，還沒有被打得很痛，不甘心於使朝鮮戰爭成爲美國歷史上第一場沒有打贏的戰爭，因此，談判可能是長期、曲折、複雜的鬥爭；軍事鬥爭和談判鬥爭可能交替進行，即談談打打，打打談談，邊打邊談，時斷時續，最後取決於戰場的勝負而定。所以我們必須做兩手準備，尤其軍事上要有充分的準備，防止敵人在談判期間向我進攻，甚至是大的進攻，以期逼我訂城下之盟。對敵人的進攻，我們必須堅決反擊，將其打敗、打痛、打服，方能取得談判的勝利。無論是談還是打，都必須同朝鮮民主主義人民共和國協商好，步調一致，爲此建議邀請朝鮮首相金日成同志來北京共商大計，同時要把我們的想法告訴蘇聯和斯大林同志，在鬥爭中很好配合、協調。

一九五一年六月三日金日成到達北京，同毛澤東、周恩來等深入地討論了這一事態的發展，着重研究了談判的時機和談判的條件。雙方一致認爲，中國人民志願軍入朝以後進行了五次戰役，中朝兩國軍隊艱苦奮戰，已消滅敵人二十幾萬，把美國的侵略氣焰打了下去，恢復了戰前的狀態，把敵人趕到了三八綫，扭轉了整個朝鮮戰局，現在中國人民志願軍已達七十七萬人，朝鮮人民軍增至三十四萬，我方總兵力已達一百一十二萬人，敵我兵力之比爲一比一點六，我佔絕對優勢，但技術裝備比敵人差，敵人有火炮三千五百六十餘門，坦克一千一百三十餘輛，飛機一千六百七十餘架，艦隊二百七十餘艘，我軍僅有少量的飛機和坦克，火炮的數量質量亦遠遠不如敵人。在這種情況下，我企圖消滅敵人重兵集團也是困難的。我要在軍事上解決朝鮮問題，關鍵是消滅敵人有生力量，這就需要時間，需要有個敵我力量消長的過程，需要一個改善我軍技術裝備，提高我軍現代化作戰能力的過程。這樣戰爭就要長期打下去，速勝是不可能的，那麼現在客觀上出現了和平解決朝鮮問題的可能性，如能在談判中討論逐步從朝鮮撤退外國軍隊和朝鮮的前景問題，我們則不應放過這個談判的機會。這樣一方面準備持久作戰，再多消滅一些敵人有生力量，一方面通過停戰談判，爭取和平解決朝鮮問題。雙方還就談判一些細節問題進行了討論。

斯大林和蘇聯外交部也同意中國和朝鮮的分析和意見。

於是，蘇聯駐聯合國代表馬立克於六月二十三日在聯合國舉辦的「和平的代價」的廣播節目中發表演說。

他說：「全世界各國人民都認識到，和平對人類具有最巨大的價值。」

「自從犧牲了千百萬人類生命的第二次世界大戰結束以來，到現在還不滿六年，而用這樣高的代價得來的和平卻又受到了威脅了。」

「美國和依賴美國的其它國家對朝鮮的武裝干涉就是這種政策的最生動的表現。蘇聯、中華人民共和國和其它一些國家曾經一再提出和平解決朝鮮衝突的建議。戰爭之所以仍在朝鮮進行，完全是因爲美國始終阻撓接受這些和平建議。」

「朝鮮的武裝衝突——目前最尖銳的問題——也是能夠解決的。而要做到這一點，就必須各方有和平解決朝鮮問題的意願。蘇聯人民認爲，第一個步驟是交戰雙方應該談判停火與休戰，而雙方把軍隊撤離三八綫。」

「採取這種步驟是可能的嗎？我認爲是可能的，只要有結束朝鮮境內的流血衝突的眞誠願望。」

「我認爲，爲了確保朝鮮的和平，這代價不算太高。」

馬立克講話以後，周恩來立即召集外交部副部長、有關司長進行研究。大家一致認爲應該響應，但認爲不宜用政府名義出面，要看看美國的反應，而用《人民日報》這個又是官方又是非官方的名義表態，迴旋餘地比較大，這時恰好又是朝鮮戰爭一周年，所以，六月二十五日，中國《人民日報》發表紀念朝鮮戰爭一周年的社論。七月三日又以「爲和平解決朝鮮問題而奮鬥」爲題發表社論。社論說：「中國人民完全支持馬立克的建議，並願爲其實現而努力。」「中國人民是酷愛和平的，我們以前一向要和平，我們今後永遠要和平。我們要中國的和平，我們要亞洲的和平，我們要全世界人類的持久和平。中國人民志願軍參加朝鮮的反侵略戰爭，其目的在於求得朝鮮問題的和平解決。」社論明確指出：「中國人民一向主張以和平方式解決朝鮮問題，並曾不止一次地表示支持其它國家關於和平解決朝鮮問題的合理建議。而美國政府卻依然幻想依靠它的武力來征服全部朝鮮，進而威脅我國東北，因此，使所有這些關於和平解決朝鮮的努力歸於失敗。」社論又說：「毫無疑問，作爲和平解決朝鮮問題的第一個步驟，馬立克的提議是公平而又合理的。」

六月二十五日，美國總統杜魯門在田納西州土拉霍馬一個航空工程研究中心落成典禮上發表政策演說，他一方面叫囂要繼續進行朝鮮戰爭，一方面又表示：「願意參加朝鮮問題的和平解決的談判。」

六月二十七日，美國國務院訓令駐莫斯科大使寇克就馬立克的演說詢問蘇聯政府的意見，蘇聯外交部副部長葛羅米柯回答馬立克所表達的乃是蘇聯政府的意見。

李奇微發出和談建議

六月三十日，聯合國軍總司令李奇微向朝鮮人民軍和中國人民志願軍發出舉行談判的建議：

「本人以聯合國軍總司令的資格，奉命與貴軍談判下列事項：因爲我得知貴方可能希望舉行一停戰會議，以停止在朝鮮的一切敵對行爲及武裝行動，並願適當保證此停戰協議的實施。我在獲得貴方對本文的答覆以後，將派出我方代表並提出一會議的日期，以便與貴方代表會晤。我更提議此會議可在元山港一隻丹麥傷兵船上舉行。聯合國軍總司令李奇微（簽字）」

七月一日，金日成、彭德懷發出覆電。電稱：

「聯合國軍總司令李奇微將軍：你在本年六月三十日關於和平談判的聲明收到了，我們受權向你聲明，我們同意爲舉行關於停止軍事行動和建立和平的談判而和你的代表會晤。會晤地點，我們建議在三八綫上的開城地區。若你同意，我們的代表準於一九五一年七月十日至十五日和你的代表會晤。朝鮮人民軍總司令金日成，中國人民志願軍司令員彭德懷。」

雙方通過電文交換，順利達成了如下的協議：

一、談判地點：選在三八綫上的開城。

二、正式談判日期：從一九五一年七月十日開始。

三、為安排雙方代表第一天會議細節，雙方各派聯絡官三人，翻譯二人，於七月八日上午九時在開城舉行預備會議。

四、應對方的要求，我方負責保證對方聯絡官及隨行人員進入我控制區後的行動安全。

五、雙方代表團的車隊前往開城赴會時，每輛車上均覆蓋白旗一面，以便識別。

談判將要開始了，雙方都保持高度的警惕。

中央和軍委指示中國人民志願軍，在談判期間，如遇敵人大舉進攻時，我必須大舉反攻，將其打敗。彭德懷告誡所屬部隊「打的堅決打，談的耐心談。」

李奇微在發出願意談判的電報的同時，向聯合國軍也下達了兩點特別指示，要部隊注意不要鬆懈戰鬥意志。一、注意「眾所周知的蘇聯兩面性和欺騙性」。二、注意「像安理會這樣的國際機構要採取決定性措施需要相當長的時間。希望全體將士在戰場務必繼續保持鬥志，嚴防鬆懈。」

全世界都在注視朝鮮停戰談判，盼望從這個朝鮮的古都發出和平的福音。

在中國，這次談判的實際指揮者和主持人是周恩來。從馬立克和凱南會談後，他就注視各方的反映和動向，考慮談判方案和人選。

周恩來首先想到的是李克農，是合適的人選：李克農的情況，在前面已經介紹過。他現在是外交部第一副部長兼軍委情報部長。他能堅定不移地比較好地執行中央的指示，為人比較謹慎小心，又有豐富的談判經驗，由他擔任談判的第一綫指揮是可以放心的，同時又選了對國際問題有研究的而又文思敏捷、才華出衆的喬冠華作爲他的助手。喬冠華當時是政務院辦公廳副主任、外交部政策研究委員會副主任兼國際新聞局局長。

談判班子組織好以後，毛澤東接見了他們，周恩來則多次同他們一起研究談判方案、對策、要點等。

七月五日，李克農、喬冠華告別了前來送行的政務院辦公廳外交部、總參謀部等同志、戰友和親屬，登上從北京前門車站出發的專列火車。車廂中間有一個巨大的吊籃，是由珍珠、瑪瑙、金絲、銀絲織成的，做工精細、考究，這是清朝慈禧出行時的「御輦」，今天成爲新中國談判代表團的專車。夏風習習、車輪滾滾，火車奔馳在祖國華北和東北的大地上。當晚便到達祖國的邊城安東，中國駐朝使館參贊柴成文專程由平壤前來迎接，他是談判代表團的中方聯絡員。

當天夜晚，談判班子乘吉普車趕赴朝鮮，車隊在漆黑的夜空，跨過鴨綠江，兩岸盛開的山花，吐出芬芳的馨香，送別離開祖國前往友鄰國家執行和平任務的人們，他們迎着陣陣清爽的涼風，頂着滿天繁星，冒着敵機轟炸的危險前進。

七月六日晨，李克農、喬冠華等一行到達平壤東北約十五公里的根據地。這裏的環境優美，到處是鬱鬱葱葱的山林，滿山滿坡皆是綠油油的一片青草、樹木，百花爭艷，姹紫嫣紅，令人心曠神怡。李克農操着皖南鄉音，風趣地對大家說：「我們這不是到了世外桃源了嗎？」是的，朝鮮是很美好，三千里錦綉江山是世界聞名的，要不是戰爭的破壞，這裏是令人嚮往的好地方。

金日成的作戰指揮部就在這裏，中國駐朝鮮大使倪志亮也住在這附近。

當天上午，金日成在他的辦公地點親切地接見了李克農、喬冠華、倪志亮、柴成文。

在這之前，七月二日上午四時，以毛澤東名義就準備和談問題給彭德懷、金日成發了電報：

彭德懷同志，並金日成及高崗同志：

（一）同意彭留在聯司主持作戰及七月十日的幹部會議，不去平壤開會。（二）同意鄧華同志代表彭出席和談會議，請鄧即日動身去平壤，務於四日晚上或五日晚上，到達金日成同志那裏，彭對和談意見即告鄧帶去。（三）李克農率喬冠華及其他助手，於七月二日二時由北京乘車去安東，於七月四日傍晚由安東去平壤（不去聯司），大約於五日早晨或五日晚上，可到金日成同志那裏，和金日成同志及出席和談的代表們（人民軍和志願軍的）會商有關和談的一切問題，請金日成同志派人於適當地點接引他們。（四）請彭德懷同志命令於開城地區的軍隊負責首長迅速佈置在開城和談會議的房屋（如果沒有房屋就須使用帳篷）用具和食用品等項，佈置可靠的警戒，務必保障會議的安全，不許出亂子。敵方代表團的宿舍（可能有幾十人，包括新聞記者），我方代表團的宿舍及開會的會場，均須佈置得妥當一點。此外，還須爲李克農、喬冠華等佈置一所宿舍（距會場一二公里）。爲此，請聯司派一懂事的有能力的負責幹部即去開城地區指揮上述佈置事宜。開城情況如何，望速查告。

在同一天二十四時，又以毛澤東名義給彭德懷、高崗、金日成就談判期間我軍部署問題發了一份電報：

德懷、高崗同志並金日成同志：

在和敵方代表準備談判及實行談判期間，大約有十天到十四天，請你們嚴格和充分地注意下列各點：（一）爭取在十天內，用極大努力，加强第一綫部隊的人員特別是武器和彈藥的補充。請高崗同志將後方應運人員武器彈藥等，盡這十天內外運入北朝鮮境內，必須準備着一經簽訂停戰協定，這些人員和物資就不能運輸和調動了。（二）極力提高警惕。我第一綫各軍，必須準備對付在談判前及談判期內敵軍可能對我來一次大的攻擊，在後方，則舉行大規模的空炸，以期迫我訂城下之盟。如遇敵軍大舉進攻時，我軍必須大舉反攻，將其打敗。（三）楊成武兩個軍及五十軍，須令其迅速開到指定地點，防止敵人乘機在元山登陸，我卅八、卅九及四十二軍則準備對付敵人可能在西邊登陸。（四）請你們設想在停戰協定成立以後可能發生的各種情況，並預籌對策。

七月四日，又以毛澤東名義就籌備談判會場及開會事宜連續給金日成、彭德懷等發了三份電報：第一封電報內容是：

金日成同志，並告彭德懷同志：

我方是此次談判的主人，請你派出一位負責同志，隨帶若干工作人員及必要物品速去開城地區會同聯司參謀長解方同志籌備會場及開會事宜，如該地無房屋，就須帶帳篷去。雙方會議人員所需物品及會場設備，均須帶去。一切均須於七月八日以前準備完畢。

第二封電報內容為：

彭：

開城地區如埋有地雷，須加撤除，特別是李奇微代表的飛機降落地，汽車通道及會場附近，必須撤除乾淨，保障安全，不出亂子爲要。」

第三封電報內容爲：

金日成同志，並李克農、喬冠華同志：

（一）金於七月四日十三時的電報，李喬於七月四日十二時由安東發來的報告均收到了。（二）李喬及鄧華均可於七月五日拂曉到金處，請金召集李喬鄧及南日、金昌滿、金波、柴軍武等立即會商一次，如果可能的話，他們應於七月五日傍晚即由平壤出發於六日早上或晚上到開城地區準備各項事宜，早一點去較好。（三）如果你們同意認爲於七日上午我們仍有必要派若干人利用白天乘車去開城幫助會議工作則那個通知仍可於六日上午發表。究竟是否發表那個通知，請金於明（五）日再給我一電。但李喬南鄧金金柴等同志，最好於五日夜車即去開城，愈早愈好。

從上述電報清楚地證明，毛澤東、周恩來這兩位領袖人物，考慮和處理問題之精明、仔細、周到和遠見卓識，他們既預計到美帝國主義在談判過程中採取反革命的兩手策略，即談判和軍事行動同時並進，或交叉運用，軍事上得不到的東西在談判桌上尋求，談判中得不到的東西，則施加軍事壓力，使你屈服退讓。我們則必須用革命的兩手策略對付其反革命的兩手，在談判中認眞地談，誠心誠意地談，一絲不苟地爲和談作準備，用事實表明中國人是多麼地渴望和平啊！在軍事上作好充分的準備，如遇敵人進攻，堅決打敗它。這樣從談判一開始，我們就處於主動地位，駕馭着局勢的發展。

解方和幾位參謀、中方聯絡官到開城實地選擇了市區西北約兩公里的高麗里廣文洞的來鳳莊爲朝鮮停戰談判的會址。

來鳳莊看上去是一位富有家庭的宅第，它座北朝南，房前有用自然石塊砌成的花壇，中間是一棵經過精工造型的古松，周圍是一些木本花草。

大門是個過廳，再進去是寬敞的三間正廳，裏間西邊的屏風已經破舊，去掉屏風，中間擺上一張長桌，南北對坐，後邊還可以各擺一排稍窄的長桌，供參謀助理人員就座。在當時條件下，我們的聯絡官認爲是比較理想的會場。

來鳳莊的西南，靠松岳山邊有幾家民房，再靠西南還有一幢別墅式的平房作爲志願軍代表團的駐地，人民軍代表團安排在南山中學附近的民房裏。來鳳莊西北約四百米處有一幢石砌白色的兩層小樓，原來是個教堂，從會場到那裏有便道，略加平整就可通行汽車，準備作爲對方代表團會間休息的地方。」（引自柴成文的《板門店談判》）

根據中朝兩黨中央的協議，停戰談判的第一綫由李克農主持，喬冠華協助。出面談判的首席代表是朝鮮人民軍南日大將，志願軍代表是鄧華和解方，朝鮮人民軍代表是李相朝和張平山。

南日曾在蘇聯留學，先攻習教育後又學軍事，回國後擔任過教育局長，人民軍參謀長。

鄧華，一九二八年參加紅軍，出席過著名的古田會議，參加了兩萬五千里長征，一九三八年挺進冀東開闢抗日根據地，解放戰爭期間，參加了遼瀋戰役、平津戰役，第四野戰軍十五兵團司令員，揮戈南下，解放廣州和海南島，後任第十三兵團司令員，中國人民志願軍第一副司令員，是彭德懷的得力助手，專管作戰的。他戰功卓著，是位有勇有謀的高級指揮官。

解方，一九三〇年畢業於日本陸軍士官學校；曾任過張學良的東北軍參謀長，一九三六年加入中國共產黨；一九四一年到達延安，先後擔任軍委情報部的局長和東北民主聯軍副參謀長、兵團參謀長，後任中國人民志願軍參謀長，是我軍難得的既富有軍事理論又有實戰經驗的高級軍官。

李相朝，抗日戰爭期間，曾是活躍在中國太行山朝鮮義勇軍的隊員，爲人敦厚，對朝鮮人民的事業忠心耿耿。

張平山，朝鮮人民軍一軍團少將參謀長。

李克農、喬冠華受毛澤東、周恩來的委托，主持第一綫談判工作，深知責任重大，身上的擔子很有分量，他們一到開城便開過多次會議，檢查談判的準備工作，他們處處學習周恩來，事無巨細都親自過問，直到落至實處爲止。幾天來，他們幾乎沒有片刻休息，利用一切時間盡快熟悉自己班子裏中朝雙方的每個同志，個別談話，佈置工作。李克農忙得原有的哮喘病又犯了，只能靠藥物來控制。喬冠華年青，身體好，又是樂天派，整天樂呵呵的，有說有笑，風趣詼諧。

明天，七月十日，停戰談判就開始了。李克農、喬冠華還是有點放心不下，晚上十時，李克農又召開了一次中朝同志會議，對出席明天會談的人員再作一次交待。

寂靜的夜空，時常傳來一陣陣炮聲，中國人民志願軍和朝鮮人民軍還在浴血奮戰；爲爭取和平付出血汗和犧牲，中朝兩國參加談判的同志披星戴月，一個個默默地步入中國人民志願軍代表團駐地，一幢別墅的客廳裏。這時候，他們都有一個心願，希望談判早日舉行，獲得成功，讓朝鮮人民、中國人民和世界各國人民早日回到和平安定的環境下建設和生活。因此，每個成員都感到自己肩負着祖國人民和世界人民的期望，既光榮又沉重。

會議首先由喬冠華把第二天談判的安排，作了一番滙報和說明。接着李克農就停戰談判的全局性問題及注意事項再作一次系統的全面的闡述。

李克農習慣地用手輕輕地摸一下他的八字鬍子，再端起茶杯喝一口茶潤潤喉嚨，又吃了一片止咳藥，才開始講話。他說，這次談判不同尋常，是中朝兩國軍隊同世界上最強大的敵人美帝國主義進行了近一年的軍事較量，而且戰爭還在繼續進行的情況下舉行的，可以說舉世矚目，牽動着十幾億人的心。我們方面準備提出三條原則，作爲和平解決朝鮮問題的第一個步驟。它既符合各國人民包括美國人民在內的和平願望，也是對方曾經表示過基本上可以接受的條件。停火休戰、雙方撤離三八綫以建立非軍事區，雙方的意見雖有距離，但是不很大。從朝鮮撤退問題，對方表示現在不能討論，但也答應將來再討論。所以，這次談判達成協議的可能性是存在的。然而，正如周恩來總理所一再告誡我們的，美帝主義很狡猾，出爾反爾，同它打交道不那麼容易，要多從壞處想，對困難要有足夠的估計，不可掉以輕心。這就需要中朝雙方同志在毛澤東主席、金日成首相領導下和周恩來總理兼外長的實際主持下，緊密團結，羣策羣力，努力爭取。

李克農咳嗽了兩聲，他忙抿了一口茶，提出四點要求：

第一，我們要旗幟鮮明地把我們的和平主張擺在世界人民的面前，使它產生一種力量，也就是我們常說的政策的威力，我們準備提出的三條原則是非常合情合理，得人心的，是一個非常非常有力的武器，周恩來同志指示我們要抓住這三條原則反覆講反覆宣傳，使它成爲全世界愛好和平的人民的鬥爭口號，同我們一起來爭取和平，切切不可在枝節問題上同敵人糾纏，那樣就容易上當。

第二，談判是在我們的區域內進行，較之在對方提出的在丹麥傷兵船上在政治上對我有利，工作上我們也比較方便。但是安全問題是件大事，讓人擔心。這裏是個新解放的地區，羣衆基礎差，日本人在這裏統治了三十六年，美國和李承晚在這裏統治了六年，社會情況相當複雜，而且又處在三八綫上，離敵人很近，雙方都在這裏埋了不少地雷，要全部清除也不容易。無論哪一方在安全上出了問題，我們都要承擔責任。因此，安全是第一個大問題。開城地區的志願軍和人民軍要保證在安全上不要出問題，請李相朝、解方同志認眞檢查一下，愼之又愼，切不可痲痺大意。

李克農移動一下他那胖胖的身體，微笑的圓臉帶有幾分嚴厲的神情，說：這第三嗎，同志們，談判即是打仗，但是打「文仗」不是打「武仗」，「武仗」那是我們彭老總的事。打「文仗」，政治上要高屋建瓴，具體問題要後發制人。事關大局，說了話就要算數，在談判桌上說了的話是收不回來的，所以對外表態要特別愼重。有些話寧肯晚說一天不要搶先一分，要盡量使用已經準備好的稿子，除了主稿之外已經準備了一些小稿子備用。這些稿子都是經過恩來仔細審閱和修改過，或作了原則指示。會場的情況同戰場一樣；一旦打響，就會千變萬化，作爲談判代表你們中途回來不方便，請柴成文同志隨時回來通通氣，沒有把握的時候，寧肯休會商量一下也不要急。

他停頓一下，強調說：對於我們的同志來講，我不擔心哪位同志會在談判中喪失立場，擔心的是多數同志年青氣盛，經不起人家的挑逗而衝動。同美國人打交道多數同志沒有經驗，所以參加會議的同志都要注意觀察會場上每一個細節，察顏觀色，爭取較快地摸透對方的脾氣。

第四，也是最後一點，停戰談判一刻也脫離不開戰場情況的變化，請解方同志及時掌握戰場上的情況變化，馬上告訴我們，如果離開戰場情況變化，停戰談判是無法進行的。好比唱戲一樣，我們搞談判的在前台表現，如果沒有後台的化裝、道具等作後盾，那麼前台就成了空中樓閣，必然要塌下來的。所以「文仗」要有「武仗」的支援和配合。

李克農講完了，大家都有一種感覺，彷佛克公不像以往那樣幽默詼諧，笑語連篇，比較和藹親切，而今天他講話時的臉色比較嚴肅，甚至嚴厲，這大概確是因爲我們面臨着強大而又狡猾的敵人，有一場嚴重的戰鬥，艱苦的戰鬥，與老虎搏鬥，而克公的講話確實是經驗之談，語重心長，害怕我們這些初出茅廬，尤其是對在戰場上指揮千軍萬馬的將領們在談判桌上最難忍受敵人的氣，容易沉不住氣而發火，把事情搞糟，所以克公這位談判老手的忠告，十分重要，十分及時，可以說是切中了要害。

八、開城談判針鋒相對

開城位於朝鮮半島的中西部，在禮成江和漢江之間，漢城西北六十五公里，距江華島約二十公里。登上開城的南山隱約可見漢城的後山。開城西北二十公里處的朴淵瀑布爲朝鮮的三大瀑布之一。它舊稱松岳，是朝鮮的古城，從公元九一九年至一三九二年爲高麗王朝的古都，始稱開京，即開國都城之意，是當時朝鮮的政治、經濟和文化中心。市區有十五公里的古城牆及王陵、故宮等名勝古迹。日本投降後，南北朝鮮以三八綫爲界，開城在三八綫以南，在中國人民志願軍和朝鮮人民軍發動的第二次戰役被解放了。

七月十日，這天，是朝鮮入夏以來少有的好天氣。寬闊的原野上，稻浪滚滚，蛙聲一片，鳥語花香，風和日麗。捲入戰爭漩渦被窒息得喘不過氣來的開城人民露出一點喜悦，男女老少一齊出動，把街道打掃得乾乾淨淨，迎接停戰談判。

上午八至九時，美方代表及工作人員分乘吉普車、卡車和直升飛機到達開城來鳳莊。我方聯絡官和安全官前往迎接。

十時整，雙方代表在來鳳莊的過庭會晤，然後步入會場，互閱證書。按照國際慣例，任何國際談判，都要由派出國的政府首腦簽字的證明書，談判代表才爲對方所承認，像朝鮮停戰談判必須由雙方司令官簽字的證書，即朝中方面必須由金日成、彭德懷簽字，對方必須由李奇微簽字的證書，才證明派出的代表是全法的，有效的。

談判大廳中間，東西向擺着一張鋪有綠色台絨的長方形條桌。桌子的南面坐着美國的代表也即是所謂聯合國軍五名代表，中間是謝•特納•喬埃中將首席代表。他是美國遠東海軍司令。二次大戰中美國有名將領。此人中等身材，沉着老練，善於談判。喬埃的右手是白善燁少將，他是南朝鮮第一軍軍團長，「是南朝鮮軍隊中最有才幹的軍官」，亨利•霍迪斯少將，他是美國第八集團軍的副參謀長。曾在歐洲指揮過一個步兵團，左手是勞倫斯•克雷吉少將，他是美國遠東空軍的副司令，曾在北非指揮一個戰鬥機聯隊，奧爾林•勃克海軍少將，他是美國遠東海軍的副參謀長，曾在太平洋戰役中使用驅逐艦戰鬥而聞名。

桌子的北面是朝中方面的代表。中間是南日大將，右手是鄧華和解方將軍，左手是李相朝和張平山將軍。

雙方代表的後面，各坐着人數大體相當的參謀、翻譯和記錄人員。

按照國際上的慣例，會議在我方駐地召開，本應由我方先發言，但美國人不講禮貌，不等我方開口，喬埃便搶先發言。我方寬宏大度，沒有計較。

喬埃在強調談判的重要性之後，說，在停戰協定沒有生效之前，戰爭仍在繼續進行，延遲達成協議將會延長戰鬥，增大傷亡。他說：「我們談判的範圍僅僅限於有關韓境純粹的軍事問題，如果你方同意，請就此簽字作為我們談判的第一個協議。你同意嗎？」

我方代表對對方的問題沒有置理。

南日將軍致詞說：「六月三十日聯合國軍總司令李奇微將軍表示，願意舉行停戰談判。我的總司令金日成將軍和中國志願軍司令員彭德懷將軍，根據朝中人民及全世界人民的願望與要求，贊成與李奇微將軍舉行談判，並派我代表朝鮮人民軍出席這次談判。朝鮮人民歷來主張，現在仍然主張，朝鮮戰爭應該迅速結束，因此熱烈贊成蘇聯駐聯合國代表馬立克先生六月二十三日提出的交戰雙方應該談判停火與休戰，而雙方把軍隊撤離三八綫。爲了停止朝鮮戰爭，我們認爲就要解決停火，雙方軍隊撤離三八綫，作爲實現朝鮮休戰的基本條件及撤退外國軍隊以保證朝鮮戰火之不再復燃等重要問題。因此，我代表朝鮮人民軍提出下述建議：

第一，在互相協議的基礎上，雙方同時下令停止一切敵對軍事行動，陸軍停止對對方的進攻、襲擊與偵察；海軍停止對對方的轟擊封鎖與偵察；雙方空軍停止對對方的轟炸與偵察。顯然，雙方停火，不但可以減少生命財產的損失，而且是撲滅朝鮮境內停火的第一步。

第二，確定三八綫爲軍事分界綫，雙方武裝部隊應同時撤離三八綫十公里，並於一定時限內完成之。以雙方撤離的地區爲非軍事地帶，雙方皆不駐紮武裝部隊或進行任何軍事行動。這裏的民政，恢復一九五〇年六月二十五日以前的原狀。與此同時，立即進行關於交換俘虜的商談，使各國俘虜早日還鄉與家人團聚。

第三，應在盡可能短的時間內撤退一切外國軍隊，外國軍隊撤退了，朝鮮人民、中國人民、蘇聯人民及全世界一切愛好和平的人民，包括美、英人民在內，都熱烈要求早日停止朝鮮戰爭，並和平解決朝鮮問題。我們希望我們能夠在這次談判中達成協議，以滿足廣大人民的要求。」

南日發言後，中國人民志願軍代表鄧華將軍接着致詞：「我奉協助朝鮮人民軍在朝鮮作戰的中國人民志願軍司令員彭德懷將軍之命，出席這次會議，與朝鮮人民軍代表一同，和聯合國軍總司令李奇微將軍的代表，商討在公平合理的基礎上，實現在朝鮮境內停火與休戰等問題。我認爲這些問題的解決，將是在和平解決朝鮮問題上，走了重大的一步。中朝兩國人民的利益是完全一致的，結束朝鮮戰爭與和平解決朝鮮問題，同樣是中國人民一貫的要求，並爲之不斷奮鬥的目標。中國人民志願軍援助朝鮮人民軍的目的，就是恢復朝鮮的和平，及保障中國的安全。因此，當蘇聯駐聯合國代表馬立克先生根據蘇聯政府和平解決朝鮮問題的一貫主張，建議由朝鮮交戰雙方談判停火與休戰而雙方把軍隊撤離三八綫時，這一建議，便立即獲得中國人民及中國政府的熱烈支持。在朝鮮作戰雙方停火，確定三八綫爲雙方軍事分界綫，及撤退一切外國軍隊，是符合朝鮮人民、中國人民以及全世界人民的願望和要求的。我們認爲朝鮮人民軍的代表所提出的三項建議，是停止朝鮮戰爭及和平解決朝鮮問題的前提與基礎。中國人民志願軍衷心支持這些建議，並認爲應把它們作爲談判出發點。各國人民都痛恨戰爭而熱愛和平。我們希望我們能夠順利完成停止朝鮮戰爭的任務。」

本來，朝中雙方曾商定，談判桌上主要由南日代表我方發言，今天鄧華的發言是特意安排的，因爲全世界都清楚，在開城談判桌上美國人找的就是中國人。如果中國志願軍的代表不發言，不僅不能滿足世界愛好和平人士的願望，而且美國人也不會放心。

原先，凱南同馬立克的談話，已經有了大部分的共同點和接近點，可是對方在聽我方發言後，卻提出以下九項議程：
一、通過議程。
二、俘虜營地點和准許國際紅十字會代表前往訪問。
三、會議所討論之範圍，只限於有關韓境純粹的軍事問題。
四、停止韓境武裝部隊之敵對及軍事行動並商定保證敵對及軍事行動不再發生之條款。
五、議定韓境之非武裝區域。
六、韓境停戰監督委員會之組織，權力及職司。
七、協議設立軍事觀察小組在韓境視察之原則，該項小組隸屬於停戰監督委員會。
八、以上小組之組織及職司。
九、關於戰俘之處理。

美國人一開始就出爾反爾，狡詐多變。中朝代表立即研究對方的議程草案。大家認爲，對方提出的第一項只是個程序，二、三兩項明顯是硬加進去的，國際紅十字會訪問戰俘營，不必要在這裏討論。談判的範圍雖然凱南曾經講過停戰作爲一個單獨問題進行討論，但是眞正討論起來，僅純軍事問題的定義就可能扯個不休。估計對方提出這兩項議程，無非說明他們害怕談到牽涉到台灣問題和中國在聯合國的席位問題。四項是停火，五項是非軍事區問題，這兩項當然是要討論的，但是對方卻沒有提出軍事分界綫的劃分問題，這樣就失去了確定非軍事區的依據，六、七、八項及第四項最後一句，都是保證軍事停戰後軍事行動不再發生的停戰監督問題，第九項是戰俘問題，當然也是要討論的問題。對方提出的九項議程草案，其中眞正要討論的問題，實際上我三項原則建議都已包括進去了。然而對方卻隻字未提自朝鮮撤退一切外國軍隊，也沒有提自三八綫撤退的問題。而這些又恰恰是應該討論的重大問題。這些都不難看出，對方的立場有了變化。

李克農說，看來美方沒有像凱南約會馬立克時那樣急迫了。這個動向很值得注意。大家研究決定，既然談判是對等的，對方提出了議程，我們不好反對，我方也應提出對策，有個議程。於是，馬上起草了一個議程，經過李克農、喬冠華的批准，於下午在會談中提出：

一、通過議程。

二、以北緯三十五度綫爲雙方停戰的軍事分界綫，並設一非軍事區，作爲停戰的基本條件。

三、撤退一切外國軍隊。

四、實現朝鮮停戰的具體措施。

五、關於戰俘的安排。

第一天的談判結束了，留下了兩個談判草案。一對比，分歧明顯，焦點突出，世界各大通訊社對我方提出的三項建議，進行了廣泛突出的報道，給世界愛好和平的人民以很大的鼓舞和希望，對美國的發言未觸及實質；未把撤退一切外國軍隊列入議程很不滿，特別是記者們向美方施加壓力，他們認爲美方發佈的新聞過於簡單，遠不能滿足新聞界人士的要求。

美方爲了擺脫其被動局面，於第二天停戰談判會議上，提出新聞記者採訪談判問題，並要求我方於十二日即容許二十名記者前來開城進行採訪。我方允許考慮美方的意見。

十二日上午六時三刻，我方通過聯絡員答覆對方，表示贊成美我雙方記者在適當時機前來開城進行採訪活動，一俟談判達成某項協議，我方即歡迎記者前來。但美方不顧我方的答覆，而採取要挾手段，將二十名記者和六十五名代表團人員組成一個車隊於七時四十五分開至開城東我板門店防區。對於美方這種做法我方當然不能允許，當即派聯絡員前去告訴他們，由於新聞記者採訪會議尚未達成協議，我方不同意記者通過。美方卻連代表團人員全部返回；十二日的談判未能進行。

記者採訪成爲問題

接着美國首席代表喬埃海軍中將來信說：

南日將軍：一、一九五一年七月十二日九時三十分，載有我方在會議地點所需的人員沿汶山、開城路上行駛的我方汽車隊，被貴方的武裝衛兵拒絕通過貴方的崗哨。二、我已命令這個車隊駛回聯合國軍前綫。三、在接獲貴方通知攜帶我所選擇的人員，其中包括我認爲必須的新聞代表人員，將不受阻難而到達會議地點時，我準備偕同我的代表團重來，並繼續昨天休會了的商談。

海軍中將、聯合國軍首席代表喬埃。

李克農、喬冠華和談判代表團立刻研究喬埃的來信，認爲我們當時對記者的採訪這個敏感性的問題，認識是不夠的。只想到談判還沒有任何結果，連議程都未統一起來，記者採訪是沒有必要的。沒有想到，朝鮮停戰談判，是全世界人民關注的一件大事，世界各大新聞機構在爭取時間搶新聞、搶鏡頭、搶發稿，早發一分鐘和遲發一分鐘，新聞的價值就懸殊很大，它牽涉到記者們的工作，甚至飯碗問題。

在這種情況下，對方的新聞代表不能進入開城，不能進入會場，自然要向對方代表團施加壓力，而外國官方一般都害怕記者。同時，在談判的當天上午，我方確有一名攝影人員進到會場內拍攝過會談的照片，雖當即被我首席代表揮手出去了，但不管怎樣，我方的記者照了，他們沒有照，這樣就有傷對方的面子。因此，大家認為，有必要給對方一個答覆，一方面要堅持我方的立場，一方面作一些緩解，即雙方記者都不進入會場，建議繼續開會，暗示可以在會談中討論這個問題，這個答覆請示周恩來，得到他的同意批准。

七月十三日一早，南日覆函喬埃。

喬埃將軍：

你的來函收到了。答覆如下：一、我們十二日上午七時四十五分並未阻攔你的代表團前來開會。至於隨車同來的新聞記者，因為雙方並未達成協議，自然不能允許他們來談判地區。你們的代表團因而拒絕到會，是沒有道理的。二、對於新聞記者及新聞代表人員採訪問題，我們的意見是：未得雙方協議，任何一方的新聞記者與新聞代表人員，均不能進入談判地區。三、我們建議：今天上午九時（平壤時間）繼續開會。

朝鮮人民軍、中國人民志願軍首席代表
南日將軍

但是，美方仍抓住記者問題不放，立即把這個問題升格到雙方司令官一級進行交涉，並把它提高到雙方在會場區享受平等待遇問題的高度。七月十三日李奇微致函金日成、彭德懷要求劃開城為中立區。

函稱：六月三十日，他曾建議在丹麥醫療船上會晤，因爲那樣可使雙方都有同等的出入自由，包括屬於任何一方的新聞記者這種人在內。這種地點可以有一種完全中立的氣氛，不致有任何一方的武裝部隊在場而產生威脅的作用。當他接受以開城爲會晤地點時，原以爲開城能完全具備上述條件的。他說，七月八日聯絡官會議上，他們曾建議沿着金川——開城——汶山公路建立一道十英里寬的中立區，雙方武裝部隊讓出開城，遭你方聯絡官拒絕，……但自從談判以來，事實證明雙方的待遇是不平等的。

李奇微在信中建議：劃一個圓形地區爲中心區，以開城的中心爲圓心，半徑爲五英里，東面以板門店爲界。在整個會議期間，在中立區內不能從事任何敵對行動，會議區和雙方代表團人員前往會場區所經過的公路不駐紮武裝人員。並建議每方代表團在中立區內的人員總數任何時候最多不超過一百五十人，在上述限度內每方代表團人員構成應完全由該方司令官決定。來信最後說：如果你方同意這些建議，目前休會即可終止，會議即可恢復，不致遲延，而且可望有所進展。

李克農、喬冠華、南日、鄧華等當即研究李奇微的來信，認爲李奇微同意在我控制的開城地區談判後悔了，可能挨了上面的批評，他想借「記者問題」大作文章，抓住「中心區」問題振振有詞，以推翻這個協議，因此，我們應該堅持原則立場，揭露和駁斥對方的觀點，同時，爲了爭取談判能夠繼續進行，不在枝節問題上同對方糾纏，同意其合理的要求，隨即起草覆信和請示我黨中央的電報。

周恩來接到李克農的來報後，立即召集外交部和總參謀部進行研究和修改覆信。

七月十四日，以毛澤東名義連續發了五封電報給李克農。

第一封，七月十四日上午一時四十五分。

克農：

七月十三日廿一時半來件收到，待修正後發給你，你在收到修正稿以後即可發給對方。北京廣播當在七月十四日二十時即下午八時左右。

第二封，七月十四日上午七時。

克農並金、彭：

（一）李奇微的通知是以劃中立區爲主題，來掩蓋他因記者這個小問題而引起會議停頓的不妥當行動。我方爲取得主動起見，決定同意他劃中立區的提議，也同意他將新聞記者作爲他代表工作人員一部分的辦法，以取消敵方的一切藉口。（二）請你們立即準備在敵方代表重來開城時注意解決下列幾點：（甲）中立區的面積究以多少公里爲適宜，爲保障雙方代表的安全，應考慮撤退當地居民問題，是否能迅速撤退（撤退時保障居民不受損失）。（乙）我方武裝撤退後應否以非武裝人員維持秩序。（丙）設立板門店雙方聯絡員聯合辦事處問題。（三）給李奇微覆文已重寫，另電發來，北京準備在今日下午八時才發廣播。

第三封，七月十四日上午十時。

克農，並金、彭：

（一）在給李奇微的覆文裏沒有答覆李奇微所提的將雙方代表團的全部人員限制爲一百五十人的問題，使你們留下有機動的餘地。如果美方代表團提出這個問題時，你們可以照你們的意見提出雙方代表團工作人員各由自己規定互不干涉，但如美方堅持要規定同等人數，你們也可以同意這種規定，因爲這是無關大局的。（二）在劃中立區面積的問題上以能保證雙方代表安全爲原則。如果可以不要遷動大範圍的居民則可以同意美方半徑五英里的數目，否則可以劃一個通板門店的走廊及一個開城附近的較小圓圈，以便只遷移較小範圍內的居民。究應如何，請按情況靈活決定。

第四封，七月十四日上午十一時。

克農，並金、彭：

七月十四日二時半的電報收到，關於記者問題的公報不必再發，因爲主要的內容已經公佈，再發這個公報就重複了。

這裏提到的「公報」，是李克農向中央建議就「記者問題」，發一個公報。毛澤東答覆，因爲《人民日報》已在一九五一年七月十四日以《堅持雙方協議原則並建議繼續開會，南日將軍函覆美方代表》爲題，刊載了新華社平壤十三日電，其中談到朝中方面對新聞記者問題的基本態度。

第五封，七月十四日下午六時。

克農，並金、彭：

（一）七月十四日十五時十分的電報收到了，同意你的修改文句（從十三個字至一百七十字），但在十三字下仍須加上「爲了掃除在一些枝節問題上的誤會和爭論，使和平談判工作得以順利進行起見」一句，下接「我們同意你所提的……」。（二）北京仍在下午八時廣播，你處可注意收聽。（三）請平壤廣播亦照此修改。

這裏所說的「修改文句」，是李克農給毛澤東、金日成、彭德懷的電報，說：「我們仔細研究李奇微來文，發覺中立區與會址區域有大小及涵義的不同。對於中立區，他要求雙方停止敵對行動；而對於會址區域，則須摒除一切武裝人員。與其改動他的建議，不如全盤接受他的，對我主動。因此，建議對覆文一百十三字至一百七十字作下述更改。『……我們同意你所提的將開城地區劃爲在會議進行期間的中立區，雙方停止任何敵對活動及將武裝人員完全摒除於會址區域及你我代表團通往會址區域通路之外的建議。至於這個會址區域的大小及其他有關具體問題，我們建議，……』。我們等你覆示後，再將給李奇微的覆文發出。」

周恩來是個從善如流的人，他處理任何問題既有自己的主張，又喜歡發揚民主，聽取別人的意見。他主持外交部工作，經常召集外交部的副部長、司長們開會研究問題，如遇重大國際問題，他要把那些主管科員、科處長以及翻譯都要找來一道研究情況，提出處理意見，當他充分聽取了大家的意見後，他才把大家提出好的、正確的意見集中起來、吸收進去，作出結論和決定方針。所以在他領導下工作的同志，都心情舒暢，無拘無束，暢所欲言。但他對同志對工作要求很嚴，一絲不苟，不對的或做錯的事，他立即指出，嚴肅批評，不留情面，例如這次關於中立區問題，他就批評代表團在預備會時拒絕對方所提劃一個中立走廊和中立會場區問題的建議，考慮不周，結果把雙方代表團的安全問題都壓在自己身上。當然對方以此爲借口任意中斷談判的責任只能由對方承擔。但是周恩來批評人從來不記賬，批評以後，只要你接受批評、承認錯誤，改正了，就行了，一切如初，不再算老賬。所以外交部以及經常接觸他的人有這樣一種說法，被周總理批評也是高興的、光榮的。

正是由於周恩來既善於發揚民主、聽取別人意見，又對同志要求嚴格，及時指出錯誤所在。所以他能兼聽則明，作出決定，處理問題都是切合實際或比較切合實際，完善或比較完善的，很少有偏頗或失誤。

金日成、彭德懷按照毛澤東、周恩來修改審定的文稿，於十月十四日給聯合國軍總司令李奇微覆函稱：

李奇微將軍：

你的七月十三日來信收到了。爲了掃除在一些枝節問題上的誤會和爭論，使和平談判工作得以順利進行起見，我們同意你所提的將開城地區劃爲在會議進行期間的中立區，在區域內雙方停止任何敵對行動，及將武裝人員完全摒除於會址區域及你我代表團通往會址區域的通路之外的建議。至於這個會址區域的大小及其有關的具體問題，我們建議交給雙方代表團在下一次會議上去解決。

關於引起這次停會的原因的新聞記者問題，是和劃中立區的問題無關的。後一個問題自從七月八日貴方聯絡官提過一次之外，貴方的代表團再也沒有提出過。而聯絡員的任務是討論細節問題的，無權討論像劃中立區這樣性質的問題。

此次引起停會的原因的新聞記者問題是一個小問題，值不得爲這個問題引起停會，更加值不得爲這個問題而引起會議的破裂。貴方代表團曾經在會議上提出這個問題，我方代表團當時認爲在會議還沒有任何成就，並且連議程也沒有通過的時候，各國新聞記者來到開城是不適宜的，這個問題因而没有取得協議。

我們堅持一切問題必須由雙方協議才能執行的原則，我們認爲這個原則是公平的，無可辯駁的。新聞記者問題既然没有達成協議，就不應當由貴方一方片面地强制執行。

爲了不因這件小事而使會議陷於長期停頓或破裂起見，我們現在同意你的建議，即將貴方新聞記者代表二十人作爲你的代表團工作人員的一部分。我們已命令我方代表團在這個問題上也給貴方以便利。

朝鮮人民軍最高司令官　金日成
中國人民志願軍司令員　彭德懷
一九五一年七月十四日

當晚，中央人民廣播電台廣播了這樣的消息：

（新華社平壤十四日電）本社記者從朝鮮前綫總部獲悉：昨日美方代表團藉口新聞記者未得我方同意仍然不來開城開會，以致會議又停頓一天。昨日下午，此間收到了李奇微的一個通知，提出了劃中立區的新問題。金日成將軍和彭德懷將軍本日已予以答覆。爲了掃除在一些枝節問題上的誤會和爭論，使和平談判得以順利進行起見，我方在原則上同意將開城地區劃爲在會議期間的暫時的中立區。有關新聞記者問題也給了美方以便利。這樣，就解除了美方在最近提出的一切藉口，使開城會議有可能重開。

報道還附金、彭兩將軍給李奇微的覆函。

美方製造「記者問題」，純屬藉口。後來喬埃在他的回憶錄中說：「因爲牽涉了新聞記者，有人就遽下結論，以爲問題的焦點是在新聞自由。新聞自由固有其莫大的重要性，但在此處則並不完全恰當。那一次的意外事件，我方是利用爲對於當時雙方享受平等的待遇的現實問題，迫使共方攤牌，其中包括整個會議區域的自由進出的問題，雙方統帥對於代表團的組成有毫無保留之決定權問題，其後經過了三天的休會，共方統帥部對李奇微將軍的要求，提出了若干簡單的保證，會議就重又恢復了。」

達成停戰談判議程

七月十五日，朝鮮停戰談判恢復。繼續討論議程問題，在討論中，最突出的問題是，一爲以三八綫爲軍事分界綫問題；一爲撤退一切外國軍隊問題。關於以三八綫爲軍事分界綫；對方沒有從問題的實質講甚麼理由，僅說議程只應提出討論的題目，而不應提甚麼結果。我方代表接受了這個觀點，至於撤退一切外國軍隊問題，這就觸及了對方的痛處和要害，我方堅持應該列入會談議程，對方堅決反對，使盡全身解數進行反駁，成了討論的焦點。

早在一九四七年九月十日，蘇聯政府就曾一再建議：將一九四五年進入南北朝鮮的美國和蘇聯軍隊於一九四五年初同時撤走；以便「重建朝鮮成一獨立國家」，均遭美國拒絕，南鮮的李承晚長期漂流海外，要是沒有美國軍隊的支持他是上不了台的，上了台也是站不住的，所以他是最怕美軍撤走。在這一背景下，一九四七年九月十九日魏德邁到朝鮮進行了考察，並給杜魯門寫了一個「秘密報告」，建議美軍不要撤出南朝鮮。

然而，從朝鮮撤退外國軍隊的主張是深得人心的。世界各地凡有美軍駐紮的地方都引起了共鳴，有的國家還舉行羣衆遊行，喊出「美國佬滾回去」的口號。一九四五年十二月二十五日蘇聯宣佈從朝鮮撤軍完畢，更爲這股勢不可當的和平浪潮推波助瀾，逼得杜魯門被迫於一九四九年六月三十日聲明從朝鮮撤軍完畢。

現在，美軍借着朝鮮戰爭，打着聯合國旗號又入侵了朝鮮，他怎麼肯撤走呢。杜魯門對朝鮮的方針一直是要麼由美國武力統一，要麼保持長期分裂。麥克阿瑟的「聖誕攻勢」被中國人民志願軍打得頭破血流，用武力統一朝鮮的美夢破滅了，只好被迫坐下來談判，而今他要用武力來保持朝鮮的長期分裂。他當然不願意把撤退一切外國軍隊列入談判的議程。

在談判開始前，美國國務院和參謀長聯席會議就指示李奇微：「你和敵方部隊司令員之間的談判應嚴格限於軍事問題；你尤其不應進行關於最後解決朝鮮問題的談判。或考慮與朝鮮問題無關的問題，如台灣問題和中國在聯合國席位問題；這些問題必須由政府處理。」所謂「不應進行關於最後解決朝鮮問題的談判」就包括撤退一切外國軍隊。所以美國談判代表頑固堅持不同意將撤退一切外國軍隊列入談判議程。以便於它隨時破壞談判和長期駐軍南朝鮮。

我方根據中央七月十七日的指示：「我們提出此條，是有充分理由的（各國派兵到朝鮮是來作戰的，不是來旅行的，爲甚麼停戰會議能夠討論停戰，卻無權討論撤兵呢？顯然這種理由是不能成立的）。因此我方堅持會議既然有權討論停戰，也有權討論撤兵」的指示精神，提出應將撤退外國軍隊必須列入議程。

我方說，撤退外國軍隊是防止戰爭復發的必要條件，外國駐軍是戰爭的根源。美方說，朝鮮戰爭爆發時並無外國駐軍，恰恰是外國撤出不久就發生了戰爭。我方說，照此說來，只有新殖民主義者在全世界各國駐軍，才有可能防止戰爭，保持和平了。美方無法反駁，於是又搬出這次談判只討論軍事問題，撤退外國軍隊是政治問題，「聯合國軍」總司令只有對這些部隊的指揮權力，而沒有讓某一國家撤軍之權。這個問題，經過八次討論，沒有結果。

很顯然，美方是用各種藉口和托詞拒絕討論撤退外國軍隊，再討論下去也沒有意義了，同時考慮到凱南在同馬立克談到這個問題時，曾經說過「立即撤退一切外國軍隊的問題，是沒有商量餘地的，但將來可以進行逐步從朝鮮撤退外國軍隊的討論。」經李克農、喬冠華、南日、鄧華、李相朝、解方等研究提出解決方案，並根據談判可能出現的情況，草擬了兩個發言稿，送中央審批。

周恩來對發言稿進行了修改，並以毛澤東名義覆電李克農：「明廿五日只用第一個發言稿，並應堅持其中建議的立場不要讓步，看對方如何表現，第二天上午還是如此。到第二天下午（廿六日下午）如對方堅持反對我方的新建議時，再用第二稿發言。」

我方代表按照中央指示精神，於七月二十五日提出新的建議，即在議程上列上「向雙方有關各國政府建議事項」一條，以便在此項議程下討論向有關各國政府建議，在停戰協定實施後一定期限內，召開雙方高一級的代表會議，協商從朝鮮撤退一切外國軍隊的問題。

經過中朝雙方的努力，既揭露了美方的陰謀，堅持了原則立場，又在策略上機動靈活，作了一定的妥協，終於七月二十六日雙方達成停戰談判五項議程：

一、通過議程；
二、作爲在朝鮮停止敵對行爲的基本條件，確定雙方軍事分界綫，以建立非軍事區；
三、在朝鮮境內實現停火與休戰的具體安排，包括監督停火休戰條款實施機構的組成、權力與職司；
四、關於戰俘的安排問題；
五、向雙方有關各國政府建議事項。
談判取得了一點進展，朝鮮停戰有了一綫希望，全世界人民，都翹首以待，但願議程變成現實。

進入實質性談判僵持不下

隨後談判就進入第二項議程，即確定雙方軍事分界綫和建立非軍事區的問題。
談判一進入實質性問題的討論，常常僵持不下，反覆無常，變化多端，接踵而來的事件和戰場上的較量不斷發生。談時想打，打時想談，談談打打，打打談談，談判與打仗交替進行或同時進行。
第二項議程的談判，一開始雙方的分歧就很大，鬥爭非常激烈。
十月二十六日，我方建議以三八綫爲軍事分界綫。當時交戰雙方雖在「三八綫」南北各佔有若干地方，但雙方所佔面積幾乎相等，「三八綫」正是反映了當時軍事形勢和雙方軍事力量相對平衡的一條綫，美國既然從「三八綫」上挑起戰爭，戰爭結束，仍然恢復「三八綫」當然是完全合理的。因此恢復「三八綫」是停止朝鮮戰爭的基礎。

但是，美方拒絕以「三八綫」作爲軍事分界綫。美方代表在十月二十七日會議上提出建立非軍事區的建議，把軍事分界綫建立在我軍陣地的後方，即從東海岸我方現有陣地胡坡里前綫以北約二十公里之西峨里起，向西南經我方現有陣地平康前綫以北約三十公里處之道修罜起，再經我方現有漣川前綫以北約二十公里之月岩里，然後穿過臨津江向西經過金川附近以迄瓮津半島。就是無理要求我在臨津江以東應從現有陣地後撤三十公里至四十公里，在臨津江以西則須撤出約二千公里至三千平方公里之土地，這就明顯地暴露了美方企圖從談判桌上得到戰場上得不到的東西。

接着，美國國防部長馬歇爾在美國參院外委會上說甚麼：馬立克的朝鮮停戰建議，已嚴重影響美國的「防禦計劃」。美國侵朝軍總司令李奇微的總部發表公報，主張在鴨綠江上的海空戰綫與陸軍戰綫的中間某處「劃定軍事分界綫」，以此來支持美國在談判中的「海空優勢應該補償」的論點。美國國務卿艾奇遜也在記者招待會上表示，不能接受以三八綫爲軍事分界綫的論點。從外交、軍事兩方面對我施加壓力。

八月一日，我以中國人民志願軍司令員兼政治委員彭德懷的名義，在《人民日報》上發表《中國人民志願軍是不可戰勝的力量》的文章，嚴厲批駁美方的論點，指出朝鮮停戰應以三八綫與撤退外國軍隊爲基本條件」，堅決頂住美方的壓力。

於是，美方便尋找各種藉口，破壞停戰談判。先以我方警衛部隊誤入會場區，大作文章，中斷談判，經我方批駁和實事求是處理了這一問題後，才又被迫復會。我方在會議上對美方藉口與談判無關的事，中斷談判五天半表示遺憾。在討論第二項議程時，美方表示只願討論以現有戰綫和軍事實際控制綫爲依據的軍事分界綫，不願再討論以三八綫爲軍事分界的主張。我方當即批駁對方的所謂「海空優勢補償論」、「防禦陣地與部隊安全論」，指出對方沒有理由拒絕以三八綫爲軍事分界綫的建議。可是美方對我方的發言，拒不表態，竟長達兩小時零十二分默不作聲，耍賴皮狗，這在世界談判史上也是很少見的。繼而又用襲擊我方巡邏人員，打死我排長姚慶祥，用飛機侵入開城中立區，轟炸、掃射朝中代表團住所等卑鄙手段，妄圖迫我就範和破壞談判。我方代表團向美方代表團、我方司令官向美方司令官分別提出嚴重抗議，嚴厲批駁和揭露對方的中斷談判等陰謀。我《人民日報》發表社論指出：美方在謀殺開城中立區軍事警察姚慶祥以後，又派遣飛機侵入開城中立區轟炸，掃射朝中代表團宿舍附近地區，企圖謀殺正式和他們談判的代表。「這是外交史上沒有前例的卑鄙和野蠻行爲。」我方還組織雙方人員實地調查，在證據確鑿的事實面前，美方仍多方狡辯，無理抵賴，妄圖把破壞談判的責任推給我方。但終究是理屈詞窮。一計不成又生一計，於是又提出所謂更換會談地址，來掩蓋它的醜態，借以恢復談判。

與此同時和這以後，美方針對朝鮮問題和中國在外交上採取一系列的措施，利用朝鮮的緊張局勢，以盡可能快的速度擴充自由世界的政治、經濟和軍事力量。

八月三十日，美國同菲律賓在華盛頓簽訂《美菲聯防條約》；

九月一日，美國、澳大利亞、新西蘭在舊金山簽訂《太平洋安全保障條約》，並成立美、澳、新理事會，組成了太平洋地區軍事集團；

九月四日，美國在舊金山召開「對日和會」，九月八日，美國強行「通過」「對日和約」，同日美國國務卿和日本首相吉田茂在舊金山簽訂《美日安全條約》。

美日簽訂《美日安全條約》

關於對日和約這件事，說來話長。在第二次世界大戰之後，日本在名義上是由盟國軍隊佔領，而實際上由美國軍隊一家獨佔；名義上是由十一個國家包括中國在內組成的遠東委員會握有對日本的決策權力，而實際上由美國佔領軍最高統帥麥克阿瑟獨斷專行，而且委員會的決定必須通過美國佔領軍總部去執行。同日本處於交戰國地位的其他國家，如中、蘇、英、法、荷、澳、新、印、菲等國家，其管制日本的權利實際上被排斥得乾乾淨淨。雖然如此，但是對日和約之簽訂，必須由所有交戰國一起參加。一九四二年一月一日有二十六個國家簽署的《聯合國共同宣言》明明白白地宣告：「每一政府保證與本宣言簽字國政府合作，並不與敵國締結單獨之停戰協定或和約》。按照第二次世界大戰期間反法西斯國家的重要國際會議和文件的精神，聯合作戰的國家享有共同協商和安排對戰敗國的和約問題。而中國作為對日作戰的主要國家，同日本軍國主義作戰時間最長，犧牲最大，從根本上牽制和消耗了日本的軍事力量，對打敗日本帝國主義起着決定性的作用，這是全世界人民所公認的事實，因此，它在對日和約的協商、安排和討論中應該享有不可剝奪的權利。

一九四七年中國人民解放戰爭進入戰略進攻階段，南亞和東南亞各國的民族解放運動也十分高漲，美國爲了對付中國和亞洲其他國家，便決定加緊扶植日本壟斷資本的勢力，要把日本變成美國稱霸世界的東方的一個基地。從這個時候起，美國曾經幾次要求獨攬對日和約的準備工作。一九四七年七月，美國政府就片面決定召開對日和會問題，因爲遭到蘇聯的反對，而未能得逞。一九四九年五月和六月，在巴黎四國外長會議上，蘇聯代表維辛斯基兩次提出召開五國外長會議就對日和約進行準備，均遭到美國爲首的帝國主義國家代表的反對。新中國成立後，特別是朝鮮戰爭發生後，美國積極準備片面對日和約，一九五〇年十月，美國政府提出一份關於對日和約備忘錄。蘇聯政府於同年十一月在致美國的備忘錄中，對美國的備忘錄提出許多質詢。周恩來和中國政府研究了美國的備忘錄，決定以外長周恩來的名義，於一九五〇年二月四日鄭重聲明：「中國人民經過八年英勇抗戰，擊敗了日本帝國主義，取得抗日戰爭的勝利，因此對日和約的準備、擬制與簽訂，我中華人民共和國必須參加，乃屬當然之事。茲特鄭重申明，中華人民共和國政府是代表中國人民的唯一合法政府，它必須參加對日和約的準備、擬訂與簽訂。」

一九五一年七月十二日，美國和英國在華盛頓同時公佈對日和約草案，美國政府又於同年七月二十日發出召開舊金山會議的通知，準備簽訂對日單獨和約。周恩來於一九五一年八月十五日發表了《關於美英對日和約草案及舊金山會議的聲明》。

聲明說：中華人民共和國中央人民政府認爲，美英兩國政府所提出的對日和約草案是一件破壞國際協定、基本上不能被接受的草案，而將於九月四日由美國政府強制召開，公然將中華人民共和國排斥在外的舊金山會議也是一個背棄國際義務基本上不能被承認的會議。

美英對日和約草案，不論從它的準備程序上或它的內容上講，都是彰明較著地破壞了一九四二年一月一日的聯合國宣言、開羅宣言、雅爾塔協定、波茨坦公告和協定及一九四七年六月十九日遠東委員會所通過的對投降後日本之基本政策等重要國際協定，而這些協定都是美英兩國政府參加簽字了的。聯合國宣言規定不得單獨媾和，波茨坦協定規定「和約的準備工作」應由在敵國投降條款上簽字之會員國進行。同時，中華人民共和國中央人民政府曾完全同意蘇聯政府的建議，主張所有曾以武力參加對日作戰的國家都參與制定對日和約的準備工作。但是，美國政府在長期地拒絕實施波茨坦協定原則以拖延對日和約的準備工作之後，竟由美國一國包辦了現在提出的這一對日和約的準備工作，而將大多數對日作戰國家尤其是中蘇主要對日作戰國家，排斥於和約的準備工作之外，並由美國一國強制召開排斥中華人民共和國在外的和會，企圖簽訂對日的單獨和約。美國政府這一違背國際協定的行動，在英國政府支持之下，顯然是在破壞日本與所有與它處於戰爭狀態的國家締結全面的眞正的和約，並正在強制日本與某些對日作戰國家接受只有利於美國政府自己而不利於包含美日兩國在內的各國人民的單獨和約，實際上這是一個準備新的戰爭的條約，並非眞正的和平條約。

中華人民共和國中央人民政府這一論斷，是從美英對日和約草案的基本內容上得到無可辯駁的根據的。

聲明列舉了大量可靠的事實強有力地證明上述論斷：

首先，由於美英對日和約草案是美國政府與其附庸國家進行對日單獨媾和的產品，所以這一和約草案不僅無視中蘇兩國政府歷次聲明中關於對日和約主要目標的意見，並且最荒謬地公然排除中華人民共和國於對日作戰的盟國之列。第一次世界大戰後，日本帝國主義武裝侵略中國，是開始於一九三一年，至一九三七年，更發動了向中國的侵略戰爭，至一九四一年，方發動太平洋戰爭。中國人民在抵抗和擊敗日本帝國主義的戰爭中，經過了最長期的艱苦奮鬥，犧牲最大，貢獻最多，因之，中國人民及其所建立的中華人民共和國中央人民政府在對日和約問題上是最有合法權利的發言者和參加者。可是，美英對日和約草案竟在它關於處理盟國及其國民於戰爭時期在日本的財產和權益的條文中，規定起訖日期，由一九四一年十二月七日起至一九四五年九月二日止，而將一九四一年十二月七日以前中國人民獨力進行抗日戰爭那一時期完全抹煞。美英兩國政府這種排斥中華人民共和國和敵視中國人民的非法蠻橫行爲，是中國人民絕對不能容忍並將堅決反對到底的。

第二，美英對日和約草案在領土條款上是完全適合美國政府擴張佔領和侵略的要求的。草案一方面保證美國政府除保有對於前由國際聯盟委任日本統治的太平洋島嶼的托管權力外，並獲得對於琉球羣島、小笠原羣島、琉黃列島、西之島、沖之鳥島及南鳥島等的托管權力，實際上就是保持繼續佔領這些島嶼的權力，而這些島嶼在過去任何國際協定中均未曾被規定脫離日本的。草案另一方面卻破壞了開羅宣言、雅爾塔協定和波茨坦公告中的協議，只規定日本放棄對於台灣和澎湖列島及對於千島羣島和庫頁島南部及其附近一切島嶼的一切權利，而關於將台灣和澎湖列島歸還給中華人民共和國及將千島羣島和庫頁島南部及其附近一切島嶼交予和交還給蘇聯的協議卻一字不提。後者的目的是企圖造成對蘇聯的緊張關係以掩蓋美國的擴張佔領。前者的目的是爲的使美國政府侵佔中國的領土台灣得以長期化，但中國人民卻絕對不能容許這種侵佔，並在任何時候都不放棄解放台灣和澎湖列島的神聖責任的。同時，草案又故意規定日本放棄對南威島和西沙羣島的一切權利而亦不提歸還主權問題。實際上，西沙羣島和南威島正如整個南沙羣島及中沙羣島、東沙羣島一樣，向爲中國領土，在日本帝國主義發動侵略戰爭時雖曾一度淪陷，但日本投降後已爲當時中國政府全部接收。中華人民共和國中央人民政府於此聲明：中華人民共和國在南威島和西沙羣島之不可侵犯的主權，不論美英對日和約草案有無規定及如何規定，均不受任何影響。

第三，對日和約的最主要目標，如衆所知，應該是使日本成爲愛好和平的、民主的、獨立的國家，並防止日本軍國主義復活，以保證日本不再度成爲威脅亞洲與世界和平安全的侵略國家。但是，美英對日和約草案不僅對此毫無保證，相反的，它還破壞了波茨坦公告及遠東委員會對投降後日本之基本政策關於這類問題的規定。草案在安全和政治條款上，對於日本軍隊沒有任何限制，對於殘存的和復活的軍國主義團體沒有規定取締，對於人民民主權利沒有任何保障。實際上，美國佔領當局在日本這幾年的一切措施，已經竭力在阻止日本的民主化與恢復日本的軍國主義。美國佔領當局不是在毀滅日本製造戰爭的力量，而是違反遠東委員會的政策，擴大日本的軍事基地，訓練日本的秘密武裝，復活日本的軍國主義團體，釋放日本的戰犯，開脫大批被整肅的分子，尤其是在干涉朝鮮的戰爭中已經開始利用日本的人力，恢復和發展日本的軍事工業，來支援它的軍事侵略。爲了便利美國長期佔領日本，不撤退它的駐軍、並控制日本使之成爲美國在東方的侵略前哨起見，草案更進一步地規定盟國佔領軍可以經過與日本的協定而在日本長期地留駐下去。美國政府這一顯然違反國際協定義務的計劃，是得到成爲美國佔領日本的政治支柱的吉田政府支持的。美國政府和日本吉田政府正在互相勾結，陰謀重新武裝日本，奴役日本人民，將日本再度推上曾經使日本瀕於毀滅邊緣的侵略道路，並且是服從於美國侵略計劃並爲美國政府火中取栗的附屬國和殖民地化的道路。這是阻礙日本人民走向另一條和平、民主、獨立和平幸福的道路的陰謀。根據上述草案的規定，美日軍事協定正像美英對日和約草案一樣，它是敵視中蘇兩國，威脅着過去曾受日本侵略的亞洲國家和人民的安全的。由此可見，美英政府之所以急於簽訂對日單獨和約，決不是為的防止日本軍國主義復活，推進日本民主，保衛亞洲和世界的和平安全，而是為的重新武裝日本，為美國政府及其附屬國家準備新的世界侵略戰爭。中華人民共和國中央人民政府對此不能不表示堅決反對。

第四，美國政府為了加緊準備新的世界侵略戰爭，就必然會更加緊對於日本經濟的控制。中華人民共和國中央人民政府曾一再聲明，對於日本和平經濟之發展及日本與其他國家的正常貿易關係，不應加以限制和壟斷。然而，由於美英對日和約草案是敵視中蘇和威脅亞洲國家的對日單獨和約，所以它的經濟條款也就是排除中蘇的，並且是排除不能接受這一和約草案的許多國家的；同時，美國政府更可利用它經過美國公司在日本經濟中已經取得的特權及它對於日本和平經濟的各種限制，使這些經濟條款更適應於它的壟斷要求。因此，這一對日單獨和約如被簽訂，日本經濟依賴於美國的殖民地化的地位將更加深，不僅軍事工業將依照美國的亞洲經濟侵略服務，而日本與中國及其他鄰國為着發展和平經濟、改善人民生活的正常貿易關係，將受到更橫蠻無理的限制。這將是日本人民和亞洲人民的災害，中華人民共和國中央人民政府認為應該予以堅決的反對。

第五，關於賠償問題，中華人民共和國中央人民政府認為必須澄清美國政府在美英對日和約草案上故意造成的混亂。草案承認在原則上日本應對其在戰爭中所引起之損害及痛苦給予賠償，但同時又說如欲維持健全之經濟，則日本缺乏賠償能力和履行其他義務能力。從形式上看，好像美國政府最關心日本經濟的健全似的，實際上，美國政府在佔領和管制日本的六年當中，已經利用各種特權和限制，竊取了並仍在竊取着日本的賠償，損害了並仍在損害日本的經濟。美國政府不讓其他曾受日本侵略損害的國家要求賠償，其不可告人的隱衷，就是爲保存日本的賠償能力和履行其他義務能力，繼續供給美國獨佔資本的榨取。如果說，日本的賠償能力和履行其他義務的能力已經感到缺乏，那就是美國佔領當局過分竊取和損害它們的結果。只要美國政府遵守國際協定的義務，在和約簽訂後早日撤退佔領軍，立即停止建築軍事基地，放棄重新武裝日本和恢復日本軍事工業的計劃，取消美國公司在日本經濟中的特權，取消對日本和平經濟及日本對外正常貿易的限制，則日本經濟就會眞正健全起來。中華人民共和國中央人民政府願意看到日本能夠健全地發展和平經濟，並恢復和發展中日兩國間的正常貿易關係，使日本人民的生活不再受戰爭的威脅和損害而得到眞正改善的可能。同時，那些曾被日本佔領、遭受損害甚大而自己又很難恢復的國家應該保有要求賠償的權利。

聲明進一步指出：根據上述各項，足以證明美英對日和約草案是完全破壞國際協定，損害對日盟國的利益，敵視中蘇兩國，威脅亞洲人民，破壞世界和平安全，並不利於日本人民的。美國政府及其附屬國家在這個和約草案中只追求一個中心目標，即是重新武裝日本，以便繼續和擴大在亞洲的侵略戰爭，並加緊準備新的世界戰爭，所以這個和約草案是中國人民及曾被日本侵略的亞洲人民所絕對不能接受的。

美國政府爲了便於迅速簽訂這一對日單獨和約，於是在召開舊金山會議的通知中，也公開排斥主要對日作戰國家的中華人民共和國，這樣，它就徹頭徹尾地破壞了一九四二年一月一日聯合國宣言關於不得單獨媾和的規定。很顯然，美國政府強制召開舊金山會議，將中華人民共和國排斥在外，就是爲了分裂對日盟國，組織新的遠東侵略集團。美國、澳大利亞、新西蘭的所謂「三邊安全條約」及密議中的美日軍事協定都將在這個會議中或會議後成立，它將繼續威脅着整個太平洋及亞洲人民的和平安全。因此，這個舊金山會議排斥中華人民共和國參加的情況下是不可能簽訂對日共同和約的，即使美國及其附屬國家逕自簽訂了對日單獨和約，也是中國人民所絕對不能承認的。

聲明明確主張：中華人民共和國中央人民政府歷來主張，應在聯合國宣言、開羅宣言、雅爾塔協定、波茨坦公告和協定及遠東委員會所通過的對投降後日本之基本政策等主要國際文件的基礎上，經過對日作戰主要國家的準備和所有的對日作戰國家的參加，在盡可能的短期內，締結共同的而不是單獨的、公平合理的而不是強制獨佔的、眞正和平的而不是準備戰爭的對日和平條約。爲促進這一目的的實現。中華人民共和國中央人民政府曾授權本人於一九五〇年十二月四日就對日和約的問題發表聲明，並於一九五一年五月二十二日照會蘇聯駐華大使羅申先生完全同意蘇聯政府關於準備對日和約的具體建議。凡在那個聲明和照會中所提出的關於對日和約的具體主張，中央人民政府認爲繼續有效。

聲明嚴正指出：中華人民共和國中央人民政府現在再一次聲明，對日和約的準備、擬制和簽訂，如果沒有中華人民共和國的參加，無論其內容和結果如何，中央人民政府一概認爲是非法的、因而也是無效的。

聲明最後說：爲了眞正有助於恢復亞洲和平及解決遠東問題起見，中華人民共和國中央人民政府堅決主張，應該根據蘇聯政府的提議，召開曾以軍隊參加對日戰爭的一切國家的代表的和會，來商定共同對日和約問題。同時，中華人民共和國政府準備以聯合國宣言、開羅宣言、雅爾塔協定、波茨坦公告和協定及遠東委員會所通過的對投降後日本之基本政策爲基礎，與參加對日作戰的一切國家，就共同對日和約問題交換意見。

周恩來的這個極其重要的聲明，他親自找國際法專家、日本、美國問題專家聽取意見，並看了大家有關的材料，親自用毛筆起草的，約五千字洋洋大觀的文章，非常嚴謹、準確、有力，淋漓盡致的揭露美國的陰謀，有力地配合蘇聯等國在會議上的鬥爭。現在這份二十三頁的手稿，珍藏在中國外交部的檔案室裏，成爲國家十分重要的一筆財富。從這手稿中，我們也可以看出周恩來工作之認眞負責的精神。

一九五一年九月八日，美國強行通過「對日和約」並於同日美國同日本簽訂《美日安全條約》。中國政府和周恩來認爲，在當時形勢下，其矛頭顯然主要是針對中國的。因此，周恩來在九月十八日發表的聲明中指出：「中國人民在這個戰爭中，英勇奮鬥，整整八年，一直打到日本帝國主義失敗投降。鐵一般的事實證明中國人民在擊敗日本帝國主義的偉大戰爭中，經過時間最久，遭受犧牲最大，所做貢獻最多，美國在舊金山會議中強制簽訂的沒有中華人民共和國參加的對日單獨和約，是非法的、無效的。」

美軍夏季攻勢失敗談判重開

在朝鮮停戰談判開始前，美國從本土運來十多萬兵員補充部隊滿額，增加炮兵、坦克部隊，美空軍一七六師、一三六師兩個戰鬥轟炸機聯隊進駐日本，美第一四〇、第四十五師由日本調進朝鮮，增加其陸、空軍作戰力量。將英第二十八、第二十九旅和加拿大第二十五旅、新西蘭炮兵第十六團組編爲英聯邦第一師，擴大了大丘機場，新開闢原州、水原等十幾個海空軍運輸補給基地，修建東豆川里、永平、麟蹄等十幾處前沿機場，還抓緊修築道路，運輸作戰物資，出動大批轟炸機轟炸志願軍交通運輸綫和後方基地。

一九五一年七月二十日，朝鮮北部連降大雨，山洪暴發，河水漫溢，氾濫成災，一般河流水位上漲三至四米，最高達十一米，水流速度達到每秒四至六米，最高達七米。洪水所至交通中斷，堤防潰決，房屋坍塌，物資沖走，裝備毀壞，人畜傷亡，其水勢之猛、之急，持續時間之長，危害範圍之廣，爲朝鮮近四十年來所未有。

中國人民志願軍的物資供應遇到了很大的困難，美軍則乘機發動所謂「絞殺戰」，對我方狂轟濫炸，企圖徹底切斷我軍供應。我方除採取各種措施，克服極大的困難，保證朝鮮前綫的供應外，我國政府、外交部對美機不斷侵入中國境內提出抗議，揭露敵人的暴行和陰謀。

美方見第二項議程爭執不下，在談判桌上曾公然宣稱：「那就讓飛機大炮去辯論吧！」所以它趁朝鮮北部遭受特大洪水所造成的災害和絞殺戰危害的極端困難之機，集中美僞軍三個師的兵力，在航空兵、裝甲兵的支援下，於五月十五日向北漢江以東海約八十公里的我軍防禦陣地發起進攻，發動所謂的「夏季攻勢」。美國企圖以軍事壓力逼迫中朝方面接受其在談判中提出的無理要求，非法奪取三八綫以北一萬三千多平方公里的土地。美國第八集團軍司令范佛里特宣稱：「停戰談判的唯一藥劑，就是聯合國軍隊的勝利」一語道破了美國的陰謀詭計和罪惡目的。

在朝鮮停戰談判開始之後，彭德懷於一九五一年七月二十四日，給毛澤東一個電報，談他對朝鮮局勢看法、前景估計和會後方針，電報說：美帝國主義處在矛盾狀態中。我再有幾次勝利戰鬥，打至三八綫以南，然後再撤回三八綫爲界，進行和談，按比例逐步撤出在朝外國軍隊，堅持有理、有節、經過反覆鬥爭，爭取和平的可能是存在的。如經過上述辦法而不能達到和平，則繼續打下去，最後贏得戰爭勝利是肯定的。從全局觀點來看，和的好處多，戰亦不怕。我軍於八月中爭取完成戰役反擊的準備，如敵不進攻，則在九月舉行。最好是待敵進攻，我則以陣地出擊爲有利。

毛澤東、周恩來研究了彭德懷的來電，同意他的看法、想法。於七月二十四日，以毛澤東名義覆電彭德懷，電報說：

德懷同志：

七月二十四日電收到。敵人是否真想停戰議和，待開城會議再進行若干次就可判明。在停戰協定沒有簽字，戰爭沒有真正停止以前，我軍積極準備九月的攻勢作戰是完全必要的。

毛澤東

七月二十六日

隨後，中央和志願軍司令部又在兵力上作了調整、補充和安排，這時陳賡已就任中國人民志願軍第二副司令員，因爲鄧華在前綫談判，後來又回國述職；陳賡代替他的工作。

對於敵人的夏季攻勢，彭德懷這位大軍事家，善於根據敵我雙方力量，和戰場的實際情況，隨機應變，採取不同的戰略戰術。他考慮到在第五次戰役結束之後，敵軍已增至五十五萬餘人，第一綫兵力密集，工事大爲加強，我軍若繼續採用運動戰形式，將面臨重重困難，便決定以陣地戰形式對付敵人。利用朝鮮多山、多林的有利地形構築工事，依托陣地、輪番休整、輪番作戰，「零敲牛皮糖」，積小勝爲大勝，不斷削弱敵人，打擊敵人，有力地配合了停戰談判。這種長期對峙的陣地戰，其時間之長、戰鬥之激烈，我軍之英勇、悲壯，在中國革命戰爭史上從未有過，就是在世界戰爭史上也是罕見的。

經過一個多月的戰鬥，中國年青的空軍也參戰，迫使敵戰鬥轟炸機活動空域撤到淸川江以南。敵人的夏季攻勢，被我軍粉碎了，我軍消滅敵人二十八萬餘人，而敵人費了九牛二虎之力僅突入我陣地二至八公里，佔領我土地一百七十九平方公里。美國參謀長聯席會議主席布萊德雷說：「這次的攻勢是沒選好時機，沒選好地點、沒選好敵人的敗仗。」

由於美方在夏季攻勢中的失敗，在戰場上撈不到甚麼東西，於是又想回到談判桌上來，企圖能撈到點甚麼。

這時美方利用美機於九月十日在開城上空掃射擊中滿月里地方的民房，我方要求調查，美方必須承擔責任，即被稱爲「滿月里事件」爲轉機，改換了調門。首先美軍總部電台廣播，首次承認此次事件爲「聯合國軍」所爲；第二天，美方首席代表喬埃正式致函南日，承認滿月里事件是美方飛機造成的，並表示遺憾。接着，九月十七日「聯合國軍」總司令李奇微又主動地給金日成、彭德懷來信，承認此次事件的責任並表示遺憾。

我方接到李奇微來信後，李克農、喬冠華及代表團進行了討論、研究，認爲種種迹象表明，對方有可能重新回到會場上來，尤其是美軍「夏季攻勢」失敗，傷亡慘重，敵人只有回到談判桌上來才是他的出路，另外還有一個信號，那就是早在九月二日李奇微總部任命李亨根接替白善燁爲談判代表，既然談判中斷了，如果他不想談是不會任命新代表的，爲了不放過時機，可以電金日成、彭德懷致函李奇微，覆函起草後，經過字斟句酌，報請中央審批。經周恩來審閱同意，於九月十九日金、彭覆函李奇微：

鑒於你方已經對最近一次聯合國軍破壞開城中立區的事件表示遺憾，並願於開城中立區的破壞持負責態度，因此，爲了不使上述那些未了事件繼續妨礙雙方談判的進行，我們建議：你我雙方代表應即恢復在開城的停戰談判。

金日成、彭德懷給李奇微覆函的第二天，美國總統杜魯門稱：美國「願盡一切努力促使朝鮮衝突獲和平解決。」

但是帝國主義畢竟是帝國主義，言而無信，出爾反爾，李奇微於九月二十三日來信，繼續推卸歷次事件的責任。並將拖延談判的責任諉之於我方，又提出更換談判地址的問題，建議雙方聯絡官於九月二十四日在板門店會晤，討論雙方滿意的復會條件，這樣又挑起了一場爭論。

周恩來考慮美方反覆無常的態度，說明美國仍未承認朝鮮戰場的失敗，除了軍事上給予狠狠打擊，在談判桌上也要嚴厲批判美方的態度和謬論。他指示，要以金、彭名義覆函李奇微駁斥美方拒絕承認破壞開城中立區協議的各次事件。這樣九月二十四日金、彭給李奇微的信中明確指出：「人所共知，你方所造成的八月二十二日的挑釁事件及其以後一連串的同類事件，是使開城談判無法繼續進行的直接原因，其責任當然屬於你方。」並說：「我們已命令我方聯絡官於七月二十四日上午十時與你方聯絡官會晤，以洽談在開城恢復談判的日期和時間。」

雙方聯絡官雖然在板門店會晤，但雙方爭執不下，沒有結果。

九月二十七日，李奇微又來信，要求更換會址，把會址遷到一個不在任何一方單獨控制之下的地區，並具體建議設在板門店以東的松賢里。

李克農及我代表團研究及請示毛澤東、周恩來，十月三日以毛澤東名義答覆代表團：

李克農同志並告金、彭：

關於更換會議地址問題，經我們再三考慮，認爲目前還應採用你們原先的主張，拒絕敵人這次無理要求，並準備與敵人拖一時期。因爲敵人目前的政策是拖，我們急他不急是無用的，到了敵人真想解決問題的時候，那時就可以扯攏了。因此，所擬覆件便可簡單，對於未了事件的處理，既不取消，也暫不提，看敵人如何反映，覆件現附上，可於十月四日上午送出。北京擬在四日晚廣播，五日登報，請平壤亦同時發表。

毛澤東

十月三日十八時

金、彭在給李奇微的覆信中指出：改變談判地址沒有任何理由，再次建議立即在開城恢復談判。

李奇微於十月四日覆函，又提出：「既然你們拒絕了我所提在松賢里開會的建議，我建議我們的代表團在一個你們所選的而爲我們能夠接受的大致位於雙方戰綫之間的中途地點會晤。」

美軍夏季攻勢失敗，國際上要求停戰的呼聲很高，連美國的主要盟國英國的《泰晤士報》也發表文章，要求以三八綫爲軍事分界綫，停止朝鮮戰爭，這對美國的壓力很大。美國參謀長聯席會議主席布萊德雷不得不出來說話。他說：「共產黨拒絕把停戰談判搬到一個新的地點，不一定是會談達成停戰的希望破滅。」以安慰那些要求恢復談判的人們。

中朝方面頂住不換談判地址，杜魯門、艾奇遜又無法說服李奇微改變主意。在這種情況下，他們不得不再一次求助於蘇聯。十月五日，美國駐蘇聯大使寇克往訪蘇聯外長維辛斯基，寇克說，他是奉美國政府之命，請求就朝鮮局勢和蘇美關係的聲明通知蘇聯政府，請求斯大林大元帥予以注意：朝鮮問題是目前最尖銳、最危險的、需要立刻解決的國際問題，希望蘇聯幫助朝鮮談判圓滿解決。如果談判結局不利，可能在美蘇之間造成不良影響。美軍司令部反對在開城討論關於停戰的問題，它認爲這是政治性的問題。然而，共產主義集團沒有表示出願解決國際問題的懸案的意願。蘇聯在許多國際問題上堅持不可調和的態度，這種態度使美國和其他國家惶惶不安。

維辛斯基當即指出美國大使自相矛盾的談話和聲明不利於國際局勢的緩和。同時蘇聯將這一談話情況通報給中國政府和朝鮮政府，並經過三方協商之後，蘇聯政府就朝鮮局勢與蘇美關係向美國政府提出聲明。聲明指出：朝鮮停戰談判延宕的主要原因，正是美國司令部製造的種種障礙所致。因此，保證停戰談判得到最好結局的最好方法，就是訓令李奇微不要使談判複雜化，並停止製造人爲的障礙。美國政府希望蘇聯政府幫助使談判完滿結束，可是蘇聯政府並不是參加談判的一方，正相反，美國政府卻是談判的一方，因而，恰恰是它可以採取步驟使談判順利完成。

蘇聯的這個聲明，既指出美方司令部製造談判障礙，使談判不能進行下去的責任，又不承擔調停或要中朝方面接受美國建議的責任，而是壓美方採取措施，使談判能圓滿結束。

而實際上，中朝雙方協商，爲了使談判能夠進行下去，不在枝節問題上長期糾纏下去，擬接受美方更換談判地址的建議，但應擴大中立區以保障談判會場和我方人員的安全。

金日成、彭德懷於十月七日對李奇微四日的來函作出答覆：

你方破壞開城中立區的協議的事件，決不是移會議地址所能抹去的，你方對於這類事件所應負的責任，也不是遷移會址所能逃避的。同時指出，目前的問題應該是立即恢復停戰談判，並在雙方代表團的會議上嚴格規定關於會議地區中立化及會場安全保障協議，使對方過去這類違協事件不再重犯，尤其是要使雙方對這個協議負責，再不容許像過去那樣只用來約束我方而對方可以藉口對該地區沒有責任而肆意破壞和抵賴。如此建議：停戰會議地區中立範圍，應該擴大成為將開城和汶山都包括在內的一個長形地區，而將會移至板門店，並由雙方負責保護這一會場地址。

李奇微於第二天即來函同意會址設在板門店，建議雙方聯絡官十月十日會晤，討論恢復談判事宜。但對擴大中立區未表態，既未說同意，也未說反對，玩了一個滑頭。

十月十日，雙方聯絡官在板門店路北野地的一個綠色帳篷裏舉行會談。氣氛雖較前輕鬆、緩和，但是會談一開始，對方就表示只願劃定新的會議地址周圍一個小的中立區和開城、汶山通往板門店的公路不受干擾、攻擊；實際上是仍要保留對開城我代表團駐地的空中威脅。鑒於以往事件的教訓，我方堅持開城、汶山中立區應予擴大，以保證停戰談判得以在不受干擾的情況下進行。

就在雙方聯絡官會談時，美機不斷在會場上空盤旋，進行干擾；十月十二日下午，美機在板門店會址帳篷附近掃射，當場打死一名十二歲朝鮮兒童。

當時，李克農和代表團擬就擴大中立區問題，由金日成、彭德懷出面給李奇微寫信進行交涉，並擬了電文請示國內，周恩來考慮還是由聯絡官出面交涉，在雙方代表團會議上討論比較好，他親自起草了一份以毛澤東名義給李克農的電報，指出：在聯絡官會議上可以相機表示，擴大中立區問題應由代表會正式討論，但爲準備代表會的討論，不反對在聯絡官會上就此問題非正式地交換意見。毛澤東又在電報上加了兩句：這樣轉彎比由金彭出面轉彎要好得多，並且以早一點轉彎爲宜，從這樣一件小事上看，毛澤東、周恩來之間配合得何等默契、合拍和相得益彰，所以有人包括一些外國人稱他們是雙英雙魁，中國的馬克思和恩格斯、列寧和斯大林。

經雙方聯絡官現場調查之後，十月十四日傍晚六時，李奇微致電金日成、彭德懷完全承認十月十二日美機打死朝鮮兒童的事件，且電文語調緩和，未作任何辯解，不僅承擔責任，還表示要採取迅速而合適的紀律制裁。接着，對方又發表一聲明，公開表示道歉。

對方聯絡官反覆爭論多次，終於在十月十四日會議上，對方提出以開城中心爲圓心，三英里爲半徑的圓形免受攻擊的區域，我方當即表示接受；並提出由開城至板門店、汶山的通道寬度改爲四百碼；對方也同意了。時至十月二十二日，雙方達成了《關於雙方代表團復會事宜的協議》八條，《雙方聯絡官的共同諒解》五條。「協議」和「諒解」規定了談判地點、中立區範圍、會場區一切武裝人員均不得進行任何敵對行動，除警察外雙方武裝人員不得進入會場區，雙方代表團及組成人員可自由進入板門店會場區並在會場區自由行動，談判會議及會場區所需物資設備及通訊與行政事宜的安排由雙方聯絡官協議之。這樣，就宣告了對方兩個多月來抵賴違背協議事件的卑劣手段徹底破產了。由美方破壞而中斷了六十三天的朝鮮停戰談判終於十月二十五日在新的談判地點板門店復會了。

從七月十日開始的朝鮮停戰談判算起，用了四十四天的時間，開了三十二次代表團大會和小組會，只達成了一個五項議程協議和討論了幾次軍事分界綫而未獲結果，沒有取得任何實質性的進展。現在又將在新的地點進行新的談判，將給朝鮮人民、中國人民、美國人民和世界人民帶來新的希望、新的曙光。

九、談談打打有進有退

十月，在北京是最美的季節，也是最忙的時候。

作爲政務院總理兼外交部長、軍委常務副主席的周恩來，這位天下大忙人，更是忙得不亦樂乎了。他從九月份開始，便忙着準備慶祝國慶的活動。一九五一年，這一年非比尋常，它是中華人民共和國成立兩週年，抗美援朝一週年，朝鮮前綫正處於又打又談的關鍵時刻。爲了顯示新中國的力量和人民的精神面貌、必勝信心，要把這次慶祝活動搞得大些、好些、熱烈些，鼓舞人民的鬥志。

於是準備陸海空三軍軍事檢閱，幾十萬人的羣衆遊行隊伍，各種文藝節目，舉辦國慶宴會、邀請外賓、中央領導人接見、國慶講話、人民日報發表社論；甚至連出席國慶宴會，天安門城樓上觀禮的人員、座位、名次，等等，等等；都得由這位大管家來親自設計、親自組織、親自安排和進行預演、反覆檢查。這位稱得上特殊材料製成的鋼鐵奇人，儘管忙得幾天幾夜不休息，有時連飯也顧不上吃，仍然始終是精神旺盛，氣宇軒昂，他那英姿勃勃的臉龐上；炯炯有神的眼睛在兩道濃眉下閃爍着堅毅而又活潑的光芒，令人可親可敬。他把所有的國慶活動，無一不弄得準確細緻、天衣無縫、滴水不漏，恰到好處。主人、客人、羣衆，人人感到滿意，稱讚不已。

所有這些，又一次顯示了周恩來的政治才能、組織才能、外交才能和超人的智慧、超人的精力。

但是，縈繞在周恩來心頭的，還是朝鮮的戰爭與和談。這是一個特殊的戰爭，特殊的和談，戰爭中的和談，和談中的戰爭。對於又是掌握最先進武器的頭號軍事大國，在政治上、外交上又極其老奸巨滑，詭計多端，而我們自己雖然經過長期革命鬥爭鍛鍊，用馬克思主義武裝起來的，但軍隊的裝備落後，供應困難，外交上經驗不足，不少人是第一次走上談判桌，同敵人面對面地進行唇槍舌劍還不熟練。而他作爲這場鬥爭的主持人，如何把這場鬥爭進行下去，如何把「武鬥」和「文鬥」結合起來，運用好這兩桿槍，爲我們的政治服務，爲我們的國家利益服務，爲新中國爭光，提高它在國際上威望，奠定它在世界上的大國地位，從而鼓舞世界愛好和平的人民反對帝國主義、殖民主義的鬥爭，支援民族解放運動。

他深深感到責任重大，必須兢兢業業，不能掉以輕心，但他認爲這是正義的事業，得道者多助，失道者寡助，全世界愛好和平人民是站在我們這邊的，又有社會主義陣營和友好國家的支持，因此，他信心百倍，只要認眞對待，不出大的差錯，一定穩操勝券。

北京眞是一派美景勝境，風和日麗，天高雲淡，花香鳥語，再加上朝鮮戰場的勝利，和談重又開始，人們懷着喜悅、歡愉和希望的心情，携妻帶子紛紛走進公園遊山玩水，划船、跳舞、唱歌、做遊戲，十分熱鬧、歡樂。可是周恩來卻沒有時間享受這種歡樂，連他自己住處的西花廳庭院裏盛開的鮮花，香飄滿園，沁人心肺，也無心去欣賞。他思考着、盤算着、設想着朝鮮前綫的大事。他想現在朝鮮前綫正面臨着敵人軍事上的「秋季攻勢」，停戰談判剛剛恢復，敵人雖說態度有所轉變，氣氛有所緩和，這只不過是表面現象，實質上敵人不會有甚麼讓步，在談判桌上將可能要價很高，採取攻勢，以配合軍事進攻，從軍事、談判兩個方面同時向我施加強大壓力，逼我讓步，以達到他們要達到的目的。因此，我們必須以牙還牙，在戰場上和談判桌上都要堅決頂住，不僅不能後退，而且要進攻、要反擊，打破敵人的囂張氣燄和幻想，才有可能迫使敵人老老實實坐下來談判，停戰、和平才有希望。於是他去找毛澤東商量，給彭德懷、李克農下達指示。

十月二十五日，雙方代表團的車隊幾乎同時到達板門店這個新會的址。此時，雙方代表團都有調整，我方以邊章五代替鄧華，以鄭斗煥代替張平山爲談判代表，對方以李亨根代替了白善燁。

邊章五，當時五十一歲，他早年畢業於保定軍官學校，一九三一年十二月十四日參加寧都起義，加入中國工農紅軍。起義時他任西北軍第二十六路軍的師參謀長。抗日戰爭時期，在中央軍委任局長，跟隨周恩來、葉劍英在國民黨統治區從事統一戰綫工作。新中國成立後，任中國駐蘇聯大使館首任武官，從蘇聯調回不久就前來朝鮮接待鄧華將軍，參加停戰談判，鄧仍回志願軍司令部協助彭老總指揮作戰。邊章五是一位忠厚長者，爲人穩重，性情溫和，言語不多。他離開北京時，周恩來找他談話，交代他說：「那裏有克農負責，他情況熟悉，對敵鬥爭又有經驗，你去協助他們工作。」

我方在會上就第二項議程提出了一個新的建議：即以「三八綫」爲軍事分界綫停戰，雙方各自後退五公里，建立非軍事區，脫離接觸。而對方卻在會議上提出一個反建議，這個反建議把軍事分界綫建立在我軍陣地的大後方，要使中朝軍隊在臨津江以東從現有陣地後撤三十八到五十三公里，在臨津江以西從現有陣地後撤約六十八公里，也即是說，根據這個方案，對方不打一槍，不傷一個人就可以獲得一萬二千平方公里的土地。果然不出周恩來所料，它不僅沒有讓步，反而提出更多的要求，繼續向我們進攻。他們的理由「是以戰場的實際爲依據的」。他們不同意我方以三八綫爲軍事分界綫，說三八綫只是一個緯度綫，沒有可以利用的地形，以此軍事分界綫不利於建立防禦陣地與部隊的安全。他們堅持以往的謬論，說，戰場的實際除了有一個地面戰綫，還有一個海空戰綫。地面戰綫僅僅是雙方地面部隊力量的反映，他們的海空力量佔優勢，所以要確定停戰後的軍事分界綫，只能在地面戰綫和海空戰綫之間劃定。他們蠻橫無理，公開提出海空優勢必須在劃定軍事分界綫時得到補償。

稍有常識的人都知道，當時朝鮮戰場的地面戰綫，恰恰正是兩軍綜合力量較量的結果，對方如果沒有海空優勢，早就被趕出朝鮮了，地面上早就沒有美僞軍存在的餘地了。而且對方也承認，中朝軍隊在地面部隊力量佔絕對優勢，如果海空優勢需要補償，那麼地面部隊的優勢要不要補償？

南日將軍批駁了對方的「海空優勢補償論」、「防禦陣地與部隊安全論」。對方無理由拒絕我方的合理主張，便又採取耍死狗的方針，首席代表喬埃拒不發言。南日用怒不可遏的目光直射喬埃，喬埃卻低着頭、避開南日的目光，有時則用兩手捧着兩腮，有時玩弄着鉛筆，有時抽起烟來，輕輕地吐出一縷縷烟，在會場上繚繞，就是一言不發，其他的代表抽烟的抽烟，玩鉛筆的玩鉛筆，也都一言不發，有的還抬着頭望着我方代表，意思在說，「看你們怎麼辦？」一分鐘、一刻鐘、一小時、兩小時地過去了。

我方代表也很沉着，都靜靜地坐着，李相朝則用鉛筆在紙上畫畫。

我方聯絡員請示了李克農、喬冠華。他們聽了以後，說：「那好吧，就這樣坐下去吧。」

一直「靜坐」了兩小時零一刻鐘，最後喬埃才說「我建議休會，明天上午繼續開會。」

外交上「沉默」是一種鬥爭，一種策略，以「沉默」對「沉默」也是一種鬥爭，一種策略。

美國人爲甚麼會採取這種態度，周恩來指示代表團、李克農、喬冠華要認眞研究，並提出措施和方案。

軍事分界線的糾纏

經過多次研究，李克農和代表團認爲美方之所以不同意以「三八綫」爲軍事分界綫：一是美方的方針有所變化，不像凱南同馬立克談話時說過的恢復戰前的狀態；二是美方只看到美、李軍三八綫以北佔據的地方比我們在三八綫以南佔據的地方多些。後來在艾奇遜的回憶錄裏證實了我方的看法。艾奇遜說，第二次議程談判之所以僵持，「我認爲，其中一個原因，是我們自己造成的，並且一開始就發生的。」是我們「欺騙了對方」。「當我們在開城表示堅決要把不接受三八綫爲停戰綫作一項主要原則時，」對方「很可能感到驚訝懊惱，並且覺得是受了騙。」「他們之所以有這種感覺，有幾個原因。第一，凱南同馬立克談話時，第八集團軍還只是剛剛越過三八綫，它的西翼確實在三八綫以南，雖然凱南只是含糊地提到了一條停戰綫，但馬立克卻在他的廣播演說中十分明確地提到『雙方把軍隊撤離三八綫』。而且我們最初提出的議程規定『討論僅限於有關朝鮮的純軍事問題』，同時，從日本投降以來，我們一直堅持三八綫完全是一條軍事綫，別無政治上的意義。因此，現在要變更它，在共產黨看來，就很可能具有政治意義了。」「原來談判是爲了要恢復『以前的狀態』，在一開始他們就發現我們提出的是一條有利於我們勢力範圍的新界綫，它不僅具有更重要的軍事意義，而且似將使他們大大喪失威望，這就使他們大大震驚。他們決不會想到，這經過看來好像是在玩弄詭計，實際上卻完全是由於我們方面的粗心大意。這恰恰又是他們喜歡玩弄的一種策略。」

李克農和代表團認眞分析計算目前的實際接觸綫同三八綫的差距到底有多大，利弊如何？經過測算對比，一致認爲在東綫美、李軍在三八綫以北佔據的地方比西綫我在三八綫以南佔據的地方要多一些。但東綫那裏多是山區，交通不便，人口少，可耕地不多，而西綫那裏多是平原，交通發達，人口多，產糧多，又有開城的高麗人參，另外開城在三八綫以南，它是朝鮮的古都，現在又是朝鮮談判地址，如以三八綫爲軍事分界，談判以後我方再讓出去，對開城地區人民不好交待，在政治上很不利。因此，無論從經濟、土地面積、政治上講，以實際接觸綫爲軍事分界綫對我並無不利，而且如果我方提出接受以實際接觸綫爲軍事分界綫的建議，在全世界人民面前表明中朝方面爲了爭取和平、朝鮮停戰，作出讓步，反而能爭取世界各國和廣大人民的同情、支持。

於是，以李克農的名義向毛澤東、周恩來發報把分析研究的結果和新建議報告給中央。毛澤東、周恩來、外交部、總參謀部等研究來報，認爲前方的看法是對的，建議是好的，遂覆電批准。

之後，雙方代表團協商同意，就第二項議程進行小組討論，我方由李相鮮、解方出席，美方由霍治、勃克出席。

在戰場上，敵人夏季攻勢失敗之後，仍不甘心，又於十月三日在西綫發起「秋季攻勢」，集中攻擊中國人民志願軍。美騎一師、第三師兩個團、泰國二十一團、英聯邦第一師在二百多輛坦克、三百多門大炮和大量飛機支援下，從鐵原西南地區的高旺山、馬良山爲進攻重點，敵人每天以一兩個團的兵力向我軍猛烈攻擊，激戰至四日下午，我軍守高旺山及其以西二二七·〇高地的部隊主動撤離了。十月五日，敵又將進攻重點指向馬良山及其西南二一六·八高地，每天均以一個多團的兵力在大批飛機和猛烈的炮火支援下，進行多梯隊的輪番攻擊。我軍馬良山陣地曾五次失而復得，防守二一六·五高地的一個連，依托坑道式的掩護部，即由兩個「貓耳洞」貫通的馬蹄形防炮洞，一天內連續擊退敵二十多次的衝擊，而我軍卻以很少的代價大量殺傷了敵人，表現了中國人民志願軍是多麼地英勇善戰。激戰至八日，敵因傷亡過重被迫停止了進攻。

防守在天德山及四一八高地的我軍，每天抗擊敵人兩個步兵團的猛攻，平均擊退敵人十餘次的衝擊，陣地被炸成焦土，只剩下一名副團長率十餘名輕傷員，頑強地守住陣地。

敵人的秋季攻勢進行了一個多月，各路進攻之敵，均被我軍打敗，被迫停止。我軍在東西兩綫共殲敵七萬九千人。而敵人只在西綫前進三至四公里，東綫前進約六至九公里，共佔我方土地四百六十七平方公里。不但沒有達到預期的目的，反而遭到巨大的傷亡。談判桌上得不到的東西，同樣在戰場上也得不到。

按照毛澤東、周恩來的指示，爲了打擊敵人的囂張氣燄，顯示我軍力量，配合板門店談判，彭德懷同志願軍其他領導同志商量決定向敵人發起反擊，猛烈進攻。我陸軍第六十四、四十七、四十二、二十六、二十七，五個軍的各一部和海軍登陸艇、空軍一部先後向二十六個敵人防守點進行攻擊，五〇軍一部在清川口至鴨綠江口之間的朝鮮西海岸附近進行了四次渡海作戰，炮兵第四十七團進行了遠程火力支援，航空兵首次配合步兵作戰，空軍第八師、第十師出動飛機轟炸敵人守島部隊，先後攻佔了椴島、岩島、大小和島、牛里島、牛島等十餘個島嶼，有力地配合了前方「關於島嶼部隊撤退問題」的談判。

這次反擊戰，雖然規模不算大，但意義卻是不小。首先是我軍第一次進行了陸海空三軍聯合作戰，這在中國革命軍隊的歷史上是第一次，也是我國高級將帥中彭德懷第一次指揮了三軍聯合作戰；其次，它顯示了我軍在朝鮮戰場上的軍事力量不是削弱了，而是大大增強了，現代化了。第三，使得美國人進一步認識到想用軍事壓力迫我在談判桌上讓步是很困難，甚至是不可能了。第四，用軍事力量和軍事上的勝利，配合我前方談判，眞正起到顯示我軍事，槍桿子這一桿子支持筆桿子的作用，對談判的同志是個很大的鼓舞。從而構成周恩來的外交思想、外交政策重要的一部分。即以實力做外交、談判的後盾，軍事與談判兩手交替使用或同時使用。

敵人不得不又坐下來談判，在第二項議程的小組討論會上，氣氛比較平和。當霍治再次提出海空優勢的時候，解方說：「我勸你還是不要再談那一套刺激感情甚麼補償論吧！如果一定要談，那麼地面部隊的優勢要不要補償？現在的問題是，你們不同意以三八綫爲軍事分界綫，我們決不能接受你方的無理主張，難道我們就這樣僵持嗎？」

霍治說：「如果以三八綫爲軍事分界綫，根據地形，我方在東綫後撤之後難以重新攻取；而你方在西綫後撤之後，則易於重新攻取。」

解方當即駁斥說：「我們在這裏到底是在討論停戰以和平解決朝鮮問題，還是在討論停火一下再打更大的戰爭呢？」

霍治是一個不善於辭令的人，被解方說得無言以對，他着急了，於是說：「我建議我們現在丟硬幣，各自選擇一面，以丟硬幣的結果來確定誰先走下一步。」談判本是一個嚴肅的政治問題，而霍治竟像一個小孩子以打賭來決定問題，豈能不令人捧腹大笑。

十一月六日在巴黎召開的聯合國大會上，蘇聯外長維辛斯基向美國發起外交進攻，他建議召開一個包括新中國在內的世界「和平會議」，要求沿三八綫實現朝鮮停戰，並在三個月內撤退所有外國的軍隊。美國的盟國也對美國在朝鮮談判問題上的立場不滿。荷蘭駐聯合國大使馮・羅杰在聯合國大會上說：「過分強調保留開城作爲談判地點的問題，而且繼續進行戰鬥……實際上是不必要的。」英國人、南非人以及其他國家的代表對美國的態度都有所不滿。這些國家的態度，對杜魯門是個不小的壓力。因此，美國參謀長聯席會議指示李奇微說：「早些時候決定選擇滿足我們主要要求的分界綫的原則性協議具有相當重要的意義。」李奇微則回電反對：他說：

「我認爲，向共產黨方面宣佈你們所指示的立場很有可能會加強共產黨的不妥協立場，並將削弱我們以後在每一個實質性問題上的立場。在親身經歷了這一發展變化的形勢之後，我有一種內在的強烈感受，這種感受毫無疑問是基於朝鮮形勢的對比，那就是，多一點鋼鐵少一點絲綢，美國應更爲直截了當地堅持我們立場中不可改變的邏輯，這將會達到我們爲之光榮戰鬥的目標。

「相反，我認爲，你們所指定的方向將一步步導致犧牲我們的基本原則，和摒棄如此之多英勇無畏的人們爲之獻身的事業。我們面臨着嚴重的抉擇，如果我們堅定不移，就能步步成功。如果退卻讓步，就會損失一切。我以我的全部良心，力主我們堅定不移。」

但是李奇微的意見，華盛頓並沒有接受，因爲杜魯門考慮他的盟國態度和朝鮮戰局發展不利。喬埃後來在回憶錄中寫道：「代表團，而且甚至是李奇微，從來不知道甚麼時候華盛頓又會發出一道改變我們獲得一項體面的和穩定的停戰協定的基本原則的新指令。」「在這種情勢下，要形成健全的計劃，令人信服地提出見解，表現出無懈可擊的堅定立場和最後言行，都是極爲困難的。在我看來，美國政府沒有確切地了解它在朝鮮的政治目標是甚麼或應該是甚麼。結果，聯合國軍代表團總是瞻前顧後，生怕從遙遠的地方又發來一道新的命令，而這一命令往往要求採取與目前正在採取行動不相一致的做法。」

周恩來一向是善於審時度勢，他了解形勢、研究了形勢、分析了形勢，洞察了美國同它的盟國之間的矛盾、美國統治集團內部矛盾。聯合國大會、世界和平理事會都在開會，朝鮮問題都是人們最關心的問題，也是重大的議題，爲了利用矛盾，孤立打擊美國和美國統治集團中的好戰分子，以及考慮到朝鮮戰場對我有利的形勢，認爲是推動談判進展的好時機，決定在批駁對方十一月八日要把開城劃在非軍事分界綫之內，實際上是要我方退出一千五百平方公里的地區，並提出我方的新方案：

一、確定以雙方實際接觸綫爲軍事分界綫，並由此綫各退二公里，以建立非軍事區。

二、小組委員會應即根據上述原則校正現有實際接觸綫，以確定雙方同意的現有實際接觸綫爲軍事分界綫，並由此確定軍事分界綫兩側各二公里之綫爲非軍事區的南北緣，劃出非軍事區。

三、小組委員會在停戰協議全部商定後但尚未簽字前必須按照雙方實際接觸綫屆時所發生的變化，對上述軍事分界綫與非軍事區作相應的修改。

我方這個方案打出後，美方又害怕這樣實際上形成停火，士氣無法維持，還怕「軍事壓力」的武器，在以後的議程談判上，難以使用，不便討價還價。因此，他們不想就第二項議程作出具體決定。經我方多次批駁，美方不得已於十一月十七日接受我方的建議，但加上有效期三十天的限制如三十天停戰協定未能簽字，則由雙方確定彼時的接觸綫爲臨時軍事分界綫。

我方根據雙方討論的意見，又考慮了一個修正案。修正案的內容是：

對於第二項議程，作爲在朝鮮停止敵對行爲的基本條件，確定雙方軍事分界綫，以建立非軍事區，玆達成以下協議：（一）確定以雙方實際接觸綫爲軍事分界綫，並由此綫雙方各退兩公里，以建立非軍事區爲原則。（二）雙方小組委員會應立即根據前條原則，校正現有接觸綫，以確定雙方同意的實際接觸綫爲軍事分界綫，而軍事分界綫兩側各二公里之綫，即成爲非軍事地區的南北緣。（三）鑒於敵對行動將繼續進至停戰協議簽字爲止，如果代表團大會批准本協議及上述軍事分界綫與非軍事地區的具體位置後的二十日內，全部議程已經達成協議，則不論雙方實際接觸綫有何變化，已經確定的軍事分界綫及非軍事地區應不再變更。如超過二十天，而全部議程尚未達成協議，則應按照停戰協議及簽字前的雙方實際接觸綫所發生的變化加以修正。

這個修正案，李克農於十一月十九日電報中央，請示批准。

周恩來接到電報後，同外交部、軍委總參謀部進行討論研究，認爲代表團所提方案可行，但是根據我們不怕拖、不怕打的方針，代表團將美方原提議三十天內不變，而改二十天內不變，還是急了一點，還有怕拖的思想。因此，立即以毛澤東的名義發報給李克農：

李克農同志並告金、彭：

望即根據你們十一月十九日廿四時來電所提三條，在小組會上提出。惟二十天仍改回三十天，即同意敵人所提的時間，因敵人急於求成，我們不應表示比敵人更急。我們的態度是能在三十天內成立協議固好，拖長時間也不怕。

毛澤東

十一月廿日十八時

十一月二十二日，小組委員會就「作爲朝鮮停止敵對行爲的基本條件，確定雙方軍事分界綫以建立非軍事地區達成了協議。」

中方作出重大讓步

這個時候，朝鮮開城地區已進入初冬季節了，朔風陣陣襲來，寒氣逼人，大地早已被白雪覆蓋過了，在樹蔭下、屋角邊、山坳裏則是一堆堆的積雪。但中朝談判領導班子和代表團人員在周恩來的親自關懷和指揮下，組織有關工廠、運輸單位，即早送去冬季需用的物資，所以，他們都已穿上了棉衣，炕頭也已燒熱，無絲毫的冷意，雖說鬥爭非常之激烈，但人們的生活卻是很愉快。

一天夜晚，李克農在他的「小別墅」會議室，召開一次只有各級領導人員參加的小型會議，傳達十一月十四日毛澤東、周恩來關於朝鮮停戰的形勢和下一步的方針的指示。指示說：十月二十五日恢復談判以來，在國內、國際對美要求停戰的壓力增大，因此，達成協議的可能增長，但美國又要保持緊張局勢，採取種種訛詐手段拖延中心問題的解決。在停戰綫問題上，美方雖放棄了深入我陣地後方劃分停戰綫無理要求，而又要把開城劃在中立區內，我主張以實際接觸綫爲停戰的軍事分界綫，估計可能達成協議。在停戰監督問題上，美方主張無限制的監察，我擬同意在後方一兩個口岸由中立國進行視察。關於中立國的提名，我擬提蘇聯、印度和拉丁美洲一個國家，如對方反對亦可提名瑞典爲中立國。關於俘虜問題，我主張有多少交換多少，估計不難達成協議。關於高級會議有三個方案，一是雙方各派高級的代表開會；二是蘇、中、美、英四國代表和南北朝鮮代表開會；三是蘇、中、美、英、法五國和印度、埃及七國開會，南北朝鮮代表參加。爭取在上述意見輪廓下，我採取靈活策略，不表現急於求和，爭取年內達成協議，但也準備打他半年到一年。這樣「和固有利，拖亦不怕！」

李克農傳達以後說，中央的指示很重要，我可以肯定地說這是總理的思想，當然是得到毛主席同意的，中央站得很高，看得很遠。我今天把中央的底都交給你們了，希望大家認眞學習、領會、貫徹執行中央的指示。

然後，李克農又發揮說：朝鮮停戰談判，那是美國在國內國際壓力之下恢復的，而談判的恢復，轉過來又增加了國內國際要求把戰爭停下來的壓力，這就是形勢發展的辯證法。因此可以認爲現在達成停戰協議的可能性增長了。這就是我們毛主席、周總理、金首相的共同估計。我們要抓住這個時機，努力爭取在年內達成停戰協議。

有些同志對今年內達成協議將信將疑。快人快語的沈建圖說：「我看難呀！」

李克農瞥了他一眼，喝了口熱茶，摸了摸唇上短鬍，摘下眼鏡，擦了擦鏡片，又說：「你說難，肯定不那麼容易，但可以爭取的。周總理經常講，談判一是看時機，一是看條件嘛，時機剛才我已經講了，現在講講條件。

在停戰綫的問題上，我們主張以現有實際接觸綫爲停戰期間的軍事分界綫，估許很快可能達成協議。這個方案經中央批准，打出去之後，對方有些慌亂；雖然他們放棄了深入我陣地後方劃分停戰綫的要求，卻倉促提出了以訛詐手段索要開城的十一月八日的方案，我當時就認爲他們難以堅持下去，因爲對方說不出任何理由來，果然，十七日不得不原則上接受了我方建議。

停戰綫的問題是停戰的基本條件，如果這個問題達成了協議，那麼最主要的問題得到了解決。當然我們不是說別的議程就沒有麻煩了。同美國人打交道，你不要設想沒有麻煩，比如第三項議程，停戰監督問題，根據美方在處理這類問題上所持的一貫主張，是無限制的監察，這是我方所不能接受的。打仗之前我們不會同意，停戰了難道能允許敵人到我後方視察？主權是一個國家的生命，這個問題就有可能又要僵住，我們準備提出在雙方的後方一兩個口岸由中立國進行視察的解決方案。」

李克農見大家的信心很足，情緒很高，又說：「那麼中立國提名恐怕也會遇到困難，大家可以考慮考慮提誰，總之會有爭議就是了。但是只要中立國視察的原則決定了，中立國提名總不致於僵持不下吧？」

李克農最後說，中央的方針是「爭取停，準備拖，和固有利，打也不怕」。至於戰場，不用我們管，彭老總早就說過：「打的堅決打，談的耐心談」，我們的任務就是談判。

李克農講話後，休會夜餐時，人們臉上喜形於色，他也高興，拿出一瓶茅台酒來，同大家共同乾了一杯。

接着又繼續開會，首先南日發言，他說，我完全同意，擁護毛主席、金首相的重大決策，問題是敵人太狡猾了，出爾反爾，總是層層設置障礙，現在時機較爲有利，戰場上敵人無可奈何，我們又有了全盤設想，我們應該努力爭取。

喬冠華說：「中央估計戰俘問題不難達成協議，我多少有些擔心。最近范佛里特總部軍法處長漢萊的聲明是個訊號，他竟污衊我方殺害戰俘。當然捏造總捏不圓，他所指的甚麼八十一師二十三團，我軍根本沒有這個番號，而且美國國防部也說漢萊的聲明沒有事實根據。李奇微雖支持漢萊的聲明，但不敢讓漢萊同記者們見面。奇怪的是杜魯門竟於漢萊聲明的第二天，聲稱『中國軍隊殺害在朝鮮的美軍俘虜，是一百多年來最野蠻的行爲。』一個大國的總統居然支持連國防部都否認的一個集團軍軍法處長的聲明，這不是一般情況，似乎道出了美國決策集團有可能要在這個問題上作甚麼文章。我沒把握，但我提醒同志們研究這個問題。」

後來的事實證明喬冠華的預感和分析是對的，顯示了這位傑出的外交家的才華。

十一月二十七日談判會議上，雙方代表團批准第二項議程達成的協議之後，會談立即進入第三項議程：

南日將軍當即提出我方五項建議：

一、雙方一切武裝力量，包括陸、海、空軍的正規與非正規部隊武裝人員，應自停戰協議簽字之日起，停止一切敵對行爲。

二、雙方一切武裝力量，應於停戰協議簽字後三天內，自非軍事地區撤出。

三、雙方一切武裝力量，應於停戰協議簽字後五天內，以軍事分界綫爲界自雙方的後方和沿海島嶼及海面撤走。如逾期不撤，又無任何延期撤走的理由，則對方爲維護治安，對於此類武裝人員有權採取一切必要的行動。

四、雙方一切武裝力量均不得進入非軍事地區，亦不得對該地區進行任何武裝行動。

五、雙方各指定同等數目的委員，組成停戰委員會，共同負責具體安排和監督停戰協議的實施。

美方代表喬埃卻要求停戰監督機構得以自由出入朝鮮全境，在維持停戰軍事力量現狀不得增加軍事力量水平的幌子下限制朝中方面修建機場，但卻主張兵員和武器彈藥進行無限制的輪換和補充，朝中方面代表反覆批駁了對方的論點。指出，爲了眞正保證敵對行動不再發生，就必須徹底消除戰爭狀態而不是保持戰爭狀態下的軍事平衡；應該減少雙方的軍事力量，撤出一切外國軍隊及其裝備。對方卻說談判代表團無權討論撤出外國軍隊問題。我方代表當即質問對方既然無權討論外國軍隊的去留問題，何以有權討論外國軍隊的補充與輪換問題呢？

李克農、喬冠華和代表團討論了對方的建議和論點，爲了反對其在朝鮮全境視察問題，提出兩點補充意見，形成七項原則方案，報請中央審批，經周恩來批准，在十二月三日的全體會議上提出：

一、雙方一切武裝力量，包括陸、海、空軍的正規與非正規部隊與武裝人員應自停戰協議簽字之日起，停止一切敵對行爲。

二、雙方一切武裝力量應於停戰協議簽字後三天內自非軍事區撤出。

三、雙方一切武裝力量應於停戰協議簽字後五天內以軍事分界綫爲界自對方後方和沿海島嶼及海面撤走，如逾期不撤，又無任何延期撤走的理由，則對方爲維持治安，對於此類武裝人員有權採取一切必要的行動。

四、雙方一切武裝力量均不得進入非軍事區，亦不得對該地區進行任何武裝行動。

五、雙方各指定同等數目的委員，組成停戰委員會共同負責具體安排和監督除本項第六條所規定的監察範圍外的全部停戰協議的實施。

六、爲保證軍事停戰的穩定，以利雙方高一級的政治會議的進行，雙方應保證不從朝鮮境外以任何藉口進入任何軍事力量、武器和彈藥。

七、爲監督第六條規定的嚴格實施，雙方同意邀請在朝鮮戰爭中的中立國家的代表，成立監察機構，負責到非軍事區以外的雙方同意的後方口岸，進行必要的視察，並向雙方停戰委員會提出視察結果的報告。

十二月四日停戰談判第三項議程的討論轉入小組會進行。我方代表爲李相朝、解方，對方代表爲滕納空軍少將、霍治海軍少將。以後改爲我方爲解方、張春山代表。

到十一日，停戰談判代表團又開始分兩個小組，同時進行第三項議程和第四項議程兩個小組進行。第四項議程的代表是李相朝、柴成文，對方代表是李比海軍少將、希克曼陸軍上校。

在第四項議程時，我方一開始即提出以後迅速遣返全部戰俘的原則，而對方卻拒絕表示態度，堅持必須首先交換戰俘名單。十二日我方提出五點原則：

一、確定雙方釋放現在收容的全部戰俘的原則。

二、商定在停戰協議簽字後最短可能的期限內，雙方分批釋放並遣送完畢其收容的全部戰俘，並確定重傷、病俘應先在第一批內釋放及遣送的原則。

三、建議雙方交換戰俘的地點，定在開城板門店。

四、建議在停戰委員會下，雙方各派同等數目人員組成遣俘委員會，遵照上述協議負責俘虜的交接事宜。

五、上述各項一經雙方同意確定後即行交換雙方現有全部戰俘名單。

在第三項議程的討論中，對方拖了九天之後，於十二月十二日拿出了一個對案，勉強同意我方提出的中立國視察後方口岸的原則。但是仍堅持要大量的輪換部隊與補充彈藥、武器，並且節外生枝，提出要禁止朝鮮境內飛機場和設備的恢復、擴充與修建，為談判設置新的障礙。誰都知道，任何一個主權國家都是不可能容許限制自己國境內的航空設施的，這等於切斷它的國家航空交通。

新中國的外交，也就是周恩來的外交是堅持實事求是的原則，凡是合情合理的就接受，凡是不合情不合理的就堅決拒絕。應該說，美國軍隊遠涉重洋，正常的輪換是必需的。美國發動侵朝戰爭，是美國統治者的責任，不是士兵之過。美國的國家制度規定，每一個士兵在前綫服役十至十二個月就要輪換回國。這是一個牽涉到千家萬戶的人道主義問題，不給予照顧那是不合人情道理的，也是一個爭取人心的問題。因此在十二月十四日，即對方提出對案以後的第三天，我方又提出一個新的方案。將原先的方案中「雙方應保證在停戰協議簽字後不從朝鮮境外進入任何軍事部隊、軍事人員，戰爭裝備和彈藥」之後加了一個「但雙方的任何一方如需要對其在朝鮮的軍事人員輪換時，應向軍事停戰委員會提出請求，取得批准，此項輪換的人數，每月不得超過五千人，並應經過中立國監察機構的實地監督，在雙方同意的後方口岸進行。」在以後的討論中，我方甚至接受了不從朝鮮境外進入任何「增援的」「作戰飛機、裝甲車輛、武器彈藥」，也即是說允許美方進行必要的裝備的替換。

但是，對方置我方的讓步於不顧，它在十二月二十三日的方案中，除把我方讓步的地方接了過去之外，干涉朝鮮內政的要求依然堅持不動，藉口所謂機場與航空設施的恢復與修建不可避免地會增加我方軍事力量。

我方為了解除對方這種戒心，爭取早日就第三項議程達成協議，又於十二月二十四日再次對十二月十四日的方案進行修正：也即是明確規定「不得從朝鮮境外進入任何作戰飛機」，同意對方的「軍事停戰委員會中的一方向中立國監察機構提出調查違反事件請求時，中立國監察機構即須負責進行視察」。

我方這一讓步乃是一個重大原則性的讓步。一九四六年北平軍事調處執行部及其所屬的執行小組裏，我方是有否決權的，那時蔣介石卻不止一次地提出主席有仲裁權，因為當時三人小組美方是召集人，也即算是主席吧。美國顯然是偏袒蔣介石的，我方堅決反對。現在朝鮮停戰談判中，我方打破了這個原則，同意了在調查違協事件中任何一方不使用否決權，在軍事委員會上只要一方提出就可以請求中立國監察機構派出小組前往視察：中立國監察機構接到通知「即須負責進行視察」。

前面說到，十一月二十七日雙方達成的第二項議程以實際接觸界為軍事分界綫的協議中說：「如三十天停戰協定未能簽字，則由雙方確定彼時的接觸綫為軍事分界綫。」現在三十天已到了，而停戰協定由於美方的破壞、拖延、阻撓，仍遙遙無期，這給渴望和平的朝鮮人民、中國人民和全世界人民潑了一瓢冷水，這怎麼向他們交待，這是誰的責任。我方代表解方將軍在小組會上義正嚴辭地說：「你方已經把會議拖延了這樣久，當然你方還可以繼續拖延下去。但我們認爲必須把我們爭議的問題公之於世界，讓世界人民知道誰在拖延朝鮮停戰談判。」

美方之所以不願就第三項議程早日達成協議，除了它們本來談判就是被迫的，從根本上說是不願意談的，但是在戰場上又打不贏，盟國同它和美國統治集團內部矛盾越來越大，世界人民要求和平的聲浪很高，在這種情況，爲了緩和矛盾，欺騙人民，不得不談，就同趕着毛驢上山，打一步走一步，而把幻想寄托在軍事上、戰場上。另外就是美帝國主義那種習以爲常的霸權邏輯，彷彿干涉別國的內政是理所當然，天經地義的，因此，頑固地堅持要干涉別國的內政。未想到碰到中國這個強手、硬漢，就是堅決反對美國干涉別國的內政。

所以，當美國代表說：「現在我們正在干涉着你們的內政，你修機場，修好了，我給你炸掉，你再修，我再炸。」我方對美國這種狂妄的、厚顏無恥的言論，解方將軍毫不客氣地、氣憤而又嚴厲地斥責說：「你們這種血腥逼人的好戰分子的理論荒謬到不值一駁，你們應該知道，即在你們使用軍事力量狂轟濫炸，大肆破壞的時候，你們也不能干涉我們的內政，妄想干涉也沒有干涉得了，你們使用軍事力量不能得到的東西，卻企圖用談判的辦法得到，我坦白的告訴你們，你們永遠也不會得到你們使用軍事力量所得不到的東西。」

對方狡辯說，現在世界上已經沒有甚麼完整的主權，完整的主權既不存在，又何必斤斤計較於主權的完整和內政的不可干涉呢？

我方駁斥說，這正是你們美國統治集團企圖稱霸世界的野心的露骨表現，你們企圖侵略別的國家，因此你們就否認世界各國還有甚麼主權。

對方說，主權、內政這些支離破碎的東西，你們應該將他忘記了吧！

我方說，確實不錯，世界上有許多的國家在你們美國的壓迫之下，已經沒有了完整的主權和內政了。但是，你們千萬不應忘記，你們這種稱霸世界的野心現在已經在世界的不少地方碰了壁，將來會碰更多的壁，直到臉青鼻腫、頭破血流。因爲，在這些地方不僅有主權完整的國家，而且有些國家還拿起武器爲保衛自己的主權，爲反對外來的干涉而鬥爭了。

對方仍不肯認輸，強詞奪理地說，停戰總是要放棄一部分主權的，你們既然建議保證不從朝鮮外面進入任何軍事人員、作戰飛機、裝甲車輛、武器和彈藥，並邀請中立國家代表到雙方同意的後方口岸進行視察，事實上就已經同意了我方對你方的內政干涉。

我方進一步批駁說，這是一種極其荒謬的推理，是故意抹煞這樣一種事實：限制從朝鮮境外進入任何軍事力量，並由與朝鮮戰爭無關的中立國家來進行監察，這件事它的本身就是限制外來力量干涉朝鮮的內政。我們的建議是嚴格地劃分了朝鮮的對外關係與內政事務的，並且是既能保證穩定的軍事停戰而又不涉及雙方內政問題的唯一可能的辦法。

這種奇談怪論，後來在喬埃將軍的回憶錄裏寫道：「戰爭本身對於雙方內部政務就構成了最大的干涉，而停戰則爲戰爭的另一種技術形態，唯因成立協定，而減少干涉的程度。」這就是美國官方的邏輯、立場，帝國主義的邏輯和立場，霸權主義的邏輯和立場，它同人民的邏輯和立場完全對立，同社會主義新中國的邏輯和立場截然不同。

這是第三項議程之所以僵持不下的主要癥結之一。

解決戰俘問題障礙重重

話說停戰談判第四項議程的討論比第三項議程的討論更加困難，美方設置的障礙一個又一個，層出不窮。

就拿交換戰俘名單來說，朝中方面為了解除美方拖延談判的藉口，同意雙方立即交換全部戰俘資料，並在十二月十八日將完整詳盡的戰俘資料交與美方，而美方交來的戰俘資料卻只用英文拼寫的姓名編號。名單上的人數較美方在談判會議上所聲稱的人數少一千四百五十六名，較美方交由「紅十字國際委員會」轉來的戰俘名單所列人數少四萬四千二百零五人。朝中方面要求美方就此作出交代，但是美方一直避不作答。在我方追問之下，先說甚麼印機不好，壞了，又說遺俘不需此項材料，非常尬尷、狼狽。

接着，美方提出要紅十字國際委員會派人到雙方戰俘營訪問。十二月二十一日李奇微致信金日成、彭德懷，說：

「從朝鮮衝突的早期以來，紅十字國際委員會曾幾次請求你們以及你們政府當局許可他們的代表進入北朝鮮，單去視察戰俘營，以便給你們現在羈留的聯合國軍戰俘和大韓民國戰俘以物質上和精神上的援助。此外，聯合國軍停戰代表團已一再向你方代表團提出建議，要求給予同樣的許可；並且指出，聯合國司令部從這場戰爭一開始時起就允許紅十字國際委員會對它所擁有的戰俘有這種特權。迄今爲止，這一切請求和建議都被拒絕。

現在我代表有關的成千上萬的士兵並以被你們俘虜的每一個人的家庭的名義，我再親自請求你們重新考慮這種行動。我絲毫看不出你們有任何正當的理由不允許紅十字國際委員會執行這種基本的人道主義的工作——在以前的戰爭中各國都肯定允許該委員會進行的工作。

我一心只想到這些人的福利和他們的家庭的哀痛。我誠懇要求你們，請求立即許可持有適當證件的紅十字國際委員會代表入境——他們現在已準備好隨時給你們以援助。」

朝鮮停戰領導班子和代表團研究李奇微的來信，並決定以金日成、彭德懷名義覆信李奇微，並報請周恩來修改審閱批准，覆信說：

「爲了雙方戰俘和他們家屬的利益，我們認爲當前最重要的事情，是迅速解決談判中的各項問題，使之早日達成停戰協議，以便使停留在雙方戰俘營中的全部被俘人員，得以在協定簽字生效後，迅速回到他們的家鄉去，和他們久別而懸念的親人們團聚，恢復他們的和平生活。現在停戰談判中的幾個重要問題，業已接近解決，只是因爲你方一再節外生枝地堅持無理的要求拖延談判，以致停戰協議尚未達成，雙方戰俘無從獲釋，雙方萬千被俘人員家屬的長期懸望的痛苦也因此繼續下去。

我方對於戰俘，無論是在飲食、被服、居所或娛樂方面都本着寬待戰俘的精神和政策，給予他們以完全合乎人道的待遇。傷、病戰俘都能夠從爲他們安排的醫療設備和醫務人員那裏得到有效的治療。我方所提出的關於戰俘的精確名單，充分反映了我方對戰俘的人道的注意關切。因此，我們認爲紅十字國際委員會對戰俘營的訪問是不必要的。

但是，爲了雙方遣俘工作進行便利起見，我們建議，在停戰協定簽字生效之後，立即由朝鮮民主主義人民共和國和中華人民共和國的紅十字會的代表，會同紅十字國際委員會的代表組成聯合訪問團，分組出發，到雙方戰俘營去進行就地訪問，並準備在雙方戰俘交接的集中地點，協助遣俘工作。你如同意，請將我們這個建議轉達給紅十字國際委員會。」

中朝方面既拒絕了紅十字國際委員會單獨視察戰俘的建議，又留有餘地，建議在停戰協定生效之後，由朝中兩國的紅十字會的代表與紅十字國際委員會的代表組成聯合訪問團，到雙方戰俘營去訪問。因爲那時的紅十字國際委員會是站在美國一邊的，爲美方說話，金、彭的覆信打破了美國的詭計，美國當然不願意接受朝中的建議了，這樣紅十字代表訪問戰俘的問題便暫時擱在一邊了。

於是，美方又玩了一個新花招，一月二日，竟把中世紀人口買賣的野蠻契約搬了出來，說甚麼他們交換戰俘的基本原則是「一對一」的交換。如果一方交換了，出現戰俘名額不夠時，就用「平民」頂替，再不夠就讓這些無人交換的戰俘宣誓「我以後不再參加戰爭了」，然後假釋，讓他們在美國、蔣介石、李承晚的特務嚴密控制之下「願」到那裏去就到那裏去，美其名爲「自願遣返」。

這個方案的實質是一個強迫扣留朝中戰俘的方案，也是一個爲談判設置一大堆難以逾越的絆腳石的方案。又一次暴露美方蓄意阻撓談判的陰謀詭計。它給那些抱有希望盡快達成停戰協定的人們，那些被雙方收容的希望盡早回家的俘虜們一瓢冷水，使他們的希望落空了、破滅了。

這種蠻不講理、毫無人道主義精神的方案，怎能不使朝中代表氣憤和進行痛斥呢？

於是一場新的唇槍舌劍開始了。一月三日我方代表李相朝嚴厲地指出：「你們應該知道戰俘的釋放與遣送不是人口買賣，二十世紀的今天更不是野蠻的奴隸時代。」你們的方案是假借「自願遣返」以「一對一的基礎」的名義實行扣留戰俘的方案。我相信「全世界人民將詛咒你方的提案，你方自己的被俘人員和他們的家屬也將詛咒你方的提案，因爲你方的這一提案將阻塞釋放與遣返全體戰俘的可能，將阻塞迅速達成協議的前途。」我方堅決拒絕你方的這個「方案」。

此後，我方在小組會上抓住對方的提案，集中批駁其「一對一交換」和「自願遣返」。指出：「一對一」交換就是人口買賣。

還指出「自願遣返」就是違反「日內瓦公約」。一九二九年六十一國締結的、一九四九年八月十二日修訂的「關於戰俘待遇之日內瓦公約」第一一八條明文規定：「戰爭結束戰俘應該毫不遲延地釋放並遣返」。第七條還規定，「在任何情況下，戰俘不得放棄本公約所賦予彼等之權利之一部或全部。」

對方在我方義正嚴詞的駁斥下，理屈詞窮，無可奈何，不得不說可以「讓步」，於是他們將「一對一交換」改爲「同等數目的交換」，將「自願遣返」改爲「不得強迫遣返」。實際上是換湯不換藥。

在我方進一步的批駁下，對方竟說：釋放戰俘就等於增加你方的軍事力量。

我方當即指出：這說明你們眞正關心的並不是戰俘的人權與幸福，而是戰鬥人員與武力。

小組會開了五十多次，雙方對峙着，而且越來越僵。

爲了打破僵局，周恩來指示代表團研究，吸收對方合理的意見，提出新方案。經過代表團反覆討論研究，提出一個掃清外圍、孤立重點、迫使對方在遣返戰俘原則上作出讓步的方案。報經周恩來審閱批准後，於二月三日，由李相朝將軍在第五十五次小組上提出：

方案全文如下：

（一）雙方同意在軍事停戰協定簽字並生效後，立即釋放並遣返各自所收容的全部戰爭俘虜。

（二）雙方同意保證其全部被俘人員，在被遣返後應恢復和平生活，不再參加戰爭行動。

（三）雙方同意優先遣返重傷重病戰俘。雙方在遣返此類戰俘時，應在可能範圍內同時遣返被俘的醫務人員與之隨行，以便照顧。

（四）雙方同意應在軍事停戰協定簽字並生效後的兩個月的時間內，分批遣返雙方所收容的除第三條優先遣返者以外的一切戰俘。

（五）雙方同意非軍事區內的板門店爲雙方交換戰俘的地點。

（六）雙方同意在軍事停戰協定簽字並生效後，即各派校級軍官三人成立戰俘遣返委員會，在軍事停戰委員會的督導之下，負責具體計劃並監督雙方實施本軍事停戰協定中有關戰俘遣返的一切規定。該委員會如對其有關任務的任何事項不能達成協議，應即提交軍事停戰委員會決定之。戰俘遣返委員會的會址設在軍事停戰委員會總部所在地附近。

（七）雙方同意在軍事停戰協定簽字並生效後，立即分別邀請紅十字國際委員會代表及朝鮮民主主義人民共和國與中華人民共和國紅十字會代表，組成聯合訪問團，到雙方戰俘營進行就地訪問，並在雙方交接戰俘地點，協助遣返工作。

（八）雙方同意在可能範圍內，盡速並至遲本軍事停戰協定簽字並生效的十天內，將所有的被俘期間死亡的戰俘姓名、國籍、級別及其他有關材料提交對方。

（九）雙方同意在軍事停戰協定簽字並生效後，應協助因戰爭而流離失所的平民返回家鄉，恢復和平生活。

甲、聯合國軍應准許並協助原住於現有軍事分界綫以北而在軍事停戰協定簽字並生效前，流落於現有軍事分界綫以南的平民返回其家鄉。朝鮮人民軍及中國人民志願軍應准許並協助原住於現有軍事分界綫以南而在軍事停戰協定簽字並生效前，流落於現有軍事分界綫以北的平民返回其家鄉。

乙、雙方最高司令官負責將上述協議之內容，在其所控制的地區內廣爲發佈，並責成其有關民政機關，對所有上述願意返鄉的平民予以必要的指導與協助。

丙、雙方在軍事停戰協定簽字並生效後，即各派校級軍官二人，成立協助失所平民返鄉委員會，在軍事停戰委員會督促之下，負責辦理協助上述返鄉平民通過非軍事區及其他有關事宜。該委員會如對其有關任務的任何事項不能達成協議時，應即提交軍事停戰委員會決定之，協助失所平民返鄉委員會的會址設在軍事停戰委員會總部所在地附近。

這個方案解除了對方可能的一切藉口，如「釋放戰俘等於增加軍事力量」等，打破對方利用「拘留平民」扣留戰俘的企圖。這個合乎情理的方案，給談判注入了新的希望，國際輿論一致認爲「這是一個不能久拖而又打破僵局的好方案」，連美方代表李比將軍也向記者說「終於用香煙熏出了一個方案」，並於第二天正式建議轉入參謀會議研究討論具體問題。

美軍發動細菌戰

一九五一年十二月三十一日，朝鮮停戰談判聯合國軍代表團首席代表喬埃致函南日，建議同時召開第五項議程小組會議，我方建議二月六日召開大會。在這個會議上我方對第五項議程提出如下建議：

雙方在停戰協定生效後三個月內，各指派五名代表舉行政治會議，討論：

一、從朝鮮撤退一切外國軍隊問題；

二、和平解決朝鮮問題；

三、與朝鮮和平有關的其他問題。

對方則說：「雙方司令官並沒有審議有關在朝鮮的政治解決的各種問題」。建議「停戰協定簽字以後，雙方向各自有關政府與當局建議在三個月的限期內採取步驟在政治會議中或其他政治方法處理各項問題」不僅不承擔召開政治會議的義務，而且還企圖以「政治方法」來代替「正當會議」。他們還把我方建議討論「與和平有關的其他問題」改爲「與和平有關的其他朝鮮問題」，目的只限制在「朝鮮」，更不談從朝鮮撤退一切外國軍隊問題。

這樣，朝鮮停戰談判第三、四、五項議程同時進行，會場上展開激烈複雜的政治鬥爭。同時，在戰場上也展開激烈的軍事鬥爭。

中國人民志願軍創造了坑道陣地戰，用鐵鍬、鐵鎬、鋼釺、斧頭、鐵板條在朝鮮連綿不斷的山地，構築了西起漢江口東至高城長達二百五十公里的整個戰綫上二十到三十公里縱深的坑道，並以它爲骨幹、支撐點式的防禦體系。彭德懷親臨前綫調查研究、總結經驗、表彰先進、推廣構築方法。他高度讚揚指戰員們大造地下工事的光輝行爲，說這是革命軍隊優良的政治素質和軍事素質相結合的表現，爲持久的陣地戰創造了極爲有利的條件。」他要求坑道工事必須達到七防：防空、防炮、防毒、防雨、防潮、防火、防寒。還規定坑道口厚度十至十五米，每條坑道要有兩個以上出口，坑道幅員寬一點二米，高一點七米。坑道的厚度在以後有的由三十米發展到五十米。不僅可以承受十五點五厘米到二十四厘米口徑大炮的猛烈轟擊，還可以頂住五百磅至二千磅炸彈的轟擊。坑道內部設備也越來越完善，不僅有連、營、團部的電話總機等辦公室，還有糧食和彈藥庫、伙房、廁所、澡堂、俱樂部等，戰士們自豪地說，我們的坑道是攻不破、炸不爛的鋼鐵陣地，是我們的「地下長城」。

這種坑道工事，不僅是爲了防禦、保存我軍有生力量，更重要的是爲了更有效地打擊敵人，消滅敵人。我軍利用這些工事，以劣勢裝備打退了現代化裝備的美軍多次進攻，殺傷了大量敵人，使戰綫穩定在三八綫上，使敵人在談判桌上得不到的東西，在戰場上更得不到，有力地支持了談判。同時利用這些坑道，保證了前方的供應。美國第八集團軍司令范佛里特也不得不承認：「雖然聯合軍的空、海軍盡了一切力量，企圖切斷共軍的供應，然而共軍卻以令人難以置信的頑強毅力把物資運到前綫，創造了驚人的奇蹟。」

美軍在前綫多次進攻均遭失敗，於是想出一個滅絕人性的可恥辦法，從一九五二年一月二十八日向我軍陣地及後方用飛機撒播大量帶菌昆蟲，進行一場細菌戰。到三月份以後，撒播細菌已擴及到朝鮮北部的七個區四十四個郡。

朝中方面發現美國使用細菌戰，並從實地調查和美軍被俘空軍駕駛員口供等方面掌握了確鑿的證據之後，在外交上、輿論上採取了措施。二月二十二日朝鮮民主主義人民共和國外務相朴憲永發表聲明嚴重抗議美軍進行細菌戰，二月二十三日中華人民共和國外交部長周恩來發表聲明支持朴憲永抗議美國政府進行細菌戰的聲明。三月八日，周恩來外長再次發表聲明，嚴重抗議侵入中國領空進行細菌戰。三月十五日中國組織以李德全、廖承志、陳其瑗爲首的「美帝國主義細菌戰罪行調查團」，分赴朝鮮和我國東北地區進行調查。三月三十一日，國際民主法律工作者協會調查團發表《關於美國在朝鮮的罪行報告》，報告證實了美國和李承晚軍隊的非人道罪行、戰爭罪行、特別是進行細菌戰的罪行。四月一日，世界和平理事會執行局發出題爲《反對細菌戰》的告世界男女書，號召全世界人民要求制止細菌戰和禁止使用細菌武器。

但是，我方卻未在談判桌上提出美國進行細菌戰，因爲估計到美國杜魯門政府是絕對不會承認進行細菌戰這種遭到全世界人民反對的罪行的，如果在談判中提出就必然把美方逼到牆角導致談判完全破裂，別無結果。這樣同我們爭取和談成功的初衷相違背，而且也有失衆望。這也是周恩來外交思想和談判技巧高人一等之處。

此時，美國在戰場上已經不可能有甚麼大的作爲了，細菌戰又遭到全世界人民的反對，聲名狼藉。不得不又坐下來談判。

一九五二年二月十六日，在雙方代表團大會上，我方代表就第五項議程提出修正案：

「爲保證朝鮮問題的和平解決，雙方軍事司令官茲向雙方有關各國政府建議在停戰協定簽字並生效後三個月內，分派代表召開雙方高一級的政治會議，協商從朝鮮撤退一切外國軍隊及和平解決朝鮮等問題。」

這項議程終於達成了協議。

就在這個時候，一件意外的事情發生了，也是美方蓄意阻撓和破壞談判的一個舉動。

巨濟島戰俘屠殺事件

二月十八日，拂曉六時，一支美國軍隊，將美方在巨濟島六十二號戰俘營中的約五千戰俘包圍起來，由美方人員對戰俘進行所謂甄別，當戰俘拒絕進行「詢問」和「甄別」的時候，即遭美軍屠殺。根據紅十字國際委員會的報告，戰俘死傷三百七十三人。事後美方封鎖消息。美聯社透露，「新聞檢查不許寫出牽涉在這事件內的美國兵的番號，據說牽涉在內的大約有一個營。陸軍方面說，他們都是在朝鮮戰爭中有顯著戰績的部隊中的人。」

巨濟島在南朝鮮慶尙南道海岸鎭海灣南部的海島。是朝鮮第二大島。屬巨濟郡，面積三百七十六點三七平方公里，海岸綫長二百八十一公里，最高峯老子山，海拔五百六十二米，與附近的閑山島、峯岩島、加助島等許多島嶼組成巨濟郡，並爲該郡的首府古縣的所在地。氣候溫和，沿岸山林茂密，多鳥類，近海水產業發達，居民以半農半漁爲生。南部的加羅山，海拔五百五十五米，爲該島距著名的對馬島的最近點。該島爲朝鮮南部的海上要衝，自古以來爲軍事要地。美軍將被俘的朝中士兵大部分關在那個島上，設有十二個戰俘營。關押中國人民志願軍一萬多人。

我方查明事實後，於二月二十三日向美方就在巨濟島屠殺戰俘事，提出強烈的抗議。我《人民日報》於三月十三日發表社論：《必須追究美國對巨濟島慘案的責任》。指出：「美國侵略者在朝鮮南方的巨濟島上所設的俘虜營，和他們在水原等地所設的俘虜營一樣，是比第二次世界大戰中德國法西斯的布瓦爾德、奧斯威辛等集中營更為黑暗、更為恐怖的人間地獄，這早已為世界人民所共知的了。在那裏，美國殺人犯們殘殺和虐待朝鮮人民軍和中國人民志願軍被俘人員的暴行是罄竹難書的。汽油燒身、電光射眼、火烙、槍殺、打死、蒸死，以至作細菌武器的試驗，造成疾疫蔓延、大批死亡，那一片血淋淋的屠場的陰森慘象，就連美國最反動的報紙、雜誌和它們的記者在報道中也無法掩飾。但是美國殺人犯還不滿足於這一切殘暴的罪行，他們現在更製造了一個大規模謀殺我方被俘人員的血腥巨案，他們用集體的屠殺來證明他們是全人類的文明與和平、正義的死敵。」社論還指出：「這個大規模的謀殺案，又證明了美方在朝戰談判第四項議程上的所謂「自願遣返」的提案，是極端荒謬和毒辣的陰謀。美國侵略者一貫採用了虐待、殘殺、強迫進行法西斯教育，強迫在身上刺反動口號，強迫參加所謂「反共救國團」等違犯國際公法的罪惡手段，企圖達到大批扣留我方被俘人員，轉送台灣國民黨殘餘匪幫和南朝鮮李承晚匪幫的卑鄙目的。」社論說：「在朝鮮停戰談判第四項議程二十三日的參謀會議上，我們參謀人員就美方所製造的巨濟島慘案，提出嚴重抗議是完全正確的。我們堅決支持我方的正義主張。」

三月十五日，美方在停戰談判第四項議程的小組會上承認：三月十三日我方被俘人員又在對方的巨濟島戰俘營內遭到屠殺，死十二人傷二十六人。但美方代表李比竟把它說成是甚麼我方被俘人員中的

「相互攻擊」。

三月二十七日中朝方面爲了爭取早日達成停戰協定，提出雙方所收容的非朝鮮籍的戰俘及原籍不在收容一方地區的朝鮮籍戰俘應全部遣返，原籍在收容一方地區的朝鮮籍戰俘，如本人願意返回家鄉，恢復和平生活，可不予遣返的新方案。

四月一日，在第四項議程參謀會議上，美方提出一個遣返戰俘的原則修正條文：交戰雙方應釋放並遣返停戰協定生效時所收容的全部戰俘。其實施則以停戰協定簽字前經雙方校正並接受的名單爲基礎。但同時，美方卻提出以下兩點諒解：

一、每方所收容的一切戰俘及被拘留平民，在一九五〇年六月二十五日居住於收容一方地區者，除願留原居住地者外，應予遣返；

二、其他戰俘，除不以強力即不願遣返者，予以釋放並使其定居於所選定之地點外應予遣返。

美方的用意十分明白，仍然是原封不動地堅持所謂「自願遣返」的原則。

在這種情況下，我方遂於四月二十五日宣佈中止行政性會議，對方乾脆提出「無限期休會」。

此時，中國人民志願軍司令員兼政治委員彭德懷奉調回國，後來因周恩來太忙，由他接替軍委常務副主席，在軍事上分擔周恩來一部分日常工作。而由陳賡代理志願軍司令員兼政委。五月，李奇微調任北大西洋公約組織總司令，艾森豪威爾回美競選總統，美國駐意大利司令官馬克．克拉克繼任「聯合國軍」總司令。

李奇微離任時，讓美方代表於四月二十八日拋出一個所謂「堅定的、最後的、不可更改」的方案。

即：美方撤回對朝中方面修建機場的無理限制，但仍堅持在中立國提名的主張，堅持只遣返七萬名朝中戰俘。

針對美方「堅定的、最後的、不可更改」的方案，五月二日，我方提出如下建議：

一、中立國提名，同意只提雙方已同意之四國，即波蘭、捷克、瑞典、瑞士。

二、停戰後，雙方修建機場不受限制。

三、戰俘問題，照我三月二十七日所提調整方案解決。

兩個方案一對照，中立國提名和限修機場問題已取得一致，但遣返戰俘問題，則成為雙方鬥爭的焦點，美方的頑固無理態度，使得談判形成最後的僵局。

五月八日，我方首席代表南日在代表團全體大會上的發言說：「我再次指出朝鮮人民軍與中國人民志願軍斷然拒絕你方四月二十八日的方案。你方企圖扣留十萬以上我方被俘人員的片面無理的主張是我方絕對不能考慮的。我方在五月二日的全面方案是解決所有未決問題的唯一的合理折衷方案。我方在戰俘問題上，已經作了一切可能的讓步。在三月二十一日和二十七日提出了完全合理折衷的遣俘原則和調整方案。我方在五月二日方案中，更在中立國提名問題上作了重大的讓步。你方沒有任何理由繼續拒絕我方五月二日的合理折衷方案。你方對我方被俘人員全體實行所謂「自願遣返」，企圖扣留十萬以上我方被俘人員的主張，違反了一切國際公約，徹頭徹尾地破壞了日內瓦公約的明確規定。誰都知道你方戰俘營中根本沒有任何自由。你方在我方被俘人員中所進行的所謂「甄別」根本是荒謬的。你方所聲稱的所謂「甄別」結果是完全無效的。你方所提出在停戰協定簽字後對所謂你方「甄別」結果進行實地調查的辦法是雙重荒謬的。你方在應該完全清楚地了解到我方根本反對你方這種建議時，提出這種建議，除了欺騙人以外，不可能有任何其他目的。在戰俘問題上，自從去年十二月十一日以來，你方未作絲毫讓步。不僅如此，在你方明白表示願在我方三月二十一日原則輪廓內解決問題之後，反而倒退地提出你方在戰俘問題上的無理方案。這除了證明你方毫不關心你方自己的被俘人員的利益，證明你方還無意於達成停戰以外，不可能有任何其他的解釋。你方在我方被俘人員中進行威脅策動，企圖強迫扣留我方被俘人員的勾當，無須進行任何調查，已經是人所共曉的事實。你方自己的新聞報道公開承認你方利用蔣介石匪幫和使用李承晚特務在我方被俘人員中進行強迫刺字，強迫請願等的醜惡行爲。你方自己的新聞報道公開承認，你方不惜採取成批屠殺的手段，企圖強使我方被俘人員接受你方的強迫扣留。我方被俘人員要求歸返家園的不可動搖的意志，在他們對於你方的一切威脅策動的英勇的反抗中已經有了充分的表現。而你方對於屢次的屠殺案件至今還沒有任何負責的交代。你方還有甚麼資格提出所謂「甄別」的結果？你方還有甚麼資格要求在停戰後進行調查？全世界人民已經識破了的欺騙伎倆！釋放並遣返全部戰俘歸返家園是日內瓦公約的明確規定，是一切國際公法所規定的，不容逃避的責任與義務。如果你方還有意達成停戰協議，你方就必須撤回你方在戰俘遣返問題上的片面無理的主張。」

周恩來領導發動輿論攻勢

周恩來看完李克農發來的朝鮮停戰談判最新的情況電報，東方已經破曉，紅艷艷的一大片，太陽就要噴薄而出。他伸了一個懶腰，信步走出辦公室，來到西花廳院內的花園，深深地呼吸了幾口新鮮的空氣，一股芬香沁入他的心肺。他抬頭觀看，只見桃花李花已經開過了，開始凋謝，海棠、玫瑰、月季正在盛開，花紅葉茂，滿院春色。他平素最喜歡海棠花，便首先走近幾株海棠樹邊，貓着腰，兩隻大眼緊緊盯着它們，只見那些含苞待放的花朶，乃是一團團紅紅的，像是火球一般，那些正在開放的花朶，已經由深紅色變爲淡紅色了，大而又香。他一朶朶地看，用鼻子嗅嗅它的香味，有時用手小心翼翼地撫摩一下，害怕碰壞它。他一株一株看完了海棠花之後，又走到那些低矮直立的玫瑰花和月季花前，在那些開着紫、紅、黃、白五顏六色的花叢中，輕移腳步，欣賞這些美麗可愛的鮮花。從外表上看，彷彿他饒有興緻，似乎也很輕鬆、愉快。其實他的腦子裏還是一刻不停地想着國家的大事，經濟建設，朝鮮戰爭和談判。

他想朝鮮局勢已基本穩定在三八綫上了，雙方都處在膠着狀態，要向前推進都很困難，小打不斷，中打還會有，大打幾乎不大可能了，美國沒有這種力量，它的盟國不願意，我們方面，從朝鮮戰爭一開始就主張和平解決。談判肯定要繼續進行下去，我們是積極主動的，爭取早日達成停戰協議，但美國是被迫接受和談的，不太積極，還不斷給談判設置障礙，因此，可能要再拖一段時間，國內的鎮壓反革命運動，三反五反運動也已接近結束。在這種情況下，應該考慮把主要精力轉移到經濟建設上來，第一個五年計劃要提到日程上來了，他前幾天已讓李富春和國家計委制定方案，並準備向蘇聯提出援助我國建設的項目。他想得很多，很遠、很深。最後他還是回到李克農昨天發來的電報，反覆想着、思考着美國爲甚麼在戰俘問題上態度如此頑固、僵硬？是它想多扣留我們的戰俘？是不願意停戰而要利用朝鮮戰爭來擴大軍備，刺激軍火生產，爲壟斷資本家謀取更大的利潤？還是它不甘心在朝鮮戰場上的軍事失敗，要再打幾仗，用軍事上的勝利壓我在談判桌上讓步？他想這些因素都存在，都起作用。他想爲了打破美國的這些幻想和陰謀詭計，必須三管齊下，即外交談判，輿論攻勢，軍事鬥爭，迫使美國盡早接受停戰。

於是，周恩來讓秘書通知外交部副部長、亞洲司、美澳司、蘇歐司、情報司和新華社、人民日報有關同志上午八時半到國務院辦公室開會。他吃完早飯，沒有休息，批了幾個文件，便來主持開會了。他說，現在要想打破在戰俘問題上的僵局，僅靠在談判桌上鬥爭是不夠的，必須加強輿論攻勢，公開揭露美方的陰謀和態度，讓人們都知道，以動員世界的輿論，對美國施加壓力。與會的同志有彙報情況的，有分析形勢的，有提出方案對策的，廣泛而又深入地進行討論，最後決定由朝中停戰談判代表團新聞處向新聞界公佈雙方就戰俘問題談判的眞相，人民日報發表社論進行評論。

午飯後，周恩來只休息了兩個小時，又召集正在北京的彭德懷、鄧華和代總長聶榮臻及總參謀部的有關人員開會。周恩來在分析了朝鮮戰場形勢後說，根據近一年朝鮮談判的經驗和規律來看，凡當談判出現僵局，即美國在軍事上對我發動進攻或將要發動進攻，凡是當它軍事上失敗以後，談判便又重新開始或可取得進展。現在關於第四項談判議程即遣返戰俘問題又出現了僵局，很可能美國又在軍事上對我發動進攻，美國新任侵朝軍總司令克拉克，他是新官上任要露一手的，定會搞點新花樣。所以，我們要有思想準備，要志願軍高度警惕，美國是不甘心在軍事失敗的。彭德懷發言說：「我完全同意總理的分析和意見，對美帝國主義必須要再狠狠地教訓幾次，它才會舒服，才會老實，談判才會有進展，遣俘的僵局才能打破。現在陳賡同志的身體不太好，我提議鄧華盡快回朝鮮前綫，加緊準備，特別要把坑道搞好，迎接敵人發動新的軍事攻勢，同時相機消滅美李有生力量。鄧華表示，請總理、彭老總放心，我們有信心對付敵人無論是陸上、空中、海裏的一切進攻，我將盡早辦完在國內事情，返回前綫。

五月八日，朝中談判代表團新聞處公佈了關於戰俘問題的我方原則和方案以及對方對我方所提原則的表示。全文如下：

朝鮮人民軍及中國人民志願軍停戰談判代表團新聞處奉命公佈關於戰俘問題的我方原則和方案三件及對方對我方原則的表示三件如下：

（一）三月二十一日第四項議程參謀會上我方所提遣俘原則條文。

（二）三月二十七日第四項議程參謀會上我方所提遣俘調整原則的諒解原文。

（三）三月二十五日對方對我方三月二十一日遣俘原則的表示。

（四）四月一日對方對我方三月二十一日遣俘原則的表示。

（五）五月二日我方在雙方代表團大會行政性會議上提出的關於三個問題的解決方案原文。

（一）三月二十一日第四項議程參謀會上，我方所提遣俘原則條文：「在停戰協定簽字並生效後，朝鮮人民軍及中國人民志願軍方面釋放並遣返其所收容的一萬一千五百五十九名全部戰俘，聯合國軍方面釋放並遣返其所收容的十三萬二千四百七十四名全部戰俘。上述戰俘名單由參謀人員予以最後校正。」

（二）三月二十七日在第四項議程參謀會上我方所提遣返調整原則的諒解原文：「爲了迅

速解決第四項議程，早日實現朝鮮停戰，我方現在願作再一次的努力，提出在我方三月二十一日提案總的原則規定下的關於具體規定遣返的調整原則的諒解如下：

⑴所有朝鮮人民軍與中國人民志願軍所收容的非朝鮮籍的聯合國軍戰俘和所有原居住於你方地區的朝鮮戰俘應予全部遣返，所有聯合國軍所收容的非朝鮮籍的中國人民志願軍戰俘和所有原居住於我方地區的朝鮮籍戰俘應予全部遣返。

⑵所有朝鮮人民軍與中國人民志願軍所收容的原居住於我方地區的朝鮮籍戰俘及所有聯合國軍所收容的原居住於你方地區的朝鮮籍戰俘，除願返回其原住地區者可不予遣返外，應予遣返。」

（三）三月二十五日對方對我方三月二十一日遣俘原則的表示：「三月二十一日的提案，經過這一適當調整，很可能構成這種解決方案的適宜的基礎。」

（四）四月一日對方對我方三月二十一日遣俘原則中「聯合國軍方面釋放並遣返其所收容的十三萬二千四百七十四名全部戰俘」一句的表示：「我們認爲十三萬二千是沒有把一切有關因素都考慮在內，因此，似乎是一個太高了的數字，我們指出過，可能十一萬六千能更近似地表示出交換數量的大小。」

（五）五月二日我方在雙方代表團大會行政性會議上提出的關於三個問題的解決方案原文：「爲了早日實現朝鮮的停戰，滿足世界千萬愛好和平人民的初步願望，我方願在你方接受我方對戰俘問題的合理折衷的解決方案，並放棄你方限制朝鮮境內機場設備的干涉我方內政的要求的條件下，在中立國提名問題上考慮接受你方提出的，以四個中立國家組成中立國監察委員會的方案。我必須明白無誤地指出，我方提出的方案是一個不可分割的整體。我在中立國提名問題上的讓步，是以你方放棄限制機場的無理要求，並在戰俘問題上同意我方的折衷方案爲其不可缺的前提的。」

第二天，一九五二年五月九日，《人民日報》發表社論：「堅決反對美國強迫扣留戰俘」。社論說：「朝中代表團在五月二日就已經提出了解決談判中所剩下來的三個問題即中立國提名問題，限制修建機場問題和戰俘問題的整套方案：我方在中立國提名問題上同意美方所提雙方各提兩個中立國家的辦法，而美方必須在機場問題上，同意我方主張，取消雙方對修建機場的限制，並在戰俘問題上，同意在我方三月二十七日所提折衷方案的基礎上來加以解決。現在就是美國侵略者自己也不得不承認機場問題其實並不是一個問題，而表示要取消對修建機場的限制了，因此，中立國提名問題與機場問題基本上已經不成問題。在今天，唯一障礙停戰談判使之不能達成協議，唯一阻撓世界人民對朝鮮和平的熱烈願望使之不能實現的問題，就是美國侵略者自始至終堅持主張的強迫扣留（即所謂『自願遣返』）戰俘的問題。」

社論駁斥美方的論點：「美國侵略者深知他自己在這個問題上已與全世界人民的和平願望處於對立的地位，因此，美國侵略軍統帥李奇微急忙於五月七日發表無恥聲明，把強迫扣留戰俘問題用單純的數字，即所謂美方遣返七萬名我方被俘人員來交換我方遣返一萬二千名對方被俘人員的說法來加以混淆。同時他並狡惡地說甚麼在停戰以後，可以由國際機構訪問在他們血手控制下的「反對遣返」的戰俘，似乎這些被訪問的人將在敵人的控制下，有表達自己意志的自由。李奇微更把他們這種卑鄙殘暴的強迫扣留說成是甚麼「人道的立場」，好像這是爲了「保護」戰俘而不得不採取的行動。綜合這些無恥的欺騙說法，李奇微顯然是要把他們自己說成在戰俘遣返問題上已經作了很大的讓步，而我方並未作任何讓步，因而他宣稱「不會再退讓一步」，以便造成其破壞停戰談判的根據，來繼續延長朝鮮戰爭，並維持美國所急需的國際緊張局勢。但是戰俘問題開始談判以來五個多月的事實，卻正在響亮地打着李奇微的嘴巴。事實證明，在遣俘問題上只有我方才眞正作了實質上的讓步，完全沒有作過絲毫讓步的眞正是美方。」

社論指出：「自去年十二月遣返戰俘問題談判一開始，我方就根據戰俘自然的願望和日內瓦公約的規定，提出了全部遣返戰俘的主張。而美方則一開始就蓄意背棄日內瓦公約，提出了實際是強迫扣留戰俘的所謂「自願遣返」的主張。在去年十二月十八日美方提交我方的戰俘名單中，我方十七萬以上的被俘人員竟只有十三萬二千餘人的名字在內，這顯然是敵人有意要扣下我方四萬餘人。我方爲了解決問題，使停戰談判得以早日達成，來實現世界人民對朝鮮和平的逼切願望，乃於今年三月二十一日提出遣俘原則，以雙方在一九五一年十二月十八日提出的戰俘名單的總數爲根據，進行校正的工作。這一主張顯然是我方的讓步，因爲在這個原則之下，美方就可以按其十二月十八日所交的十三萬二千餘人的名單爲根據而不以美方曾經承認的十七萬多人爲根據進行校正。到三月二十七日，爲了進一步照顧戰俘能夠回家過和平生活的願望，我方又提出一個折衷方案，規定中國人民志願軍戰俘和聯合國軍戰俘必須全部遣返，朝鮮人民軍戰俘和南朝鮮軍隊戰俘凡原籍或家庭在其本方軍隊控制地區內者亦必須全部遣返，而雙方朝鮮戰俘之原籍或家庭在收容一方地區內者，如本人要求回家過和平生活，可以不必遣返。人們可以看得很清楚，我方在這個問題上，又作了一次讓步，即不但照顧到了可能願意留在家鄉的戰俘，並且照顧到了所有戰俘和所有戰俘的家屬們要求一家團聚重度和平生活的願望。這是一個完全合情合理的折衷方案。我方這些讓步，難道美國侵略者所看不見的嗎？不是的，美方在三月廿五日的會議中，曾經表示：三月二十一日的提案，經過適當調整，很可能構成這種解決方案的適宜的基礎。」美方還曾在四月一日的會議中，表示要對方遣返十三萬二千人的數目太高了，十一萬六千人的數目可能更近於要交換的數字。但在經過校正雙方戰俘名單的工作進行之後，美方的態度突然從其在三月十五日和四月一日所表現的立場上縮回去，顯出其一貫的反覆無常的面目，竟於四月十九日向我方提出了要扣留我方十萬被俘人員而遣回七萬被俘人員的可恥數字。與此相反，我方在四月十九日所提出的一萬二千人的數字，則是在十二月十八日所提出的名單中加上了新俘獲的完全數字，也就是我方俘虜營中所有應予全部遣返的戰俘數目。」

社論列舉事實批駁所謂「戰俘反對遣返」的謊言：「美國侵略者說他們站在人道立場，不能遣返全部戰俘，因為戰俘自己不願遣返，他們必須保護這些戰俘。現在我們來看這些不願遣返的血淋淋的事實吧。根據美國空降特務衆口一詞的供狀，美國侵略者是費了很大的力量來製造這些事實的。他們違反日內瓦公約，任意把許多李承晚特務甚至與朝鮮戰爭完全無關的台灣蔣介石特務安置在俘虜聯隊中的負責地位，令他們對戰俘強迫刺字並強代戰俘寫血書。凡是拒絕這樣做的戰俘，就被特務們加以集體毆打，甚至在人已經被打傷打昏之後，特務們就在他們的身上刺字，或拉着他們的手指蘸血去打指印。有的特務甚至用自己的手指蘸着受傷者的血去蓋假的指印。這些令人髮指的事實，從甚麼地方顯出美方的俘虜營中有絲毫「自願」的痕跡？在那裏，除了慘無人道的虐待、迫害和侮辱之外，那裏有人道的影子？美國侵略軍根據這種所謂「人道」來製造的所謂「戰俘反對遣返」，以及根據這種所謂「戰俘反對遣返」而實施的強迫扣留戰俘，是完全違反世界人類正義、破壞國際基本公約的非人道的犯罪行爲，中國人民絕對不能容忍。」

社論進一步說：「把戰俘放在這樣地獄般的控制之下，李奇微及杜魯門之流還居然敢於聲稱可以由甚麼國際機構去訪問戰俘是否要求遣返。試問特務的刺刀以及其他無數暗藏的虐待、迫害和威脅將如何能容許戰俘有自由意志的表現？假如不是美帝國主義者所豢養的所謂「國際機構」，有何具有自尊心和正義感的國際機構會願意去忍受美帝國主義者的這種玩弄和侮辱？」

社論最後強調說：「從李奇微的聲明來看整個戰俘遣返談判問題，我們可以了解得很清楚，美帝國主義者不是沒有看到我方折衷方案的合情合理，更絕對談不到甚麼人道立場，而是爲着他們有不可告人的隱衷，需要拖延甚至不惜破裂朝鮮停戰談判，以繼續並擴大國際的緊張局勢，因之故意在停戰談判剩下的唯一問題上，強迫扣留我方被俘人員，使可以達成協議的朝鮮停戰談判又復陷入緊張狀態。可是，對美帝國主義者的這種詭計陰謀作鬥爭已經有了長期豐富經驗的中朝人民，是絕不會爲美帝國主義者所製造的任何緊張狀態所嚇倒的。我們要明告美國侵略者，你們的恫嚇訛詐，正如在戰場一樣，決收不到任何效果，而且祇會更加堅強我們的鬥爭意志，來爲徹底反對你們的可恥陰謀而加緊奮鬥，不達目的，決不休止。」

這篇洋洋大觀的社論，是經周恩來親自修改和審定的，它既擺事實講道理，入情入理，又言詞尖銳、有力、淋漓盡致地批判了美國在遣返戰俘問題上蠻橫無理的立場。非常有說服力，很能打動人們的心靈。

接着，我新華社、《人民日報》分別以報道和文章揭露美國遣返戰俘的陰謀，殘酷迫害在巨濟島的戰俘的具體事實。美國被俘人員伊奈克、奎恩供認美國進行細菌戰和譴責美國在戰俘問題上的錯誤立場。

五月九日，在巨濟島的中朝戰俘代表起草了「中朝戰俘代表大會向全世界人民的控訴書」並向戰俘營的總管杜德準將提出四項條件：

一、立即停止暴行、停止侮辱、拷訊、强迫寫血書的作法，停止威脅、監禁、虐殺，以及毒氣、細菌武器的試驗。按國際法保障戰俘的人權和生命；

二、立即停止對朝鮮人民軍和中國人民志願軍戰俘進行非法的所謂自願遣返；

三、立即停止對數千名在武力下處於被奴役地位的朝鮮人民軍和中國人民志願軍戰俘進行强迫性的「甄別」；

四、承認朝鮮人民軍和中國人民志願軍戰俘組成的戰俘代表團，並予以密切協作。

五月十日，由接任杜德的戰俘營總管和杜德簽署了一項聯合聲明：

一、關於你方信中的第一項，我承認發生過流血事件。在這些事件中，聯合國軍使許多戰俘傷亡，我承諾今後按國際法原則給戰俘以人道待遇。今後我將盡最大努力防止發生暴力事件和流血事件。今後，如果再發生類似事件，我將負全部責任。

二、關於第二項，北韓人民軍及中國人民志願軍自願遣返問題正在板門店討論，我無權左右和平談判的決定。

三、關於第三項强迫甄別問題，只要杜德將軍安全獲釋，就保證不再進行强迫審查。

四、關於第四項，同意根據杜德將軍和我的批准組織北韓人民軍及中國人民志願軍戰俘代表團。

這是我戰俘鬥爭的一個勝利。

朝鮮人民軍和中國人民志願軍總部發言人於五月十六日、二十五日發表談話指責美方多次屠殺在巨濟島、釜山的朝中被俘人員，傷亡三百九十一名。

新華社記者報道，在三月二十九日被我軍捕獲的美方特務王家悌供述美國侵略者在巨濟島俘虜營中製造所謂「自願遣返」的罪行稱，自去年朝鮮停戰談判開始後，美國爲强迫扣留我方大批戰俘，曾從台灣調來蔣介石特務一百多人，在巨濟島俘虜營中充任「教官」和其他職務，在美國駐巨濟島的特務，外號叫「痲臉上尉」指揮下，强迫朝中被俘人員在所謂「自願遣返」的「請願書」上簽字、捺血指印、並刺字。美國侵略軍總司令李奇微，曾親自到巨濟島視察戰俘營，爲了向李奇微報功，特務們趕製要求「自願遣返」的「請願書」名册，全部由蔣介石特務代按血指印，於當日下午二時交給了李奇微。這就是所謂「自願遣返」的眞相，也是所謂「甄別」的眞相。

在英國，五月二十五日，有二十五位戰俘的妻子在英國國會前集會請願，要求還給他們的丈夫。在我方戰俘營收容的英籍戰俘們，幾乎一致簽名給到南朝鮮視察部隊的英國亞歷山大將軍一封請願書，要求他協助停止戰爭，停止殺害中朝戰俘，並且告訴這位將軍，美國人雖然接二連三地殺害中朝戰俘，但中國人民志願軍和朝鮮人民軍並沒有對他們作任何報復。爲此，英國政府強烈要求派自己的代表直接參加板門店的談判。

在美國美籍戰俘的父親考德爾和另一名戰俘的母親席德爾夫人先後發起和平簽名運動，要求停止戰爭，立即交換戰俘。成千成萬的人紛紛簽名請願。寫公開信給杜魯門、艾奇遜。其中有一封信寫道：

> 親愛的先生：我們要求你立即採取行動，以使在朝鮮當戰俘的、我們美國的孩子們獲得釋放。我們覺得你對美國公民的職責應超過於你個人的對於聯合國司令部所拘留的北朝鮮和中國的戰俘（他們說他們不要回家）的義務的觀念。我們都要求並同意應該遣返所有戰俘。

美國一些報刊，也相繼發表評論，分析美國利用戰俘問題拖延談判的原因。早在一九五二年三月《美國》周刊說：「朝鮮就是加速我們自己軍備和促使北大西洋公約組織有更多生氣的刺激物。」五月八日，《紐約郵報》在社論中說：「我們也許不得不在這既非全面戰爭，又非全面和平的青黃不接的時期中度過好幾個月。」五月十日《華爾街日報》報道說，該報記者「在對華盛頓各方作了一番謹愼調查工作後」，可以看出美國目前的「計劃是：坐在我們目前的地方不動——繼續守住陣地——並繼續對北朝鮮進行猛烈的空襲。」五月十二日，紐約《指南針日報》通訊指出：「美國對於休戰的後果感到躊躇不決，因爲，這意味着擴軍的鬆弛，以及已經鼓吹起來的緊急狀態的總的鬆馳。」五月三十日《美國新聞與世界報道》認爲，美方現在根本無意進行談判，該雜誌說，新任美方談判代表哈里遜，「奉令充任一個聽取意見的職務，而不進行談判。」

在談判桌上我方首席代表南日和第四項議程談判代表金元武少將同美方新換的首席代表哈里遜少

將、李比少將繼續就遣俘問題進行談判，展開了激烈的鬥爭。對方常常在我方一連串的責問下，低下頭去，無詞相對，硬着頭皮「頂着」，或者趕快建議休息，夾着皮包溜之乎也。板門店的談判冷冷清清。

克拉克上場戰火再燃

李奇微在離任前夕，於一九五二年三月一日致電美國參謀長聯席會議，在這封冗長的電報中把今後剩下的戰爭中聯合國軍的軍事行動作了一番概括：

以大規模消滅敵方人員和物資爲目標的在朝鮮一場重大地面攻勢，將帶來敵軍進行反攻的嚴重風險，這一反攻可能會給我方部隊造成重大的物資和人員的損失。

即使我方行動成功，而且敵方的反攻（如果能發起的話）遭到失敗，這些行動仍將需要美國付出重大戰鬥傷亡。

動用所有……現有力量來實現這一努力，即使行動大告成功，也不過只能給共產黨部隊造成痛擊，……並不能造成決定性的軍事失敗。

在沒有大量有組織的增援的情況下，一場重大的地面攻勢所提供的成功機會過於渺茫，不足以證明它是可行的。

美國參謀長聯席會議接受李奇微的看法。

克拉克接替李奇微之後，他認爲朝鮮戰綫已經穩定下來了，要改變這種態勢，美國政府不增派陸海空部隊，不採取攻勢，不轟炸中國東北的重要目標，那麼「用任何方法向鴨綠江推進都要遭遇慘重損失」。可是他也知道，再增派任何兵力都使參謀長聯席會議主席捉襟見肘。於是他向華盛頓建議：「增強李承晚的軍隊」，「使用蔣介石的力量」調其兩個師到朝鮮作戰，以及使用原子彈。杜魯門和五角大樓研究，只同意增強李承晚的部隊，其他均不能同意。

可是，克拉克新官上任，總想搞點甚麼名堂出來，打破戰場上的膠着狀態，會場上的僵持局面，希望找到一條能向中共施加「壓力」而贏得「光榮」停戰的途徑。於是他同他的參謀班子朝思暮想，策劃來策劃去，提出了一個「克拉克的八點行動計劃」：

轟炸水豐滿發電站；

轟炸平壤；

轟炸平壤至開城的供應綫；

轟炸北朝鮮所有大大小小的目標；

「釋放」「反共」戰俘；

中斷談判；

增強李承晚軍；

施放調用蔣軍計劃的烟幕。

一九五二年六月二十三日，美國空軍以五百九十餘架次轟炸了中朝邊境的鴨綠江上的水豐滿發電站以及長津、赴戰、虛川等發電設備。

水豐滿電站，爲中朝國際電站，位於朝鮮平安北道朔州郡水豐區，中國遼寧省寬甸縣拉古哨村。一九三七年動工興建，一九四一年開始發電，到一九四三年大壩建成，安裝了六台發電機和七台水輪機。在日本投降時和朝鮮祖國解放戰爭時就受到過嚴重的破壞。

一九五二年七月十一日，美機七百四十六架次，又一次轟炸了平壤，黃州地區。

平壤爲朝鮮民主主義人民共和國的首都，位於大同江下游，距河口約一百公里。歷史悠久，公元四二七年高句麗從開城遷都於此。因其地處大同江冲積平原上，在這多山的國度裏，這一片平原沃壤深受重視，故得名平壤。從美國侵朝以來，美國飛機就一直把平壤當作重要的轟炸目標，狂轟濫炸已成「家常便飯」，學校、醫院、居民住宅早已蕩然無存了，北朝鮮的所有城鎮、農村幾乎無一倖免，無數婦孺、兒童死於非命，克拉克的轟炸平壤、朝鮮大大小小的目標的計劃，無非是在炸彈坑上再傾一批鋼鐵就是了。

美機還轟炸掃射了設在昌城、江東、墨峴裏的戰俘營，炸死炸傷數十名被俘的美李軍人員。

面對敵人的狂轟濫炸，毛澤東、周恩來、彭德懷和中國人民志願軍前綫指揮部採取了堅決鬥爭的方針，我地面高射炮部隊採用游擊戰的方式，機動作戰，不讓敵人摸到規律，組織若干高射炮集羣重點打擊敵機。空軍也積極參戰，英勇出擊，戰鬥英雄張積慧，在僚機單子玉的緊密配合下將美空軍擁有擊落飛機二十一架、號稱「空中霸王」的中隊長戴維斯及其僚機擊落，在美國內及軍隊中引起很大的震動。

這時，克拉克見空襲計劃不成，又想在地面上發動進攻，他在第一綫集結了十五個師，第二綫三個師。

我軍也集中了十個軍，人民軍三個軍團，其中一綫展開七個軍，人民軍兩個軍團，在一綫三個軍，人民軍一個軍團，以對付敵人爲適應其政治需要和配合談判，再度向我發動軍事進攻的可能，或在海空軍配合下，從延安半島實施登陸作戰，迂迴我西部戰綫側後。爲了配合談判，粉碎敵人可能發動的局部進攻，進一步取得陣地戰的經驗，我軍決定在敵人向我發起進攻之前向敵人發起戰術性的反擊作戰。

朝鮮又將燃起硝烟瀰漫的戰火。

十、率團訪蘇與中蘇蜜月期

周恩來對甚麼工作都抓得很緊，對外交則抓得更緊。他在外交部成立大會的講話中就說過：「外交工作比其他工作是困難的。做羣衆工作犯了錯誤，羣衆還可以原諒，外交工作則不同，被人家抓住弱點，便要打回來。」外交工作「不要冒昧，不要輕敵，不要趾高氣揚，不要無紀律亂出馬，否則就要打敗仗。」他不但自己謹守這些原則，身體力行，堪爲模範，以自己的榜樣，教育大家。而且諄諄告誡外交工作者，一定要謙虛謹慎，戒驕戒躁，嚴肅認眞。

他覺得新中國的外交工作已經進行兩年多了。在這兩年多的時間裏，外交鬥爭極其複雜尖銳，總的來說比較順利，比較成功，收效很大。貫徹執行了「另起爐灶」「一邊倒」和「打掃乾淨屋子再請客」三大外交政策或稱外交方針。有的使館做得好，有的使館還說得過去，也有的使館差些，出點小毛病。使節們大多數是從軍隊和地方調來的，第一次搞外交工作，需要及時總結經驗，提高政治和業務水平。因此，他向外交部提議，召開一次使節會議，請大使或參贊回國開會。

一九五二年四月，外交部召開第一次使節會議，幾十位駐外大使、參贊，外交部司局長，二秘以上的大使夫人都參加了會議。四月三十日開幕那天，總理兼外交部長周恩來首先講話。他進一步闡述了他的外交思想和新中國的外交政策，並實際上總結了兩年多來外交工作的經驗。

總結兩年來外交經驗

他說：「中華人民共和國建國以來，一直堅持和平的對外政策。」「獨立自主的對外政策」。我們的方針是：

「（一）『另起爐灶』。一九四九年春，毛澤東同志就說過，我們的一個重要外交方針是『另起爐灶』，就是不承認國民黨政府同各國建立的舊的外交關係，而要在新的基礎上同各國另行建立新的外交關係，對於駐在舊中國的各國使節，我們把他們當作普通僑民對待，不當作外交代表對待。歷史上，有在革命勝利後把舊的外交關係繼承下來的，如辛亥革命後，當時的政府希望很快地得到外國承認而承襲了舊的關係，我們不這樣做。」「爲了表示外交上的嚴肅性，我們又提出建交要經過談判的手續。我們要看看人家是不是眞正願意在平等、互利和互相尊重領土主權的基礎上同我們建立外交關係。」「我們不僅要聽它們的口頭表示，而且還要看它們的具體行動。例如，它們如果在聯合國中不投新中國的票，而去贊成蔣介石反動政府，那我們就寧願慢一點同它們建交；反之，如印度、緬甸等，能夠眞的同國民黨反動派斷絕關係，那就可以在經過談判之後同它們建交。」

「這一『另起爐灶』的方針，使我國改變了半殖民地的地位，在政治上建立了獨立自主的外交關係。」

「（二）『一邊倒』。在一九四九年黨的建立二十八周年紀念日，即在中華人民共和國成立的前夕，毛澤東同志在《人民民主專政》一文中提出了「一邊倒」的方針，宣佈了我國站在以蘇聯爲首的和平民主陣營之內。」「我們在世界上明確地站在和平民主陣綫一邊，旗幟鮮明，打破了帝國主義的幻想。如果沒有這一明確的宣佈，帝國主義就會胡思亂想地望着我們，如司徒雷登在南京時還想鑽空子。『一邊倒』的方針給這種胡思亂想的人澆了一頭冷水。」

「（三）『打掃乾淨屋子再請客』。帝國主義總想保留一些在中國的特權，想鑽進來。有幾個國家想同我們談判建交，我們的方針是寧願等一等。先把帝國主義在我國的殘餘勢力清除一下，否則就會留下它們活動的餘地。帝國主義的軍事力量被趕走了，但帝國主義在我國百餘年來的經濟勢力還很大，特別是文化影響還很深。這種情形會使我們的獨立受到影響。因此，我們要在建立外交關係以前，把『屋子』打掃一下，『打掃乾淨屋子再請客』。但是打掃要有步驟，不能性急。我們在美帝侵朝的時候，針對美帝對我國採取敵視政策並凍結我國財產的情況，先接管或凍結美帝在華資產，並接管美帝津貼的文化機關，特別是在抗美援朝運動中肅清親美崇美恐美思想，這在平時恐怕要幾年幾十年才做到。」

「（四）『禮尚往來』。資本主義國家，你對我好，我也對你好；你對我不好，我也對你不好。針鋒相對，來而不往非禮也。我們總是採取後發制人的辦法，你來一手，我也來一手。不怕它先動手，實際上它一先動手就馬上陷於被動。開國後我們用「另起爐灶」和「打掃乾淨屋子再請客」這兩手，在整個戰略上處於主動地位。至於具體事情上，是可以後發制人的。」

「（五）『互通有無』。我們開國以來就想根據平等互利的原則同外國做買賣，不能像過去那樣把中國作爲它們的消費品市場。美帝國主義對我搞禁運，我們就以貨易貨，不用結滙，這對打破禁運是極有利的。我國出口的主要是農產品，換回來的是工業裝備。我國同蘇聯和人民民主國家的貿易大大增加，對資本主義國家的貿易也增加了，我國的出口貿易額已經超過第二次世界大戰前的數字。我們想扭轉國民黨時期的入超，變爲出超，這是好的，但是當前的目標是出入口平衡，現在我們入口的東西是我們所需要的，出口的東西如鷄蛋、豬肉，是人家所需要的，這種互通有無是互利的。」

「（六）『團結世界人民』。我們對蘇聯和各人民民主國家是「一邊倒」的，對殖民地半殖民地國家，對資本主義和帝國主義國家的人民也要團結爭取，以鞏固和發展國際的和平力量，擴大新中國的影響。」

接着，周恩來以鋼鐘似的洪亮的聲音和充滿哲理的思想論述了「外交陣線」問題。他說：「外交是國家和國家間的關係，還是人民和人民間的關係？外交工作是以國家爲對象，還是以人民爲對象？我們要團結世界各國的人民，不僅兄弟國家的人民，就是原殖民地半殖民地國家和資本主義國家的人民，我們也都要爭取。但就外交工作來說，則是以國家和國家的關係爲對象的。外交是通過國家和國家的關係這個形式來進行的，但落腳點還是在影響和爭取人民，這是辯證的。」

他在談到外交工作要分清敵我友時說：「在建國開始時，我們就提出過這個問題。我和友是一方面，敵又是一方面。具體地分析一下，朋友方面以國家來分有兩種：第一種是基本的朋友，第二種是一時的朋友。這後一種朋友也不完全一樣，有的只能在某一時期內成爲朋友，有的可以在相當長的時期內成爲朋友，區別的主要關鍵是對戰爭與和平的態度。」「在第二次世界大戰開始時」，「蘇聯爭取瑞典保持中立，這對當時的局勢是有利的。假如那時挪威也被爭取保持中立，對蘇聯會更有利，對歐洲的形勢會更好一些。資本主義國家如果在同帝國主義的戰爭中保持中立，對我們是有利的。所以對這些國家，我們不能採取敵對態度，不要把它們擠到敵人的營壘裏去，我們可以和它們做朋友。」

「對帝國主義陣營也要有分析。追隨美帝的國家畢竟是少數。在朝鮮戰場，和美國在一起的雖然有十五個國家，可是萬一戰爭發生在中國，是否也有那麼多國家參加對中國作戰呢？這是值得懷疑的。敢於堅決和我們敵對並走上戰場的究竟還是少數。資本主義世界並不是鐵板一塊，我們應該區別對待。

「同我們最敵對的國家，應該對它堅決鬥爭。

「同我們未建交、關係又較壞的國家，不能把它們看成同美帝一樣。它們同美國主義之間有矛盾。我們應該給一些影響，使它們不過分同我敵對。

「同我國正在談判尚未建交的歐洲國家，它們不願意同我鬧翻，就懸在那裏。

「同我國已經建交的歐洲國家，對它們要分別對待，做好工作。

「同我已建交的東南亞國家，過去是殖民地，現在不僅形式已經改變，有自己的國會與政府，同時人民的覺醒也使得帝國主義不能不改變過去對殖民地的一套辦法，而由當地資產階級來統治。在這種情形下，如果現在還有人說它是殖民地，那是不切合實際的。即使是現在的日本也不能說是美國的殖民地。日本人民的主要鬥爭對象有時是美帝國主義，有時是日本政府。由帝國主義直接統治的才是殖民地。東南亞國家在戰爭與和平問題上同帝國主義有矛盾，我們要在戰爭時爭取它們中立，在和平時爭取它們同帝國主義保持距離。

「伊斯蘭教國家，我們同它們關係較少，影響也小。工作可以逐步進行。

「我們要依靠進步，爭取中間，分化頑固。這樣可以使我們的外交工作更靈活一些，不是簡單的兩大陣營對立，沒有甚麼工作可做。我們要這樣來打開我們外交工作的局面。」

周恩來十分辯證地科學地概括了「外交工作的思想領導」。他說：「我們的外交工作要絕對地接受無產階級的思想領導，不能允許資產階級和小資產階級思想的侵蝕，當然更不能允許這些思想佔據領導地位。我們的立場必須十分堅定，思想必須十分明確。」然後他根據實際的情況和針對一些同志的思想和認識，概括爲七個問題。即「（一）堅持國際主義，反對狹隘民族主義。」「我們應該有民族自信心，可是如果有自大，驕傲的情緒，那就是狹隘民族主義了。」「每一個民族都有它的優點，值得我們尊重和學習。要肅清狹隘的民族主義思想，確立國際主義思想。」

「（二）堅持愛國主義，反對世界主義。我們的愛國主義是社會主義和人民民主主義的愛國主義，不是資產階級的沙文主義。我們反對失去民族自信心的、投靠大國的「世界主義」。美國所說的「世界主義」，「大國領導」，其目的是要小國永遠跟它走，永遠受奴役剝削。我們的國際主義是要各國都獨立平等。」

「社會主義的愛國主義不是狹隘的民族主義，而是在國際主義指導下的加強民族自信心的愛國主義。我們有些同志有時表現得失去立場，那是因爲我們過去是半殖民地國家，羨慕資本主義國家的文明，不審查其中有無毒素，盲目崇拜。說中國一切都好或一切都不好；都是不對的，應該批判地接受一切中外的文化。」

「（三）堅持集體主義，反對個人主義。外交工作是代表國家的，一切必須從集體出發，倘若從個人出發，就一定很危險。」「外交工作中不允許有個人打算，不要因爲人家一說好就沾沾自喜，應該想這是人民的光榮；如果人家說壞，就要檢查一下我們的工作是否做錯了，要把個人完全溶化在集體當中。」

「（四）堅持無產階級的紀律性，反對自由主義。」「外交是國家與國家的關係，外交工作的一切都必須注意事先請示，事後報告。國家同國家辦事，說了就得算數，所以多說不如少說。但是，是不是甚麼都不說呢？不是。已經宣佈的事，已經辦成功的事，已經決定了的事都可以說；尚未宣佈的，經驗還不成熟的不能說。因爲這不是在一個黨內，而是辦國家同國家之間的事。在一定原則下可以有一定限度的機動，也就是臨機應變，但對新的問題處理遲緩一些並不是錯誤。經驗不足時，還是慢一些好。」

「（五）堅持民主集中制，反對官僚主義。我們大家對外交工作的經驗都不多，還是要發揚民主。『三個臭皮匠頂個諸葛亮』。多聽取大家意見是必要的，但是還要有集中。使館內的民主一定要做到。光有集中，沒有民主，就成爲官僚主義了。我們應該提倡民主，才能克服官僚主義。」

「（六）要有高度黨性，反對政治空氣稀薄。政治空氣首先要求有高度的黨性，鍛煉同志們的思想，一切從原則出發。政治化是多方面的。把原則變成教條來背誦不是政治，輕一點說是書呆子，重一點說是教條主義者。要調查研究，分析問題。」

「（七）提倡勤儉樸素的作風，反對資產階級的舖張浪費思想。我們的外交工作中有不少浪費，這是受了資產階級的影響。我們在生活享受方面處處想跟蘇聯比是不對的。」「今天我們的生產還沒有發展到他們那樣的水平。」

周恩來的講話，受到使節們的熱烈歡迎。會議根據他的講話，進行熱烈的討論，大家一致認爲他的講話非常切合實際，切合我們的思想，切合我們的工作，表明他十分熟悉和了解駐外使館情況，提出許多有針對性的問題並作了明確具體的指示。他站得高看得遠，又簡練又深刻，把兩年多來的外交實踐總結、升華了一步，使大家受到深刻的教育，對今後的工作具有很大的意義。

的確，周恩來這次講話，不但從理論上、思想上、政策上進一步論述了新中國的外交的內涵、特性，而且爲確立新中國外交人員的思想品格、工作作風奠定了基礎。從此逐步形成一套新中國的外交的風格和特色，培養一批新中國的外交戰士，保證了我國外交戰綫上不斷地前進，不斷地取得新的勝利。

會後，周恩來又找大使們談話，再次強調外交工作授權有限，一定要加強組織性、紀律性，多請示滙報，可以避免少犯或不犯錯誤。着重講了國際形勢、朝鮮戰爭、朝鮮談判，指出形勢對我們很有利，中央已考慮要把工作重點轉入到經濟建設上來，準備搞第一個五年計劃。不發展經濟，不能增強國力，也不能加強國防，應付更大的戰爭，更談不上提高人民的生活了。你們當大使的也要考慮這個問題，研究駐在國的經濟情況，提出報告，供國內參考。經濟發展了，國力增強了，你們在國外也好工作，說話硬氣。經濟是政治的基礎，也是外交的基礎。

周恩來聽說，有的大使和外交官夫人，不願當夫人，也不願做夫人的工作，他雖然也做了一些說服教育工作，但總覺得不如女同志做起來方便。於是他請他的夫人、全國婦聯副主席鄧穎超出來找夫人們座談。鄧穎超認爲使節夫人對外很重要，是外交中不可或缺的一部分。也是婦聯的工作範圍內重要的一部分。她記得在第一批大使出國時，她也同一些夫人座談過，解決了一部分人的思想和工作問題。起了一定作用。這次她也就當仁不讓了。

一天，鄧穎超召集回國參加使節會議的大使、參贊夫人，和外交部龔澎姊妹等一部分女同志座談。她說，恩來要我請大家來聊聊天。聽說你們在國外工作得不錯，幫助丈夫辦了不少事，有的是對外的事，我很高興，說明我們女同志在國外也是有用武之地的嘛，說明我們女同志也是挺能幹的，有人才的嘛。當然啦，我也聽說，也還有少數女同志不願做夫人，也不願做夫人工作。前兩年，你們出國時，我在學習班講過一次，說外交是一條特殊的戰綫，男同志女同志都是外交戰士，男女同工同酬，男同志能當外交官，女同志也能當外交官，男同志按職務級別拿工資，女同志也按職務級別拿工資，都要安心工作安心學習，熟悉外交業務。但是，使館畢竟不同國內，他的業務活動範圍有限制，人員和外交官有限制，女同志特別是不懂外文的女同志工作不太好安排，有的女同志雖然安排了外交官，但不能對外，對外仍然是夫人，有的女同志連對內的名義也沒有，就是一般工作人員，就是夫人。怎麼辦？這是工作需要，就得服從，叫你幹甚麼，就幹甚麼，把現有工作做好，把夫人工作做好，配合丈夫的工作，在國外，夫人的地位很高，因爲是夫人，人家以爲枕頭邊的話可以影響丈夫，願意同你接近，有甚麼話願意同你講，這是非常有利的條件，千萬不要小看夫人的工作啊！我在國民黨統治區工作時，有時人家不叫我鄧穎超的名字，而叫我周太太，因爲我是周恩來的夫人嘛。她笑着說，對這個稱呼，開始時，我也不習慣，還鬧過笑話。有一次，人家來電話找周太太，我當時腦子還沒有轉過來，回答說我們這兒沒有周太太，放下電話一想，他找誰呀？後來人家又來電話，才醒悟過來，原來找的就是自己。我在中共代表團工作時，在內部也兼做過會計、抄寫、刻蠟板，學了一些技術，這對黨有利，對自己也有利嘛！國外環境特殊，人手少，甚麼工作都要做，多學點本領有甚麼不好呢？有時間學點外文，特別是學點駐在國語言，同外國人交談就方便多了，同時對駐在國也是尊重嘛，何樂而不爲呢。

鄧穎超的一席話，使許多女同志茅塞頓開，打開了思路，對安定女同志情緒、安定使館和夫人工作起了很大作用。

周恩來從新中國建立那天起就認爲確定恢復和發展經濟爲中心任務，儘管他的工作很多，很忙，一會軍事，一會外交，一會文教，一會經濟，像彈鋼琴一樣節奏分明、和諧，但節奏的最強音始終是經濟，他說政府工作的重點就是組織領導經濟建設，軍事、外交、文教都是爲經濟建設服務，爲建設現代化的社會主義中國而共同奮鬥。

中華人民共和國政務院各部委，根據周恩來的指示，早在一九五二年四月初步作出各自的第一個五年計劃的設想或輪廓框架。到八月，這些材料已滙編成兩大册了。然後，周恩來親自主持起草《中國經濟狀況和五年建設的任務（草案）》。其內容：一、中國經濟概況；二、五年建設方針；三、五年建設的主要指標和主要項目；四、長期建設的主要工作；五、請蘇聯援助事項。在文件中明確提出，全黨的領導和工作重心移到經濟建設方面，特別是工業建設方面。今後的五年是中國長期建設的第一階段。它的基本任務是爲國家工業化打下基礎，以鞏固國防，提高人民的物質生活和文化生活水平，並保證中國經濟向社會主義前進。

「一邊倒」再組團訪蘇

那個時候，新中國成立才二年多，沒有制訂五年計劃的經驗，必須求教於蘇聯，在經濟建設方面，唯一能給我們提供援助的，也只有蘇聯，美國正同我們在朝鮮較量，西方國家大都跟着美國走，對我採取敵視態度，實行封鎖禁運，談不上給我們提供援助的問題。在政治、經濟、軍事、外交雖然我們從建國開始就決定採取獨立自主的方針，努力發明創造，但是獨立自主並不排除外援，而要取得外界的援助、支持，只有蘇聯這個對象，因此，那時無論從意識形態、社會制度和國家利益來說，只有發展同蘇聯的關係，也必須同蘇聯發展友好關係，而那時的蘇聯在斯大林的領導下，雖有大國沙文主義的思想和行動，但基本上還是國際主義的，對戰後新建立的社會主義國家和民族獨立國家，仍是採取支持、幫助的立場，所以毛澤東、周恩來和黨中央提出「一邊倒」的政策，即倒向蘇聯、依靠蘇聯、同蘇聯站在一條戰綫上，反對美帝國主義是完全正確的。所以，在經濟建設方面，有必要就我國的第一個五年計劃的制訂和實施問題徵求蘇聯政府的意見，於是中國政府組織一個規模龐大的代表團。代表團團長當仁不讓是國家的總管家，既有組織領導才能，又有多方面知識、經驗的政務院總理周恩來了。代表團成員爲政務院副總理、中國著名的經濟專家陳雲，政務院經濟委員會副主任李富春，駐蘇聯大使張聞天，中國人民解放軍副總參謀長粟裕。代表團顧問爲重工業部部長王鶴壽，燃料工業部部長陳郁，政務院財經委員會秘書長宋劭文，空軍司令員劉亞樓，海軍副司令員羅舜初，炮兵副司令員邱創成，一機部副部長汪道涵，郵電部副部長王諍，外交部政治秘書師哲，外交部蘇聯東歐司司長徐以新和亞洲司司長陳家康等共六十人。

一九五二年八月十五日，周恩來率中國政府代表團離京，十七日飛抵莫斯科，受到莫洛托夫、米高揚、布爾加寧、庫米金、維辛斯基等人的熱烈歡迎。

周恩來在機場發表講話說：「中華人民共和國在推翻外國帝國主義和國民黨反動統治之後的三年時間中，由於中國共產黨和毛澤東主席的正確領導，由於全國人民的努力，又由於蘇聯政府和人民的熱情援助，曾經不斷地克服國內外的種種困難，業已在國家建設的各方面，獲得了重大的成就。」他加重語氣強調說：「中華人民共和國政府代表團這次來到莫斯科，是爲了繼續加強兩國之間的友好合作，並商談各種有關問題。」

蘇聯安排周恩來、陳雲住在郊區國賓別墅，李富春率代表團其他成員住在城內蘇維埃大旅館。

八月二十日，莫斯科天氣晴和，不冷不熱，可以說是最好的季節，克里姆林一派繁忙的情景，上班的、遊覽的，人來人往，絡繹不絕。今天不同的是斯大林辦公室小會客廳，佈置得十分整齊清潔、莊嚴肅靜，會議桌上已放了中國國旗和蘇聯國旗。

莫洛托夫、維辛斯基已提前到了斯大林的辦公室。蘇聯外交部第一遠東司長費德林和禮賓司的幹部站在斯大林辦公室的外面等候中國政府代表團的到來。

一會兒，身着黑色中山裝的周恩來，率領中國政府代表團成員陳雲、李富春、張聞天、粟裕，邁着矯健的步伐，神彩奕奕地走來。斯大林、莫洛托夫、維辛斯基走出辦公室，站到小會議廳門前迎候。

斯大林見到周恩來進來，上前一步，握住周恩來的手，說：「你好，周恩來同志！」周恩來也說：「斯大林同志你好！」斯大林又說：「我們有一年多未見了，我老了，快見馬克思了，你還是那樣年富力強，春風滿面。」周恩來又說：「我們希望斯大林同志健康長壽，爲世界共產主義作出更大的貢獻！」斯大林同中國代表團一一握手，周恩來等也同莫洛托夫、維辛斯基、費德林一一握手。

之後，大家邊談邊徐徐入座，斯大林讓周恩來坐在左邊的客位主賓位上，陳雲坐在周恩來的左邊，師哲翻譯坐在周恩來的右邊，依次李富春、張聞天、粟裕分坐周恩來的左右邊。斯大林坐在右邊的主人位置上，兩邊爲莫洛托夫、維辛斯基和擔任翻譯的費德林。

斯大林說：「我代表蘇聯政府熱烈歡迎周恩來同志率領的中國政府代表團，首先請轉達我對毛澤東同志問好，他的身體好嗎，我非常關心他，又是國內各方面的建設和工作，又是朝鮮戰爭，太勞累了，希望他注意保重。」

「謝謝，斯大林同志，我一定轉達。他的身體很好，毛澤東同志也要我轉達他對斯大林同志問好。他和中國共產黨、中國政府、中國人民非常感謝斯大林同志、蘇聯共產黨、蘇聯政府給予我們的大力支持。」

「我們的幫助還很不夠，同時，我們也非常感謝你們對我們的支持，特別是朝鮮戰爭，你們打得很不錯，談得也好，頂住美國巨大的壓力。全世界人民都稱讚你們，你們在世界上的地位提高了，影響擴大了。」斯大林停頓一下又說，「按照我們的習慣，是先請客人講話。」斯大林把眼睛看着周恩來。

周恩來抿了一口蘇聯的紅茶。這種茶是煮熱了以後再加糖，喝起來又香又甜，但不如周恩來喜歡喝的中國綠茶芬芳滋潤，濃郁可口。他掃視一下全場，揮灑自如地運用中國普通話而又帶有蘇北鄉音侃侃而談。

他說：「我奉我黨中央我國政府和毛澤東同志之命，率領代表團訪問蘇聯，同斯大林同志、蘇聯黨、政府商談朝鮮戰爭、第一個五年計劃及旅順、中長鐵路等問題。首先談談朝鮮戰爭和朝鮮談判問題。

話題圍繞朝鮮戰爭

「一九五〇年十月十九日，中國人民志願軍入朝作戰，同朝鮮人民軍經過七個半月的並肩作戰，取得了五次戰役的偉大勝利，把敵人從鴨綠江趕回到三八綫。美國侵略軍在這七個半月中死傷達十萬人左右，約近於美國在第二次大戰頭一年中陸海空軍損失人數的一倍。因此，美國共和黨的《紐約先驅論壇報》把美軍的失敗叫做『美國陸軍史上最大的失敗』。發動侵朝戰爭的戰爭販子麥克阿瑟和美國參謀長聯席會議主席布萊德雷都不得不承認他們低估了朝中人民的力量。麥克阿瑟承認：『我們並沒有使他們遭受致命的損害，而我們自己卻在遭受重大的損失。美國人流的血越來越多了。』布萊德雷在廣播中也公開承認：『朝鮮戰爭是美國所進行的一次代價最大、流血最多的戰爭。』魏德邁更絕望地說：『朝鮮戰爭是一個無底洞，看不到聯合國有勝利的希望。』與此同時，世界人民，也包括美國人民，反對侵略、要求和平的呼聲很高，帝國主義陣營內部以及美國統治集團內部由於失敗而引起慌亂、矛盾與日益激烈的爭吵，都使美國侵略者十分狼狽。在這樣的情況下，美國侵略者被迫接受了蘇聯駐聯合國代表馬立克的建議，與我方舉行停戰談判。

「但是，美國侵略者又極端害怕和平。從談判一開始，就採取節外生枝的拖延辦法，僅僅議程問題，經過十七天的時間才取得協議。美方在討論這一問題中的主要陰謀，是拒絕把撤退一切外國軍隊的問題列入議程，企圖使美軍長期盤踞在朝鮮的領土上。結果，美方並未能達到目的。美方最後不得不同意在議程中規定第五項：「向雙方有關各國政府建議事項。」雙方對第五項議程明確達成了諒解，將撤軍問題及其他問題，留待雙方各國高一級的政治會議來討論和解決。」

周恩來端起蘇製的高級的下半部帶網套的茶杯，抿了一口紅茶，掃視一下對面的主人們，他見斯大林、莫洛托夫等正襟危坐，聚精滙神地聽着，莫洛托夫還在一疊紙上記了不少，而斯大林拿着紅鉛筆在一張紙上畫了甚麼。

周恩來說：「關於確定軍事分界綫與非軍事地區問題（第二項議程）的討論，前後經過四個月才獲得協議。美方企圖不費一槍一彈，在會議桌上強佔朝鮮北部一萬二千平方公里的土地。美方爲了拖延談判並達到強佔土地的目的，曾對開城中立區和會址採取各種瘋狂的挑釁行動，迫使談判停頓了六十三天，並在談判期間發動了瘋狂的「夏季攻勢」和「秋季攻勢」。但是，經過我方的努力，解除了美方的藉口，粉碎了美方各種挑釁的陰謀和瘋狂的進攻，第二項議程終於在一九五一年十一月二十三日獲得了協議，確定以雙方實際戰鬥接觸綫爲軍事分界綫，雙方各由此綫後退二公里以建立非軍事地區。美方企圖掠奪土地的詭計又失敗了。」

「用中國的話說，叫不打不成交嘛！」莫洛托夫插話。斯大林、維辛斯基也連連點頭，會場顯得活躍。

周恩來說：「關於停戰監督問題（第三項議程）的討論，曾經拖延了五個月沒有進展。美方在這一問題的討論中的主要陰謀，是妄圖干涉朝鮮內政，要求限制朝鮮北部飛機場的修復和建築。經過五個月的激烈鬥爭，美方終於不得不在四月二十八日放棄了這一無理要求。美方並且曾無理反對我方提名蘇聯參加中立國監察委員會。我方在五月二日提出：在美方接受我方對俘虜問題的合理方案，並放棄干涉我方內政的條件下，可以同意中立國監察委員會由六國減爲四國。這樣，美方在這個問題上的藉口又被解除了。

在討論第三、第四項議程的同時，也討論了第五項議程。美方竟又企圖推翻第五項議程，企圖否定在停戰協定簽字並生效後三個月內，雙方有關各國政府分派代表舉行高一級的政治會議，協商從朝鮮撤退一切外國軍隊及和平解決朝鮮等問題。前後將近半個月的時間，美方終於不得不在二月十七日接受我方的修正草案作爲原則解決的方案。」

周恩來停頓一下，說：「關於俘虜問題（第四項議程）的討論，從去年十二月開始到現在已經七個月了，但至今仍無結果。美方的陰謀是：企圖以扣留我方十萬戰俘的無理要求來拖延和破壞談判。美方藉口所謂「自願遣返」原則，對我方被俘人員大肆屠殺，進行所謂「甄別」，企圖強迫他們充當李承晚、蔣介石的炮灰。美方的無理主張，是完全違反日內瓦國際公約的。而巨濟島等地我方被俘人員所進行的可歌可泣的英勇反抗，更揭穿了美國侵略者的欺騙宣傳，因此，美方代表理屈詞窮，只能連續逃會，三番四次地片面停會三天，充分表明了美方陰謀的徹底破產。」

周恩來強調說：「在一年的談判期間，美國侵略者爲了拖延和破壞談判的進行，用盡了種種可恥的無賴手段。美方從空中和地面對中立區、會址和我方代表團車輛進行瘋狂的襲擊，從挑釁威脅直到謀殺我方軍事警察和代表團人員的重要事件，共達二十次以上。在一年談判期間，由於美方的拖延破壞，會議被迫停頓的時間共達八十天之久。至於美方代表製造各種藉口，進行反覆的無恥狡辯、抵賴，或者由於理屈詞窮，一天只開幾分鐘會議就散會的情形，更佔一年談判中的絕大部分時間。發展到最後，美方代表竟在莊嚴的談判桌上打瞌睡，吹口哨，甚至自動逃離會場。」

「這是耍賴！」斯大林說。

「在外交史上也少見！」莫洛托夫說。

「是的！我們也是第一次遇到這樣的談判對手。」周恩來繼續說：「美國侵略者還極盡了欺騙之能事，一貫進行歪曲、欺騙宣傳。例如，明明是美方代表在會內提出了要侵佔北朝鮮一萬二千平方公里土地的要求，他們在會外卻矢口否認他們提出這樣的要求，明明是美機轟炸了中立區和會址區我方代表團的住所附近，美方卻說炸彈是我方自己丟的；明明是美方屠殺我方被俘人員，美方卻說是我方被俘人員「自相殘殺」。但是，由於我方堅決揭露的結果，美方不但沒有達到任何目的，反而在全世界人民面前暴露了它的無恥面目。」

「對，對美帝國主義就是要同他進行堅決的鬥爭！」斯大林說。

「美國侵略軍爲了配合美方代表在談判桌上的陰謀活動，一年來曾不斷瘋狂地發動進攻，施行所謂軍事壓力。」周恩來說：「但是，朝中人民不僅在會議桌上使敵人陷於政治破產，而且在戰場上也使敵人遭受了更慘重的失敗。從一九五一年六月到十月，敵軍接連發動了所謂「夏季攻勢」和「秋季攻勢」的重點進攻，總計使用了三十萬人的龐大兵力，幾乎出動了侵朝美軍所有的戰車和炮羣，並有大量飛機配合作戰。在這些進攻遭受了粉碎性的打擊之後，敵軍一方面繼續進行不間斷的小股竄犯，一方面用空軍進行所謂「絞殺戰」和「重點突襲戰」。但是一年以來，朝中人民不僅壯大了自己的地面部隊，建立了強大的炮兵部隊，而且也開始了建立一支勇敢而優秀的空軍。朝中人民部隊在地面和空中都取得了十分偉大的勝利。從一九五一年六月二十六日到一九五二年六月十五日的十一個多月中，朝中人民部隊共殲滅敵軍三十二萬五千多名，其中美國侵略軍佔十二萬九千九百多名，並擊落擊傷敵軍飛機五千九百多架，擊毀擊傷敵軍戰車和裝甲車九百多輛。」

「朝中兩國人民在兩年反侵略戰爭，特別是一年來的停戰談判期間所得到的輝煌勝利，不僅嚴重地打擊了它侵略的氣焰，而且打亂了它侵略世界戰爭的時間表，鼓舞了一切殖民地半殖民地人民爭取自由獨立的鬥爭，堅定了並增加了世界人民對於爭取持久和平反對侵略戰爭的信心。朝鮮戰爭推遲了世界大戰，我們黨中央和毛澤東同志估計是五年、十年、十五年不可能爆發世界大戰。」

周恩來鄭重地說：「前面我已經說了，在這場反對美帝國主義侵略的鬥爭中以及一年的談判鬥爭中，我們始終得到蘇聯、斯大林同志在軍事、政治、外交上的巨大支持和幫助，我再一次向你們表示衷心的感謝。」

「中國人民在毛澤東同志和你、周恩來同志及黨中央的領導下，派出中國人民最優秀的兒女，在彭德懷將軍的統率下，奔赴朝鮮前綫，抗美援朝，並且在軍事上、外交談判中已經取得輝煌的、空前的勝利，挫敗了美國的侵略企圖。你們這種無產階級國際主義和大無畏的精神令人欽佩和敬仰，全世界人民、包括蘇聯人民將永遠感謝你們，記住你們爲了和平、正義事業所作出的巨大貢獻！」斯大林看看莫洛托夫又看看維辛斯基，似乎在徵求他們的意見。莫洛托夫、維辛斯基連連點頭，表示贊同斯大林的意見。

斯大林又挪動嘴唇，說道：「周恩來同志，我想問你一個問題，可以嗎？」

「當然可以，斯大林同志！」

「我想問，美國爲甚麼不願和談，盡早解決朝鮮問題呢？」

「我正想談這個問題！」周恩來說：「我們黨中央政治局曾經研究過這個問題，認爲：美國的壟斷資本家利用了侵略戰爭來增加他們的軍火生產的利潤。他們在一九五〇年度獲得空前鉅大的二百二十四億美元的血腥利潤，也即是純利，超過第二次世界大戰期間每年平均利潤一倍多。他們深恐朝鮮和平的實現，將嚴重地打擊他們的擴軍備戰，發動戰爭的計劃。因此，在即將舉行停戰談判之前，《華爾街日報》引一位高級官員的話說：『假如和平突然實現，我們的軍火生產數字實在太大了，沒有法子可以停下來。』當時的美國國防部副部長羅維特公開發表談話，躭心『朝鮮戰爭的結束，將鬆弛人民對擴軍計劃的支持。』。美國國防動員署署長威爾生說：『國際緊張局勢的絲毫緩和，都是對美國經濟的威脅。』杜魯門更加露骨地說：『假如朝鮮問題的解決延緩了我們的動員計劃，那就是我們國家最不幸的事情。』人們在這裏可以很清楚地看出美國侵略者一年以來堅持拖延與破壞停戰談判的根本原因。

美國侵略者的另一個目的，是妄圖利用談判進行訛詐，以便在會議桌上取得他們在戰場上所不能取得的東西。」

「分析得非常正確！」斯大林連連稱是。

「我完全贊同周恩來同志的估計和判斷，這是馬克思主義的判斷，是一位眞正的無產階級外交家的判斷！」莫洛托夫十分贊許周恩來的科學分析。

周恩來又繼續說：「經過兩年的軍事鬥爭和一年的談判鬥爭。朝中兩國人民的力量更加強大了，美國侵略者則被更嚴重地削弱了。就連美國侵略者自己也不得不承認這個事實。美國獨佔資本家的喉舌《時代》週刊在三月十日公開承認：『現在明顯的是：美國不會贏得朝鮮戰爭了。』『在八個月的停戰談判期中，美國軍隊越來越弱，而敵人卻越來越強了。』發動侵朝戰爭的戰爭販子麥克阿瑟在今年三月二十二日也承認：『自開國以來，我國在全世界的聲望從來沒有像現在這樣低落過。』根據朝鮮戰爭和停戰談判的情況以及世界人民的願望和呼聲。美國侵略者還可能在朝鮮戰場上發動一些小的和局部性的進攻，但是大仗打不起來了，朝鮮談判還會有鬥爭特別是戰俘問題仍要進行激烈的鬥爭，但最終還得和平解決，達成談判停戰協議。我們的方針仍然是：力爭和，不怕拖，隨時準備打。打對我有利，和對我更有利。在談判中該爭的要據理力爭，可讓的或不能不讓的，看準時機讓。但在美國蠻橫無理時不能讓，虛張聲勢時不能讓，不起作用時不能讓，讓步必須能夠扭轉局勢，必須在公平合理的基礎上和平解決朝鮮的問題。」

周恩來抿了一口濃茶，兩隻炯炯有神的大眼掃視了一下會場，看看蘇方的表情，又說：「要應付美方的軍事進攻和進行必要的反擊，中朝軍隊都還有些困難，如武器裝備，軍需供給和掌握制空權等問題，仍需蘇聯方面提供大量的援助，此事徐向前參謀長曾經率團前來與蘇方商談過，並達成了協議，現在希望蘇方盡快按協議執行，同時希望增加一些援助，特別是飛機。如果我們能掌握制空權，那美帝國主義就更沒有辦法了，失敗得更慘。」

周恩來稍稍停頓一下，又說：「為使蘇聯同志直接了解朝鮮戰場和談判情況以及協調我們的行動部署和鬥爭方針，我建議蘇聯邀請金日成、彭德懷、朴憲永同志前來訪問。」

「好，好，你這個建議很好，我們完全接受。請莫洛托夫同志立即去辦，並希望他們盡快前來！」斯大林非常肯定地說。

莫洛托夫答應馬上去辦。

多番會談氣份融洽

接着，周恩來說：「我們代表團前來蘇聯，要和蘇聯政府商談的項目：（一）中國即將開始第一個五年經濟建設計劃，我們沒有經驗，特來聽取意見，並請求蘇聯幫助建設一些項目。我們已準備了一個初步方案，正在翻譯成俄文，將送請斯大林同志，莫洛托夫同志和蘇聯政府參閱。（二）延長中蘇共同使用旅順口海軍基地期限的換文問題。考慮到日本只和美國以及其他資本主義國家締結和約，而拒絕和中蘇締結和約，考慮到朝鮮戰爭的現狀，因此，我們提出希望蘇軍繼續留在旅順口。（三）中蒙鐵路修建問題，我們建議修築從中國集寧到蒙古烏蘭巴托鐵路，因為從烏蘭巴托至蘇聯境內烏蘭烏德已有鐵路。這條鐵路可將中蒙蘇聯結起來，比走滿洲里近得多。（四）中蘇締造關於蘇聯援助中國種植和割製橡膠的協定問題。蘇聯已準備貸款一億盧布幫助中國發展種植橡膠，以解決蘇聯和東歐的需要。

這就是這次中國政府代表團訪問蘇聯的主要任務。」

周恩來講完了，又問陳雲和代表團其他成員有甚麼要補充的沒有。

陳雲說：「總理講得很全了，我是沒有甚麼要補充的。」

其他成員都異口同聲地贊同周恩來所講的一切。

斯大林宣布休息五分鐘。

雙方代表團隨即三三兩兩聚在一起，分別暢談起來，氣氛極其友好、活躍、熱烈、親密無間。

會議重新開始後，斯大林作了簡短的發言。他說：「非常感謝周恩來同志對朝鮮戰爭和停戰談判作了一個扼要而又精彩的介紹，講得很好、很透徹、很深刻，對我對其他蘇聯同志及時地全面地了解那裏的情況幫助極大。我，也包括在座的蘇聯同志和蘇共中央，完全同意中國同志對朝鮮局勢的估計和分析，完全同意中國同志關於朝鮮談判的方針，也完全同意你們正在和即將採取的政策措施和鬥爭的策略。

「我們認為，朝鮮戰爭對美國是敗血症，實際上北朝鮮和中國都沒有損失領土，美國也了解朝鮮戰爭對他們不利，迫切需要停戰。如果宣布蘇軍繼續駐在旅順口，他將更傷腦筋。美國在朝鮮既沒有達到預期目的，在其他方面也就更難以實現自己的想法。停戰談判是一大問題，毛澤東主張忍耐、堅持是對的。我主張分三步走。我方被俘人員以十一萬六千人計算，如果敵人扣留我百分之三十，我們可以扣留敵人百分之十三左右做為交換，說明我們不相信敵人所謂我方被俘人員有不願回來的事實，故扣留其比例的半數，促使敵人改變態度。如不成，第二步可主張先全面停戰，然後再解決雙方遣俘問題。再不然，第三步可將所謂不願遣返的戰俘，雙方交中立國代管，然後由當事國進行訪問，陸續接回。

「關於世界大戰問題，你們和毛澤東的估計是對的。但要說明一點，美國沒有本領進行世界大戰，他的英法朋友更不行，人民也不願打仗。」

斯大林停頓一下，提高語調，強調說：「我們對美國應堅持立場，只有硬，才能解決台灣問題、朝鮮問題。公道對美國是不存在的。美國以原子彈和空襲嚇人，是不能解決問題的，決定戰爭，還是靠陸軍。」

斯大林說：「周恩來同志提出的問題，我的答覆是：關於軍事援助，我們同意幫助裝備中國六十個師，但炮彈消耗與敵人之一比九是不行的，應是二十比九，必須壓倒敵人。

「關於蘇軍繼續留在旅順口，客人不好要求多留，只能由主人挽留，這個換文發表，將使敵人很大震動。

「關於修築中蒙鐵路問題，你們既贊同，我們沒有意見，但須簽訂中蒙蘇三方協定。

「關於幫助中國發展種植橡膠，這是件好事，你們的志願軍在朝作戰和發展橡膠種植生產，這兩件事都是對蘇聯的援助。

「關於中國實行第一個五年經濟建設計劃，我們願意盡力之所及在資源勘探、企業設計、設備供應、提供技術資料、派遣專家和提供貸款方面給中國幫助。在軍事工業方面，我建議中國應自己生產飛機、坦克、雷達等武器，從修理經過裝配到製造，從小到大，以利培養幹部，掌握技術，否則單有工廠，沒有人才，絕對不行。最好中國派人到蘇聯學習，尤其要注意培養自己的幹部、工程師及技術人員等。」

斯大林笑着說：「你們運氣好，革命獲得成功，抗美援朝又取得勝利，所以蘇聯應該幫助你們。」

最後，斯大林指定莫洛托夫、布爾加寧、米高揚、維辛斯基、庫米金組成蘇聯政府代表團與中國政府代表團商談各項具體問題。

當天晚上，中蘇雙方政府代表團進行第一次會晤。

隨後，中國政府代表團將《三年來中國主要情況及今後五年建設方針報告提綱》、《中國經濟狀況和五年建設的任務》以及其他文件、附件分送給斯大林和蘇聯政府代表團。

九月三日，斯大林和周恩來及中國政府代表團成員舉行第二次會談。蘇聯方面參加會談的有莫洛托夫、馬林科夫、貝利亞、米高揚、布爾加寧、卡岡諾維奇、維辛斯基、庫米金。

這次重點會談中國五年經濟建設計劃。

斯大林首先發言。他說：「中國三年恢復時期的工作給我們這裏的印象很好。但是，五年計劃規定工業總產值每年遞增速度爲百分之二十，應下降爲百分之十五。要按照一定可以辦到的原則來做計劃，不留後備力量是不行的。必須要有後備力量，才能應付意外的困難和事變。這就是說，留有餘地，超額完成，這是一種鼓舞，可增強信心，可增加幹勁！蘇聯政府願意爲中國實現五年計劃提供所需要的設備、貸款等援助，同時派出專家，幫助中國進行建設。」斯大林喝了一口茶，話題一轉說：「但是，我們現在還不能說最後肯定的意見，需要兩個月時間加以計算之後，才能說可以給你們甚麼，不給甚麼。」

斯大林正面對着周恩來說：「恐怕你不能久等吧！」

周恩來回答說：「我們來時，預定我和陳雲同志九月中旬就回去，李富春同志和一部分同志可以留下。」

斯大林只作了一般的談話和了解，而把整個五年計劃的制訂和具體工作分配到他們的各有關部門和單位，由雙方工作人員直接接洽，具體地、全面地研究和商談。

周恩來也把中國政府代表團人員業務性質、工作關係相應地分成若干個組，讓他們分頭同蘇聯各有關部門，直接接洽，開展工作。

因爲蘇聯各部委的負責人要在百忙中指定和抽調出人員爲中國的事花費精力來考慮、謀劃、運籌、出主意，就表現出難色。那些部委工作人員一怕躭誤自己本身的業務工作；二怕不了解中國情況而辦錯了事；三怕對雙方都要負一種力不從心的責任，甚至因不了解情況，掌握不準問題，出了岔子，將來會受到批評。所以對口談判，絕非易事。

周恩來在安排組織對口談判工作中，嘔心瀝血，煞費苦心地對每一個組、一項一項地分別進行了安排、指導和幫助。各組的工作人員共有一、二百人之多，這些就夠應付的了，再加上有代表團到歐洲、蘇聯訪問，路過莫斯科也要向周恩來滙報請示，國內和朝鮮戰場有些重大問題也發函或發報來請示。這樣，周恩來從早到晚，日程安排得滿滿的。每天都是半夜一兩點鐘以後才休息，但他卻覺得比在國內輕鬆些。周恩來的精力特別的充沛，代表團的人都熬不過他，眞是特殊材料做成的。

同時，周恩來、陳雲、李富春、張聞天、粟裕等直接與莫洛托夫、布爾加寧、米高揚、維辛斯基、庫米金於八月二十一日、八月二十七日、九月一日會談了三次，討論了有關問題。

彭德懷、金日成等應邀訪蘇

九月一日，彭德懷、金日成、朴憲永抵達莫斯科，由蘇聯軍方接待，住在鄉下的別墅。

九月四日下午，斯大林約見了周恩來、彭德懷、金日成、朴憲永。陳雲、李富春、張聞天、粟裕也應邀參加。蘇聯方面在座的有莫洛托夫、馬林科夫、貝利亞、米高揚、布爾加寧、卡岡諾維奇等。

彭德懷、金日成分別介紹了朝鮮戰局和談判的情況。

接着，斯大林說：「中朝人民是英勇的，你們打得很好，把美軍趕到了三八綫。但是，中國空軍不能出擊到三八綫以南。因爲空軍參戰就意味着國家參戰，而中國公開參戰，對和平陣營是不利的。但是，朝鮮人民軍的空軍應積極行動，蘇聯可以援助朝鮮三個空軍師。可給中國和朝鮮各一個師的噴氣式轟炸機，給朝鮮再增加五個高射砲團，兩千輛汽車。」

這實際上是斯大林對周恩來八月二十日提出的要蘇聯增加對朝鮮戰場的軍事援助的答覆。

然後，大家隨便交談，當談到軍隊士氣問題時，斯大林說，軍隊沒有勳章，沒有官階，沒有薪金是不正確的。不要將軍，不要元帥是無政府主義的想法。

周恩來當即解釋說，我們原打算全國勝利後逐漸實行從供給制轉到薪金制，後因朝鮮戰爭而推遲了兩年，預計到一九五四年完全可以實行薪給制。

談到朝鮮談判關於戰俘問題時，斯大林認爲，沒有必要同意美國方案，這是立場問題。應該採取按比例也扣敵人一定數目的俘虜，比例可以比他們少一半，也可以和他們扣一樣大的比例。

會談結束後，斯大林邀請與會的全體人員到他的別墅會餐。飲宴間，斯大林先向周恩來敬酒，再向金日成敬酒，然後，他舉着一大杯酒，走到彭德懷面前，要彭德懷也給自己斟滿一大杯白酒。彭德懷馬上站起來，同斯大林碰杯，並一飲而盡。斯大林的臉上流露出喜悅的神情，他非常喜歡彭德懷豪爽的性格和風度，他滿意地看着彭德懷，端詳了好一會兒。

宴會持續了約四個小時，然後，他請大家跳舞、吃點心。周恩來、陳雲、李富春、張聞天、粟裕、金日成、朴憲永，都同經過精心挑選來的蘇聯年輕、漂亮又精通舞藝的姑娘翩翩起舞，斯大林、莫洛托夫等也是一個舞曲接一個舞曲的跳，有慢四、平四、快三和探戈、華而茲，大家邊跳邊聊，沉浸在一片歡樂聲中，既反映了中蘇朝的友好關係，也反映了朝鮮戰場的勝利，和平在望的喜悅情緒。惟有彭德懷不會跳舞，坐在旁邊同人聊天。

直到深夜，歡宴才結束，大家告辭出門時，金日成推周恩來走在前面，彭德懷推金日成走在他的前面。這樣彭德懷走在最後，斯大林把彭德懷請到他的身旁，離開大家站在大廳的一角，開始交談起來。

斯大林請彭德懷轉告他對中國人民志願軍的問候和祝賀。說中國人民志願軍是一支訓練有素的軍隊，是一支戰無不勝的軍隊，是一支打敗美國侵略者的軍隊。稱讚彭德懷是當今世界上最傑出的指揮員、將帥，是聞名世界的戰略家戰術家。他個人非常敬佩。彭德懷則一再表示謙虛，稱斯大林是亘古少見的大元帥，統率蘇聯軍隊打敗最兇惡的希特勒法西斯，最後又出兵幫助中國打敗日本帝國主義。稱斯大林是老師，自己是學生，他們兩人在大廳裏邊走邊談，有說有笑，非常友好，非常融洽，眞是英雄識英雄，英雄讚英雄。

參觀斯大林格勒

九月十日，周恩來率領中國政府代表團部分成員到斯大林格勒參觀訪問。

斯大林格勒，原名察里津，在蘇聯國內戰爭時期，斯大林在這裏指揮紅軍打敗了白匪軍，扭轉了整個蘇聯戰局，爲了表彰斯大林的功績，於一九二五年改爲斯大林格勒。斯大林格勒位於蘇聯伏爾加河的下游，爲伏爾加格勒州的首府，建於一五八九年。十八世紀爲軍事要塞，前面提到的察里津保衛戰，和第二次世界反希特勒進攻蘇聯的著名的斯大林格勒大會戰在此進行。

斯大林格勒大會戰，是第二次世界大戰中，蘇軍對德軍的一次決定性的會戰。德軍於一九四二年七月十七日開始猛攻斯大林格勒，先後使用一百五十萬以上的兵力，企圖佔領該城，切斷伏爾加河，控制高加索地區，然後北攻莫斯科。蘇軍先後以三個方面軍的兵力同廣大人民一起，在蘇聯最高統帥和前綫司令官指揮下，艱苦奮戰，在頑強的防禦中消滅了大量的敵人。十一月十九日轉入反攻，二十三日包圍德軍三十三萬人，一九四三年二月二日將其全部消滅。迫使德軍停止戰略進攻，從根本上扭轉了蘇德戰爭的局勢，使蘇聯的衛國戰爭由被動轉爲主動。斯大林格勒大會戰既是蘇德戰爭的轉折點，也是第二次世界大戰的轉折點。從此蘇軍開始向德軍步步進逼，變防守爲進攻，而德軍則一蹶不振，節節敗退，走向死亡。

斯大林格勒也因此而成爲聞名世界的英雄城市，斯大林格勒的人民成爲英雄的人民。

周恩來訪問斯大林格勒，就是爲了向這個英雄的城市慰問英雄的人民，了解歷史上罕見的、最殘酷、最猛烈而具有關鍵性的戰役的實際情況，調查研究戰爭帶來的實際後果和戰後重建情況，學習蘇聯人民的鬥爭經驗和建設經驗。

周恩來第一天參觀了伏爾加河舊戰場、麵粉廠、萬人壑（通向伏爾加河的一條溝渠）化工廠、拖拉機製造廠、工人新村、工人文化福利設施、法西斯匪軍指揮大厦地下室。周恩來看到，雖然衛國戰爭已結束七年了，城內仍到處留有殘酷戰爭的痕迹，未修復的殘垣斷壁，大片破碎的瓦礫和遍布各個角落的戰壕溝渠，被破壞的樓房。這些情景令周恩來及其一行個個怵目驚心，使周恩來等聯想到當年的戰鬥是何等的激烈和殘酷啊，斯大林格勒的人民經受了德國法西斯史無前例的野蠻空襲和最猛烈的炮擊，蘇聯軍隊和這個城市的人民與侵略者進行了你死我活的殘酷鬥爭，為保衛社會主義的祖國付出了多麼大的代價啊！

第二天，周恩來乘遊艇遊覽了伏爾加河——頓河列寧運河，並在船上過了一夜。

伏爾加河，歐洲第一大河，蘇聯內河航運幹道。伏爾加河源出於瓦爾代丘陵，曲折流經森林帶、森林草原帶和草原帶，注入裏海，長三千五百三十公里，流域面積一百三十六萬平方公里。主要支流有卡馬河、奧卡河等。斯大林格勒附近的流量為八千零六十秒公方，全年入海水量二百五十四立方公里。它通過伏爾加河——波羅的海運河連接波羅的海，通過北德維納河水系和北海——波羅的海運河通連北海，通過莫斯科運河通抵莫斯科，通過伏爾加河——頓河列寧運河溝通亞速海和黑海。沿河建有列寧水電站等水利工程。幹、支流大部分河段通航，承擔全蘇河運總量的三分之二，航期七至九個月，主要河港有雅羅斯拉夫、高爾基、喀山、古比雪夫、斯大林格勒。

伏爾加河——頓河列寧運河，簡稱列寧運河。在蘇聯俄羅斯平原的南部，接通頓河同伏爾加河。西起卡拉奇南側，東至斯大林格勒以南二十五公里的紅軍城附近，長一百零一公里，有船閘十三座。一九四八年至一九五二年建成，使伏爾加河同頓河水系，亞速海、裏海之間的航運得以直通。

周恩來把遊艇變成學習的場所，他向陪同參觀的當地州、市委負責人詳細詢問了斯大林格勒保衛戰的具體經過，戰後城市恢復工作的進展情況，特別是對工廠的重建、擴建和生產的情況了解得更仔細更全面，他的目的是從中汲取經驗，爲中國的建設服務。一路上，他除了用餐以外，從未休息片刻，一直精神抖擻興致勃勃地談論問題。據當時擔任翻譯工作的師哲、馬列兩同志說：「我們兩人輪流擔任翻譯，還有些支持不下的感覺。」

周恩來在遊覽列寧運河途中，曾兩次下艇登岸。第一次是參加運河岸邊一個小鎮上的哥薩克青年舉行的傳統青年聯歡會。青年們見到周恩來乘坐的遊艇便聚到岸邊歡迎他，他們把聯歡會變成了歡迎會、狂歡節。他們載歌載舞，盡情地抒發自己心中美好的情感。周恩來在年青時代就是一個活躍分子，跳舞、唱歌、演戲，所以他特別喜歡同青年人在一起，青年人那種活潑愉快的心態和舉動，最能感染他，所以他就不管自己是客人、是大國的首腦身份，便情不自禁地投入到青年們的狂歡行列，同大家一起跳，一起唱，氣氛熱烈無比。周恩來第二次下艇上岸是參觀一個碼頭和停泊港。在這個碼頭上，豎立一尊六十呎高的斯大林銅像，像體的內部是空的，並安裝有電梯，乘電梯可達銅像的頂部。主人介紹說，這尊銅像的靴子的大小和重量與勝利牌汽車相等。周恩來和隨行的人瞻仰了銅像。

當遊艇返回斯大林格勒停靠碼頭時，周恩來通過翻譯對陪同人員說：「謝謝你們，你們辛苦了，快回去休息吧！」陪同人員回答說：「我們一路上受到您、周恩來總理那靈敏的思維，和藹的容顏，深思、感人的眼神和洋溢的熱情鼓舞，再加上您對我們這裏表現出的興趣和關心，我們早已把一切困乏和倦意都驅趕到北冰洋裏去了！」

彭德懷、金日成、朴憲永，他們同蘇聯國防部、外交部、軍工部門，談完了話，辦完了事，即將啓程回國之際，斯大林於九月十二日在他住的別墅裏以家宴的形式歡送彭德懷、金日成、朴憲永一行，周恩來、李富春、張聞天、粟裕也應邀出席了宴會。

斯大林、莫洛托夫、馬林科夫、米高揚、布爾加寧、卡岡諾維奇等輪番向客人們敬酒，歡送和祝願的話此起彼落，不知說了多少，也不知說了多少次，熱誠希望彭德懷、金日成在朝鮮戰場打得更好，迫使美國早日達成停戰協議，恢復朝鮮的和平局面。

周恩來、彭德懷、金日成、朴憲永等也頻頻舉杯，感謝主人，感謝斯大林、感謝蘇聯政府，在朝鮮戰場上給予的援助。

主人和客人都充滿了必勝的信心，認爲在朝鮮戰場上無論是打也好、談也好，對中朝蘇都是有利的，對美國是不利的，美國在朝鮮已經輸定了。宴會桌上一片談笑聲，個個興高彩烈，無拘無束地吃着俄國大菜，喝着伏特加酒，宴會眞正是在熱烈友好的氣氛中進行，充滿了親切融洽和歡樂。

這時候的中蘇朝關係都處在蜜月階段。蘇聯、朝鮮依靠中國派出的志願軍和全國總動員，全力以赴地支援朝鮮人民打敗美國侵略者，阻止和推遲了美國擴大侵略，發動世界大戰的陰謀，減輕了對蘇聯的壓力，使蘇聯得以騰出手來，恢復和發展經濟，研製核武器，加強軍備，增強應戰能力，並幫助東歐社會主義國家從戰爭廢墟中建設起來，從而形成以蘇聯爲首的社會主義陣營，與美國爲首的帝國主義陣營相對抗。朝鮮則從行將亡國的災難中獲得新生。中國朝鮮則依靠蘇聯的軍事援助打敗美國侵略者和在停戰談判中得到蘇聯在國際上的支持和聲援。特別是中國在恢復和發展經濟、第一個五年計劃，要借重蘇聯的經驗、人才、技術、資金和裝備。

在意識形態上中蘇朝基本上是一致的，沒有甚麼大矛盾，雖然有些不愉快，如對斯大林和蘇聯的某些大國主義表現，毛澤東、周恩來有些不滿，但斯大林那時幫助中國建設還是誠心的，並且確實出了不少力。斯大林把中國看成社會主義陣營和世界的大國，處處突出中國的地位，如斯大林七十歲生日，各國領導人去祝賀，把毛澤東放在首位，周恩來多次訪問蘇聯，斯大林都親自與其會談，劉少奇率代表團參加蘇共十九大，被安排坐在第一排，位置十分顯著。

宴會快結束時，坐在斯大林旁邊的主賓周恩來告訴斯大林：即將舉行的聯合國大會將討論朝鮮問題，墨西哥擬提出解決俘虜問題三點建議。

斯大林問：哪三點？

周恩來答：第一，雙方俘虜已表示願意返國者應予交換；第二，其他俘虜由其他聯合國會員國給予暫時避難的權利，這些俘虜應按照以後確定的辦法予以遣返；第三，在朝鮮局勢完全恢復正常以前，有些俘虜要求遣送返國，有關政府也應該同樣辦理，並給予他們返國的便利。

「噢」斯大林哼了一聲，說：「我們還未接到駐聯合國代表團的正式報告。」

「這個建議，很可能是美國策動的。這個建議的要害是將俘虜分散到各國去。我個人覺得這是個陰謀，初步意見，不宜接受。但是，想聽聽斯大林同志和蘇聯同志的意見。」周恩來非常銳利地看出這個建議的實質，卻又謹慎地表示自己的態度。

斯大林猶豫一會說：「我請莫洛托夫同志和蘇聯外交部研究以後，再提出我們的看法和意見。現在看來，美國急於找一出路解決朝鮮停戰問題。聯合國已失去它應有的作用。我要給毛澤東寫一封信，請你帶回去，我們應爲新的聯合準備條件，應設法促成亞洲國家區域聯合，如果成功，蘇聯亦可參加。」

「我們現在對聯合國不感興趣。現在亞洲及太平洋區域和平大會甚好，爲亞洲的聯合準備羣衆基礎。這樣可迫使亞洲國家的某些政府贊成區域聯合。」周恩來避開了蘇聯參加亞洲區域聯合問題。

斯大林說：「不要急，區域聯合是要政府參加的。亞洲及太平洋區域和平大會應以和平爲中心，一切圍繞着爲爭取和平做鬥爭，能爭取日本、印尼、印度、巴基斯坦等國參加很重要。」斯大林喝一口咖啡轉了話題說：「我聽彭德懷同志說，朝鮮戰爭很艱苦，志願軍有時連水都喝不上、飯吃不飽，而且都是冷的，你們是否不願東歐國家幫助？他們也可以提供一些力所能及的幫助。」

周恩來笑着說道：「那有不願東歐國家幫助的道理，誰向我們提供援助都歡迎。」

宴會之後，斯大林贈給彭德懷一輛「吉姆」轎車，以表示對他在朝鮮打敗美國侵略者的敬意和中蘇友誼。

發表公報、公告和換文

九月十五日晚，克里姆林宮大廳裏，燈火輝煌，中蘇兩國政府代表團發表了《關於中華人民共和國政府代表團與蘇聯政府的談判的中蘇公報》、交換了《中蘇關於中國長春鐵路移交中華人民共和國政府的公告》、《關於延長共同使用中國旅順口海軍根據地期限的換文》，簽訂了《關於橡膠技術合作協定》、《關於組織鐵路聯運的協定》。

這些公報、公告和換文對當時加強中蘇聯盟，發展兩國的友誼和合作，特別是在當時的國際形勢下，完全符合中蘇兩國人民和遠東及世界人民的根本利益。同時，也是周恩來率領的中國政府代表團與蘇聯政府經過一個多月談判取得的巨大成果。爲使讀者便於了解公報、公告和換文的實際情況，抄錄如下：

關於中華人民共和國政府代表團與蘇聯政府的談判的中蘇公報

蘇聯部長會議主席約·維·斯大林、蘇聯外交部部長安·揚·維辛斯基、蘇聯對外貿易部部長巴·尼·庫米金一方，與由中華人民共和國中央人民政府政務院總理兼外交部部長周恩來率領並包括政務院副總理陳雲、政務院財政經濟委員會副主任李富春、中華人民共和國駐蘇聯特命全權大使張聞天、人民革命軍事委員會副總參謀長粟裕的中華人民共和國政府代表團一方之間，最近在莫斯科舉行了談判。在談判過程中，討論了有關中華人民共和國與蘇聯兩國關係的重要政治與經濟問題。談判是在友好的互相諒解和誠懇之氣氛中進行的。這次談判證明了雙方都決心努力使兩國之間的友誼與合作進一步鞏固與發展，同時用一切辦法維護和鞏固和平與國際安全。

在談判過程中，雙方同意着手進行各種措施，以便蘇聯政府在一九五二年底以前將共同管理中國長春鐵路的一切權利以及屬於該鐵路的全部財產無償地移交中華人民共和國政府完全歸其所有。

同時，中華人民共和國中央人民政府政務院總理兼外交部部長周恩來和蘇聯外交部部長安・揚・維辛斯基已就延長共同使用中國旅順口海軍根據地期限的問題互換照會。

上述換文和中蘇關於中國長春鐵路的公告公佈如下：

中蘇關於中國長春鐵路移交中華人民共和國政府的公告

根據中華人民共和國與蘇聯社會主義共和國聯盟之間業已建立的友好合作關係，兩國曾於一九五零年二月十四日在莫斯科簽訂了關於中國長春鐵路協定，規定蘇聯政府將共同管理中國長春鐵路的一切權利以及屬於該路的全部財產無償地移交中華人民共和國政府完全歸其所有。依上述協定，中國長春鐵路移交之實現應不遲於一九五二年末。

目前中華人民共和國政府與蘇聯政府業已着手進行實現該項協定的措施，並爲此目的已協議成立中蘇聯合委員會。

中蘇聯合委員會應於一九五二年十二月三十一日前將中國長春鐵路向中華人民共和國移交完畢。

中華人民共和國外交部部長與

蘇維埃社會主義共和國外交部部長

關於延長共同使用中國旅順口海軍根據地期限的換文

去文

敬愛的部長同志：

自從日本拒絕締結全面和約並與美利堅合衆國以及其他若干國家締結片面和約後，日本因此未與中華人民共和國和蘇聯訂立和約，看來也不願意訂立和約，這樣就造成了危害和平事業的條件，而便利日本侵略之重演。

因此，中華人民共和國政府，爲保障和平起見，並根據中華人民共和國與蘇維埃社會主義共和國聯盟之間的友好同盟互助條約，茲特向蘇聯政府提議，請同意將中蘇關於旅順口協定第二條中規定蘇聯軍隊自共同使用的中國旅順口海軍根據地撤退的期限予以延長，直至中華人民共和國與日本和蘇聯與日本之間的和約獲致締結時爲止。

中華人民共和國政府上項提議，如獲蘇聯政府同意，本照會和您的覆照即成爲一九五零年二月十四日中華人民共和國與蘇維埃社會主義共和國聯盟關於旅順口海軍根據地協定的組成部分，並自本照會互換之日起生效。

部長同志，請接受本人最崇高的敬意。

周恩來

此照

蘇維埃社會主義共和國聯盟外交部部長安・揚・維辛斯基同志

一九五二年九月十五日

覆文

敬愛的總理兼部長同志：

接獲您本年九月十五日照會內開：

自從日本拒絕締結全面和約並與美利堅合衆國以及其他若干國家締結片面和約後，日本因此未與中華人民共和國和蘇聯訂立和約，看來也不願意訂立和約，這樣就造成了危害和平事業的條件，而便利於日本侵略之重演。

因此，中華人民共和國政府，爲保障和平起見，並根據中華人民共和國與蘇維埃社會主義共和國聯盟之間的友好同盟互助條約，茲特向蘇聯政府提議，請同意將中蘇關於旅順口協定第二條中規定蘇聯軍隊自共同使用的中國旅順口海軍根據地撤退的期限予以延長，直至中華人民共和國與日本和蘇聯與日本之間的和約獲致締結時爲止。等由，蘇聯政府對於中華人民共和國政府上項提議，茲特表示同意，並同意您的照會以及本覆照成爲上述一九五零年二月十四日關於旅順口海軍根據地協定的組成部分，並自本照會互換之日起生效。

總理兼部長同志，請接受本人最崇高的敬意。

此照

安・揚・維辛斯基

中華人民共和國中央人民政府政務院總理兼外交部部長周恩來同志

一九五二年九月十五日

隨後，斯大林設宴招待以周恩來爲首的中國政府代表團。在宴會上，彼此相互祝賀公告、換文、協定的簽訂，祝賀中蘇關係的新發展。

周恩來在檢查代表團的工作，作了進一步的安排，隨後指定李富春代理代表團團長職務，領導各組繼續談判工作。九月二十二日，他同陳雲、粟裕等一行十七人離莫斯科返國，莫洛托夫等到機場送行。

周恩來在機場發表談話。他說：「在中華人民共和國政府代表團今天離開莫斯科之前，我謹代表中國人民、中華人民共和國政府和毛澤東主席，向偉大的蘇聯人民、蘇聯政府和斯大林大元帥對於我們的熱烈招待和親切關懷，表示衷心的感謝。

「自從我們到達莫斯科以來，中華人民共和國政府代表團與蘇維埃社會主義共和國聯盟政府之間，在斯大林同志親自參加之下，業已圓滿地完成了有關兩國重要政治問題與經濟問題的商談，並發表了關於中國長春鐵路移交中國政府的聯合公告，和交換了延長共同使用中國旅順口海軍根據地期限的照會。這樣就使中蘇兩國的友好合作得到了進一步的發展和鞏固。我們因之完成了毛澤東主席所委托的光榮任務。

「在留住蘇聯期間，我們代表團同人曾在莫斯科參觀了各種工業建設，並同赴斯大林格勒英雄之城與列寧伏爾加河——頓河運河進行訪問。在參觀和訪問中，我們親眼看見偉大的蘇聯人民在斯大林同志領導之下，以人類歷史上空前未有的自覺的勞動熱忱和高度的先進技術，勝利地走向共產主義建設的新階段。這樣輝煌的建設，不僅爲蘇聯人民，同樣爲中國人民和全世界勞動人民，帶來了對於共產主義光明前途的新的鼓舞。

「我們深信中蘇兩國牢不可破的偉大友誼將要日益發展，而且要世世代代地發展下去。任何對於這樣偉大友誼的挑撥和破壞，在中蘇兩國人民團結力量的打擊之下，必將歸於失敗無疑。強大的中蘇友好同盟是維護遠東與世界和平的最有力的保證。

「偉大的蘇聯人民萬歲！

「中國人民最親愛的朋友和導師、全世界勞動人民的偉大領袖斯大林同志萬歲！」

據當時擔任周恩來的翻譯師哲回憶說：「在周總理率代表團訪蘇期間，我緊緊跟隨着他，寸步未離，這使我有機會進一步學習和體會他的堅定的共產主義信念及靈活巧妙的工作方式和作風。周總理執行貫徹黨的路綫、方針、政策的過程中，既堅持高度的原則性，又善於發揮最大的機動、靈活性，使兩者有機地結合起來。他總是準確地掌握情況，實事求是地分析問題，作出科學的判斷，當機立斷，作出自己的正確決定。周總理在繁忙的工作和各項緊張的活動中，善於聽取和採納別人的意見與建議，靈活機動，從不一意孤行。他總是與大家充分協商，反覆論證，三思而行。從不自以爲是，更不採取輕率、武斷的態度或抱有僥倖的心理。他常講八個字：如履薄冰，戒愼恐懼。這八個字表現出他對黨和人民的事業高度負責的精神。」

十一、上甘嶺戰役後談判重開

朝鮮前綫由於美軍對我軍發動軍事攻勢，板門店談判冷冷清清，美方首席代表哈里遜一再重複夾着皮包走進談判帳篷又立即走出去，玩弄彷彿仍在談判的騙局，以欺騙世人。只有一些參謀人員和文字專家仍在咬文嚼字，起草和推敲停戰協定草案，到了一九五二年八月五日，他們已就全部文字達成一致，共五條六十三款。《人民日報》公佈了這一草案。只等大會批准簽字了，可是美國方面拒不執行，仍在戰俘問題上無理糾纏，以待它在軍事上的勝利。

九月十日，志願軍司令部電報中央軍委，稱：「我為爭取主動，有力打擊敵人，使新換的部隊取得更多的經驗，我們擬在換防之前，以三十九軍、十二軍、六十八軍為重點，各選了五個目標，進行戰術上的連續反擊，求得殲滅一部敵人，其他各軍亦應各選一至兩個目標加以配合，估計我各處反擊，敵必爭奪，甚至報復，進行局部攻勢，這就有利於我殺傷敵人。反擊戰鬥時間擬在本月二十日——十月二十日中進行，十月底換防。」

軍委接電後，總參謀部徐向前總長和聶榮臻等立即進行研究，並請示毛澤東、周恩來、彭德懷批准於兩天後回電：「九月十日電悉。同意你們十月底三個軍的換防計劃，和換防前的戰術行動。」

九月十四日志願軍司令部向全軍下達了戰術反擊命令。

九月十五日，在伸手不見五指的夜晚，擔任主攻的三十九軍以四個連的兵力在一百多門炮火支援下，突然向其正面敵人的兩個連支撐點發起攻擊，全殲美軍兩個連及一個排。隨後又打退敵人一個排到一個營的兵力連續反撲三十多次。其他各軍也陸續發起了反擊。在正面一百八十多公里的陣地上對敵人十八個目標進行了十九次反擊，其中美軍防守的七處，僞軍防守的十一處，共打退敵人一個排至一個團兵力的反撲一百六十多次，殲滅敵人八千三百多人。

在這期間，敵人將預備隊第四十五師和僞第一師前調，敵人有可能採取大的軍事行動，爲了在敵情未有更大變化之前，給敵人以更大的打擊，志願軍司令部決定立即進行第二階段反擊。由西海岸到東海岸一字兒展開，第一梯隊的六十五、四十、三十九、三十八、十五、十二、六十八軍共七個軍參加戰鬥。

十月六日的黃昏時候，七個軍以連排爲單位在東西兩綫寬達一百八十餘公里正面上，在七百六十門火炮的配合下，同時向敵人二十三處一個班到一個營的兵力的防守陣地發起攻擊。除二個目標由於準備不足未能佔領外，其餘目標均於當夜或第二天攻佔。

在中國人民志願軍發動全綫戰術反擊之初，「聯合國軍」摸不清我軍的作戰意圖，克拉克在九月二十四日到前綫視察時還認爲「共軍是試探性進攻」，「是想探悉他們要奪取地方的地形」。在中國人民志願軍對其二十三個前沿據點同時發起攻擊，使他們遭到沉重打擊，全綫告急之後，克拉克這才恍然大悟，認爲聯合國軍已失先攻之利，作戰主動機已落到共軍手裏。他也才意識到，志願軍的戰術反擊作戰，其目的在於迫使他們接受中朝方面關於遣返戰俘的方案。

克拉克不甘心失敗，他爲了報復，更爲了迫使志願軍轉入守勢，扭轉其被動局面，謀求在和談中的有利地位，於十月八日，悍然宣佈和談無限期休會，並在同一天批准了美第八集團軍范佛里特的「金化攻勢」計劃。這個計劃攻勢的目標是范佛里特親自勘察選定的，即上甘嶺地區的兩個山頭——五九七·九高地和五三七·七高地北山。

上甘嶺戰役震驚中外

上甘嶺乃朝鮮中部一個山林，位於金化以北五聖山的南麓。五聖山海拔一千多公尺，西瞰金化、鐵原、平康地區，東扼金城通往通川至東海岸公路，是我中部戰綫戰略要地，也是朝鮮中部平康平原的天然屏障。五聖山爲志願軍第十五軍防禦的戰略要點，五九七·九高地和五三七·七高地的北山是我五聖山主陣地前沿的兩個連的支撐點，地理位置重要，它直接威脅着美軍的金化防綫。敵人要奪取五聖山，必須首先奪取這兩個高地。如果奪取了五聖山，就從中部突破了我軍防綫，在我方陣綫中央打破了一個缺口，就可以進到平康平原，敵人的坦克也就可以發揮其優勢了，從而進一步進攻我平康、金城以北地區。敵人看準了五聖山這兩個點，對這次戰役十分重視，由第八集團軍司令范佛里特直接指揮。

但是這兩個高地，山高坡陡，地形極其複雜，易守難攻。美軍於十月十四日凌晨五時，以美第七師的二師七個營的兵力在三百多門大炮、三十輛坦克和四十餘架飛機的支援下，對我僅有三點七平方公里的兩個山頭發起了連續不斷的猛烈衝擊。同時，美第七師，僞第九師四個營向我十五軍二十九師和四十四師陣地進行了牽制性進攻。志願軍防守在兩個高地上的十五軍一三五團九連和一連在僅有十五門山、野、榴炮和十二門迫擊炮支援作戰的情況下，主要依靠步兵火器、依托坑道和野戰工事頑強戰鬥，先後擊退敵人三十多次衝擊。至下午一時，地表陣地工事幾乎全部被摧毀，人員傷亡較大，彈藥消耗殆盡，被迫轉入坑道作戰。當晚，我十五軍四十五師趁敵立足未穩，組織四個連隊進行反擊，又恢復了地表陣地。

十五至十八日，美軍先後投入了兩個團又四個營的兵力在飛機和大炮掩護下向我兩個高地連續猛攻，志願軍防守部隊與美軍反覆爭奪，地表陣地晝失夜復，戰鬥異常殘酷激烈。

十九日夜，志願軍在炮火支援下，分別以四個連和三個連的兵力向敵發起反擊，經過激戰，全殲守敵，恢復了全部陣地。但是，第二天敵人又以三個營的兵力向我反撲，我防守部隊與敵激戰終日，終因傷亡過大，彈藥缺乏，除五九七．九西北山脊外，地表陣地全部被敵人所佔領。

這時，志願軍司令部調第十二軍參戰，將炮七師一個營、炮二師一個連和高炮一個團加強十五軍。美軍司令部也調整和增派兵力，調僞九師於金化以南爲預備隊，並在佔領我地表陣地上搶修工事，同時向我縱深發展，採用轟炸、熏燒、炸破、放毒、堵塞、斷水等手段對我堅守坑道作戰的部隊進行封鎖和攻擊。中國人民志願軍鄧華代司令員認爲這對我很有利，他指示十五軍和十二軍，目前敵人成營成團向我鋼鐵陣地衝鋒，這是敵人用兵上的錯誤，是殲滅敵人於野外的良好時機，應抓住它，大量殺傷敵人。

志願軍除以冷槍和夜間偷襲，殺傷了成千敵人外，於十月三十日夜，四十五師、二十九師十個連兵力在一百零四門火炮多次轟擊後，對佔領五九七．九高地的地表敵人發起反擊，經一天一夜的激戰，於三十一日晚，恢復了主陣地。第二天敵人以四個團的兵力，在飛機、大炮支援下，連續瘋狂反撲，我軍一連粉碎敵人十次反撲，堅守住陣地。十一月十一日，我軍反擊重點移至五三七·七高地北山，經過激烈的戰鬥，當晚我軍全部恢復失地，全殲守敵。第二天，敵人以一個團的兵力進行反撲，陣地又被其佔領，第三天，我再次反擊又奪回陣地，隨後敵人又反撲。經過一個星期的激戰，終於打退了敵人的反撲，鞏固了五三七·七高地北山陣地。

歷時四十三天的上甘嶺戰役，敵人的金化攻勢終於以失敗告終。我軍斃、傷、俘敵二萬五千餘人，擊傷敵機二百七十餘架，擊毀擊傷敵大口徑火炮六十一門，坦克十四輛。我軍傷亡也不小，敵我對比為二點二一比一。

這次戰役，雙方在三點七平方公里的狹小地區，投入了大量的兵力、兵器。敵人先後投入兵力六萬餘人，火炮三百餘門，坦克一百七十餘輛，出動飛機三千餘架次。我方先後投入兵力四萬餘人，火炮一百三十八門，高炮四十七門。戰役中敵人共發射炮彈一百九十餘萬發，投擲炸彈五千餘枚，最多時一天發射炮彈三十餘萬發，投炸彈五百餘枚。兩個高地的土石均被炸鬆一至兩米，走在上面，鬆土沒膝，像走入土灰裏一樣。地面陣地全被摧毀，許多岩石坑道被炸短三至四米。我軍發射炮彈四十餘萬發，亦屬空前。為了爭奪兩個連陣地，雙方投入兵力之多，持續時間之長，火力之猛烈、密集，戰鬥之緊張、殘酷，在世界戰爭史上是罕見的。應該說，對中國人民志願軍來說，這是一場大規模的堅守陣地的防禦戰，它又一次證明，中國軍隊不僅能打運動戰，而且也能打陣地戰，「打鋼鐵」、「打後勤」的現代化陣地戰。證明中國軍隊即使在沒有制空權的條件下，以劣勢的裝備，也可以戰勝現代化的又有制空權的美國軍隊。對美國來說，使他再一次認識到中國人民不可侮，中國軍隊不可侮。美聯社記者報道說：

「在三角山，雖然聯軍的大炮實際上已將山頂打得不成樣子，但是，中國軍隊還能築成一條鐵的防綫。」合衆國際社用聯合國軍指揮官的話說：「即使用原子彈也不能狙擊兵嶺和爸爸山（即五聖山）上的共軍全部消滅。」上甘嶺戰鬥，美軍稱之爲「傷心嶺」。這次戰役後，美軍再也沒有發動甚麼像樣的攻勢了。

這就是上甘嶺戰役，聞名世界的戰役。

會場上談判也好，戰場上交鋒也好，美國對中朝施加的種種壓力都一個一個地失敗了，杜魯門又想利用七屆聯合國大會施加壓力。十月二十四日，美國國務卿艾奇遜作了長篇的發言，推卸朝鮮問題的罪責，並提出英美等二十一國關於朝鮮問題的提案，企圖利用聯合國迫使朝中方面接受所謂「自願遣返」的原則。而且要挾、威脅更多的國家支持美國的提案，形成對朝中方面更大的壓力。

蘇聯在聯大提解決方案

經過中、朝、蘇三方事先商量過的，出席聯合國七屆大會的蘇聯代表團團長維辛斯基於十月二十九日、十一月十日和十一月二十四日在政治委員會上作了三次長篇發言，並針對美、英的提案，提出了關於和平解決朝鮮問題的提案：

建議朝鮮的交戰雙方在雙方已經同意的停戰協定的草案基礎上，立即完全停火，就是說，雙方停止一切陸上、海上及空中的軍事行動，戰俘全部遣返的問題則交給和平解決朝鮮問題委員會去解決，在這個委員會中一切問題要經全體成員三分之二的多數贊成決定。

設立一個由直接有關的各方以及其他國家——其中包括沒有參加朝鮮戰爭的國家——參加和平解決朝鮮問題委員會。這個委員會由美國、聯合王國、法國、蘇聯、中華人民共和國、印度、緬甸、瑞士、捷克斯洛伐克、朝鮮民主主義人民共和國和南朝鮮組成。

責成上述委員會立即採取措施，本着由朝鮮人自己在上述委員會的監督下統一朝鮮的精神解決朝鮮的問題，此項措施，包括盡量協助雙方遣返全部戰俘的措施在內。

這個提案後來又於十一月二十四日提出補充案。

十一月二十八日，周恩來以外長名義發表聲明，贊成蘇聯代表團向聯合國大會提出的關於朝鮮問題的建議。指出：「中華人民共和國中央人民政府認爲蘇聯代表團十一月十日的提案及十一月二十四日的補充建議是立即結束朝鮮戰爭並和平解決朝鮮問題的唯一合理途徑，因此，特授權本人對於蘇聯代表團的提案表示完全贊同。」然後揭露美國，「爲了保持國際緊張局勢，以便從這場非正義的侵略戰爭中攫取巨額利潤，一開始就蠻不講理，任意撕毀國際公約，肆無忌憚地破壞人道原則，經常不斷地拒絕協商，最後竟至片面宣告無限期休會，企圖依靠這一切來破壞停戰談判，延長和擴大戰爭。」進而駁斥美國在遣俘問題上的立場和刁難：「美國政府自一九五一年十二月十一日開始談判戰俘問題以迄於今所持的政策，即他們在板門店提出的『自願遣返』原則和『不強迫遣返』原則，以及最近在聯合國第七屆大會上提出的「不以武力遣返」原則，實際上都是換湯不換藥地以強迫扣留戰俘爲其基本內容的。爲了達到這個強迫扣留戰俘的目的，美國侵略軍多時以來就在朝中被俘人員當中使用了大批李承晚、蔣介石特務，以毒打、刺字、蓋血印、集體槍殺和絞刑等來脅迫戰俘，企圖使他們違背自己意志而承認反對自己的祖國並『拒絕遣返』。必須指出這種以武力脅迫戰俘的行為是完全違背國際公法和人道原則的。」

接着，聲明指出美國拒絕遣返戰俘的目的：「美國政府對於戰俘遣返問題的荒謬絕倫的主張，和虐待戰俘的卑劣殘暴的行為，不僅根本違反了朝鮮停戰協定草案第五十一款關於雙方全部戰俘在停戰後須儘速予以釋放和遣返的規定和交戰雙方戰俘得以早日回家過和平生活的願望，不僅徹底破壞了一九四九年日內瓦公約的規定及一切關於戰俘待遇的國際慣例的原則，而且還有意地把一個原本不應該成為問題的戰俘遣返問題變成了阻撓朝鮮停戰實現的唯一障礙，使遠東與世界和平受到嚴重的威脅。」聲明最後表明中國的立場：「我們茲特表示完全贊同蘇聯代表團所提的先在朝鮮停戰，然後解決戰俘全部遣返問題的全盤建議，亦即是在朝鮮的交戰雙方按照雙方已經同意的停戰協定草案，立即完全停火，就是說雙方停止一切陸、海、空軍事行動，戰俘全部遣返問題則交給蘇聯提案中所規定的由美國、英國、法國、蘇聯、中華人民共和國、印度、緬甸、瑞士、捷克斯洛伐克、朝鮮民主主義人民共和國和南朝鮮組成的『和平解決朝鮮問題委員會』去解決；這個委員會並應本着由朝鮮人自己在這個委員會監督下統一朝鮮的精神，立即採取解決朝鮮問題的措施，在這個委員會中，一切問題要經全體成員三分之二多數贊成決定的全體建議。中央人民政府相信，這個建議是能夠替和平解決朝鮮問題開闢道路的。」

朝鮮外相朴憲永也於十月二十八日發表聲明支持蘇聯建議。

按道理，在當時的情況下，雙方立即停火，而將僵持不下的戰俘問題交給一個由直接有關的各方及中立國家參加的委員會去解決，既不傷害各方的立場，又能立即停止流血的戰爭，是符合世界人民的願望的，但是，卻被政治委員會拒絕了。這在當時冷戰時期，不管社會主義國家提出甚麼樣的方案，美國爲首的帝國主義國家，都是不能接受或者是極難接受的。

印度提案上了美國人的當

正當蘇聯等國不同意美、英二十一國提案，美國不同意維辛斯基提案，雙方激烈爭論之際，印度代表團團長梅農於十一月十七日發言，並提出解決朝鮮戰俘的方案：提議建立一個遣返委員會來處理朝鮮戰爭中的俘虜問題。該會由四個中立國組成，並由該四國推一公斷人，遇到不能決定的問題，由公斷人裁決。朝鮮停火後九十天，尚未遣返的戰俘由高一級政治會議解決；三十天後，如仍有未回家和未做出處理決定的戰俘，交聯合國收養。

梅農是印度總理尼赫魯的親密戰友，爲印度獨立做過許多鬥爭，印度獨立後一直擔任印度駐英國的高級專員即大使，是有名的外交家、政治家。

美國代表團團長艾奇遜覺得印度的這個提案可以利用，他於十一月二十四日再次發言，說，如果印度提案能夠做些重要修正，美國代表團將「衷心支持」。十一月二十六日印度提案作了重要修正，二十七日美國發言人表示，該案符合美國遣返原則，美國代表團決定支持這個提案。當時的聯合國是在美國的操縱之下，所以十二月二日政委會以五十三票對五票通過了這個方案。十二月三日，聯合國大會也通過了該案。

這個提案修正案，共十七條，要害是第三、四條，一方面肯定戰俘之釋放與遣返應按照一九四九年八月十二日《關於戰俘待遇之日內瓦公約》國際公法中確立的原則與慣例以及停戰協定草案中有關的規定執行」；另一方面卻又「肯定不應對戰俘使用武力以阻止或使他們返回家鄉。」

這樣，就前面那個「肯定」成爲幌子，後面的「肯定」是實質。日內瓦關於戰俘待遇之公約規定拘留國在停戰生效後只有迅速釋放與遣返全部戰俘之責，而決無使用武力、使用特務來侮辱和扣留戰俘之權。後面的「肯定」裏一加進「或使」二字，前面的肯定便失去了意義。

目光銳敏，憑着他同美國打交道有着豐富經驗的周恩來，一眼便看出這完全是美國的陰謀，那些有着善良願望和好心的朋友，上了美國的當，受了美國的騙。爲了揭穿美國的騙局，幫助朋友認清美帝國主義的眞面目，他在一九五二年十二月十四日答覆聯合國大會主席萊士特·B·皮爾遜的來信和轉來的聯合國大會根據印度提案通過的關於朝鮮問題決議案的電文中在明確指出這個決議是「非法的、無效的，中國人民堅決表示反對」後，一針見血地指出：「這個非法決議案，無論它怎樣自稱是符合於日內瓦公約和國際公法，實際上，它卻是一九五二年十月二十四日美國艾奇遜先生在聯合國大會第一委員會提出的所謂『二十一國提案』的改版。」接着又指出，這個非法決議案，是以美國的所謂「自願遣返原則」或「不強迫遣返原則」爲「基礎的」。「決不可能解決你來電中所說的停戰談判過程中唯一尚未解決的剩餘問題，即遣俘原則與程序問題」。

事實上，關於這一剩餘問題，朝鮮停戰談判雙方在已經達成協議的停戰協定草案第三條中，業已根據國際慣例和日內瓦公約的遣返全部戰俘的原則，制定了具體而縝密的辦法和步驟。「如果美國方面按照停戰協定草案辦事，而不故意製造出一個所謂『自願遣返原則』或『不強迫遣返原則』來作爲阻撓朝鮮停戰的藉口，那麼，『這個唯一尚未解決的剩餘問題』早就可以圓滿解決，全世界人民所共同關心的朝鮮戰爭早就可以結束了。」「而聯合國大會竟對美國這種違法罪行加以支持，這是中國人民所絕對不能容忍的。」

周恩來進一步指出，並用大量事實揭露美國的罪行：「你所交來的這個非法決議案，不僅是以所謂『自願遣返原則』或『不強迫遣返原則』爲根據的，而且是以假定朝中方面被俘人員中確有一些戰俘『拒絕回家』與其家人團聚過和平生活爲前提的。這樣的看法既完全不符合人道，更絕對不合乎事實。事實是，很長時期以來，美國方面就悍然不顧日內瓦公約第十七條的規定及其他對戰俘人道待遇的條款，在其所管理的戰俘營當中，使用了大批美國的、李承晚的和蔣介石的特務擔任戰俘營中的負責職務，甚至使用了李承晚的和蔣介石的特務冒充朝中戰俘進行所謂『勸導』、『甄別』、『再甄別』和『徵詢』，脅迫他們表示『拒絕遣返』和『不願回家』。凡是不願意這樣做的戰俘都遭到這些特務的毒打，而在戰俘們受重傷、失知覺之後，特務們就利用這一時機來在戰俘身上刺上侮辱他們人格、違反他們意志的背叛祖國的字樣，或按住戰俘的手指，用他們傷口上的血，在所謂『不願回家』的甄別書上打指印，這些特務甚至用自己的手指蘸上被毒打戰俘傷口上的血，來僞造指印。」

「美國方面喪盡天良地拿這些他們親手製造出來的烙印和血書作爲根據，來叫囂甚麼『有些朝中戰俘不願遣返』，而你所交來的這個非法決議案就居然加以肯定，說甚麼『日內瓦公約不能被解釋爲授權拘留國以武力來強迫個別戰俘返回家鄉。』其實，凡屬戰俘，就是在敵方武力控制之下被強迫處置而不得自由的對方交戰人員，一旦停戰生效，雙方全部戰俘所應享受的釋放與遣返的權利，就是要解除敵方的武力控制，使之歸還對方，得以恢復自由和回家過和平生活。戰俘享受這種權利，有何『強迫遣返』

或『武力強使回鄉』之可言？」

周恩來又用最近的事實揭露美國的罪行說：「就在聯合國第七屆大會期間，朝中戰俘們還在因抗拒『甄別』、『勸導』和反對表示『不願回家』的願望，而繼續受着屠殺。從今年十月十四日到十二月四日，僅僅根據美英通訊社所透露出來的消息加以統計，這樣死傷的朝中戰俘已達三百二十一人之多，平均每天有六、七個朝中戰俘因此受害。而你們在聯合國大會上通過這個非法決議案時，卻儼然無事地裝出一副彷彿正在悲天憫人的樣子，侈談甚麼『人道原則』和『戰俘意志』來替美國方面的殘暴罪行辯護，並想出了種種方法，來實現美國方面的所謂『自願遣返原則』或『不強迫遣返原則』，實即強迫扣留戰俘的『原則』。全世界公正人士對於聯合國大會這樣墮落的行爲，不能不感到驚訝和憤慨。」

周恩來接着指出，按照印度提案的辦法，是不能解決問題的。他說：決議案「規定將十幾萬朝中戰俘送到一個非軍事區『釋放』出來，交給一個由中立國組成的遣返委員會，准許『自願回家』者回家，其『不願回家』者交給遣返委員會，在一百二十天後交給聯合國處理。這個遣返委員會並要設立一個公斷人，假如委員會對於這個公斷人的任命不能達成協議，則此事應該提交聯合國大會。公斷人是在遣返委員會起決定作用的，其最後任命權歸於聯合國，而所謂『不願回家』的戰俘的最後處理權也交給聯合國，這眞是荒唐達於極點的建議。難道聯合國中提出並通過這個非法決議案的各國代表們竟然忘記了聯合國正是鮮戰爭交戰雙方中的一方麼？

老實說，這些規定兜了許多圈子，玩了許多花樣，實際上是完全採納了美國方面一九五二年九月二十八日在板門店所提的三種建議而以更巧妙的形式寫出來的，其目的無非是爲了更易於欺騙世界人民，使美國政府違反國際公約，強迫扣留戰俘的陰謀得以實現。

所謂戰俘『不願回家』的讕言，完全是不可置信的，已如上述。而且就將遣返全部戰俘回家這個任務交給中立國所組成的遣返委員會去做，也是不能解決問題的，因爲，如前所說，美國方面曾派有大批李承晚和蔣介石的特務冒充朝中戰俘混雜在朝中戰俘當中，利用戰俘已被強迫刺上背叛祖國字樣或蓋上拒絕遣返血書指印後所產生的恥辱、顧慮等心理失常的狀態，經常對他們進行脅迫行爲，如果不把這些特務從朝中戰俘中隔開或孤立特務分子，這在遣返委員會管理戰俘的情況之下，是根本無法辦到的，只有將戰俘直接交給對方保護，然後才能辦到。」

周恩來強調指出：「非法決議案是既不公平，也不合理的。它之所以不合理，是因爲它完全違反了人類的良知、人道的原則、國際的慣例、日內瓦公約的條文和朝鮮停戰協定草案的規定，承認了美國方面用極端野蠻殘暴的方法所製造出來的戰俘『拒絕遣返』的『願望』，並硬要扣留幾萬朝中戰俘作爲人質來迫使朝中方面對美國方面屈服。它之所以不公平，是因爲它處心積慮地想把美國方面所堅持的毫無法理根據的『自願遣返原則』強加在朝中方面頭上，而毫無理由地拒絕了朝中方面關於遵守日內瓦公約遣返全部戰俘的建議和蘇聯代表團關於先在朝鮮立即全面停戰然後再解決遣返全部戰俘問題的提案。」

周恩來最後指出：「事實既是這樣，所以我不能不鄭重地通知你，中華人民共和國中央人民政府對於這樣一個非法決議案，認爲是根本不可能『作爲一個協議的公正與合理的基礎。』你的來電用了許多辭藻來企圖說明你們通過這個穿上印度外衣的、以美國『自願遣返原則』爲其中心內容的非法決議案，是熱誠願望朝鮮戰爭迅速結束的，可是，你所交來的這個非法決議案卻完完全全證明它是在屈從美國政府決心用暴力來貫徹它們強迫扣留戰俘以便中止和破壞朝鮮停戰談判，延長和擴大朝鮮戰爭的橫暴意志。你們不是在努力設法結束朝鮮戰爭，而是在努力設法誘脅出席聯合國大會的若干國家共同批准美國的不停戰、不談判、也不和平解決的延長並擴大朝鮮戰爭的政策，同時則又企圖把戰爭不能停止的責任，設法轉嫁到朝中方面，可以斷言，你們這樣轉嫁責任的企圖是徒然的。」

周恩來的覆電完全是擺事實、講道理，以理服人，外柔內剛，非常有力。這是他的一貫的外交風格和外交特色，因而博得世界人民的同情和讚譽，收到良好的效果。

美國國務院卻就周恩來給聯合國大會主席皮爾遜的電報發表聲明，聲稱要擴大侵朝戰爭，以此來恐嚇中國。

艾森豪威爾上台舉棋不定

正當聯合國就朝鮮問題展開激烈鬥爭的時候，美國也在緊張地進行大選，選舉第三十四任總統。民主黨候選人史蒂文森，共和黨候選人艾森豪威爾。

艾森豪威爾是美國的五星上將，參加過兩次世界大戰，是一位有軍事才華的人，曾得到過他的老上司麥克阿瑟和馬歇爾的賞識，二次大戰期間在北非、意大利立過戰功，一九四四年六月在他擔任盟軍最高司令官時，指揮四千隻艦艇，和百萬大軍在法國諾曼底登陸，因而聞名世界，並受到美國人的尊敬。他來參加競選總統，給人們帶來了一些希望。周恩來非常重視這次美國總統的選舉。

杜魯門為了民主黨的競選，不想在當年在朝鮮停戰，以免被共和黨利用，指責民主黨的政策失敗，對大選不利。艾森豪威爾則處境不同，他不承擔這次朝鮮戰爭的責任，較有迴旋餘地。他在一九五二年十月二十五日的競選演說中，向人們公開許諾，他當選了總統，「將親自去朝鮮，並結束這場戰爭。」艾森豪威爾這項打動人心的「諾言」贏得了選民。因爲當時美國人對打了兩年零四個月的侵朝戰爭已厭惡，戰場上不斷損兵折將，士氣低落，毫無勝利的希望，而且軍費支出越來越大，物價也隨之上漲，美國人民強烈不滿。加之，盟國的埋怨、泄氣、世界人民的憤怒譴責，尤其是把美軍七個陸軍主力師長期限在朝鮮戰場，亞洲的一角，形成戰略重點的矛盾，促使美國很多有戰略眼光人士憂心忡忡，人們普遍要求早日結束這場戰爭。艾森豪威爾「將親自去朝鮮，並結束這場戰爭」，正迎合了人們的心理，因而擊敗了民主黨候選人，當選了總統。

一九五二年十一月二十九日拂曉前幾小時，正是紐約最寧靜的時刻，艾森豪威爾在早晨四時三十分，從莫寧賽德大道六十號他的家中悄悄地走出來，帶着他選定的國防部長查爾斯・威爾遜、司法部長赫伯特・布勞內爾、新聞秘書詹姆斯・哈格蒂以及柏森斯乘一架普通的軍用運輸機，極其秘密地飛往朝鮮，實現他的競選「諾言」。出發之前，艾森豪威爾還邀請現任參謀長聯席會議主席布萊德雷、太平洋海軍司令約瑟・雷德福在琉璜島加入他們的行列。

十二月二日下午，艾森豪威爾的飛機在朝鮮金浦機場着陸，受到克拉克和范佛里特的歡迎。艾森豪威爾一行視察了美軍一些空軍師和陸軍師，訪問了英聯邦師，檢閱了十五個國家組成的一個團隊。

在艾森豪威爾抵達之前，克拉克將軍的參謀部已經搞出了一項把戰爭進行下去的應急計劃，其中包括把李承晚軍隊的規模從十六師增大至二十個師，六十四萬人，還考慮了使用原子彈和國民黨軍隊問題。

李承晚則想利用艾森豪威爾的來訪重振他自己日漸式微的民心，並在疲憊萎靡的朝鮮人當中重新燃起戰爭熱情。李承晚打算讓艾森豪威爾在朝鮮花一個星期時間，向國民發表講話，主持龐大的軍事討論會，但是艾林豪威爾只打算在南朝鮮呆七十二小時，而且主要是同美軍領導人在一起。雖然李承晚陪同艾森豪威爾參觀南朝鮮首都師的一次戰術演習，使他理解「在訓練大韓民國士兵中所取得的好處。」還同李承晚進行會談，開過多次秘密會議，形成了「亞洲人打亞洲人」的構想。然而李承晚對艾森豪威爾的來訪並不滿足，他提出的要「全力以赴地全面進攻」「把戰爭擴大到跨越鴨綠江，攻擊中國境內的」供應基地。艾森豪威爾沒有表示可否。

克拉克、范佛里特等美國朝鮮前綫指揮官們，也向艾森豪威爾提出自己的想法：「如果在一定時期內，談判仍不成功，唯一的辦法，最後只能不顧一切危險全力發動一場進攻。」

艾森豪威爾帶着難以決斷的問題和心情結束了朝鮮之行。因爲他在朝鮮前沿哨所通過望遠鏡觀察了中、朝軍隊的陣地並聽取了前綫指揮官的詳細報告，他私下說：「看來，他們已找到一個保護自己萬無一失，同時卻能以炮火不斷襲擾我方陣地的辦法。他們不怕煩勞，開鑿了直通山頂、大得足以容納大炮裝備的坑道。他們通過坑道推出大炮進行射擊，打完就撤。顯然，他們已經作了一項很費氣力的工作，同樣明顯的是他們有充分的人力可以使用。」艾森豪威爾無可奈何地說：「鑒於敵人陣地的力量已得到加強，任何正面的攻擊將碰到巨大的困難。」

艾森豪威爾飛返美國關島之後，他和他的內閣班底改乘巡洋艦「海倫娜」號到威克島靠岸。在那裏同已選定的國務卿約翰·福斯特·杜勒斯、財政部長喬治·漢弗萊、內政部長道格拉斯·麥凱和盧休斯·克萊將軍會合，討論新政府面臨的種種問題，經過幾天的討論，艾森豪威爾認爲：「我們面臨的許多問題中，沒有一個比朝鮮戰爭更需要引起迫切注意的了。」如何解決這個問題？他反反覆覆地琢磨幾種可能的措施：

拖下去。那是「不能容忍的」，美軍正在「遭受着嚴重的傷亡，即使有所收獲，也是微不足道的。」不顧一切全力發動進攻，奪取軍事上全面的勝利。「這是最不誘人的方案」。中國軍隊已在橫跨朝鮮半島挖掘了犬牙交錯的地下坑道，並組織了縱深陣地，囤積了大批糧食、彈藥，如果硬拚，除了慘重傷亡之外，不可能得到更好的結果。而更大的問題是必須把戰爭擴大到中國，冒爆發世界大戰的危險；必須削減答應增給北大西洋公約組織的軍隊和軍火，甚至不得不動用原子彈。如果這樣的話，他認爲將會「使他們和盟國之間造成強烈的分裂情緒」。

爭取「體面」條件下的停戰。可是共產黨人已經拒絕了聯合國大會的決議。

艾森豪威爾一直舉棋不定，決斷不了，正當他要返回美國大陸的時候，他得到了道格拉斯·麥克阿瑟傳來的消息。麥克阿瑟在美國製造商協會全國會議上說，他有一個結束朝鮮戰爭的計劃，如果他被請求，他將把這一計劃向艾森豪威爾陳述。艾森豪威爾立即發電給麥克阿瑟說：「舉行非正式的會晤以便我和我的同僚們從你的見解和經驗中獲大效益。」

一九五二年十二月十七日，艾森豪威爾同麥克阿瑟在杜勒斯的私邸會晤了，麥克阿瑟把一份長達幾千言的備忘錄交給了艾森豪威爾。這份文件的關鍵要點是建議舉行艾森豪威爾與斯大林「雙邊會議」。

美國向蘇聯提出要求德國和朝鮮統一，日本和奧地利中立，由美蘇兩大國作保。如果蘇聯不接受，則「我們就準備肅清北朝鮮的敵方軍隊，這一意圖可以通過如下辦法來實現：用原子彈轟炸北朝鮮境內的敵人軍事集結點和軍事設施，在戰地散播適量的製造原子彈的副產品放射性物質，封閉從鴨綠江通向南方的敵人主要補給綫和交通綫，同時在北朝鮮兩面海岸進行兩棲登陸。同時中國的軍事和工業設施也將受到轟炸。」

艾森豪威爾對他這位老上司的建議，未加可否地聽着，惟恐說甚麼肯定或否定麥克阿瑟的話。他聽完了以後，才簡單地說：「將軍，這是一種新東西，我將必須看看我們自己和盟國之間對這場戰爭進行下去的理解如何；因為假如我們準備轟炸鴨綠江那一邊的基地，假如我們準備擴大戰爭，我們就必須確保我們不會冒犯整個……自由世界或不會失去信任。」

一九五三年開始，即將上任的新總統同即將離任的總統，面臨着同樣的難題，如何設計一個方案，它既符合把美國和聯合國帶進戰爭的那些原則，又能開脫美國和聯合國參戰的責任。於是，他一方面宣佈要加速訓練和擴大李承晚的軍隊，計劃增至大約六十五萬五千人，包括二十個陸軍師和一個海軍陸戰師，這樣可以撤出美國一部分部隊。另一方面秘密交待參謀長聯席會議擬定一個「攻勢」計劃。這個計劃「包括把國民黨的一些師拉進戰場」，對中國東北地區和本土進行轟炸，封鎖中國，甚至在戰術上使用原子彈等等。也即是他在競選講話中說過的：「聯合國——而又以美國首當其衝——一直不斷地被迫向這些前綫輸送人員，這簡直是豈有此理。這是朝鮮人的差事。我們不想讓亞洲人覺得，西方白人是它的敵人。如果那裏一定要打仗，那就讓亞洲人去打亞洲人好了，我們則支持自由這一邊。」這就是艾森豪威爾的「亞洲人打亞洲人」計劃。

一九五三年一月二十日，艾森豪威爾進入白宮，登上總統寶座，二月二日發表了經過較長時間精心準備的第一個國情諮文，宣佈撤消台灣「中立化」，放蔣介石出籠。同日，美國參謀長聯席會議發佈命令說：「現行緊急指令中關於保證台灣和澎湖列島不被用作中國國民黨向中國大陸作戰的基地的那部分現在予以撤消。」第二天，艾森豪威爾親自同出兵朝鮮的十六個國家的代表協商，對中國實行封鎖政策。

這個冒險計劃一露頭，便立即遭到美國國內外的強烈反對。英國邱吉爾、艾登馬上表示，英國決不同意因使用蔣介石的武裝而導致朝鮮戰爭的擴大。英國外交大臣於二月五日在下院發表演說時表示，封鎖中國「是一種錯誤」。就在艾森豪威爾同十六國代表當面協商時，在場的多數代表就表示對中國進行封鎖「將有種種困難」。美國民主黨參議員也激烈反對和抨擊此項計劃和政策。爲此，艾林豪威爾不得不和盟友邱吉爾以及國內兩黨頭面人物舉行會議，磋商結束戰爭的可行途徑。

和戰膠着一動不如一靜

周恩來和毛澤東綜觀全局，分析研究了艾森豪威爾接任杜魯門當選美國總統、朝鮮停戰談判中斷、聯合國決議遭到我拒絕等情況，一方面判斷敵人現在甚麼花樣都玩盡了，也都遭到失敗，只有在我側後海岸綫，特別是西海岸漢川、清川江、鴨綠江一綫集中大量兵力舉行冒險登陸，以後方打擊我們，只要我們把他們的冒險計劃打下去，他們最後失敗的局面就確定下來了。

毛澤東早在一九五二年十二月九日即在給中國人民志願軍代司令員兼代政治委員鄧華的電報中即說：「應估計敵已決策在漢川至清川江綫登陸，並在積極準備中，我方必須火速準備對敵，粉碎其登陸計劃。」毛澤東在一九五二年十二月四日鄧華報送的關於朝鮮戰局形勢與明年的方針任務上批了三段話：「應肯定敵以五至七個師在漢川鴨綠江綫大舉登陸，並在我後方空降，時間應準備在春季，也可能更早些，我應十分加強地堡和坑道，部署五個軍於這一綫，其中要有四個有經驗的軍，劃定防區，堅決阻敵登陸，不可有誤。」「第二個登陸危險區是通川元山綫，第三個危險區是鎮南浦漢川綫。」「決不能允許敵在西海岸登陸，尤其不能許其在漢川鴨綠江綫登陸。」一九五二年十二月十日向中央軍委關於防敵在側後登陸及各項準備工作的報告上，毛澤東於十二月十一日批示：「周朱閱退彭、聶辦。同意這個部署，抓緊檢查，務必完成任務。」一九五二年十二月二十日，毛澤東、周恩來又以中共中央的名義致電志願軍黨委。全文如下：

志願軍黨委各同志並告東北局、東北軍區、軍委各部首長：

關於準備一切必要條件，堅決粉碎敵人登陸冒險，爭取更大勝利的指示：

（一）根據各種情況（艾森豪威爾登台，談判中斷，聯合國通過印度提案）判斷敵人有從我側後海岸綫特別是西海岸漢川江清川江鴨綠江一綫以七個師左右的兵力舉行冒險登陸進攻的充分可能。

（二）我志願軍協同朝鮮人民軍有堅決粉碎敵人登陸進攻，爭取戰爭更大勝利的任務。

（三）爲此目的，我軍必須：

（甲）盡一切可能的力量去極大地增强海岸及其縱深的堅固防禦工事，同時增强三八綫正面的縱深防禦工事以爲配合。

（乙）在我側後威脅最大的海岸綫及其縱深部署充分的兵力和火力，保證粉碎敵人從海上的進攻及其大量空降部隊的進攻。在其他可能遭受敵人登陸進攻的地區（通川元山地區，瓮津半島地區，鎮南浦漢川江地區及咸興以東地區）則部署可能有的兵力和火力，同樣要用其全力爭取粉碎敵人的進攻。

（丙）堅決地迅速地採取加修新鐵路綫，改善舊鐵路綫（滿浦球場間），加寬許多公路綫，加設倉庫場站以及預先運儲大量糧彈物資等項措施，保證不論在何種情況下我正面側面全軍（包括人民軍）的運輸暢通，供應不缺。

（丁）我正面各軍過去作戰成績很大，在一九五三年應爭取更大的成績，消滅更多的敵人。

（戊）政治工作保證全軍指戰員都具有粉碎敵人進攻爭取更大勝利的堅强鬥志和高昂士氣。

（己）特別注意從目前起到一九五三年四月這一段時間的準備工作，這是戰勝敵人的關鍵所在。

（庚）以代理司令員和政治委員鄧華同志兼任西海岸指揮部司令員和政治委員，以梁興初同志爲西海岸副司令員，西岸（海）指的其他幹部應予加强。

（四）兩年多以來，我志願軍協同朝鮮人民軍，在對美帝國主義及其幫兇軍的英勇頑强戰鬥中，取得了偉大的輝煌的勝利，已經摸清了敵人的底子，克服了很多的困難，積蓄了豐富的經驗。美帝國主義採用了很多辦法和我們鬥爭，沒有一樣不遭到失敗。現在剩下從我側後冒險登陸的一手，它想用這一手打擊我們。只要我們能把它這一手打下去，使它的冒險歸於失敗，它的最後失敗的局面就確定下來了。中央堅決相信我志願軍協同朝鮮人民軍是能夠粉碎敵人的冒險計劃的。希望同志們小心謹慎，堅忍沉着，動員全力，爭取時間，完成一切對敵登陸作戰的準備工作，只要準備好了，勝利就是我們的了。

同時，中央、軍委於十二月二十八日給華東局、華東軍區、福建省委、省軍區並告中南軍區，要他們加強裝備，防止敵人爲了配合在朝作戰，台灣、金門敵人有以一部兵力攻我福建島嶼並向福建大陸攻佔我二、三個縣的陰謀計劃，要福建軍區以現有兵力粉碎敵人的進攻。以後還要上海防止敵人空襲等。

毛澤東、周恩來在軍事上作了極其周密的充分的準備和佈署，以保證萬無一失地防範敵人新的冒險計劃，如果美軍眞的在我側後沿海登陸進攻，必遭慘重的打擊和可恥的失敗。同時，另一方面，他們特別是周恩來清醒地看到，艾森豪威爾在當選總統並到過朝鮮之後，他卻又在承認朝鮮戰爭「要勝利很困難」的同時作出一些強硬的姿態。面對這種看來複雜的形勢。他認爲，美軍陷於東方顧不了西方，盟國又吵，加上世界人民要求朝鮮和平，所以艾森豪威爾總的政策還是要從朝鮮脫身，停戰的趨勢不可改變，協定不久仍可簽訂。周恩來摸透了美國的底，抓住了事物的本質。周恩來要在前綫指導談判的喬冠華研究可否再給美國一個台階下，由我方主動提出復會？

喬冠華秉承周恩來的指示，仔細研究分析了當時的形勢，提出了四點意見並重要的建議：

（一）根據最近情況，大體可以肯定：美國在戰場上耍不出甚麼花樣來。解除台灣中立化，只是自欺欺人的拙劣把戲；封鎖搞不起來；兩棲登陸困難更大，艾森豪威爾本欲藉以嚇人，殊不知人未嚇倒反嚇倒自己。但面孔既已板起，要就此轉彎，尙非其時，特別他的亞洲人打亞洲人政策行通與否還要看看。

（二）聯大對我拒絕印度提案尙未處理，但鑒於美國解除台灣中立化的行動，激怒了很多中間國家，多少抵銷了我拒絕印案產生的不利影響。聯大復會可能對此案不了了之，拖到下屆再說。

（三）美國擱起板門店轉到聯合國，本來想藉此壓我們，聯大壓不成，戰場又無多少辦法，本可自回板門店，但鑒於美國在聯大尙未死心，對戰場亦未完全絕望，因此雖有少數國家不反對再回板門店試試，美國今天是不會願意的。

（四）如果我們正式在板門店通知對方無條件復會，美國態度將是拒絕的居多。具體方式可能是：一、置之不理；二、以我既未接受其方案又未提出新方案而拒絕；三、反建議以印度方案爲基礎復會；四、堅持不得強迫遣返戰俘的原則解決戰俘問題。以二、三可能較大。如我以金、彭致函形式，對方可能認爲我性急，有些示弱，反易引起對方幻想。

結論是一動不如一靜，讓現狀拖下去，拖到美國願妥協並由它採取行動爲止。

毛澤東、周恩來都同意喬冠華這個言簡意賅的、看得深看得透的分析和看法。喬冠華的這個分析眞正起到了爲中央參謀獻策的作用，不愧爲老練傑出的外交家，當今才子。

毛澤東、周恩來作好了軍事、外交的兩手準備，以對付美國的政策之後，站穩了腳跟，便利用召開全國政協第一屆全國委員會第四次會議的機會，對美國、對艾森豪威爾發起強大的政治攻勢，逼其重新回到板門店談判桌上來。

毛澤東一九五三年二月七日在講話中說：「我們是要和平的，但是，只要美帝國主義一天不放棄它那種蠻橫無理的要求和擴大侵略的陰謀，中國人民的決心就是只有同朝鮮人民在一起，一直戰鬥下去。這不是因爲我們好戰，我們願意立即停戰，剩下的問題待將來去解決。但美帝國主義不願這樣做，那麼好罷，就打下去，美帝國主義願意打多少年，我們也就準備跟他打多少年，一直打到美帝國主義願意罷手的時候爲止，一直打到中朝人民完全勝利的時候爲止。」

周恩來在二月四日的「政治報告」中分析了當前國際國內形勢對我有利，對美國不利後，非常堅定而有彈性地說：「中國人民的抗美援朝鬥爭必須繼續加強，中國的國防力量必須進一步鞏固和壯大起來。我們要動員人民增產節約，努力工作，來支援抗美援朝的偉大鬥爭。全世界人民都清楚地看到，中國已經勝利地結束了經濟恢復時期而進入了大規模的有計劃的建設時期，中國人民是充滿了和平建設的熱情和維護持久和平的願望。可是無論在甚麼時候，中國人民必須警惕和揭露侵略者的戰爭陰謀，必須隨時準備着與敵視中國人民、阻礙中國建設的帝國主義勢力進行堅決的鬥爭。中國人民愛好和平，但是並不懼怕戰爭。如果美國新政府還有意用和平方式結束朝鮮戰爭，那麼它就應該無條件地恢復板門店談判。朝中方面準備按照已經達成協議的朝鮮停戰協定草案，立即先行停戰，然後再由『和平解決朝鮮委員會』去解決戰俘全部遣返問題。因爲這樣，既可迅速滿足有關戰爭各國人民及全世界人民對於立即停止現行戰爭的熱望，又可爲和平解決朝鮮問題及遠東其他有關問題開闢道路。如果美國新政府仍然執行杜魯門政府的政策，仍然無意於恢復板門店談判而繼續和擴大朝鮮戰爭，那麼，朝中人民在這方面也將繼續鬥爭下去，並且是有了充分準備的。朝中人民深刻地了解，對於帝國主義者的挑釁，祇有進行堅決鬥爭，使帝國主義者的每一個戰爭計劃都受到粉碎性的打擊，每一個侵略行動都遭徹底的失敗，才能迫使敵人罷手，取得人民所熱望的和平。」

毛澤東、周恩來的這一番話，既是對艾森豪威爾的警告，又是對他的勸誡，要他打破幻想用冒險政策取勝，還是老老實實回到板門店談判桌上，才是美國結束朝鮮戰爭的出路。

艾森豪威爾處於進退兩難，既不敢冒險擴大戰爭，又不能以政治訛詐迫使中國屈服。他除了一面加緊推行亞洲人打亞洲人的政策，一面尋求恢復談判結束朝鮮戰爭之外，無法擺脫戰略上的被動局面，正如周恩來所預料的那樣，「停戰是不可改變的趨勢，協定不久仍可簽定」，只是在尋找一個「體面」的轉彎的機會和辦法而已。艾森豪威爾同杜勒斯終於撿到一把可能打開僵局的「鑰匙」，這就是紅十字國際委員會一九五二年十二月十三日在日內瓦通過的一項決議，倡議病傷俘虜在朝鮮停戰以前先行交換，雖然這個決議已經過去兩個月了，但是仍不失爲是一種可資利用的機會，艾森豪威爾和杜勒斯決定讓參謀長聯席會議給克拉克下達指令，讓他給金日成、彭德懷寫信試試看。克拉克奉命後立即寫了下列內容的信函：

克拉克發訊號戰俘問題作妥協

朝鮮人民軍金日成最高司令官、中國人民志願軍彭德懷司令員：

國際紅十字會執行委員會一九五二年十二月十三日在瑞士日內瓦通過的一項決議案中，呼籲在朝鮮衝突中的雙方作爲善意的表示，立即採取行動，實行日內瓦公約的人道主義規定，按照日內瓦公約的有關條款遣返病傷戰俘。如在板門店談判過程中一再向你們申述的，聯合國軍從一開始就嚴謹地遵守日內瓦公約的人道主義規定，具體而言，已準備好對在它收容下的病傷戰俘實施日內瓦公約的規定。聯合國軍現仍準備按照日內瓦公約第一〇九條的規定，立即遣返那些身體適於旅行的重病重傷被俘人員。我希望你們通知我，你們方面是否已準備好立即進行遣返在你們手中的聯合國重病重傷的被俘人員。聯合國軍聯絡官將準備與你方聯絡官會晤，以爲公正地查明情況，並爲按照日內瓦公約第一〇九條的規定而相互交換此種重病重傷者作必要的安排。

聯合軍總司令美國陸軍上將克拉克

一九五三年二月二十二日於聯合國軍司令部總司令辦公室

軍郵第五〇〇號信箱

機會終於來了，克拉克的來信，顯然是一個重要訊號，說明他們又想回到板門店來。既然是一個等了許久的機會，爲了爭取在公平合理的條件下早日達成朝鮮停戰，就應抓住這個機會。但美國是個頭號帝國主義，不給它一點面子彎子很難轉，爲了中朝人民的根本利益和滿足世界人民的和平願望，要在戰俘問題上作點必要的妥協。於是中朝蘇進行緊急的磋商。恰巧就在此時斯大林因腦溢血於三月五日逝世了，談判主要決策者和指揮者周恩來率領中國黨政代表團參加斯大林的葬禮去了。

斯大林葬禮中周恩來是站在馬林科夫、莫洛托夫等蘇聯主要領導人中間的唯一的外國黨政領導人，受到了崇高的禮遇和尊重，這說明周恩來本人和中國地位的重要。在葬禮期間周恩來利用空暇的時間同蘇聯馬林科夫、莫洛托夫等新領導人就國際局勢和朝鮮問題以及中國的經濟建設問題交換了意見。緊接着，周恩來又率中國黨政代表團直接從莫斯科去布拉格參加捷克斯洛伐克總統哥特瓦爾德的葬禮，三月二十一日才返回北京。

經過反覆研究和磋商，中朝蘇決定採取一個一致的決策和行動步驟，向美國發動一個新的和談攻勢。

三月二十八日，金、彭覆信克拉克：

聯合國軍總司令克拉克將軍：

一九五三年二月二十二日你的來信收到了。

關於優先遣返雙方重病重傷戰俘問題，雙方談判代表本已根據人道原則達成朝鮮停戰協定草案第五十三條款的協議，祇因朝鮮停戰談判中斷，此項協議無法實現，致雙方重病重傷戰俘至今未能遣返。

現在你方既然表示準備對雙方收容下的病傷戰俘實施日內瓦公約的規定。我方爲表示同一願望起見，完全同意你方所提出的關於在戰爭期間先行交換雙方病傷或戰俘的建議。這個建議按照日內瓦公約第一〇九條的規定處理。同時，我們認爲關於在戰爭期間交換雙方病傷戰俘的問題的合理解決，適當使之引導到全部戰俘問題的順利解決，使世界人民所渴望的朝鮮停戰得以實現。因此，我方建議，雙方談判代表應即恢復在板門店的談判，我方聯絡官並準備與你方聯絡官進行會晤，以確定恢復談判的日期。

朝鮮人民軍最高司令官金日成
中國人民志願軍司令員彭德懷
一九五三年三月二十八日

隨即，周恩來以中華人民共和國中央人民政府政務院總理兼外交部部長名義就關於朝鮮停戰談判問題發表正式聲明。

聲明說：「中華人民共和國中央人民政府和朝鮮民主主義人民共和國政府在共同研究了聯合國軍總司令克拉克將軍於一九五三年二月二十二日提出的關於在戰爭期間先行交換雙方病傷戰俘的建議之後，一致認爲根據一九四九年日內瓦公約第一百零九條的規定，這一問題完全可以得到合理的解決。關於交換病傷戰俘問題的合理解決，對於順利解決全部戰俘問題以保證停止朝鮮戰爭並締結停戰協定的時機，應當說是已經到了。

中華人民共和國政府和朝鮮民主主義人民共和國政府一致主張，朝鮮人民軍和中國人民志願軍的停戰談判代表應即與聯合國軍停戰談判代表開始關於在戰爭期間交換病傷戰俘問題的談判，並進而謀取戰俘問題的通盤解決。」

聲明重申了停戰協定草案的要點：「過去一年多的朝鮮停戰談判，已經奠定了在朝鮮實現停戰的基礎。在開城和板門店的談判中，雙方代表除對戰俘一項問題外已對所有問題達成協議。首先，對於舉世關心的朝鮮停火問題，雙方已經同意，『雙方司令官命令並保證其控制下的一切武裝力量，包括陸、海、空軍的一切部隊與人員，完全停止在朝鮮的一切敵對行爲，此項敵對行爲的完全停止自本停戰協定簽字後十二小時起生效。』（朝鮮停戰協定草案第十二款）其次，雙方還曾商定各項重要停戰條件。在關於確定軍事分界綫和建立非軍事區問題上，雙方已經同意，以停戰協定生效時雙方實際接觸綫爲軍事分界綫，『雙方各由此綫後退二公里，以便在敵對軍隊之間建立一非軍事區……作爲緩衝區，以防止發生可能導致敵對行爲復發的事件。』（草案第一款）在關於監督停戰協定的實施及處理違反停戰協定事件的問題上，雙方已經同意由朝鮮人民軍最高司令官與中國人民志願軍司令員所共同指派的五名高級軍官和由聯合國軍總司令所指派的五名高級軍官組成軍事停戰委員會，負責監督停戰協定的實施，包括對於戰俘遣返委員會會的督導，並協商處理任何違反停戰協定事件（草案第十九、二十、二十四、二十五、五十六各款）；雙方並同意由朝鮮人民軍最高司令官與中國人民志願軍司令員所共同提名的波蘭、捷克斯洛伐克指派兩位高級軍官作代表和由聯合國軍總司令所提名的瑞典、瑞士指派兩位高級軍官作代表組成中立國監察委員會，並在其下配備由上述各國派出的軍官爲組員組成中立國視察小組，分駐於北朝鮮的新義州、清津、興南、滿浦、新安州和南朝鮮的仁川、大邱、釜山、江陵、羣山各口岸，以監督與視察雙方對於停止自朝鮮境外進入增援的軍事人員和作戰飛機、裝甲車輛、武器與彈藥的條款的實施

（條款中准許輪換和替換者除外），並得到非軍事區以外據報發生違反停戰協定事件的地點進行特別觀察與視察，以保證軍事停戰的穩定（草案第三十六、三十七、四十、四十一、四十二、四十三各款）。此外，雙方還商定『雙方軍事司令官茲向雙方有關各國政府建議在停戰協定簽字並生效後的三個月內，分派代表召開雙方高一級的政治會議，協商從朝鮮撤退一切外國軍隊及和平解決朝鮮等問題。』（草案第六十款）」

聲明明確指出：「如上所述，在朝鮮停戰談判中，祇有一個戰俘問題阻礙着朝鮮停戰的實現。而且就在戰俘問題上，除戰俘遣返問題外，雙方在停戰協定草案中對於有關戰俘的安排問題的一切條款亦均已達成協議。如非朝鮮停戰談判中斷五個多月之久，則這個戰俘遣返問題可能早已找出解決的辦法來了。

現在聯合國軍方面既然建議按照日內瓦公約第一百零九條的規定，解決在戰爭期間先行交換病傷戰俘問題，我們認爲，隨着病傷戰俘的合理解決，只要雙方都眞正具有互相讓步以促成朝鮮停戰的誠意，全部戰俘問題的順利解決，是完全應當的。」

聲明再次表明中朝兩國在戰俘問題上的立場和態度，並提出新的建議：「關於戰俘問題，中華人民共和國政府和朝鮮民主主義人民共和國政府一向認爲，現在仍然認爲，祇有根據一九四九年日內瓦公約的規定，特別是該公約第一百一十八條的規定，停戰後戰俘即予釋放並遣返，不得遲延，才是合理的解決。但是鑒於雙方在這個問題上的分歧是目前達成朝鮮停戰的唯一障礙，並且爲滿足世界人民的和平願望，中華人民共和國政府和朝鮮民主主義人民共和國政府本着一貫堅持的和平政策，本着一貫努力於迅速實現朝鮮停戰，爭取和平解決朝鮮問題，以維持和鞏固世界和平的立場，準備採取步驟來清除在這個問題上的分歧，以促成朝鮮停戰。爲此目的，中華人民共和國政府和朝鮮民主主義人民共和國政府提議：談判雙方應保證在停戰後立即遣返其所收容的一切堅持遣返的戰俘，而將其餘的戰俘轉交中立國，以保證對他們的遣返問題的公正解決。」

聲明強調說明這個新建議提出的原因：「必須指出，我們這一提議，並非放棄了日內瓦公約第一百一十八條關於停戰後戰俘即予釋放並遣返，不得遲延的原則，也非承認聯合國軍方面所說的戰俘中有所謂拒絕遣返的人，祇由於終止朝鮮流血戰爭及和平解決朝鮮問題是關係到遠東及世界人民的和平與安全問題，所以我們才採取這一新的步驟，準備將在對方恐嚇和壓迫下心存疑懼、不敢回家的我方被俘人員，提議在停戰後轉交中立國，並經過有關方面的解釋，以保證他們的遣返問題能得到公正解決，而不致因此阻礙停戰的實現。」

聲明最後指出：「我們相信，中華人民共和國政府和朝鮮民主主義人民共和國政府爲了結束朝鮮戰爭所採取的這一新步驟，完全符合於有自己子弟在朝鮮作戰的雙方人民的切身利益，也完全符合於全世界人民的根本利益。如果聯合國軍方面對於謀取和平具有誠意的話，我方這個建議是應該能夠被接受的。」

周恩來的聲明，立即得到朝鮮、蘇聯的支持。金日成以首相名義於三月三十一日發表聲明，堅決支持周恩來提出的新建議。

蘇聯部長會議第一副主席兼外交部長莫洛托夫於四月一日發表聲明，支持周恩來的新建議，並建議聯合國中應有中朝兩國政府的合法席位。

蘇聯駐聯合國代表團團長維辛斯基在七屆聯大政治委員會上發表長篇講話，熱情支持周恩來的這一「崇高舉動」。

周恩來的新建議得到全世界人民的熱烈擁護，國際輿論紛紛表示歡迎，認爲這一建議消除了停戰的最後障礙，表現了中朝方面謀求和平的眞實誠意。

美國艾森豪威爾和參謀長聯席會議對周恩來的新建議先是有些吃驚，繼而將信將疑，最後承認其「價値」，並指示克拉克立即研究。

經過雙方函電磋商，停戰談判聯絡會議於四月六日開始舉行，僵局很快打開了，四月十一日簽訂了遣返病傷戰俘的協定。並從四月二十日開始實施，第一批我方遣返給對方朝鮮籍病傷戰俘五十名，非朝鮮籍的五十人。對方遣返給我方朝鮮人民軍病傷被俘人員四百名，中國人民志願軍病傷戰俘一百名。我方被俘人員經過在對方戰俘營中長期痛苦的生活而回到祖國的懷抱，立即受到細心的診療和親切的慰問和關懷，使他們深感祖國的溫暖，對那些尚未被遣返的戰俘有着很好的影響。

以後，陸續遣返，我方到四月二十六日將適於旅行的對方病傷戰俘全部遣返完畢，其中遣返美國籍戰俘一百四十九人，英國籍戰俘三十二人，土耳其籍戰俘十五人，哥倫比亞籍戰俘六人，澳大利亞籍戰俘五人，加拿大籍戰俘二人，菲律賓、南非聯邦、荷蘭和希臘籍戰俘各一人，朝鮮籍戰俘四百七十一人。共六百八十四人。我方實際遣返的數字比原來通知美方的概數增加百分之十四，這充分表明中朝方面的誠意。美方於五月三日聲稱遣返完畢，共遣返朝鮮人民軍被俘人員五千五百六十四人，中國人民志願軍被俘人員一千零三十人。

遣返病傷戰俘的協定和實施，特別是周恩來聲明提出的新建議，推動了朝鮮停戰談判的進行。

四月十八日，七屆聯合國大會根據巴西提案通過決議：「希望病傷戰俘的交換迅速完成，並希望在板門店的進一談判導致在朝鮮早日實現停戰，以符合聯合國的原則和宗旨。」這樣，朝鮮停戰談判問題的討論，又從聯合國回到了板門店。

四月二十六日，正是朝鮮的春季，氣候溫暖、百花盛開、草綠山青、風光明媚，令人賞心悅目。由於朝鮮戰爭是當時世界上最大的熱戰場所，也是國際局勢中最關鍵的焦點，牽動世界各國人民的心，成爲輿論界注意的中心，世界各大通訊社、各大報紙都派有記者在朝鮮採訪報道。一聽說中斷了三十六個月零十八天的朝停戰談判重新恢復了，這樣重大消息、頭條新聞，記者們自然要搶着報道，如果能第一個報道出去，其新聞價值最高，也是記者的功勞和提高其身價。所以，這天一大早就有上百名各國記者蜂湧在板門店談判的帳篷外面。下午二時，雙方代表重新走進帳篷。中方代表改由丁國鈺接替邊章五，柴成文接替解方。

在這次會議上，我方首席代表南日大將提出全部遣返戰俘問題六點具體實施方案：

一、在停戰協定生效後，兩個月內，雙方應依照停戰協定第三條第五十一款的有關規定，並根據雙方所交換並校正的最後名單，將一切堅持遣返的戰俘分批遣返，交給戰俘所屬的一方，不得加以任何阻難。

二、在一切堅持遣返的戰俘的直接遣返完成之後的一個月的期限內，拘留一方應將不直接遣返的其餘戰俘負責送到一個經雙方協商同意的中立國家去，並從其軍事控制下釋放出來，由有關中立國當局指定地區加以接受和看管。該有關中立國當局應有執行其合法職務和責任以控制在其臨時管轄下之戰俘的權力。

三、此項戰俘的所屬國家應有自由與便利在戰俘到達中立國之日起的六個月期限內，派人前往該中立國向一切依附於該所屬國的戰俘解釋，消除他們的顧慮。並通知戰俘在任何有關他們回返家鄉的事項，特別是他們有回家過和平生活的完全的權利。

四、在戰俘到達中立國之日起的六個月內，經其所屬國家的解釋之後，凡提出要求遣返回家的一切戰俘，應由有關中立國當局負責協助他們迅速返回祖國，不得留難，此項戰俘的遣返的行政細節，應由有關中立國當局與戰俘所屬國家當局協商解決。

五、在本方案第三條和第四條所規定的六個月期滿之後，如尚有在中立國看管之下的戰俘，其處理辦法應交由停戰協定第四條第六十款所規定的政治會議協商解決。

六、戰俘在中立國家的一切費用，包括其回國旅費在內，應由戰俘所屬國家負擔之。

南日提出上述方案後，美方首席代表哈里遜發言重複了他在四月十六日給南日信中所提出的三點具體意見。即：

一、中立國爲諸如瑞士這樣傳統上被認爲適合於這類事項的一個國家。

二、爲求實際可行，未被直接遣返的戰俘釋交中立國家在朝鮮收容。

三、在諸如六十天的合理時間內，中立國給予有關各方以機會，來確定在其收容下的人員對於他們的地位的態度。在此期限後，中立國將作出安排以和平處理仍在其收容下的人員。

在談判中，對方力爭得到更多的「體面」。他們反對將不直接遣返的戰俘送往中立國，並且拒絕我方提出的以亞洲國家作爲中立國。

五月七日，我方爲了推動談判的進行，對六點方案作了修改，成爲八條建議的新方案：

一、在停戰協定生效後兩個月內，雙方應依照停戰協定第三條第五十一款的有關規定，並根據雙方所交換並校正的最後名單，將一切堅持遣返的戰俘分批遣返，交給戰俘所屬一方，不得加以任何阻難。

二、爲了協助不直接遣返的其餘戰俘回返家鄉，雙方同意建立一個中立國遣返委員會，由停戰協定第二條第三十七款所規定的四個國家，即波蘭、捷克斯洛伐克、瑞士、瑞典及雙方同意的印度，共五個國家各派同等數目的代表組成。

三、雙方全部戰俘，除本方案第一條所規定的應予直接遣返者外，應在原拘留地點從拘留一方的軍事控制和收容下釋放出來，交由本方案第二條所規定的中立國遣返委員會接受和看管。中立國遣返委員會應有執行其合法職務和責任以控制在其臨時管轄下之戰俘的權力。爲保證此項權力的有效實施，中立國遣返委員會成員國應各自配備同等數目的武裝力量。

四、中立國遣返委員會在接管不直接遣返的戰俘之後，應即進行安排，使戰俘所屬國家有自由與便利在自中立國遣返委員會接受之日起的四個月期限內，派人前往此項戰俘的原拘留地點向一切依附於該所屬國的戰俘解釋，消除他們的顧慮，並通知戰俘任何有關他們回返家鄉的事項，特別是他們有回家過和平生活的完全權利。

五、在自中立國遣返委員會接管戰俘之日起的四個月內，經其所屬國家的解釋之後，凡提出要求遣返回家的一切戰俘，應由中立國遣返委員會負責協助他們迅速返回祖國，拘留方不得留難。此項戰俘的遣返的行政細節，應由中立國遣返委員會與雙方協商解決。

六、在本方案第四條和第五條所規定的四個月期滿之後，如尚有在中立國遣返委員會看管之下的戰俘，其處理辦法應交由停戰協定第四條第六十款所規定的政治會議協商解決。

七、戰俘在中立國遣返委員會看管期內的一切費用，包括其回國旅費在內，應由戰俘的所屬國負擔之。

八、本方案的條款及由此而產生的安排應使全部戰俘知曉。

這一方案提出，使雙方的立場更加接近，受到國際上的普遍讚揚。印度總理尼赫魯，於五月十五日發表聲明，主張以中、朝建議作爲朝鮮停戰談判的基礎，並贊成召開大國最高級會議討論和平問題。緬甸政府也發表聲明贊成以中朝建議作爲朝鮮停戰談判的基礎。

美方代表只就我方建議提出若干問題進行詢問，要求我方加以說明，未提出任何積極性的意見。

這時美國同南朝鮮的李承晚的矛盾發展。李承晚看到板門店雙方聯絡組會議迅速發展，一旦恢復病傷戰俘協定達成，恢復停戰談判勢在必行，這樣對南朝鮮不利，必須要美國允諾一些條件。四月九日，李承晚給艾森豪威爾寫了一封「抗議信」，堅決反對恢復談判，說「如果達成一項容許中國人留在朝鮮的和平協議，大韓民國將認爲它有理由要求除了那些願意參加把敵人驅逐到鴨綠江以北的國家外，所有盟國都得離開這個國家。他說：如果美國武裝部隊要留下，那麼它們得跟隨着前沿陣地的戰士支持他們，並用飛機、遠程大炮和在朝鮮半島周邊的炮艦來掩護他們。」甚至威脅說：如果美國想要把它的部隊撤離朝鮮，他可以這樣做。

會談越是看來要接近成功，李承晚反對越激烈，反美集會越來越頻繁，規模越來越大，在一次集會上他宣稱：「無論在板門店發生甚麼情況，我們的目標仍然不變—我們永遠的目標就是從南方到鴨綠江統一朝鮮。你們必須繼續戰鬥直至你們到達鴨綠江。」

這樣，美國不得不花點時間解決他同南朝鮮的關係問題。因此，在談判桌上又採取拖延政策，提出一些明知我方不能接受的主張和建議。如五月十三日美方代表提出將一切不直接遣返的朝鮮戰俘在停戰生效時「就地釋放」，對中國遣返委員會的職權和戰俘所屬國家的解釋工作加以種種限制。以後又乾脆提出休會。停戰談判又擱置下來了。

十二、停戰協定終於簽字

一九五三年夏季，朝鮮戰場上的軍事形勢對我非常有利。反登陸作戰作了充分的準備，我軍後方防禦體系日益鞏固，既可攻又可守，在戰略上更加主動，敵人則日趨被動。在兵力上我也佔絕對優勢，我軍總兵力已達一百八十萬人，二十五個軍，敵人一百二十萬人，二十四個師。我作戰物資也很充足，兵強馬壯，全軍上下，積極求戰，士氣十分高昂。

中國人民志願軍司令部根據中央軍委的指示停是談判會場的事，軍隊「只管打，不管談。」由志願軍代司令兼政委鄧華主持召開兵團以上幹部參加的軍事會議。鄧華根據毛澤東、周恩來、彭德懷和中央軍委的指示精神作了「關於舉行夏季反擊的幾點意見」的報告，研究制定了戰役指導方針和部署，確定西綫以打擊美軍爲主，東綫以打擊僞軍爲主。穩紮狠打，由小到大，不打則已，打則必殲，攻則必克，守則必固。

爲了配合板門店談判，當美國提出就地釋放朝鮮籍戰俘的建議，以拖延談判，志願軍司令部決定將原計劃於六月初發起的夏季反擊提前到五月中旬，並對敵人要「大動手」「狠動手」，用鐵拳頭教訓一下敵人，讓他嘗嘗我們的利害。

五月十三日，我二十兵團所屬的六十、六十七軍和九兵團所屬的二十四、二十三軍，先後在火炮支援下，向美軍和南朝鮮李承晚軍八個師的正面支撑點發起猛烈攻擊。由於我軍突然反擊，攻勢凌厲，敵人措手不及，戰至二十六日，我軍陣地已向敵方推進兩平方公里，殲敵四千一百多人，取得了反擊戰的初步勝利。

美方眼看軍事上對他不利，美國在軟硬兼施初步壓服李承晚之後，不得不請求於五月二十五日上午十一時復會。美方考慮在談判桌上提出的「就地釋放朝鮮籍戰俘」，中朝方堅決反對，難以再談下去，便準備在接受我方方案的基礎上提出他們的方案，但鑒於美李關係，美方既怕事先通知李承晚遭到他的反對，如不通知他，又怕他提出異議，所以華盛頓指示克拉克，要他在五月二十五日在板門店開會前一個小時偕同美國駐南朝鮮大使布里格斯去拜會李承晚。

克拉克照美國政府的指示，對李承晚提出四點保證，即：

一、預先聲明，如果共方破壞停戰協定，在韓國同共方作戰的十六國將團結對敵。那時十六國所採取的報復將不僅限於韓國國土之內。

二、將南朝軍隊擴建到二十個師，並援建相應的海軍和空軍。

三、美國政府保證最少提供十億美元的經濟援助。

四、直到朝鮮眞正實現和平，保持在朝鮮和沿海的戰備態勢。

作爲上述四項保證的代價，美國要求南朝鮮當局停止「反對停戰運動」，一旦停戰協定簽字必須遵守，李承晚的軍隊指揮權繼續委托給聯合國軍司令部。

李承晚覺得四條保證撈到了實惠，但是這還不夠，有可能得到更多。於是他故意扳起面孔說：「我非常失望，你們的政府變化無窮。你們無視韓國政府的意見。」「我們必須要堅持的是把中共軍隊從我國趕出去」，「沒有這一條，就不可能有和平，你們的壓力對我毫無用處，我們希望生存，我們希望活下去，我們將自己決定自己的命運。我們不要求任何人爲我們打仗，我們可能一開始就犯了錯誤，依賴外交來援助我們。十分遺憾，在這種情況下，我不能同艾森豪威爾合作。」克拉克沒有理會李承晚的這番話，而李承晚當即通知南朝鮮參加板門店談判的代表立即撤回去，不再參加談判會議了。

美國立即換了一位泰國將軍作爲代表接替南朝鮮代表，會議照常開，方案照常提，並建議談判轉入秘密的行政性會議。李承晚惱火了，五月三十日他再次寫信給艾森豪威爾，說：接受任何一項允許中國共產黨人留在朝鮮的停戰安排，必將意味着朝鮮甘願接受死刑的判決。他建議，共產黨和聯合國軍在大韓民國和美國之間的共同防禦條約首先簽訂的條件下同時撤退。

艾森豪威爾爲了安撫李承晚，又作出三條保證：

一、美國將不放棄他的努力，用一切和平的方式實現朝鮮的統一；

二、在締結一項可以接受的停戰條件時，我準備立即按照過去美國和菲律賓共和國之間以及美國和澳大利亞及新西蘭兩個英聯邦成員國之間所締結的條約的原則，同他談判締結一項共同防禦條約；

三、美國政府在取得必要的國會撥款條件下，將繼續向大韓民國提供經濟援助，用以恢復其飽受摧殘的國土。

艾森豪威爾同時邀請李承晚訪美。

李承晚考慮了以後，拒絕了艾森豪威爾訪美的邀請，他托辭說，這個時候他不能去，因爲反對停戰示威在漢城已經搞起來了，朝鮮局勢使我片刻也不能離開這個國家。其實，他懂得，如果這個時刻訪美，到了華盛頓，一切只好聽從美國人的擺佈了。

美國參謀長聯席會議在一份歷史文件中痛苦地說：「美國或者聯合國軍的大量說理、勸導或是抗議，無一能夠打動頑固不化的李承晚總統放棄他那一意孤行的和潛在的自殺性的方針。」

美對南韓取「胡蘿蔔加大棒」政策

美國決定對李承晚採取胡蘿蔔加大棒政策，一方面讓朝鮮的美軍司令部準備一個「永遠準備着」的計劃，克拉克指示接替范佛里特的第八集軍司令的馬克斯韋爾·泰勒將軍擬定了一個「從最壞着眼的應急計劃」，即李承晚可能把韓國軍隊撤離聯合國軍指揮之下，這樣將使聯合國軍陣地全綫崩潰，因此「計劃」預想了三種緊急情況和採取的緊急措施：①韓國軍隊對聯合國軍隊的指示不予置理。那麼，美國和聯合國部隊將着手保衛大城市周圍的重要地區；海軍和空軍將繼續處於戒備；對韓國軍隊和政府的情報活動將增強。②韓國軍隊單獨採取行動。那麼，美國將作出某種「保護性」撤退以確保基地之安全；韓國軍隊將被解除武裝，代之以可靠的聯合國部隊；平民的動向將受到控制。③最極端的情況，韓國軍隊和平民同聯合國部隊「公開敵對」。克拉克在五月二十七日致美國參謀長聯席會議的電報中概述永遠準備着計劃的這一部分的措施說：「李承晚將被邀至漢城或其他地方——任何能使他離開釜山（韓國臨時首都）的地方。聯合國軍司令官將在合適的時候開進釜山地區並拘捕五至十名在李承晚的專横行動中擔任過領導人的韓國高級官員……並通過韓國軍隊總參謀長實行軍事管制法，直至取消之時爲止。

如果李承晚仍拒不接受聯合軍的停戰條件，他將被單獨扣押在警衛森嚴之處。聯合國軍司令部將着手建立一個由首相張澤相領導的政府；如果他拒絕，則將在韓國軍隊或直接在聯合國軍領導下建立一個軍政府。」

「永遠準備着」計劃被參謀長聯席會議和國務院欣然接受，然後於五月二十九日呈交國務卿杜勒斯和國防部長威爾遜審批。杜勒斯、威爾遜命令參謀長聯席會議通知克拉克，在「極其緊急」的情況下，他有權「採取必要行動以保護你的部隊完整。」等於授權給克拉克在緊急情況下可以搞掉李承晚。

另一方面，杜勒斯、威爾遜等則準備對李承晚採取胡蘿蔔政策。即如果李承晚同意接受停戰條件，則美國同韓國簽訂一項長期安全條約。

五月三十日，艾森豪威爾決定把一項安全條約作爲李承晚接受停戰條件時正式的附屬條件提出。但是他不希望把這一建議公開，以免被共產黨抓住，在和談中糾纏不清。

與此同時，板門店談判進展迅速，朝中方面已暗示美國方面，大體上同意聯合國軍五月二十五日的建議，很明顯只要澄清幾個細節就可以達成協議了。

克拉克奉命將上述情況通知李承晚。這天，李承晚的妻子奧地利出生的弗朗西斯卡沒有在座，過去她總是穿着一套飄拂如仙的朝鮮服裝參加他們的談話。這說明李承晚的情緒不好。克拉克告訴李承晚說，「我國政府已經決心向前走，並在五月二十五日條約基礎上簽訂協定；馬上就要就戰俘問題達成協議；現在只有幾個問題留待解決了。」布里格斯大使將在今天帶來艾森豪威爾的一封私人信件，概述美國將採取的支持南朝鮮的步驟，「除了不以繼續戰鬥來保障朝鮮的統一之外。」

李承晚怒氣衝衝激動地說：「美國採取這種綏靖策略是犯了一個大錯誤，韓國政府決不接受這些停戰條件；它將打下去，即便這意味着自取滅亡也罷，而且我李承晚將領導戰鬥。現在可以自由自在地採取認爲是合適的步驟了。」

克拉克要他對最後一點作出詳細闡述，但是過於激動，只是閃爍其詞。克拉克告訴他：「單獨進攻是多麼徒勞無益，因爲……沒有必要的後勤支持，這將導致自己和國家的毀滅。」李承晚反駁說：我的國家「將要變成一個中國（指共產黨國家）；這是不可避免的，我和我的人民現在死和以後死都一樣。」

克拉克同李承晚的談話不歡而散。

後來克拉克在向華盛頓報告這次談話時強調說，雖然他尚不能肯定李承晚是否已下定決心要破壞和平，「但他確有能力來違反停戰條件使聯合國軍大爲難堪。」這位韓國總統「根本不講道理，而且拿不出理由，他自己是唯一知道他將要走多遠的人，但是毫無疑問他要以此來嚇唬別人，直至最後。」「我目前看不到有任何解決辦法，莫如靜待事態發展。」這種「事態發展很快就要來了。」

志願軍反擊戰以打擊李承晚爲主

周恩來、毛澤東洞悉美國同李承晚之間的矛盾，以及李承晚阻撓停戰談判的頑固態度，決定中國人民志願軍發起第二階段的反擊，原以西綫爲重點的打擊美軍的計劃，改爲以打擊李承晚爲主，適當打擊美軍，暫不打擊英軍的方針。以分化敵人，打擊李僞軍的氣燄，促進停戰談判。

五月二十七日，志願軍司令部命令前綫部隊第二十兵團、十九兵團和九兵團，集中力量打擊北漢江兩側的僞第八、第五兩個師，並準備吸引和粉碎可能從縱深機動的兩個師以上的反撲。

六月四日晚十時整，繁星滿天，弦月如弓，雖已進入夏季，卻並不熱，感到舒適宜人。這時我各種火炮突然齊聲轟鳴，像放鞭炮一樣，響個不停。整整打了二十分鐘，接着我卡秋莎火箭炮二十一師又連着發了兩個齊放，打完後，李僞軍陣地上成了一片火海，地上騰起的烟塵是火紅的，天上翻滾的雲彩也是火紅的。

九日夜間，我六十軍突擊部隊已秘密進入敵陣地前與翼側隱蔽處潛伏。十日晚，六十軍以三個團的兵力，在各種火炮支援下，採取多梯隊的方式分別從東、北兩個方向發起衝擊，不到一個小時，全殲守敵一個團，首創了陣地戰以來一次戰鬥攻擊殲敵一個團的範例，至六月十五日，六十軍把陣地向敵方推進四十二平方公里。

六月十一日，六十七軍將八個連兵力潛入敵陣地前的我秘密構築的囤兵洞。十二日晚，六十七軍以三個團的兵力，在各種火炮，坦克的支援下，向敵人的「橫範陣地」號稱「京畿堡壘」的僞第八師二十一團主陣地突然發起衝擊，迅速佔領陣地，全殲了守敵。把陣地向前推進了十二平方公里。十九兵團的一軍、四十六軍，九兵團的二十三、二十四軍也向當面敵人發起了反擊，分別將陣地向敵方推進了一點五平方公里和一平方公里。共殲敵四萬一千餘人。

志願軍的第二階段反擊戰，使克拉克和華盛頓的決策者十分震驚。逼於形勢，美國終於同意以我五月七日八點建議爲基礎，在六月八日達成並簽訂了《中立國遣返委員會的職權範圍》的文件。協議說：

「雙方同意將停戰協定草案第五十一款關於處理直接遣返的戰俘的規定作適當的修改，而將未予直接遣返的其餘戰俘統交中立國遣返委員會，根據《中立國遣返委員會的職權範圍》處理。《中立國遣返委員會的職權範圍》共十一條二十六款。要點是：一切不直接遣返的戰俘，應於停戰協議生效後六十天內由拘留一方的軍事控制下釋放出來，在朝鮮境內交給由波蘭、捷克斯洛伐克、瑞士、瑞典、印度五國代表組成的中立國遣返委員會看管。戰俘所屬國家應有自由與便利，自中立國遣返委員會接管戰俘之日起派遣代表向一切依附於該國之戰俘進行九十天的解釋。九十天之後如尚有未行使遣返權利的戰俘，其處理應交由政治會議在三十天之內解決。在此之後尚有未行使遣返權利的戰俘，而政治會議又未爲他們協議出處理辦法者，應由中立國遣返委員會在三十天之內宣佈解除其戰俘身份，使之成爲平民，並協助他們前往他們申請要去的地方。

這個一年多來唯一阻礙停戰達成協議的戰俘遣返問題解決了，這就意味着朝鮮停戰協定不久便要正式簽訂了，朝鮮的和平便要實現了，我們爲之而奮鬥的主張和目的便要達到了，它是多麼令人難以忘懷的時刻啊！

周恩來在當天夜裏從他的辦公室裏打電話給李克農，祝賀戰俘遣返問題達成協議，並要他向談判代表團的全體同志轉達他的慰問。那些爲談判日夜操勞的人們爲此流下了激動的眼淚，他們感謝中央的關懷。同時每一個人都想到在這場談判鬥爭中最操勞、最辛苦的是它的決策者、指揮者周恩來，每一次談判，每一場鬥爭，每一個關鍵時刻都傾注了他的心血。他日理萬機，國內的政治、經濟、文化、軍事他都要管，國際問題、外交工作他要管，他還要協助毛澤東指揮朝鮮戰爭。眞不知有多少個不眠之夜，裏裏外外，在那裏緊張工作，不知道累成甚麼樣子。但是，大家感到有這樣的總理、這樣的外長眞是國家的幸福，在這樣領導人領導下工作，即便如何辛苦，如何累，即便是在前綫犧牲了也是心甘情願的，絕無半點怨言。

六月八日以後，各方面爲朝鮮停戰協定的簽字忙碌起來了。

六月十一日，章漢夫副外長在外交部接待室裏分別接見了捷克斯洛伐克、印度、瑞典大使、瑞士公使、波蘭臨時代辦，說明朝中代表團已與聯合國軍代表團協議，由談判雙方分別邀請五個中立國，朝中方面願意由我國政府正式邀請五中立國同意按照戰俘遣返問題協議條款參加中立國遣返委員會的工作。五中立國家分別於六月十一日、十二日、十三日答覆我外交部，一致接受我政府邀請，參加中立國遣返委員會的工作。

在板門店談判帳篷裏，於六月十六日雙方參謀人員按照實際接觸綫重新劃定了軍事分界綫，我方向南推進了一百四十平方公里。在另外一個帳篷裏雙方的文字專家正在逐條逐段逐字地重新審定停戰協定的文本。

志願軍和人民軍的戰士們在趕修開城到板門店的公路和橋樑。

其他有關工作人員和各國記者也陸續趕到板門店來了。

中國人民志願軍司令員兼政治委員彭德懷也預定在六月十九日離開北京前來開城，在停戰協定上簽字。

正在指揮進行第二階段反擊作戰的中國人民志願軍的司令部，於六月十五日傍晚接到彭德懷從北京打來的電報說：「據我停戰談判代表團電話稱：軍事分界綫已基本上達成協議，以今晚（六月十五日）二十四時爲準，在本晚二十四時前敵我雙方攻佔之陣地均爲有效，在此以後（零時起）即做爲十六日計算，敵我攻佔之陣地均屬無效。我志願軍和朝鮮人民軍爲促進停戰實現，應以明十六日起堅守陣地，不再主動出擊，但要提高警惕，嚴陣以待，對敢於向我陣地侵犯之任何敵軍堅決給予殲滅之打擊，切不可有任何疏忽。」中朝聯合司令部於十五日晚七時，向志願軍各兵團和朝鮮人民軍各軍團發出了《十六日起停止主動向敵攻擊》的命令。

大局已定李承晚搞小動作

「噹、噹」，總理辦公室的軍用電話鈴聲響了。周恩來拿起電話，說：「我是周恩來呀」。

「總理，我是彭德懷呀！」

「啊！彭老總，天快亮了，你還沒休息？」

「你不也沒有休息嘛！總理！我的身體比你好，你的事情太多太忙，得注意休息，可不能累垮了，你是我們國家的當家的。」

「你不是要回朝鮮去簽訂談判協定嗎？」

「是的，我明天晚上走，正是爲這事才打擾你。我想在臨走之前，見見你和主席，看還有甚麼交待的和注意的事？」

「那好，我報告主席，你就好好休息，等候我的通知。」

六月十九日下午，中南海頤年堂毛澤東的辦公室裏，周恩來、彭德懷先到，正在那裏親切交談，研究簽字的事，毛澤東急急忙忙從他的臥室裏走進來，抱歉地說讓你們兩位抗美援朝的大功臣在這裏等我。」他一邊朝着沙發走來一邊說，美帝國主義這隻不可一世的老虎屁股摸不得，這次我們就摸它一下，而且玩弄於股肱之上。它也老老實實地服輸了。這次美國可丟了大面子了！」

「這是美國自建國以來，第一次遭到這樣大的失敗，損兵折將近四十多萬人。」周恩來說。

「連李承晚的軍隊和其他十幾個國家的軍隊總共被我斃、傷、俘達一百多萬。」彭德懷補充說：「擊落擊傷敵機近二萬架，擊毀擊傷坦克二千六百多輛、汽車四千多輛、各種炮一千三百七十多門，擊沉擊傷各種艦艇二百五十七艘。我軍繳獲敵飛機十一架，坦克三百七十餘輛，汽車九千多輛，裝甲車一百六十多輛，各種炮六千三百多門，各種槍十一萬多支近十二萬支，火焰噴射器一百七十多具，炮彈、槍彈不計其數。各種通訊器材五千七百多件。」

「打得好，打得痛快，打出一個局面，打出一個停戰協定。不僅保住了北朝鮮的疆土，越過了三八綫，而且提高了中國的國際地位和聲譽，保衛了世界和平。可以說是贏得了戰爭，也贏得了和平。」周恩來又說。

「這都是我們彭大將軍的功勞。」毛澤東笑着對周恩來說：「這說明我們選將選對了，三軍易得一將難求啊！」

「不、不，這不能算是我的功勞，是主席、總理運籌帷幄、指揮若定。沒有你們的膽識、雄才大略，敢於冒着很大的風險，獨立自主地做出抗美援朝這樣震驚世界、亘古未有的重大決定和英明的戰略決策，我彭德懷算得了甚麼，只不過是堅決執行你們的命令和指揮做了一些具體的事。而且還依靠全中國人民、朝鮮人民和一起並肩作戰的朝鮮人民軍、金日成首相的全力支持下，才有今天的局面。」

「你說得還不完全，李克農、喬冠華和談判代表團也有很大的功勞，他們同志願軍一樣的英勇善戰，以極大的堅定和耐心，擊破敵人在談判桌上的種種陰謀，最終迫使敵人達成停戰協議。這要歸功於恩來同志領導有方。」

「不對，主席，這個功勞不能算在我的頭上。重大的決策都是你決定和批准的，我同彭老總一樣只不過做點具體工作。」周恩來謙虛地說。

「恩來同志你一向謙遜，從不爭功爭權，值得全黨學習，但是在國際問題上、外交上，你的經驗多，手面大，見識廣，知識淵博，我早就說過，我不如你，在我們中央領導同志中沒有一個能趕上你的，當仁不讓嘛。」毛澤東停頓一下說：「今天我們不談這個，讓後人去評說吧！總之，我們是把美國這隻老虎尾巴給抓住了，狠狠的揍了他一頓，這個歷史事實是任何人也否定不了的罷。今天晚上老彭要回朝鮮去簽訂停戰協定，恩來你有甚麼指示和要注意的問題。」

「現在大局已定，不會有甚麼大的變化。但美國是頭號帝國主義，很狡猾，反覆無常，要防止它要新花招，李承晚很頑固，刻骨仇視和平，六月十八日午夜，他私自放了關押在南朝鮮戰俘營朝鮮人民軍被俘人員二萬七千多人，企圖以此破壞停戰協定的簽字。很顯然李承晚這一行動是美國縱容和默許的，這是一個訊號，值得注意。因此我考慮協定可以暫時不簽，拖一下，要與美國、李承晚進行堅決鬥爭，特別要發動國際輿論譴責李承晚、美國破壞協議，違反世界人民的和平願望。逼迫美國承認錯誤，承擔這次事件的責任，直到美國和李承晚作出切實保證，不再違反和破壞協定，保證協定順利執行，那時再正式簽訂協定。同時，也請德懷同志到朝鮮前綫後，根據那裏的實際情況，徵求鄧華他們和金首相的意見，有無必要在軍事上再教訓一下李承晚，讓他老實點。但是鬥爭要適可而止，有理有利有節，我們的目的還是要實現朝鮮的和平。至於被李承晚扣留的戰俘恐怕是要不回來了，但是現在不能鬆口，要利用這件事在政治上打擊美、李。」周恩來稍稍思考一下又說，「停戰協定簽訂要好好宣傳一下，宣傳中國人民抗美援朝的偉大成就，宣傳中國人民志願軍的偉大勝利，宣傳朝鮮人民爲保衛祖國進行的英勇鬥爭，宣傳蘇聯、東歐民主國家和世界愛好和平的人民的支援，宣傳和平戰勝戰爭，宣傳正義戰勝邪惡。還要宣傳停戰協定的簽字只是解決朝鮮問題第一步，還要舉行朝鮮問題的政治會議，政治解決朝鮮問題，撤退一切外國軍隊，讓朝鮮人自己決定朝鮮的命運。另外還要開一些慶祝會、歡迎會、報告會。你回來的時候準備在車站開歡迎會歡迎你凱旋歸來，然後用甚麼名義甚麼方式舉行報告會。這是激發人民愛國精神，鼓舞鬥志的好機會好方去，把人們的熱情引導到祖國的經濟建設增強國力上來。」周恩來說，「我可能講得遠了一點，看主席有甚麼指示？」

「恩來同志講得很好，講得深，看得遠，我都同意。我也贊成給李承晚一點顏色看看，但是否要這樣做，請老彭到那裏後，權衡一下利弊，報告我們再定。」毛澤東完全肯定周恩來的意見。

彭德懷起身說，我完全同意恩來同志的意見，將堅決按照主席和總理的指示辦，請你們放心，像前年出征時一樣，決不辱使命。」彭德懷是個爽快人，說完了拔腿便走。

周恩來趕忙說，請你代主席和我問候金日成同志，祝賀朝鮮同志取得偉大的勝利。

毛澤東趕緊補充說，還要問候中國人民志願軍全體指揮員和談判代表團的同志們，他們辛苦了。

再說李承晚這個頑固分子，竟敢冒天下之大不韙，私自於六月十八日夜以「就地釋放」名義，脅迫朝鮮人民軍被俘人員二萬七千多人離開戰俘營，被押解到李承晚的訓練中心，將這些被扣留的戰俘編入南朝鮮的軍隊中去。李承晚的這一罪惡行動，立即在全世界引起憤怒的譴責。印度總理尼赫魯於六月二十五日致電聯合國大會主席要求召開聯合國特別緊急會議，討論因李承晚釋放戰俘而引起的嚴重局勢。英國首相邱吉爾因遭到議員們的嚴詞質問，不得不致電李承晚提出抗議，說「女王政府強烈譴責這種背叛行爲。」參加朝鮮戰爭的美國其他盟國的政府也紛紛向華盛頓提出抗議和質詢。艾森豪威爾在國內的壓力下，一方面指示美方首席代表哈利遜作出交代，一方面於六月十八日給李承晚發出一份急電嚴厲地對李承晚說：「我懷着嚴重關注獲悉，你已下令釋放被聯合國軍司令部拘押在它管轄下的集中營的北朝鮮戰俘，看守這些戰俘的責任部分地被聯合國軍司令部付托給大韓民國武裝部隊，你的命令是由你們公開使用暴力而得以執行的，從而違抗聯合國軍司令部的指揮。」

「一九五〇年七月十五日，你正式通知聯合國軍司令，鑒於聯合國爲大韓民國而採取聯合軍事行動，你授權他和在朝鮮境內或附近海區行使聯合國軍司令部授權的那些司令們，『有權在目前處於敵對狀態期間指揮大韓民國海、陸、空三軍』。克拉克將軍和泰勒將軍報告我，在最近幾天內，你已給了他們無條件的保證，即你在沒有和他們磋商之前，將不會採取與以上所談相牴觸的片面行動。」

「要是你堅持目前的行動方針，就無法使聯合國軍司令部繼續同你一致行動，除非你準備立即毫不含糊地接受聯合國軍司令部的指揮，處理並結束目前的敵對行爲，否則就將另行安排，因此，聯合國軍總司令現已授權將根據你的決定而相應採取必要的步驟。」

「作爲你個人的朋友，我希望你會找到一個立即糾正這一局面的方案。」「因爲我感到不得不對我國人民和我們的盟國恪守信用。」

杜勒斯在一次公開談話中怒斥李承晚的行動是對聯合國軍司令部「權威的侵犯」，隨後他又發信給李承晚，措辭更爲激烈，並通知他，美國派助理國務卿沃爾特•羅伯遜前來同他商談。

六月二十日，我方首席代表南日大將在代表團全體會議上宣讀了朝鮮人民軍最高司令官金日成元帥與中國人民志願軍司令員彭德懷將軍在六月十九日致聯合國軍總司令克拉克將軍的信件。全文如下：

聯合國軍總司令克拉克將軍：

我們收到你方哈利遜將軍一九五三年六月十八日致我方南日大將的來信。

你方在來信中説，被拘留在你方第五、六、七、九號戰俘營裏的南朝鮮人民軍戰俘二萬五千人，是六月十八日在南朝鮮政府最高級的事先秘密籌劃和縝密配合之下，並得到南朝鮮警衛部隊和外界的援助「越出」戰俘營「逃」走的。可是，南朝鮮李承晚卻已正式承認，這些戰俘是他命令南朝鮮警衛營部隊「釋放」的。

僅僅在十天之前，雙方才簽訂了關於戰俘遣返問題的協議，而在你方直接控制之下的南朝鮮政府和軍隊，卻已悍然地公開破壞了這個協議，在所謂「釋放」的命令之下，經過特務、警衛部隊和外界的裏應外合的行動，脅迫佔全部不擬直接遣返的戰俘總數一半以上二萬五千人離開戰俘營。因此，我們對於這次事件的性質，不能不認爲是極端嚴重。

南朝鮮李承晚集團好久以來即在叫囂着要「反對朝鮮停戰」，「向北進攻，統一全國」，「解放所有『拒絶』遣返的朝鮮戰俘」。你方對於這一問題，不是不知道的。可是你方並未採取實際措施，來預防並制止這次事件的發生。這就證明你方是有意縱容李承晚集團去實現其久已蓄意的破壞戰俘協議，阻撓停戰的預謀。我們認爲，你方必須負起這次事件的嚴重責任。

我方早就一再提請你方注意：你方所一貫宣傳的所謂「防止强迫遣返戰俘」，完全是無中生有，根本不曾發生的。相反地，强迫扣留戰俘的可能性却是時刻存在着和增加着的，因而是我們所必須堅決反對的。現在發生的這次李承晚「釋放」和脅迫戰俘事件，證明我們所反對的强迫扣留已經進一步地成爲不容置辯的事實。而你方在這個問題上歷來所表現的錯誤立場和縱容態度，不能不直接影響這次事件的爆發和即將簽字的停戰協定的實現。

鑒於這次事件所產生的異常嚴重的後果，我們不能不質問你方：究竟聯合軍司令部能否控制南朝鮮的政府和軍隊？如果不能，那麽，朝鮮停戰究竟包括不包括李承晚集團在內？如果不包括在內，則停戰協定在南朝鮮方面的實施有甚麽保障？如果包括在內，那麽，你方就必須負責立即將此次所有「在逃」的，亦即「釋放」和脅迫扣留並準備編入南朝鮮軍隊中去的二萬五千九百五十二名戰俘，全部追回，並保證以後絶對不再發生同類事件。

我們等待着你方的回答。

朝鮮人民軍最高司令官　元帥金日成
中國人民志願軍司令員　彭德懷

一九五三年六月十九日

《人民日報》於六月二十二日以「美方必須對強迫扣留戰俘負責」爲題發表社論。社論列舉大量事實說明美國事先就知道李承晚要私自「釋放」戰俘，破壞停戰協定，毫無疑問美國是縱容、默許李承晚這樣做的，因此美國負有嚴重的責任，必須承認錯誤，作出保證，以後不再破壞協議。

談判桌上，我方緊緊抓住這個問題，譴責李承晚和美國，要美國承認錯誤、交回被「釋放」走的戰俘，並保證以後絕不再犯。

再說，多謀善斷的大將軍彭德懷於六月二十日由北京赴開城，準備在停戰協定上簽字，他了解情況之後，根據臨行前中央毛、周指示精神途經平壤時給毛澤東發了一個電報：

毛主席：二十日晨抵安東，南北朝鮮均降雨，故白日乘車至大使館，與克農、鄧華均通電話。根據目前情況，停戰簽字須推遲至月底似較有利，爲加深敵人內部矛盾，擬再給李承晚僞軍以打擊，再消滅僞軍一萬五千人（六月上半月據鄧華說消滅僞軍一萬五千人），此意已告鄧華妥爲佈置，擬明二十一日見金首相，二十二日去志司面商停戰後各項佈置，妥否盼示。

彭德懷　六月二十日

中央接電後，毛澤東、周恩來商量後，當即覆電表示同意：

六月二十日二十二時電悉，停戰協定簽字必須推遲，推遲至何時爲適宜，要看情況發展才能決定，再殲滅僞軍萬餘人極爲必要。

再次嚴懲李僞軍

這時，李僞軍在金城以南、北漢江以西的四個師的陣地更加突出，態勢對我極爲有利，同時我軍已查明了敵人第一道防綫陣地的設施情況，我方已集中了四個軍的兵力和四百多門大口徑火炮，又有第一、二次反擊作戰的經驗，軍隊士氣很高，也有雄厚的物資基礎，加之李承晚因爲私自釋放戰俘，破壞和談，很不得人心，因此，政治上對我極爲有利，狠狠地打擊一下李僞軍，美國也只能啞巴吃黃連，有苦說不出。

中國人民志願軍黨委在彭德懷親自主持下開會研究，決定立即在全綫發起第三次攻擊作戰。隨即指示各個兵團、各軍原預選攻擊目標，如已準備就緒者，應堅決殲滅之；如新選目標應抓緊時間進行準備。對美軍及其他外國軍隊仍不作主動攻擊，但對任何向我進犯之敵，均必須給予堅決打擊。

七月十三日晚，昏天黑天，異常悶熱，我軍一千多門火炮，突然以排山倒海之勢，舖天蓋地向敵人猛轟，卡秋莎火箭部隊兩個師，向敵人連打了三個齊放。接着我二十兵團的三個集團同時向敵四個師二十五公里的防禦正面發起了迅猛突擊。僅一個小時以後，我軍全綫突破敵人陣地。二十兵團西集團突破後，以迅雷不及掩耳之勢強攻當面之敵，採取滲透迂迴的戰術向敵後縱深猛插。一個十三人的偵察班，在副排長楊育才的帶領下，化裝成護送美軍顧問的南朝鮮士兵，接連混過敵人三道嚴密警戒，出其不意地直抵敵首都師第一團，也即是有名的白虎團之部。正趕上敵人指揮所開會，他們便突然開火射擊，當場斃傷敵僞團長以下四十五名，活捉十九名，搗毀了僞團部和通訊聯絡，該團很快潰亂。接着，又乘黑夜堵截潰逃之敵，殲滅了一個位於白虎團團部附近的炮兵營大部，和乘車來援的僞首都師裝甲團二營大部，擊斃該團團長。

七月十四日，大雨如注，雷電交加，我軍乘在雷雨天敵航空兵活動不便，迅速擴大戰果，西集團於下午攻佔了梨實洞、間榛峴一綫，六十八軍二〇四師在激戰中生俘了僞首都師副師長林益淳。二十兵團中央集團突破後，左翼一九九師在對轎岩山的攻擊中，遭敵頑強抵抗，戰鬥異常激烈。右翼二〇〇師於當夜突破後，迅速向敵縱深發展，佔領了龍淵里、東山里，割裂了僞第六師防禦，使轎岩山和峯火山兩敵側後受到威脅，發生動搖。二十四軍突破後迅速殲滅了注字洞南山、杏亭西山之敵，黃昏前佔領了四三二．八高地及楊谷以北地區，保證了二十兵團右翼的安全。

至十四日晚，金城川之敵已全部被我肅清。我軍行動對敵金化要地造成嚴重威脅，損失慘重，敵人描述說，「令人難以置信的大量炮火在頭上呼嘯，在呼嘯聲中他們前赴後繼攻擊這個地區的大韓民國的防綫，在共軍的猛攻下，前哨陣地一個接一個地被打垮了。」

僞軍遭到痛擊後，美、李間存在那種微妙關係更加微妙了，李承晚埋怨美國見死不救，只顧自己，美國埋怨李承晚無能，美僞之間矛盾加深。爲了挽救敗局和調整美、李之間的關係，聯合國軍總司令克拉克，美第八集團軍司令泰勒於七月十六日匆忙趕赴前綫，穩定軍心，部署反撲。當日敵先後以僞三、六、八師殘部及僞五、七、九、十一師和美三師等部向我發起反撲，企圖恢復失地。十七日，敵糾集六個團的兵力，在一百餘架飛機和大量炮火支援下，向我東集團陣地猛攻，我軍與敵激戰盡日，後考慮到我軍陣地過於突出，又背水作戰，除留一個營堅守四六一・九高地有利地形外，其餘撤至金城川以北，中、西集團也作了適當收縮。從十八日起，敵人反撲的重點逐漸轉移到中央集團，我軍與敵軍展開激烈爭奪戰，牢牢地守住陣地。給敵以重大殺傷。東集團陣地，敵人企圖奪回四六一・九高地，但未能得逞。一直戰鬥到七月二十七日，我軍一共殲滅五萬人，收復土地一百七十八平方公里，拉直了金城以南的戰綫，造成了對中朝方面極爲有利的態勢。

我軍的節節勝利，使敵人處境更加不利，因李承晚私自「釋放」戰俘，遭到世界輿論的譴責，談判桌上又理屈詞窮。艾森豪威爾、杜勒斯等考慮，只好向朝中方面作出保證，把停戰協議簽了，拖下去很不利。所以就在金城戰役的同時，美方一方面派助理國務卿羅伯遜與李承晚進行談判，再次實行安撫，如簽訂美朝安全條約，第一次付給兩億美元的經濟援助；擴編南朝軍隊爲二十個師；政治會議前美朝舉行高級會談。這樣李承晚給艾森豪威爾一封親筆信，書面向美國保証不再阻撓停戰協定的實施。與此同時，讓克拉克覆金日成、彭德懷六月十九日的信，保證停戰條款的執行。信的全文如下：

朝鮮人民軍司令官金日成元帥：

中國人民志願軍司令員彭德懷將軍：

聯合國軍當然同意，約兩萬五千名朝鮮人民軍被俘人員的逃亡是一個嚴重的事件，並且不幸得很，對於雙方熱誠爭取的早日停戰也無助益。聯合國軍通過哈利遜將軍一九五三年六月十八日的函件，立即將關於損失了這些戰俘的事實通知了你們，我們覺得你們應該儘早地得到這一消息。然而在你們六月十九日的來信中，我注意到你們爲了某些理由並未接受我們所正確向你們報告的現實情況，你們且對事實作了若干不正確的說法，爲了真誠地努力於達成早日的停戰，我將進一步澄清這些事實。

雖然我們自動地與準確地提出了這些事實，你們似乎仍然認爲戰俘的「逃亡」與他們在大韓民國政府命令下的「釋放」是矛盾之詞。正如現在你們已清楚知道的，事實是這些戰俘衝破監獄的圍牆與障礙物而「逃跑」了，除掉那些已被捕者外，都已經消失在平民中間了。他們是被「釋放」的，因爲大韓民國政府未經聯合國軍知悉，並違背聯合國軍的意圖，策劃並佈置了此次逃跑，而大韓民國軍的保安警衛並沒有作甚麼真正的努力以阻止逃跑。

在回答你們來信中所問的問題時，我相信你們認識到我們雙方尋求的停戰是一個雙方軍事司令官間的軍事停戰。聯合國軍是一個軍事司令部，和你們六月十九日來信中所表示的意見相反，它並不對大韓民國行使權力，大韓民國是一個獨立自主的國家，其政府是該國數以百萬計的人民自決的產物。大韓民國軍是由其政府置於聯合國軍的控制之下的，以便更有效地擊退對大韓民國的武裝侵略。我相信你們應當清楚知道，由於大韓民國所作的承諾，聯合國軍的確統率大韓民國軍。在這次事件中，該政府違背了其承諾，通過了認可的軍事途徑以外的途徑對某些韓國部隊發佈了我所不知的命令，容許戰俘逃跑。

你們又問，朝鮮停戰是否包括李承晚總統所代表的大韓民國，另一密切相關的問題表示你們企圖知道，對南朝鮮方面而言，停戰協定的實施有何保證。在這裏有必要重申：我們所尋求的停戰是雙方司令官之間的軍事停戰，並涉及雙方司令官所能以使用的部隊。停戰協定中某些規定需要大韓民國當局的合作，這一事實是被認識到的。茲向你們保證：聯合國軍與利害相關的各國政府將盡一切努力以取得大韓民國政府的合作。遇有必要之處，聯合國軍將盡其所能建立軍事上的防衛措施，以保證停戰條款將被遵守。我們之願意這樣作，對你們應該是明顯的，因爲我們已經同意了「職權範圍」中要求聯合國軍採取某些行動以保證中立國遣返委員會與其人員的安全的那些部分。

令人惋惜的是，你們竟聲稱聯合國軍縱容了戰俘之逃亡。除了與昭彰的事實相反以外，這種非難是趨於阻礙，而非促成停戰協定的。聯合國軍正繼續努力以追回已逃亡的戰俘。但如謂這些戰俘可以追回相當的數目，則會是不現實的，而且會引起誤解的，因爲他們已經消失在居民中，而這些居民是有意庇護與保護他們的。你們毫無疑問地認識到，對我們來說，要把這些戰俘全部追回，和對你們來說，要把你方在敵對行爲進行期間所「釋放」的五萬南朝鮮戰俘追回來，是一樣的不可能的。你們當然了解，敵對行爲的終止將有助於這些逃亡的朝鮮戰俘返回你方，如果他們不反對這種回返的話。按照停戰協定草案第五十九款的規定，這些逃亡戰俘，如果他們願意的話，可以在停戰生效後前往你方。

停戰簽字後，那些期望被遣返的戰俘的交換將包括你們在一九五二年四月所報道的一萬二千名我方人員，加上自該日以來被俘的現在你們手中的其他人員，而與此相對照，則約有七萬四千名你方人員，包括約六萬九千名朝鮮人，現在我們手中，而我們準備交還你們。

這封信是聯合國軍的一種真誠努力，來使你們得以知曉事實。茲建議雙方代表團立即會晤，以交換關於中立國監察委員會每一組成部分能以準備工作的時間的材料，以使停戰的生效日期得以確定，並且在接到那項材料時，由我們雙方各自的代表團所達成的停戰協定得以即行簽字。

聯合國軍總司令美國陸軍上將克拉克

一九五三年六月二十九日於聯合國軍總司令部

朝中代表團研究了克拉克的信以後，認爲雖然克拉克來信中已經保證，在停戰協定實施上採取得李承晚的合作，並說：「遇有必要之處，聯合國軍將盡其所能建立軍事防範措施，以保證停戰條款將被遵守。」但這不夠肯定，美國人說話不算數，出爾反爾，一定要在會場上把六月十九日金日成、彭德懷信中所提出的質問逐條落實在文字上，把它扣死，公之於全世界。經請示周恩來批准，於七月七日以金日成、彭德懷名義再次致函克拉克。全文如下：

聯合國軍總司令克拉克將軍：

你在一九五三年六月二十九日覆信中，承認了李承晚集團脅迫朝鮮人民軍被俘人員離開戰俘營並强迫扣留他們是一個嚴重而不幸事件，這是對的，但你對這一事件的解釋和處理，是不能令人滿意的。

一切昭彰的事實都證明聯合國軍是不能完全推卸對於這次事件的責任的。南朝鮮政府和軍隊對於這次事件的預謀，早有表示，你方是知道的，但你方並未採取任何預防措施。事件發生後，你方不僅對於在聯合國軍控制下的南朝鮮保安部隊脅迫離營的破壞戰俘協議的行爲未給以任何有效制裁，而且在我方六月十九日去信提請你方應充分注意之後，你們仍然聽任南朝鮮保安部隊繼續脅迫戰俘離營，使李承晚集團强迫扣留戰俘的總數直達到兩萬七千餘名，其中並包括有中國人民志願軍被俘人員五十餘名。在你方首席代表哈利遜將軍六月十八日來信、你的六月二十九日覆信中，均表示正在努力追回「在逃」的戰俘，但你同時又說，要把這些戰俘全部追回，是不可能的。實際上，你方的憲兵卻奉命不得干涉任何「逃跑」的戰俘，聽憑他們被强迫到李承晚的軍事訓練中心去報到。聯合國軍這一期間所採取的態度，至少在事實上是縱容了李承晚集團放肆地進行其破壞停戰協議和阻撓停戰實現的活動。

你方企圖將我方於停戰談判前在戰場上釋放戰俘的人道行爲與南朝鮮保安部隊在戰俘協議簽訂後脅迫戰俘離營的破壞行爲相比擬，這是完全不適當的。你方對於這次「在逃」的戰俘，在任何時候，都負有全部追回的責任。必須提出警告：李承晚集團現在還在叫囂要繼續「釋放」亦即强迫扣留剩餘的八千五百多不直接遣返的朝鮮人民軍被俘人員，並正在勾結蔣介石特務企圖脅迫中國人民志願軍被俘人員離開戰俘營，以圖徹底破壞雙方已經簽訂的戰俘協議。我們認爲，你方對此，必須負起絕對責任，保證這類事件不再發生。

你來信保證，聯合國軍在必要處將盡其所能建立軍事上的防禦措施，以保證停戰條款的實施，我們認爲，這是必要的；但你方對於南朝鮮政府和軍隊遵守雙方代表團所達成的停戰協定的保證，表示尚無確實把握。而且李承晚集團一直還在叫囂「武力統一朝鮮」，單就這一點論，已足證明三年前的侵略究竟來自何方。現在，聯合國軍如果繼續縱容李承晚集團，並容許其進行破壞和平解決朝鮮問題的可能性的種種預謀，則即使朝鮮停戰簽了字，對於朝鮮民主主義人民共和國的武裝侵略仍然隨時可以爆發。因此，我方認為，你方對於南朝鮮政府和軍隊在遵守停戰協定及其一切有關協議上必須採取有效步驟，方能保證朝鮮停戰不受破壞。

綜上所述，雖然我方對於你方的答覆不能完全滿意，但鑒於你方表示了努力達成早日停戰的願望及所提供的保證，我方同意雙方代表團定期會晤，商談有關停戰協定的實施問題以及停戰協定簽字前的各種準備工作。會晤日期將由雙方首席代表經過聯絡官商定。

朝鮮人民軍最高司令官元帥　金日成

中國人民志願軍司令員　彭德懷

一九五三年七月七日

代表團大會於七月十日復會了。美方首席代表感到自己的責任重大了，改變了過去習慣在會場上吹口哨，也改變了他那滿不在乎的傲慢態度，老老實實地坐在那裏，聽取我方的質詢，並把要回答的措辭一個字一個字地寫在紙條上交給其他代表傳閱同意後再照本宣讀，表現沉着老練的樣子。這樣的會議連續開了六次，直到七月十六日才告結束。對我方的提問或作答覆或重複或默然，雖然話不多說措詞很謹慎，答覆也有分寸，但處在被告席上，像審判案子一樣，這是談判以來美國代表處在十分尷尬的地位，最終還是作出了肯定的保證，保證韓國軍隊將不以任何方式阻撓停戰協定條款的實施，如果韓國進行任何破壞停戰的侵略行為時，聯合國軍將不予支持，並承認朝中方面有權採取必要行動抵抗侵略，保障停戰。即使在這樣的情況下，聯合國軍仍保持停戰狀態，也不向韓國提供武器彈藥、物資裝備供應在內。

七月十九日，朝中首席代表南日大將把美方首席代表哈利遜將軍對實施停戰問題所作的保證以聲明的形式公諸於世。聲明說：

一九五三年六月下半月，你方的南朝鮮政府及其軍隊在聯合國軍的控制之下，脅迫二萬七千餘名我方被俘人員離開戰俘營，破壞了關於戰俘問題的協議，因而使停戰協定的簽訂遭受拖延和阻撓，並使停戰協定各項條款的實施失去保障。我們認爲，對於南朝鮮政府及其軍隊的這一破壞行動以及由此行動而可能引起的關於朝鮮停戰的不利發展，聯合國軍是不能推卸它的縱容責任的。

南朝鮮政府及其軍隊的破壞行動引起朝中人民以及全世界愛好和平人民的最大警惕。爲了取得對於實施停戰協定各項條款的明確保證，以便能夠在朝鮮實現真正的停戰，朝中方面認爲有必要向聯合國軍方面提出一系列的問題要求澄清。現在，爲使世界人民得以共見你方的保證，我們根據記錄將你方對於我方所提各項問題的答覆綜述如下：

一、關於朝鮮停戰究竟包括不包括南朝鮮政府及其軍隊在內的問題，哈利遜將軍在一九五三年七月十一日答覆說：「聯合國軍在提出執行停戰協定時，已表示願意受停戰協定草案各項條款的約束。」在七月十六日哈利遜將軍說：「我在七月十二日說過『你們被保證聯合國軍包括大韓民國軍隊在內準備實施停戰協定的條款。』……我再次向你們保證，我們已從大韓民國政府獲得必要的保證，即，它將不以任何方式阻撓停戰協定草案條款的實施。」

二、關於南朝鮮軍隊是否將在停戰協定簽字十二小時內完全停火。並將在協定生效七十二小時內全綫自軍事分界綫後撤兩公里以成立非軍事區，以實現在朝鮮真正的停火與停戰的問題，哈利遜將軍在七月十二日和七月十五日先後作了同樣的回答：「大韓民國軍將停火並後撤。」

三、關於聯合國軍方面如何保證南朝鮮軍隊能夠遵守停戰協定各有關條款的問題，哈利遜將軍在七月十一日回答說：「一旦停戰協定的條款受到一方或另一方的破壞，停戰協定中規定將事實向軍事停戰委員會提出……最後如果停戰委員會爲保證停戰條款的遵守而作的努力結果無效，如果任何一方的安全因另一方不遵守停戰的協定而受到威脅，則受害一方有正當和充分的理由可以取消停戰協定的條款，並採取在該情況下爲其所認爲必要的軍事行動。大韓民國進行任何破壞停戰的侵略行爲時，聯合國軍將不予以支持。」

四、關於如果南朝鮮軍在停戰後破壞停戰協定、採取侵略行動，而朝中方面採取必要行動抵抗侵略、保障停戰時，聯合國軍是否仍保持停戰狀態問題，哈利遜將軍在七月十三日說：「回答是是的。」

五、關於如果南朝鮮軍在停戰後破壞停戰協定、採取侵略行動，而我們採取必要行動抵抗侵略、保障停戰時，聯合國軍方面所謂不予以任何支持是否包括給予南朝鮮以裝備和供應上的支持的問題，哈利遜將軍在七月十三日說：「回答是是的。」

六、關於聯合國軍首席代表曾說在「敵對行爲停止後的期間」，南朝鮮政府將與聯合國軍緊密合作實施停戰協定草案各項規定的問題，朝中方面曾指出「敵對行爲停止後的期間的約束語顯然與停戰協定不合，因爲停戰協定的有效性並無時間限制，而聯合國軍方面這句約束語與李承晚所表示的他祇不過在九十天內不阻撓停戰的話有暗合之嫌。後來哈利遜將軍七月十三日回答說：「停戰沒有時間限制。」七月十六日哈利遜將軍說：「你方曾要求保證大韓民國政府與軍隊將在整個停戰有效期間，而不是到某一個期限爲止的暫時期間遵守停戰協定的所有規定。……聯合國軍已明白而不含糊地向你們說過，它準備締結並遵守該停戰協定的全部規定……包括第六十二款。」

七、關於聯合國軍方面是否保證按照停戰協定前往南朝鮮地區工作的中立國人員和朝中方面人員的安全和他們工作上的便利的問題，哈利遜將軍在七月十二日回答說：「任何按照停戰協定被准許進入大韓民國的人員受到保護。」七月十三日哈利遜將軍進一步答覆：「回答是是的。按照停戰協定所派遣到我方地區的中立國監察委員會、中立國遣返委員會及你方人員將被保護和給予他們工作上的便利。」

八、關於如何保障按照協定進入南朝鮮地區執行任務的中立國人員及朝中方面人員的安全，並使他們得到工作上的便利的問題，克拉克將軍在一九五三年六月二十九日給金日成元帥彭德懷將軍的覆信中稱：「遇有必要之處，聯合國軍將盡其所能建立軍事上的防禦措施，以保證停戰條款將被遵守。」哈利遜將軍在七月十日也說：「聯合國軍將對中立國監察委員會、中立國遣返委員會及聯合紅十字小組提供警察保護。」

九、關於南朝鮮政府及其軍隊破壞了關於戰俘問題的協議，强迫扣留了二萬七千餘名我方被俘人員的問題，我方認爲，聯合國軍方面負有將這些人全部追回的無可推諉的責任。克拉克將軍在上述六月二十九日的回信中曾說：「聯合國軍正繼續努力以追回已逃亡的戰俘。」但哈利遜將軍卻對此事未作進一步的交待。

十、關於聯合國軍方面是否準備保證對其餘的朝中方面被俘人員不再採取强迫扣留行動的問題，哈利遜將軍在七月十二日回答說：「剩下的戰俘在被送交中立國遣返委員會之前將不被釋放。」七月十五日哈利遜將軍說：「拒絕被直接遣返的剩餘的你方被俘人員將被按照中立國遣返委員會職權範圍送交給中立國遣返委員會。」

但是，關於追回被南朝鮮政府及其軍隊强迫扣留的二萬七千名戰俘問題，聯合國軍方面在實際上並没有作過任何努力，也没有向我方作出進一步的交待。而關於不直接遣返的剩餘戰俘問題，儘管聯合國軍方面曾多次肯定保證：這些人員將按照中立國遣返委員會職權範圍送交給中立國遣返委員會，但美國總統代表羅伯遜先生在其與南朝鮮政府發表聯合公報中，卻公然主張「在一定的時期結束時，凡是希望避免回到共產黨統治下的俘虜，都應在南朝鮮釋放，而對於非共產黨的中國俘虜，則讓他們到他們所選擇的目的地去。」雖然這個聯合公報在朝鮮停戰協定中不起任何約束作用，但美國政府與南朝鮮政府這個主張顯然是違背了中立國遣返委員會職權範圍第十一款，而企圖在停戰後爲南朝鮮進一步破壞戰俘協議强迫扣留我方被俘人員預作準備。鑒於上述情況，我方對於你方關於戰俘問題的保證，認爲不能滿意，並保留我方要求你方保證完全實施戰俘協議的權利。

鑒於聯合國軍方面關於朝鮮停戰協定實施問題所作的保證，儘管我方對你方關於戰俘問題部分的保證尚不滿意，我方仍然準備與你方即行討論停戰協定簽字前的各種準備工作，朝中方面聲明，你方對於被强迫扣留的戰俘在任何時候都負有全部追回並向我方提出交待的責任。如果在停戰後，你方尚不能將這批戰俘追回交給中立國遣返委員會，我方將保留將這個問題提交停戰協定第六十款規定的政治會議討論。關於不直接遣返的全部戰俘，按照中立國遣返委員會第二條第四款的規定，由拘留一方在朝鮮境內指定地點交給中立國遣返委員會一事，鑒於南朝鮮政府曾經聲明拒絕印度部隊入境，我方認爲必須在停戰簽字以前解決此問題，以便及時通知各有關中立國家和印度部隊預爲準備，而不應將這個問題留在停戰以後交由軍事停戰委員會解決。

必須指出：南朝鮮政府及其軍隊直到最近尚在公開聲稱南朝鮮反對停戰並有其行動的自由，而聯合國軍對之亦仍然採取縱容政策。朝中方面在此必須聲明，聯合國軍關於南朝鮮政府及其軍隊遵守停戰協定條款的保證將只能按其表面價值而被接受。如果聯合國軍對南朝鮮政府及其軍隊的這種縱容政策繼續下去，則不論在停戰前後，朝鮮停戰協定條款的實施均有繼續遭受破壞的可能。這是全世界和各國政府和各國人民、特別是朝鮮交戰雙方有關各國的政府和人民所必須嚴重注意的。我們認爲，任何時候如果有這樣的情況發生，聯合國軍方面必須依據軍事停戰委員會和中立國委員會的視察判斷以及全世界愛好和平人民的公正要求來嚴格執行其自身已經提出的莊嚴保證。朝中方面於此將有權根據停戰協定以及聯合國軍所提供的保證採取反侵略的自衛行動來保障停戰的實施。

一旦朝鮮停戰協定簽字生效，朝中方面保證實施停戰協定的全部條款。我們並相信，全世界愛好和平的人民對於朝鮮停戰必將予以堅決的支持，以促進朝鮮問題的和平解決而挫敗好戰分子的任何陰謀。

彭德懷代表中國簽字

七月二十二日，雙方代表再次校正、核定軍事分界綫，校正表明，我軍又向前推進了一百九十二點六平方公里，較之第一次協議的軍事分界綫共推進了三百三十二點六平方公里。原先我方主張以三八綫為軍事分界綫，美方主張以實際控制綫為軍事分界綫，這樣可以佔點便宜，結果捉鷄未成反而蝕把米。

一九五三年七月二十七日朝鮮停戰協定終於在板門店簽訂了。因為周恩來考慮到金日成、彭德懷的安全問題，萬一李承晚再破壞，它的後果將比扣留戰俘更為嚴重。所以與對方商定，由雙方首席代表先簽字，並作為停戰協定簽字時間。然後分別送雙方的最高司令官金日成、彭德懷和克拉克簽字。上午十時十分朝中代表團首席代表南日大將和聯合國軍代表團首席代表哈利遜分別在九本停戰協定上簽字。

七月二十七日，聯合國軍總司令馬克・克拉克在汶山的帳篷裏，在停戰協定上簽了字，他簽字後說：「我們失敗的地方是未將敵人擊敗，敵人甚至較以前更強大，更具有威脅性。」「當我在停戰協定上簽字時，我知道這件事並未結束，——反抗共產主義的鬥爭，在我們這一生將不會結束。」也就是他還不甘心失敗，可是歷史是無情的。

七月二十七日，南日帶着協定文本趕往平壤，當日十時，朝鮮人民軍最高司令金日成元帥於首相府在停戰協定上簽上他的名字。

中國人民志願軍司令員兼政治委員彭德懷於七月二十七日下午在朝鮮人民軍副司令官崔庸健次帥的陪同下到達開城，住在來鳳莊，並先後出席了中國人民志願軍和朝鮮人民軍駐開城前綫部隊舉行的盛大歡迎會，以及朝中代表團為慶祝達成停戰舉行的盛大宴會，並於七月二十八日上午九時三十分於志願軍談判代表團新修建的會議室裏在朝鮮停戰協定上簽了字。這是這位戎馬一生、名震世界的大將軍歷史性的最光榮的一頁，他受到中朝人民和全世界人民的敬仰和欽佩。後來他被朝鮮授予朝鮮民主主義人民共和國的英雄。他在簽字後發表重要談話慶祝停戰協定簽字，朝鮮實現和平，感謝中朝人民和世界各國人民的支持。在後來的《自述》一書中描繪他當時的心情說：「先例既開，來日方長，這對人民說來，也是高興的，但當時我方戰場組織，剛告就緒，未充分利用它給敵人以更大的打擊，似有一些可惜。」

朝鮮停戰協定簽字後，雙方同時公佈了內容包括五條六十三款的朝鮮軍事停戰協定和有關附件的原文。

朝鮮停戰是中朝人民反對美帝國主義侵略的偉大勝利，是軍事、外交上的重大勝利，是一次歷史性的勝利。彭德懷在《關於中國人民志願軍抗美援朝工作的報告》中說：「它雄辯地證明：西方侵略者幾百年來只要在東方的一個海岸上架起幾尊大炮就可霸佔一個國家的時代是一去不復返了。」從此，中國如初升的太陽，光芒萬丈，在世界上的地位空前提高。不管你願意不願意，承認不承認，中華人民共和國已躋身於世界大國之林。周恩來、毛澤東、彭德懷的名字更加響遍世界。他們不愧為偉大的軍事家、外交家。在這場鬥爭中他們和金日成扮演了主角，是勝利者、是反對美帝國主義、爭取人類和平光榮的旗手、是眞正的大英雄。雖然杜魯門、艾森豪威爾、艾奇遜、麥克阿瑟、克拉克也是主角，但是失敗者，這是眞實的歷史，歷史的眞實。

彭德懷在事先經周恩來商定的和審閱過的於一九五三年九月十二日在中央人民政府委員會會議上「關於志願軍抗美援朝的工作報告」中，對朝鮮停戰談判有一個非常精闢的論述：

「朝鮮停戰談判是一次史無前例的停戰談判。它既不是帝國主義者征服了別的國家、強迫別國接受投降條件的停戰談判，也不是帝國主義國家間爭奪火併、相持不決，只好以妥協瓜分殖民地謀得短暫和平的談判，而是一個妄圖獨霸世界的帝國主義者，在侵略戰中遭受到年輕的新興的人民民主國家的反抗並遏制之後，不得不罷手而勉強接受的停戰談判。很顯然，帝國主義者對於這樣的談判是不甘心情願地接受的，他無時無刻不在力圖翻案。因此，朝鮮停戰談判不得不是一場異常尖銳的、複雜而長期的軍事與外交交織着的鬥爭。」